Kompendien
für Studium, Praxis und Fortbildung

Annegret Lorenz

Zivil- und familienrechtliche Grundlagen der Sozialen Arbeit

Ein Studienbuch

4. Auflage

Die Deutsche Nationalbibliothek verzeichnet diese Publikation in
der Deutschen Nationalbibliografie; detaillierte bibliografische
Daten sind im Internet über http://dnb.d-nb.de abrufbar.

ISBN 978-3-8487-8692-3 (Print)
ISBN 978-3-7489-3086-0 (ePDF)

4. Auflage 2022
© Nomos Verlagsgesellschaft, Baden-Baden 2022. Gesamtverantwortung für Druck und
Herstellung bei der Nomos Verlagsgesellschaft mbH & Co. KG. Alle Rechte, auch die des
Nachdrucks von Auszügen, der fotomechanischen Wiedergabe und der Übersetzung, vorbe-
halten. Gedruckt auf alterungsbeständigem Papier.

Für
Steffen und Paul

Vorwort

Rechtskenntnisse gehören im Alltag der Sozialen Arbeit mit zu den grundlegenden Beratungskompetenzen. Dies erfordert nicht nur Rechts- und Strukturwissen, sondern auch die Fähigkeit, komplexe Sachverhalte zu bewerten und Handlungsoptionen aufzuzeigen.
Beide Bedürfnisse nimmt dieses Lehrbuch in den Blick. Im Fokus der Darstellung steht daher nicht allein die bloße Vermittlung von Rechtswissen. Die durchgehende Einbettung des Rechtswissens in die praktische Fallarbeit möchte Studierenden der Sozialen Arbeit zugleich den Transfer des Rechtswissens in die praktische Beratungsarbeit ermöglichen. Dies erfordert nicht zuletzt ein Verständnis für rechtsübergreifende Zusammenhänge zwischen Zivil- und öffentlichem Recht. Dies ist vor allem im Familienrecht unübersehbar, das auf Grund seiner engen Verzahnung mit dem öffentlichen Kinder- und Jugendhilferecht – gerade in der praktischen Fallarbeit – kaum getrennt von diesem gedacht werden kann.
Beide Rechtsbereiche folgen gleichwohl sehr unterschiedlichen Regeln, die für sich verstanden werden wollen. Aus diesem Grunde beschränkt sich das vorliegende Studienbuch auf die zivilrechtlichen Grundlagen der Sozialen Arbeit: In diesem Rahmen werden zum einen die für die Soziale Arbeit bedeutsamen allgemeinen zivilrechtlichen Grundlagen behandelt. Daneben wird das Familienrecht einschließlich dem Betreuungs- und Unterhaltsrecht – als Kernbereiche der Ausbildung – eingehend dargestellt. Gleichwohl unternimmt das Lehrbuch den Versuch, die Vernetzung zwischen Zivil- und öffentlichem Recht zu berücksichtigen und die Schnittstellen zwischen Familien- und öffentlichem Recht und deren unterschiedlichen Perspektiven und Logiken aufzuzeigen.
Die Neuauflage berücksichtigt den Stand der Rechtsprechung und Gesetzgebung bis November 2021 einschließlich der erst 2023 in Kraft tretenden Rechtsänderungen. Es waren insbesondere die Änderungen im Gefolge des Jugendstärkungsgesetzes, insbesondere die Etablierung der Dauerpflegschaft zu berücksichtigen (BGBl I 2021, 1444), das Verbot geschlechtsangleichender Operationen durch das Gesetz zum Schutz von Kindern mit Varianten der Geschlechtsentwicklung (BGBl 2021, 1082) sowie – im Verfahrensrecht – die Neuausrichtung der Verfahrensbeistandschaft durch das Gesetz zur Bekämpfung sexualisierter Gewalt gegen Kinder (BGBl I 2021, 1810). Vor allem das Gesetz zur Reform des Vormundschafts- und Betreuungsrechts (BGBl I 2021, 882) hat zu erheblichen Änderungen in der Reihung der Normen geführt: Das vorliegende Werk stellt die ab Januar 2023 geltende Rechtslage dar, verweist aber dort, wo sich lediglich ohne inhaltliche Änderung die „Hausnummer" geändert hat, auf die bis 31.12.2022 geltenden Normen.
Eine der größten Versuchungen bei jeder Überarbeitung ist es, es immer besser machen zu wollen: Die neuesten Ausdifferenzierungen der Rechtsprechung nachzuvollziehen, jede Diskussion aufzugreifen und zu vertiefen, ganz neue Aspekte mit aufzunehmen – im Regelfall zum Preis eines unaufhörlichen Anwachsens des Lehrbuches und unter Außerachtlassung der Bedürfnisse von Studierenden nach präzisem und handhabbarem Wissen. Die Überarbeitung ist daher von dem Bemühen getragen, dieser Versuchung zu widerstehen. Die Darstellung konzentriert sich auf das für Studierende der Sozialen Arbeit notwendige Wissen – unter Verzicht auf eine vertiefte Behandlung von Randbereichen und Spezialwissen.

Möge das Lehrbuch die Studierenden der Sozialen Arbeit in die (zivil-)rechtliche Welt einführen und sie gut durch die zivil- und familienrechtlichen Anteile des Studiums begleiten.

Einhausen, Dezember 2021

Inhaltsverzeichnis

Abkürzungsverzeichnis	19
Literaturempfehlungen	23

Teil I: Allgemeine Grundlagen 25
Kapitel 1: Recht und Rechte 25
  I. Ein paar Grundbegriffe des Rechts – Worüber wir hier reden... 25
  II. Rechtsquellen – Wo Recht her kommt... 26
  III. Systematisierungen - ... und wie man sich darin orientieren kann 27
Kapitel 2: Die Arbeit mit dem Recht – Das juristische Handwerkszeug 30
  I. Die juristische Methode 30
    1. Die Rechtsanwendung (Subsumtion) 30
    2. Die Herangehensweise an die Rechtsprüfung: Rechtsanalyse oder Anspruchsprüfung? 30
    3. Die Anspruchsprüfung 31
      a) Schritt 1: Die Rechtsfrage: Wer will was von wem ... - Der Prüfgegenstand 31
      b) Schritt 2: ... woraus? – Der Einstieg in die Anspruchsprüfung 31
      c) Schritt 3: Die Subsumtion – Der Kern der Rechtsprüfung 33
      d) Schritt 4: Ergebnis festhalten 33
      e) Und wenn es komplexer wird 34
  II. Die Gesetzesauslegung – wie dehnbar Begriffe sein können ... 34
    1. Definitionen und unbestimmte Rechtsbegriffe – Ein bisschen juristische Methodenlehre 34
    2. Analogie 35

Teil II: Grundlagen des Zivilrechts 37
Kapitel 1: Grundlagen des Bürgerlichen Rechts 37
  I. Überblick über das BGB 37
  II. Rechtsfähigkeit – Der Mensch und andere Personen 37
    1. Übungsfall 1 37
    2. Begriff und Überblick 37
    3. Natürliche Person 38
      a) Beginn der Rechtsfähigkeit 38
      b) Ende der Rechtsfähigkeit 39
    4. Juristische Person 39
      a) Begriff und Abgrenzung 39
      b) Eingetragener Verein 40
      c) Rechtsfähige Personengesellschaft 40
    5. Lösungshinweise zum Übungsfall 1 (Rn 27) 41
Kapitel 2: Das rechtsgeschäftliche Handeln 42
  I. Übungsfall 2 42
  II. Überblick und Grundbegriffe der Rechtsgeschäftslehre 42
  III. Die Willenserklärung – Das Herz eines Rechtsgeschäfts 43
    1. Überblick 43
    2. Der objektive Erklärungstatbestand einer Willenserklärung 43

3.	Der subjektive Erklärungstatbestand einer Willenserklärung	44
	a) Handlungswille	44
	b) Erklärungswille	44
	c) Geschäftswille	46
4.	Die Auslegung von Willenserklärungen – Was ist gewollt?	46
5.	Irrtümer und andere Willensmängel	47
IV. Sonstiges		48
1.	Arten und Wirksamwerden einer Willenserklärung	48
2.	Bedingungen und Befristungen – Eine Hintertür für Verbindlichkeiten	50
3.	Formvorschriften	50
V. Der Vertrag		51
1.	Begriff und Überblick	51
2.	Angebot	51
3.	Annahme	52
4.	Inhaltsgleichheit von Angebot und Annahme	53
5.	Ungültige Rechtsgeschäfte – Was nicht vereinbart werden darf ...	53
VI. Die Durchführung von Verträgen		54
1.	Haupt- und Nebenpflichten	54
2.	Vertragliche Schadensersatzansprüche	54
3.	Gesetzlich geregelte Verträge	55
	a) Allgemeines	55
	b) Austauschverhältnisse	55
	c) Überlassung einer Sache	56
	d) Tätigkeiten für andere	56
VII. Die Vertretung – Handeln für andere		57
VIII. Die Verjährung – Ein allgemeines Leistungsverweigerungsrecht		58
IX. Prüfschema und Lösungshinweise zum Übungsfall 2		58
X. Die Geschäftsfähigkeit – Kinder und andere „unmündige" Personen		59
1.	Begriff und Überblick	59
2.	Einschränkungen der Geistestätigkeit	60
	a) Geschäftsunfähige (Volljährige)	60
	b) Punktuelle Störungen der Geistestätigkeit geschäftsfähiger Personen – Der „Aussetzer"	62
3.	Minderjährige	62
	a) Übungsfall 3	62
	b) Geschäftsunfähigkeit	63
	c) Beschränkte Geschäftsfähigkeit	63
	d) Haftungsbeschränkungen – Der Schutz des Kindes vor seinen Eltern	68
	e) Übersicht, Prüfschema und Lösungshinweise zum Übungsfall 3	68
XI. Die Rückabwicklung fehlgeschlagener Verträge		70

Kapitel 3: Unerlaubte Handlungen 71
   I. Die Haftung aus unerlaubter Handlung – Der Grundtatbestand der Haftung 72
      1. Übungsfall 4 72
      2. Objektiver Tatbestand der unerlaubten Handlung 72
         a) Rechtsgutsverletzung 72
         b) Geschützter Personenkreis 73
         c) Verletzungshandlung 74
         d) Schaden 74

		e)	Kausalität	75
		f)	Die Haftung für Unterlassen	77
	3.	Rechtswidrigkeit		79
		a)	Notwehr	79
		b)	Notstand	80
		c)	Selbsthilfe	81
		d)	Einwilligung	81
	4.	Verantwortlichkeit		82
		a)	Verschulden	82
		b)	Verschuldensfähigkeit	83
	5.	Mitverschulden		84
	6.	Ein Sonderproblem: Dritte kompensieren den Schaden		85
	7.	Prüfschema und Lösungshinweise zum Übungsfall 4		86
II.	Haftung für den Verrichtungsgehilfen			88
III.	Die Aufsichtspflicht			88
	1.	Inhalt und Bedeutung der Aufsichtspflicht		88
		a)	Überblick	88
		b)	Aufsichtsbedürftige	88
		c)	Begründung der Aufsichtspflicht	88
		d)	Anforderungen der Aufsichtspflicht	89
	2.	Die Haftung des Aufsichtspflichtigen		91
		a)	Übungsfall 5	91
		b)	Konsequenzen von Aufsichtspflichtverletzungen	91
		c)	Die Haftung des Aufsichtspflichtigen für Schäden bei Dritten	91
		d)	Übersicht, Prüfschemata und Lösungshinweise zum Übungsfall 5	92
IV.	Haftung aus Amtspflichtverletzung			94
V.	Schädigermehrheit			95
VI.	Unterlassung			95

Kapitel 4: Gewalt im sozialen Nahraum 96

I.	Überblick			96
II.	Der strafrechtliche Schutz			96
III.	Der polizeirechtliche Schutz			97
IV.	Der zivilrechtliche Schutz			98
	1.	Übungsfall 6		98
	2.	Überblick		98
	3.	Der Schutz des Gewaltschutzgesetzes		98
		a)	Überblick und Anwendungsbereich	98
		b)	Schutzanordnungen	100
		c)	Die Wohnungsüberlassung	102
	4.	Der allgemeine zivilrechtliche Schutz		104
	5.	Der eherechtliche Schutz		105
		a)	Der Schutzmechanismus	105
		b)	Tatbestandsvoraussetzungen	105
		c)	Zeitliche Fristen für die Geltendmachung des Anspruchs	107
		d)	Modalitäten der Zuweisung	107
	6.	Lösungshinweise zum Übungsfall 6 (Rn 160)		107

Teil III: Grundlagen des Familienrechts 109

Kapitel 1: Abstammungsrecht 109
- I. Übungsfall 7 109
- II. Begriffe und Bedeutung 109
- III. Mutterschaft 111
- IV. Vaterschaft 111
  1. Überblick 111
  2. Vaterschaft kraft Ehe 112
  3. Vaterschaft kraft Anerkennung 112
     - a) Formale Erfordernisse 112
     - b) Inhaltliche Erfordernisse 115
  4. Die Korrektur der Vaterschaftszurechnung 116
     - a) Überblick 116
     - b) Allgemeine Anfechtungsvoraussetzungen 117
     - c) Besonderheiten für Scheinvater und Mutter 119
     - d) Besonderheiten für den leiblichen Vater 119
     - e) Besonderheiten für das Kind 121
     - f) Der „fliegende" Vaterschaftswechsel 122
  5. Vaterschaft kraft gerichtlicher Feststellung 122
- V. Prüfschema und Lösungshinweise zum Übungsfall 7 123

Kapitel 2: Elterliche Sorge 124
- I. Grundlagen 124
  1. Gegenstand und Bedeutung elterlicher Sorge 124
  2. Strukturen elterlicher Sorge 125
     - a) Befugnisse 125
     - b) Personen- und Vermögenssorge 126
     - c) Tatsächliche und gesetzliche Sorge 127
- II. Die Ausübung elterlicher Sorge 127
  1. Übungsfall 8 127
  2. Einführung 127
  3. Die Erziehung des Kindes 128
     - a) Allgemeines 128
     - b) Das Wohl des Kindes als Richtschnur der Erziehung 128
     - c) Erziehungsziel 128
     - d) Leitlinien für die Erziehung 129
     - e) Durchsetzung gegenüber dem Kind 130
  4. Grenzen elterlicher Sorge 130
     - a) Eingriffe in die körperliche Unversehrtheit 130
     - b) Freiheitsentziehende Maßnahmen 132
     - c) Beschränkung der gesetzlichen Vertretungsmacht im Geschäftsverkehr 134
     - d) Teilmündigkeit des Minderjährigen 137
     - e) Öffentlich-rechtliche Beschränkungen 138
  5. Lösungshinweise zum Übungsfall 8 (Rn 231) 138
- III. Befugnisse gegenüber Dritten 139
  1. Der deliktische Schutz des Elternrechts 139
  2. Der Herausgabeanspruch 139
     - a) Übungsfall 9 139
     - b) Voraussetzungen 139

		c)	Lösungshinweise zum Übungsfall 9 (Rn 262)	141

Inhaltsverzeichnis (Fortsetzung)

- 3. Das Umgangsbestimmungsrecht — 141
- IV. Sonstige Rechtswirkungen des Eltern-Kind-Verhältnisses — 142
  - 1. Der Kindesname — 142
  - 2. Der Wohnsitz des Kindes — 143
  - 3. Allgemeine Rechtswirkungen des Eltern-Kind-Verhältnisses — 143
- V. Die Inhaber der elterlichen Sorge — 144
  - 1. Gemeinsame Sorge – Das Problem der Koordination zweier Sorgerechte — 144
    - a) Übungsfall 10 — 144
    - b) Zusammenlebende Eltern — 144
    - c) Getrennt lebende Eltern — 146
    - d) Lösungshinweise zum Übungsfall 10 (Rn 276) — 149
  - 2. Die Aufhebung der gemeinsamen Sorge — 149
    - a) Übungsfall 11 — 149
    - b) Überblick — 150
    - c) Allgemeine Voraussetzungen der Aufhebung der gemeinsamen Sorge — 150
    - d) Besondere Voraussetzungen der Sorgerechtsübertragung — 151
    - e) Lösungshinweise zum Übungsfall 11 (Rn 292) — 153
  - 3. Nicht miteinander verheiratete Eltern — 154
    - a) Überblick — 154
    - b) Sorgeerklärungen — 154
    - c) Eheschließung der Eltern — 156
    - d) Gerichtliche Sorgerechtsübertragung — 156
    - e) Der Wechsel von mütterlicher Alleinsorge zu väterlicher Alleinsorge — 157
  - 4. Die „neue" Familie — 158
    - a) Überblick — 158
    - b) Das äußere Erscheinungsbild der Stieffamilie – Die Einbenennung — 158
    - c) Die interne Gestaltung der Stieffamilie – Sorgerechtliche Befugnisse des Stiefelternteils — 159
  - 5. Prüfhinweise — 159
- VI. Das Umgangsrecht — 160
  - 1. Übungsfall 12 — 160
  - 2. Überblick — 160
  - 3. Das Umgangsrecht zwischen Eltern und Kindern — 160
    - a) Voraussetzungen des Umgangsrechts — 160
    - b) Gerichtliche Entscheidungen über den Umgang — 161
    - c) Die Wohlverhaltenspflicht — 162
    - d) Der Auskunftsanspruch — 163
    - e) Befugnisse des anderen Elternteils während des Umgangs — 163
  - 4. Das Umgangsrecht naher Verwandter und von Bezugspersonen des Kindes — 163
  - 5. Das Umgangsrecht des leiblichen Vaters — 164
  - 6. Lösungshinweise zum Übungsfall 12 (Rn 329) — 165
- VII. Exkurs: Die Rolle der Kinder- und Jugendhilfe — 166
- VIII. Die Beteiligung Dritter an der elterlichen Sorge — 168
  - 1. Übungsfall 13 — 168
  - 2. Überblick — 169

3. Pflegeeltern — 169
a) Rechtliche Grundlagen für die Erziehung eines fremden Kindes — 169
b) Befugnisse der Pflegeeltern — 171
c) Sorgerecht für Pflegeeltern — 172
d) Der Schutz des Pflegeverhältnisses – Die Verbleibensanordnung — 172

4. Exkurs: Die Rolle der Kinder- und Jugendhilfe — 174
a) Leistungen der Kinder- und Jugendhilfe — 174
b) Öffentlich-rechtlicher Kindesschutz — 175

5. Heim — 175
6. Lösungshinweise zum Übungsfall 13 (Rn 353) — 176

IX. Die „schlechten" Eltern – Eingriffe in die elterliche Sorge — 177
1. Überblick — 177
2. Voraussetzungen des Eingriffs — 178
   a) Kindeswohlgefährdung — 178
   b) Untätigkeit der Eltern — 179
3. Folgen einer Kindeswohlgefährdung — 180
   a) Die Entscheidung des Familiengerichts — 180
   b) Sorgerechtliche Konsequenzen eines Eingriffs — 182
   c) Und dann? – Die nachgehende Überprüfung gerichtlicher Entscheidungen — 182
4. Exkurs: Die Rolle der Kinder- und Jugendhilfe — 183

X. Der Ausfall eines Elternteils — 185
1. Übungsfall 14 — 185
2. Ausfallgründe — 185
   a) Überblick — 185
   b) Tod — 185
   c) Tatsächliche Verhinderung — 185
   d) Ruhen der elterlichen Sorge — 186
3. Konsequenzen eines Sorgeausfalls — 187
   a) Grundsatz — 187
   b) Besonderheiten bei minderjährigen Eltern(teilen) — 189
4. Der Schutz des Kindes in seinen sozialen Beziehungen – Die Verbleibensanordnung — 190
5. Lösungshinweise zum Übungsfall 14 — 190

XI. Das Kindschaftsverfahren — 192
1. Die Durchführung des Verfahrens — 192
   a) Verfahrensordnung — 192
   b) Einleitung des Verfahrens und zuständiges Gericht — 192
   c) Verfahrensmaximen — 192
   d) Die Entscheidung — 193
   e) Die Durchsetzung der Entscheidung — 193
   f) Vorläufige Regelungen — 193
2. Schutzmechanismen für das Kind — 194
   a) Besondere Sachwalter des Kindeswohles — 194
   b) Streitschlichtung — 195
   c) Beschleunigung und Schutz vor Verfahrensverzögerungen — 195
3. Besonderheiten in einzelnen Verfahren — 196
   a) Freiheitsentziehende Unterbringung und freiheitsentziehende Maßnahmen — 196
   b) Begründung gemeinsamer Sorge bei unverheirateten Eltern — 197

Inhaltsverzeichnis

c) Umgangsrechtsverfahren	197
d) Kindeswohlgefährdung	197
4. Rechtsmittel	198
5. Überblick über Ablauf eines kindschaftsrechtlichen Verfahrens	199

Kapitel 3: Vormundschaft und Pflegschaft   199
- I. Vormundschaft   200
  - 1. Das Entstehen einer Vormundschaft - .... Wann es dazu kommt...   200
  - 2. Die Person des Vormundes – Wer es macht   200
    - a) Die gesetzliche Amtsvormundschaft des Jugendamtes   200
    - b) Die bestellte Vormundschaft   200
  - 3. Die Führung der Vormundschaft   202
    - a) Rechte des Mündels   202
    - b) Die Rechtsstellung des Vormundes gegenüber dem Mündel   203
    - c) Die gerichtliche Kontrolle und Unterstützung des Vormunds   204
  - 4. Beendigung der Vormundschaft   204
- II. Pflegschaft   204
  - 1. Begriff und Arten   204
  - 2. Die Minderjährigenpflegschaften   205
    - a) Überblick   205
    - b) Die Ergänzungspflegschaft   205
    - c) Pflegschaften zum Wohl des Kindes   206

Kapitel 4: Adoption   207
- I. Die Minderjährigenadoption   207
  - 1. Die rechtliche Bedeutung der Adoption – Was passiert bei der Adoption?   207
  - 2. Die Adoptiveltern – Wer kann ein Kind adoptieren?   208
  - 3. Voraussetzungen der Adoption   209
    - a) Inhaltliche Anforderungen   209
    - b) Probepflege   209
    - c) Adoptionsantrag   210
    - d) „Freigabe" des Kindes durch die Eltern   210
    - e) Einwilligung des Kindes   213
    - f) Einwilligung des Ehegatten   213
  - 4. Die Aufhebung der Adoption   213
    - a) Fehler im Adoptionsverfahren   214
    - b) Gründe des Kindeswohles   215
- II. Die Volljährigenadoption   215
  - 1. Die rechtliche Bedeutung der Adoption – Was passiert bei der Adoption?   215
  - 2. Voraussetzungen der Adoption   216
  - 3. Die Aufhebung der Adoption   217

Kapitel 5: Eherecht   217
- I. Verlöbnis   217
- II. Eheschließung   217
  - 1. Überblick   217
  - 2. Formale Vorgaben für die Eheschließung   218
    - a) Obligatorische Zivilehe   218
    - b) Formale Anforderungen an den Ehekonsens   218
  - 3. Ehefähigkeit   219

4. Eheverbote 220
   a) Doppelehe 220
   b) Verwandtenehe 220
5. Willensmängel 220
6. Ehe mit Ausländer*in 221
III. Eheführung 222
   1. Die eheliche Lebensgemeinschaft 222
      a) Pflicht zur ehelichen Lebensgemeinschaft 222
      b) Die Bedeutung der ehelichen Lebensgemeinschaft 223
   2. Der Ehegattenunterhalt 223
   3. Der Ehename 224
   4. Die Schlüsselgewalt 224
      a) Übungsfall 15 224
      b) Bedeutung 224
      c) Voraussetzungen der Schlüsselgewalt 225
      d) Lösungshinweise zum Übungsfall 15 (Rn 535) 227
   5. Notvertretungsrecht in Gesundheitsangelegenheiten 227
IV. Eheliches Güterrecht 228
   1. Überblick über die Güterstände 228
   2. Die Zugewinngemeinschaft 229
      a) Wirkungen der Zugewinngemeinschaft während der Ehe 229
      b) Wirkungen der Zugewinngemeinschaft nach Eheauflösung 230
   3. Vertragliche Güterstände 230
V. Trennung 231
   1. Begriff 231
   2. Bedeutung 232
VI. Scheidung 232
   1. Begriff und Bedeutung 232
   2. Scheidungsvoraussetzungen 232
      a) Scheidungsgrund 232
      b) Trennungsfristen 233
      c) Scheidungshindernis: Die Härteklausel 234
   3. Scheidungsfolgen 234
      a) Zugewinnausgleich 234
      b) Versorgungsausgleich 235
      c) Ehewohnung und Hausrat 235
      d) Ehename 236
      e) Unterhaltsansprüche 236
   4. Scheidungs(-folgen)vereinbarungen 237
VII. Die nichteheliche Lebensgemeinschaft 237

Kapitel 6: Unterhaltsrecht 238
I. Die Struktur eines Unterhaltsanspruchs 238
   1. Überblick 238
   2. Anspruchsgrundlagen – Die „Unterhaltsgründe" 239
   3. Unterhaltsbedarf – Was braucht der Bedürftige? 239
   4. Bedürftigkeit des Unterhaltsgläubigers – Braucht er Unterhalt? 240
   5. Leistungsfähigkeit des Unterhaltsschuldners – Kann der andere überhaupt zahlen? 241
   6. Beschränkung des Unterhalts – Der bekommt kein Geld von mir! 243
   7. Hilfsansprüche – Erst einmal informieren! 243

	8. Unterhalt für die Vergangenheit und Unterhaltsvereinbarungen	244
II.	Verwandtenunterhalt	245
	1. Anspruchsgrundlage für den Verwandtenunterhalt	245
	2. Unterhaltsbedarf	245
	a) Umfang und Inhalt des Unterhaltsanspruchs	245
	b) Die Bezifferung des Barunterhalts	246
	3. Bedürftigkeit des Unterhaltsberechtigten	247
	4. Leistungsfähigkeit des Unterhaltsverpflichteten	248
	5. Beschränkung des Unterhaltsanspruchs	248
	6. Sonstige Besonderheiten	249
	a) Geltendmachung des Unterhalts	249
	b) Rückwirkende Geltendmachung	249
	c) Vertretung des Kindes	250
	7. Exkurs: Die Rolle der Kinder- und Jugendhilfe	250
III.	Ehegattenunterhalt während „intakter" Ehe	251
	1. Anspruchsgrundlage für den Ehegattenunterhalt	251
	2. Unterhaltsbedarf	252
	3. Erfüllung des Unterhaltsanspruchs	252
IV.	Trennungsunterhalt	253
	1. Anspruchsgrundlage für den Trennungsunterhalt	253
	2. Unterhaltsbedarf	253
	3. Bedürftigkeit des Unterhaltsberechtigten	254
	4. Leistungsfähigkeit des Unterhaltsverpflichteten	255
	5. Beschränkung des Unterhaltsanspruchs	255
V.	Nachehelicher Unterhalt	255
	1. Anspruchsgrundlagen für den nachehelichen Unterhalt	255
	a) Grundsatz der Eigenverantwortung	255
	b) Unterhalt wegen Unzumutbarkeit einer Erwerbstätigkeit	256
	c) Unterhalt trotz zumutbarer Erwerbstätigkeit	259
	2. Unterhaltsbedarf, Bedürftigkeit und Leistungsfähigkeit	260
	3. Beschränkung des Unterhaltsanspruchs	262
	4. Herabsetzung/zeitliche Begrenzung des Unterhalts	263
	5. Besonderheiten	265
	6. Unterhaltsvereinbarungen	265
VI.	Unterhalt zwischen nicht miteinander verheirateten Eltern	266
	1. Anspruchsgrundlagen	266
	2. Unterhaltsbedarf, Bedürftigkeit und Leistungsfähigkeit	266

Kapitel 7: Betreuungsrecht   **267**

I.	Einführung – Was soll eine Betreuung?	267
II.	Die Bestellung eines Betreuers – Wie es zu einer Betreuung kommt...	267
	1. Voraussetzungen der Betreuerbestellung – Wer einen Betreuer bekommen kann...	267
	a) Alterserfordernis	268
	b) Medizinische Indikation	268
	c) Unterstützungsbedürftigkeit und Unterstützungsbedarf	268
	d) Kausalität zwischen Erkrankung/Behinderung und Betreuungsbedürftigkeit	269
	e) Erforderlichkeit einer Betreuung	270
	2. Zwangsbetreuung - ... auch wenn der Betroffene das vielleicht anders sieht...	271

3.	Der Umfang der Betreuung – Was und wie viel Betreuung...	272
4.	Die Person des Betreuers	272
	a) Mögliche Betreuer – Wer und wie viele?	272
	b) Kriterien für die Auswahl des Betreuers	274
III.	Die Rechtswirkungen der Betreuung	276
1.	Die Rechtsstellung des Betreuers - Was der Betreuer darf	276
	a) Rechtliche Befugnisse des Betreuers im Außenverhältnis	276
	b) Rechtliche Befugnisse des Betreuers im Innenverhältnis	277
	c) Durchsetzung von Entscheidungen gegenüber dem Betreuten	279
2.	Folgen für den Betroffenen - ... was das für den Betroffenen bedeutet...	279
3.	Veränderungen	280
4.	Der Schutz vor dem Betreuer - ... und wer darüber wacht	281
	a) Aufsicht über den Betreuer	281
	b) Genehmigung des Betreuerhandelns	282
	c) Prüfung der Notwendigkeit der Betreuung	282
IV.	Besondere Bereiche und Konstellationen	282
1.	Die Notwendigkeit der Koordination zweier Handlungsbefugnisse – Der Einwilligungsvorbehalt	282
2.	Gesundheitsbezogene Maßnahmen	284
	a) Übungsfall 16	284
	b) Zulässigkeit gesundheitsbezogener Maßnahmen	284
	c) Ärztliche Zwangsmaßnahmen	287
	d) Sterilisation	289
	e) Lösungshinweise zum Übungsfall 16 (Rn 683)	289
3.	Aufenthalt und Wohnungsangelegenheiten	290
4.	Freiheitsentziehende und -beschränkende Maßnahmen	291
	a) Überblick	291
	b) Die freiheitsentziehende Unterbringung	292
	c) Sonstige freiheitsentziehende Maßnahmen in einer Einrichtung	295
	d) Exkurs: Die öffentlich-rechtliche Unterbringung	296
5.	Vermögensangelegenheiten	298
	a) Besondere Plichten	298
	b) Besondere Schutzmechanismen	299
	c) Befreite Betreuung	299
V.	Verfahren zur Anordnung der Betreuung	300
1.	Die Durchführung des Verfahrens	300
	a) Verfahrensordnung	300
	b) Einleitung des Verfahrens	300
	c) Verfahrensmaximen	300
	d) Die Entscheidung	301
	e) Vorläufige Regelungen	302
2.	Besonderheiten für Unterbringungssachen	302
3.	Rechtsmittel	303

Stichwortverzeichnis 305

Abkürzungsverzeichnis

Abs.	Absatz
AdVermiG	Adoptionsvermittlungsgesetz
AktG	Aktiengesetz
Art.	Artikel
AufenthG	Aufenthaltsgesetz
AsylG	Asylgesetz
BAföG	Bundesausbildungsförderungsgesetz
BAG	Bundesarbeitsgericht
Bay	Bayern, bayrisch
Bbg	Brandenburg, brandenburgisch
BeckOK	Beck'scher Online Kommentar
BeckRS	Beck Rechtsprechung
BeurkG	Beurkundungsgesetz
BGB	Bürgerliches Gesetzbuch
BGH	Bundesgerichtshof
BNotO	Bundesnotarordnung
Brem	Bremen, bremisch
BSG	Bundessozialgericht
BT-Dr	Bundestags-Drucksache
BtoG	Betreuungsorganisationsgesetz
BtPrax	Betreuungsrechtliche Praxis
BVerfG	Bundesverfassungsgericht
BVerfGG	Bundesverfassungsgerichtsgesetz
BW	Baden-Württemberg, baden-württembergisch
BWahlG	Bundeswahlgesetz
DIJuF	Deutsches Institut für Jugend und Familie
EGBGB	Einführungsgesetz zum BGB
EU	Europäische Union
ESchG	Embryonenschutzgesetz
FamFG	Gesetz über das Verfahren in Familiensachen und in den Angelegenheiten der freiwilligen Gerichtsbarkeit
FamRZ	Zeitschrift für das gesamte Familienrecht
G	Gesetz
gem	gemäß
GewSchG	Gewaltschutzgesetz
GG	Grundgesetz
GmbHG	Gesetz betreffend die Gesellschaften mit beschränkter Haftung
GVG	Gerichtsverfassungsgesetz
Hbg	Hamburg, hamburgisch
Hess	Hessen, hessisch
HGB	Handelsgesetzbuch
hM	herrschende Meinung

Hrsg	Herausgeber
iS	im Sinne
InfAuslR	Informationsbriefe Ausländerrecht
JAmt	Das Jugendamt
JGG	Jugendgerichtsgesetz
KG	Kammergericht Berlin
MV	Mecklenburg-Vorpommern, mecklenburg-vorpommerisch
LG	Landgericht
Nds	Niedersachsen, niedersächsisch
nF	neue Fassung
NJW	Neue Juristische Wochenschrift
NJW-RR	Neue Juristische Wochenschrift Rechtsprechungs-Report
NRW	Nordrhein-Westfalen, nordrhein-westfälisch
oa	oben aufgeführt
oÄ	oder Ähnliches
og	oben genannt
OLG	Oberlandesgericht
PflVG	Pflichtversicherungsgesetz
PStG	Personenstandsgesetz
PsychHG	Psychisch-Hilfe-Gesetz
PsychKHG	Psychisch-Kranken-Hilfe-Gesetz
PsychKG	Psychisch-Kranken-Gesetz
RhPf	Rheinland-Pfalz, rheinland-pfälzisch
RKEG	Gesetz über die religiöse Kindererziehung
Rn	Randnummer
RPflG	Rechtspflegergesetz
Sachs-Anh	Sachsen-Anhalt, sachsen-anhaltinisch
SaRegG	Samenspenderregistergesetz
Saarl	Saarland, saarländisch
SchKG	Schwangerschaftskonfliktgesetz
SGB	Sozialgesetzbuch
SH	Schleswig-Holstein, schleswig-holsteinisch
sog	sogenannte
StGB	Strafgesetzbuch
StPO	Strafprozessordnung
str	streitig
StVG	Straßenverkehrsgesetz
StVO	Straßenverkehrsordnung
Thür	Thüringen, thüringisch
TierSchG	Tierschutzgesetz
TPG	Transplantationsgesetz
ua	unter anderem
uÄ	und Ähnliches
UBG	Unterbringungsgesetz
uU	unter Umständen

UVG	Unterhaltsvorschussgesetz
VBVG	Gesetz über die Vergütung von Vormündern und Betreuern
VersAusglG	Versorgungsausgleichsgesetz
VVG	Versicherungsvertragsgesetz
ZEV	Zeitschrift für Erbrecht und Vermögensnachfolge
ZPO	Zivilprozessordnung
zT	zum Teil

Literaturempfehlungen

Rechtsübergreifende Darstellungen

Falterbaum, Johannes: Rechtliche Grundlagen Sozialer Arbeit. Eine praxisorientierte Einführung, 5. Aufl., Stuttgart 2020
Kievel, Winfried/Knösel, Peter/Marx, Ansgar, Sauer/Jürgen: Recht für Soziale Berufe. Basiswissen kompakt, 8. Aufl., München 2018
Stock, Christof/Schermaier-Stöckl, Barbara/Klomann, Verena/Vitra, Anika: Soziale Arbeit und Recht. Lehrbuch, 2. Aufl., Baden-Baden 2020

Familienrecht

Fröschle, Tobias: Familienrecht, 4. Aufl., Stuttgart 2019
Fröschle, Tobias: Studienbuch Vormundschafts- und Pflegschaftsrecht, Köln 2012
Gürbüz, Sabahat: Familien- und Kindschaftsrecht für die Soziale Arbeit, 2. Aufl. München 2020
Marx, Ansgar: Familienrecht für soziale Berufe. Ein Leitfaden mit Fällen, Mustern und Übersichten, 2. Aufl., Köln 2018
Münder, Johannes/Ernst, Rüdiger/Behlert, Wolfgang/Tammen, Britta: Familienrecht für die Soziale Arbeit. Lehrbuch, 8. Aufl., Baden-Baden 2021
Schleicher, Hans: Jugend- und Familienrecht, 15. Aufl., München 2020
Schwab, Dieter: Familienrecht, 29. Aufl., München 2021
Wabnitz, Reinhard J.: Grundkurs Familienrecht für die Soziale Arbeit, 5. Aufl., Stuttgart 2019

Betreuungsrecht

Fröschle, Tobias: Studienbuch Betreuungsrecht, 4. Aufl., Köln 2019
Jürgens, Andreas/Lesting, Wolfgang /Loer, Annette /Marschner, Rolf: Betreuungsrecht kompakt, 8. Aufl., München 2016
Thar, Jürgen/Raak, Wolfgang: Leitfaden Betreuungsrecht, 7. Aufl., Köln 2018
Zimmermann, Walter: Ratgeber Betreuungsrecht, 11. Aufl., München 2020

Kommentare und Handbücher

Damrau, Jürgen/Zimmermann, Walter: Betreuungsrecht. Kommentar zum formellen und materiellen Recht, 5. Aufl., Stuttgart 2022
Grüneberg, Christian uA: Bürgerliches Gesetzbuch, 81. Aufl., München 2022
Hau, Wolfgang/Poseck, Roman (Hrsg): Beck´scher Online-Kommentar zum BGB, 59. Ed. Stand: 2.8.2021
Kaiser, Dagmar/Schnitzler, Klaus uA (Hrsg): NomosKommentar, BGB. Familienrecht Band 4, 4. Aufl., Baden-Baden 2021
Jox, Rolf/Fröschle, Tobias (Hrsg): Praxiskommentar Betreuungs- und Unterbringungsverfahren, 4. Aufl., Köln 2020
Jürgens, Andreas (Hrsg): Betreuungsrecht. Kommentar, 6. Aufl., München 2019
Kemper, Rainer/Schreiber, Klaus (Hrsg): Familienverfahrensrecht. Handkommentar, 3. Aufl., Baden-Baden 2015
Münchener Kommentar zum Bürgerlichen Gesetzbuch. Band 8 Familienrecht I, §§ 1297-1588, Versorgungsausgleichsgesetz, Gewaltschutzgesetz, Lebenspartnerschaftsgesetz, 8. Aufl., München 2020
Münchener Kommentar zum Bürgerlichen Gesetzbuch. Band 9 Familienrecht II, §§ 1589-1921, SGB VIII, 8. Aufl., München 2020
Scholz, Harald/Kleffmann, Norbert/Motzer, Stefan: Praxishandbuch Familienrecht, 40. Aufl., München 2021
Schulze, Reiner/Dörner, Heinrich/Ebert uA: BGB Bürgerliches Gesetzbuch. Handkommentar, 11. Aufl., Baden-Baden 2021
Völker, Mallory/Clausius, Monika: Sorge- und Umgangsrecht. Handbuch für die familienrechtliche Praxis. Rechtsgrundlagen, Erläuterungen, Muster. 8. Aufl., Baden-Baden 2021

Teil I: Allgemeine Grundlagen

Kapitel 1: Recht und Rechte

I. Ein paar Grundbegriffe des Rechts – Worüber wir hier reden...

Menschliches Miteinander ist konfliktanfällig: Der Mensch lebt nicht allein auf einer Insel, sondern in einem Sozialverband. Zwangsläufig treffen unterschiedliche Vorstellungen über die Verwirklichung ihrer Leben und des Miteinander aufeinander. Um diese in Einklang zu bringen, bedarf es Spielregeln für das Zusammenleben, sog Verhaltensnormen. So entsteht ein Regelungsgeflecht, das das Verhalten in jedem Sozialverband ordnet: Die Sozialordnung. Die Verhaltensnormen sind unterschiedlicher Herkunft: Sie können auf Tradition oder Brauchtum beruhen, als von der Natur vorgegeben angesehen oder verbindlich vorgeschrieben werden. Es wird dementsprechend unterschieden zwischen sozialen Verhaltensnormen und rechtlichen Normen. **1**

Soziale Normen sind gesellschaftlich geforderte, ungeschriebene Regeln. Sie werden im Regelfall freiwillig befolgt. Ihre Verletzung zieht uU informelle – zT sehr einschneidende – soziale Sanktionen nach sich. Soziale Normen werden daher subjektiv durchaus als verpflichtend erlebt. Jedoch ist ihre Einhaltung nicht mit formellen Mitteln erzwingbar.

Beispiele: Nicht hinter dem Rücken über Kollegen tratschen; Regeln der Höflichkeit; Ehrlichkeit.

Auch das Recht ist Teil dieser Sozialordnung. Als **Recht** werden die von der zuständigen Instanz gesetzten verbindlichen Regeln zur Ordnung des menschlichen Zusammenlebens bezeichnet. Andere Bezeichnungen sind: Rechtsnormen, Rechtssätze, Rechtsregeln. Genau wie andere soziale Regeln, soll auch das Recht die Verhältnisse zwischen den Menschen untereinander, aber auch zwischen Staat und Mensch ordnen (Ordnungsfunktion). Im Unterschied zu sozialen Normen ist Recht jedoch unbedingt verbindlich. Ihm kommt „Zwangscharakter" zu: Die Verletzung von Rechtsregeln kann nicht nur mit formalen rechtlichen Sanktionen geahndet werden. Ihre Einhaltung ist zudem erzwingbar durch besondere Instanzen: Die Gerichte.

Beispiel: Ansprüche aus einem Kaufvertrag sind gerichtlich einklagbar und in einem staatlichen Vollstreckungsverfahren durchsetzbar.

Das (objektiv) vorhandene Recht beinhaltet die Summe der für jedermann geltenden Rechtsnormen, die Gesetze in ihrer Gesamtheit, das geschriebene Recht sowie das Gewohnheitsrecht. **Objektives Recht** ist damit ein Synonym für „Recht" oder „Gesetz" oder „Norm". Jedes Recht ist zugleich immer auch objektives Recht. **2**

Für den Einzelnen ist allerdings weniger die bloße Existenz des (objektiven) Rechts interessant, als vielmehr die Frage, was das Recht ihm für Möglichkeiten gibt: Ob das Recht ihm persönlich auch ein Recht gibt, das er einfordern kann. Ist dies der Fall, so spricht man von einem (auch) **subjektiven Recht** oder Anspruch.

Erst das subjektive Recht verleiht dem Einzelnen die Macht, die (objektivrechtliche) Regelung der Norm gegenüber einem Dritten durchzusetzen. Handelt es sich hingegen um eine lediglich objektiv-rechtliche Norm, folgt aus ihr kein einklagbares subjektives Recht. Der Bürger kann dieses Recht nicht durchsetzen, sondern allenfalls hoffen, dass es beachtet wird. Salopp gesprochen steht das Recht „nur auf dem Papier". Der Bürger profitiert von der Norm – wenn sie beachtet wird – lediglich tatsächlich. Sie schützt ihn dann nur als sog Rechtsreflex.

Lediglich objektive Normen finden sich im öffentlichen Recht, zB § 11 SGB VIII. Im Privatrecht folgen aus dem objektiven Recht hingegen überwiegend auch subjektive Ansprüche.

3 Als **Rechtsverhältnis** bezeichnet man die rechtliche Sonderverbindung zwischen zwei oder mehr Personen oder aber zwischen einer Person und einer Sache.

Die für die Soziale Arbeit wichtigsten Rechtsverhältnisse sind das familienrechtliche Personenverhältnis sowie das Schuldverhältnis auf gesetzlicher oder vertraglicher Grundlage. Ein Schuldverhältnis ist ein Rechtsverhältnis zwischen Personen, die gegeneinander Ansprüche haben (§ 241 Abs. 1 BGB).

Die an dem Schuldverhältnis beteiligten Personen werden als Gläubiger und Schuldner bezeichnet. Gläubiger ist diejenige Person, die einen Anspruch besitzt. Schuldner ist diejenige Person, gegen die sich der Anspruch richtet, die also den Anspruch zu erfüllen hat und damit etwas „schuldet".

Beispiel: Eltern sind ihren minderjährigen Kindern zur Leistung von Unterhalt verpflichtet. Sie „schulden" ihnen Unterhalt (vgl §§ 1601 ff BGB). Die Eltern würde man als Unterhaltsschuldner, das Unterhalt begehrende Kind als Unterhaltsgläubiger bezeichnen.

II. Rechtsquellen – Wo Recht her kommt...

4 Rechtliche Normen sind allgegenwärtig. Je nachdem, wer es setzt, haben sie unterschiedliche Namen. Will man wissen, wo Recht „herkommt", interessiert man sich also für die sog **Rechtsquellen**, so lässt sich grob differenzieren zwischen:
- Völkerrecht,
- EU-Recht und
- nationalem Recht.

Völkerrecht ist das internationale Recht. Es gilt zwischen Staaten und regelt deren Rechtsbeziehungen.

EU-Recht ist das Recht der Europäischen Union. Zum EU-Recht zählen zum einen die Staatsverträge der an der EU beteiligten Staaten zur Schaffung und Weiterentwicklung der EU selber (sog primäres Gemeinschaftsrecht). Zum anderen aber setzt die EU auch selber Recht durch ihre Organe. Dieses wird als sekundäres Gemeinschaftsrecht bezeichnet. Hierzu zählen etwa EU-Verordnungen oder EU-Richtlinien. Im Bereich der Arbeit mit Geflüchteten sind etwa die Dublin-Verordnungen relevant (und bekannt) die regeln, welcher Staat über ein Schutzersuchen von Geflüchteten entscheidet.

5 Der Alltag der Sozialen Arbeit ist durch die Vorschriften des **nationalen Rechts,** geschaffen durch den nationalen Gesetzgeber der Bundesrepublik Deutschland, bestimmt. Auch das nationale Recht kann unterschiedliche „Gesichter" haben. Folgende nationale Rechtsquellen gibt es:
1. Verfassung (Grundgesetz), Landesverfassungen: Grundordnung der Bundesrepublik und der Bundesländer. Sie enthalten Regeln zu Aufbau und Organisation des Staates sowie zum Verhältnis zwischen Staat und Bürgern: Die Grundrechte.

2. **Bundes- bzw Landesgesetze: Gesetze** sind Rechtsnormen, die vom verfassungsrechtlich vorgesehenen Organ (Parlament) im verfassungsrechtlich vorgeschriebenen Verfahren beschlossen und ordnungsgemäß bekannt gemacht, nämlich verkündet, wurden (Art. 82 GG). Man nennt sie auch „Gesetz im formellen Sinn".
3. Untergesetzliches Recht:
   - **Rechtsverordnungen:** Rechtsverordnungen sind die Rechtsvorschriften, die die Regierung (also ein Ministerium) erlässt. Der einzige Unterschied zum Gesetz besteht im Normgeber.
   - **Satzungen:** Satzungen sind die Rechtsvorschriften, die Kommunen und andere Körperschaften des öffentlichen Rechts (zB eine Hochschule) im Rahmen der ihnen verliehenen Autonomie erlassen.
   - **Gewohnheitsrecht:** Gewohnheitsrecht ist ungeschriebenes Recht. Es entsteht durch langdauernde Übung, getragen von der Rechtsüberzeugung ihrer Verbindlichkeit durch die Rechtsgemeinschaft. Normgeber sind damit die Rechtsbetroffenen selbst. Die Anerkennung von Gewohnheitsrecht ist umstritten. In der Sozialen Arbeit hat es keine Relevanz.

Entsteht Streit über die Auslegung und Anwendung des Rechts im Einzelfall, entscheiden die Gerichte, was das Gesetz im konkreten Fall für die streitenden Parteien bedeutet. Diese Entscheidungen haben keine Gesetzesqualität: Die Gerichte sind Rechtsanwender und nicht Rechtssetzer. Im Gegensatz zu einem Gesetz gilt ein Urteil daher auch nicht allgemein (für alle), sondern nur zwischen den am Rechtsstreit beteiligten Parteien. Das sog „**Richterrecht**" ist keine Rechtsquelle.

Natürlich sind richterliche Entscheidungen in der Praxis ziemlich bedeutsam. Dies gilt vor allem für die Rechtsprechung durch die obersten Bundesgerichte, dem BGH, dem BSG und dem BAG. Deren Entscheidungen setzen für die unteren Gerichtsinstanzen Maßstäbe, wie Recht auszulegen ist. Dadurch sind ihre Entscheidungen auch für andere Streitfälle von Bedeutung: Die Bürger werden sich in ähnlich gelagerten Fällen auf sie berufen, Behörden und untere Gerichtsinstanzen werden sie bei ihren eigenen Entscheidungen beachten. Gleichwohl fehlt auch der höchstrichterlichen Rechtsprechung die typische einklagbare Verbindlichkeit eines Gesetzes.

III. Systematisierungen - ... und wie man sich darin orientieren kann

Fallbeispiel 1: Frau S sucht eine Beratungsstelle auf. Sie ist verheiratet und hat mit ihrem Ehemann drei gemeinsame Kinder. Der Ehemann hat vor längerer Zeit die Arbeit verloren. Die Frau selber ist nicht erwerbstätig. Die Familie hat aufgrund der Spielsucht des Ehemannes mittlerweile erhebliche Schulden angehäuft. Frau S ist Ausländerin. In der Beratung stellt sich heraus, dass die Kinder massive Verhaltensstörungen aufweisen. Die beratende Sozialarbeiterin hat zudem den Verdacht, dass der Ehemann gegenüber Frau und Kindern Gewalt ausübt.

Die für den Berufsalltag von Sozialarbeiter*innen relevanten rechtlichen Regeln sind sehr vielfältig. Sie finden sich verstreut in der Verfassung, in vielen Einzelgesetzen und Verordnungen. In komplexen Gemengelagen, wie im obigen Fall, findet man Lösungen in mehreren Gesetzen. Dafür ist es hilfreich, sich im Recht orientieren zu können. Eine erste Orientierung verschafft die grundlegende Unterteilung des Rechts in privates und öffentliches Recht.

Die Unterscheidung zwischen öffentlichem und privatem Recht ist für die Praxis von großer Bedeutung: Privat- und öffentliches Recht werden von unterschiedlichen

Grundsätzen beherrscht. Mit der Zuordnung zu einem der beiden Rechtsgebiete gelten automatisch bestimmte Maximen, Pflichten und Rechte der Beteiligten.

8 Das **Privatrecht** (oder Zivilrecht) ist das sog Jedermannsrecht. Gegenstand des Privatrechts sind die Rechtsbeziehungen zwischen Gleichgestellten, im Regelfall Bürger*innen – Eheleuten, Eltern und Kindern, Nachbar*innen etc. Kennzeichnend ist eine grundsätzliche Gleichordnung der Beteiligten. Die wichtigsten Materien des Privatrechts sind im BGB geregelt. Zuständig für privatrechtliche Streitigkeiten sind die Zivilgerichte.

Das **öffentliche Recht** hingegen ist das Recht des Staates. Zum öffentlichen Recht zählen zunächst alle Rechtsnormen, die Aufbau, Organisation und Verwaltung des Staates regeln. Aber auch das Strafrecht gehört zum öffentlichen Recht, ebenso das Prozessrecht, also die Verfahrensvorschriften für das Gerichtsverfahren, in dem die subjektiven Rechte durchgesetzt werden.

Hauptgegenstand des öffentlichen Rechts ist das **Verwaltungsrecht**. Das Verwaltungsrecht regelt vor allem die Rechtsverhältnisse zwischen Staat und Bürger*innen. Kennzeichnend ist ein grundsätzliches Über- und Unterordnungsverhältnis zwischen dem mit besonderer Hoheitsmacht ausgestatteten Staat und seinen Organen einerseits und den Bürger*innen andererseits.

9 Im Unterschied zum Privatrecht besitzt der Staat gegenüber dem Einzelnen bzw auch einer privaten Institution eine sehr viel größere Rechtsmacht als die im Grundsatz rechtlich gleichgestellten Bürger*innen untereinander. So darf der Staat einseitig Verbote aussprechen oder Verpflichtungen begründen und diese auch durchsetzen bzw ist zu besonderen Eingriffen berechtigt. Dies erfordert noch einmal besondere Regeln für das staatliche Handeln zum Schutz der Bürger*innen.

Auf der anderen Seite treffen den Staat auch besondere Pflichten. In dieser Eigenschaft ist er insbesondere selber Adressat von Leistungsansprüchen.

Zuständig für öffentlich-rechtliche Rechtsstreitigkeiten sind besondere Gerichte, im Bereich der Sozialen Arbeit sind dies die **Verwaltungs- und Sozialgerichte**, aber auch die **Strafgerichte**.

10 Im Fallbeispiel 1 sind etwa alle Fragen, die die Rechtsverhältnisse innerhalb der Familie betreffen, dem Privatrecht zuzuordnen: Die Gewaltproblematik (unter dem Aspekt des zivilrechtlichen Schutzes von Frau S gegenüber ihrem Mann); die Frage nach einer etwaigen Trennung und sogar Scheidung von Frau S einschließlich der Anschlussfragen nach dem Umgangs- und Sorgerecht sowie etwaigen Unterhaltsansprüchen.

Folgende Fragen sind Gegenstand des öffentlichen Rechts: Jugendhilfe für die Kinder (SGB VIII); Unterhaltssicherung für Frau S und die Kinder im Falle der Trennung (SGB II oder XII, Unterhaltsvorschussgesetz) und der Aufenthaltsstatus von Frau S (AufenthG). Daneben stellt sich die Frage, ob ein Strafverfahren wegen der Gewalttaten gegen Herrn S einzuleiten ist. Wird ein (zivil-, straf- oder verwaltungsrechtliches) Verfahren eingeleitet, braucht es verfahrensrechtliche Kenntnisse, wie das Verfahren einzuleiten und durchzuführen ist.

Insofern beinhaltet die zur Beratung anstehende Problematik sowohl privatrechtliche als auch öffentlich-rechtliche, straf- und verfahrensrechtliche Komponenten.

Teil I: Allgemeine Grundlagen 29

11

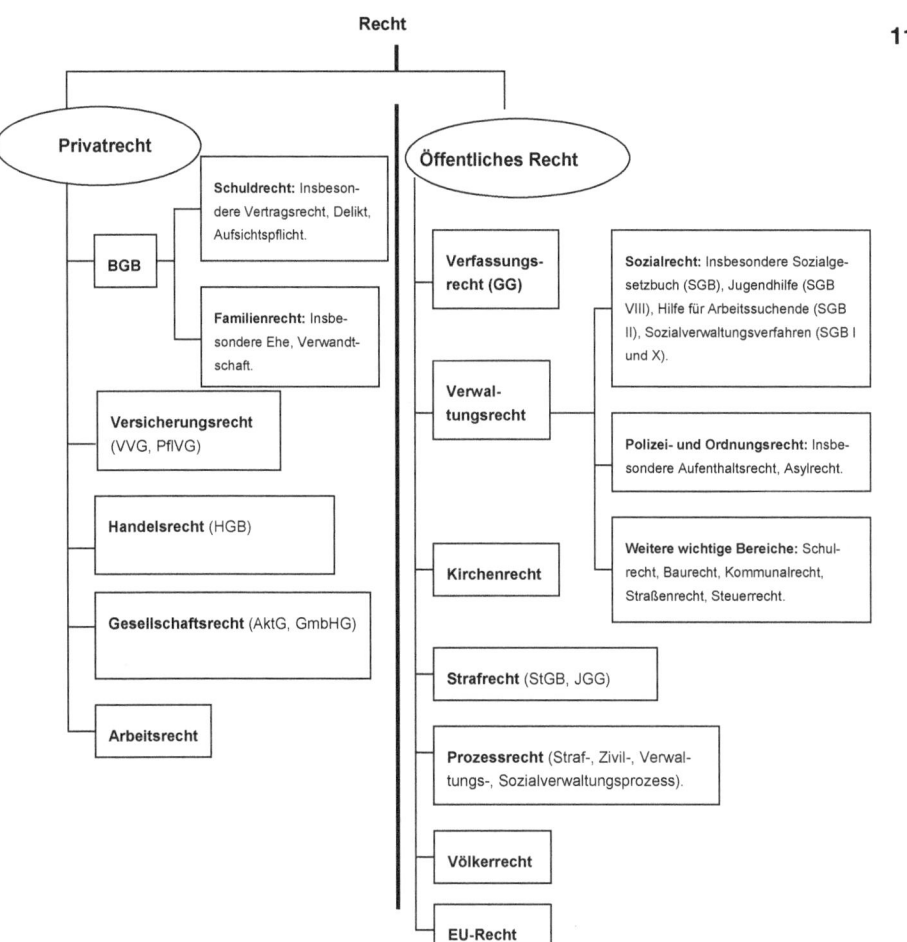

Diese Systematisierung erlaubt bei einer Beratung eine wichtige Grundorientierung, wo Antworten auf die Fragen der Klient*innen zu finden sind.

Kapitel 2: Die Arbeit mit dem Recht – Das juristische Handwerkszeug

I. Die juristische Methode

1. Die Rechtsanwendung (Subsumtion)

12 Die Kernaufgabe einer jeden Rechtsanwendung besteht darin, zu prüfen, ob die Norm tatsächlich auf den Fall anwendbar ist. Die rechtswissenschaftliche Methode der Auseinandersetzung mit einer Norm heißt **Subsumtion**. Sie wirkt an sich nicht besonders anspruchsvoll und besteht aus drei Schritten:

- Im ersten Schritt schält man den Inhalt der Norm heraus,
- den man sodann im zweiten Schritt auf den Fall, den Sachverhalt, anlegt und
- dann an dritter Stelle schaut, was die Norm im konkreten Sachverhalt regelt.

Beispiel: Es stellt sich die Frage, ob die 17jährige Jana volljährig ist.

Schritt 1: § 2 BGB regelt: Die Volljährigkeit tritt mit Vollendung des 18. Lebensjahres ein.

Schritt 2: Jana ist erst 17.

Schritt 3: Jana ist also noch nicht volljährig.

2. Die Herangehensweise an die Rechtsprüfung: Rechtsanalyse oder Anspruchsprüfung?

13 Eine Rechtsprüfung kann in verschiedenen Settings erfolgen: Es kann zum einen sein, dass man eine komplexe Situation erst einmal aufdröseln möchte, um sich einen Überblick über die rechtliche Ausgangslage zu verschaffen. In diesem Fall würde man eine sog Rechtsanalyse durchführen. Hinter einer Rechtsanalyse steht im Regelfall die offene Frage: „Wie ist es?"

Häufiger gibt es einen konkreten Konflikt zwischen den Beteiligten und man möchte wissen, ob einer der Beteiligten konkrete Rechte besitzt. In diesem Fall würde man eine sog Anspruchsprüfung durchführen, also prüfen, ob der oder die Rechtssuchende (und welche) Ansprüche besitzt. Die Frage hinter einer Anspruchsprüfung lautet immer: „Kann der Anspruchsteller etwas Bestimmtes von einer anderen Person verlangen?"

Im Fallbeispiel 1 etwa würde man in folgenden Bereichen eine Rechtsanalyse durchführen:

Wie ist er Aufenthaltsstatus von Frau S und wie verändert er sich durch eine etwaige Trennung? Kann sich Frau S – und unter welchen Voraussetzungen – scheiden lassen? Welche sorge- und umgangsrechtlichen Konsequenzen hat eine Trennung bzw Scheidung?

Bei den folgenden Konflikten etwa steht die Frage nach den Rechten von Frau S im Fokus und man würde eine Anspruchsprüfung durchführen:

Kann Frau S von ihrem Mann Unterhalt verlangen? Kann Frau S von ihrem Mann verlangen, dass er sich von ihr fernhält? Kann Frau S ALG II vom Jobcenter beanspruchen?

Die Bearbeitung der unterschiedlichen Fragen erfordert damit verschiedene rechtliche Herangehensweisen.

Teil I: Allgemeine Grundlagen 31

3. Die Anspruchsprüfung

Fallbeispiel 2: Sepp braucht ein neues Auto. Klaus bietet ihm seines zum Kauf an. Sepp erklärt sich nach Besichtigung des Autos einverstanden, dieses zu dem von Klaus genannten Preis zu kaufen. Klaus möchte nun, dass Sepp das Auto abholt und bezahlt. Dazu ist Sepp jedoch nicht mehr bereit, weil er es sich anders überlegt hat und lieber ein Fahrrad benutzen möchte.

Recht ist vor allem für den Konfliktfall gedacht: Es soll Konflikte lösen. Nachdem ein Recht im Konfliktfall ein Gegenüber braucht, gegen das es sich richtet, wird ein Fall immer danach aufgedröselt, zwischen welchen Personen Rechtsbeziehungen bestehen. Das gibt die Konfliktfelder vor, die gelöst werden sollen. Die Prüfung deren Rechte folgt sodann folgendem Schema:
a) Rechtsfrage aufwerfen.
b) Mögliche Anspruchsgrundlage nennen.
c) Rechtsprüfung.
d) Formulierung des Ergebnisses.

a) Schritt 1: Die Rechtsfrage: Wer will was von wem ... - Der Prüfgegenstand

Das Raster, das den Fall bei dieser Vorgehensweise strukturiert, ist eine einfache Frage: „Wer will was von wem (woraus)"? Das ist die methodische „Weltfrage" des Rechts. Sie konkretisiert die beteiligten Personen mit ihren Interessen und gibt der Rechtsprüfung ihre Richtung.

Im Fallbeispiel 2 etwa liegt es nahe, zu prüfen, ob Klaus (wer) von Sepp (von wem) Abnahme des Autos und Zahlung des Kaufpreises (was) verlangen kann.

b) Schritt 2: ... woraus? – Der Einstieg in die Anspruchsprüfung

Die Frage „woraus?" ein Beteiligter was auch immer will, schlägt die Brücke zur Rechtsprüfung. Um systematisch sicher, in eine Anspruchsprüfung einzusteigen, ist aus der Masse der rechtlichen Regeln, die irgendetwas Passendes zu dem Thema sagen, diejenige herauszufiltern, mit der man beginnt.

Zu unterscheiden ist insoweit zwischen Anspruchsgrundlagen und Hilfsnormen. Und – um es vorweg zu nehmen – der Einstieg in eine Anspruchsprüfung erfolgt immer und ausnahmslos mit einer Anspruchsgrundlage. Um Anspruchsgrundlagen und Hilfsnormen voneinander unterscheiden zu können, ist es hilfreich, deren Struktur zu verstehen.

Eine **Anspruchsgrundlage** ist diejenige Norm, die den Wunsch eines Beteiligten „trifft". Dafür muss sie zweierlei enthalten:
- Zum einen das vom Beteiligten Gewollte, also seinen Anspruch. Eine Anspruchsgrundlage sagt daher zwingend etwas darüber aus, was das Gegenüber tun oder lassen soll, zB etwas bezahlen, aufzuhören zu schlagen etc. Das ist die sog Rechtsfolge. Erkennbar ist die Rechtsfolge an Formulierungen wie: „... ist verpflichtet zu ...", „...hat Anspruch auf ... ". „... kann verlangen, dass..." oÄ.
- Sodann enthält die Anspruchsgrundlage auch die Voraussetzungen für das Gewollte. Sie sagt also zugleich etwas darüber aus, wann, also unter welchen Voraussetzungen, verlangt werden kann, dass zB jemand etwas bezahlen muss. Das ist der sog Tatbestand.

Tatbestand	⟶	Rechtsfolge
(Voraussetzungen des Rechts: „Wenn ...")		(Benennt das konkrete subjektive Recht, das besteht, wenn die Voraussetzungen vorliegen: „...dann soll ... tun")

Man nennt eine Anspruchsgrundlage aus diesem Grund auch vollständige Norm. Ihr Kennzeichen ist eine „Wenn-Dann-Struktur". Am Beispiel des § 433 BGB: *Wenn* ein Kaufvertrag geschlossen wurde (Tatbestand), *dann* hat der Käufer einen Anspruch auf Übereignung der gekauften Sache und der Verkäufer Anspruch auf Bezahlung (Rechtsfolge).

Hinweis: Diese Logik gilt übrigens auch im öffentlichen Recht. Sie ist von Bedeutung, wenn Leistungsansprüche – etwa auf Arbeitslosengeld II (SGB II) oder eine Hilfe zur Erziehung (SGB VIII) – gegenüber der öffentlichen Hand geltend gemacht werden. Im öffentlichen Recht wird allerdings statt des Begriffs der „Anspruchsgrundlage" der Begriff der „Ermächtigungsgrundlage" verwendet.

17 Meistens ist allerdings nicht alles in einer einzigen Norm geregelt. Es gibt ja bei der Regelung eines Konfliktes einiges zu bedenken: Ausnahmen, Grenzen, Widerspruchsmöglichkeiten gegen den Anspruch, Begriffsbestimmungen uÄ. All diese Fragen sind in weiteren Normen geregelt, Man nennt diese Normen deswegen auch **„Hilfsnormen"** oder „unvollständige Rechtssätze".

Beispiele: § 2 BGB: Definition der Volljährigkeit.
§ 194 Abs. 1 BGB: Definition des Anspruchs.
§§ 145 ff BGB: Beschreibung des Zustandekommens von Verträgen.
§§ 1591–1592 BGB: Definition der Verwandtschaft.
§ 276 Abs. 2 BGB: Definition des Begriffs der Fahrlässigkeit.

Hinweis: Auch unvollständige Normen haben oft eine „Wenn-Dann-Struktur". Im Unterschied zu vollständigen Normen regeln sie jedoch nicht auf der Rechtsfolgenseite, was jemand tun oder unterlassen soll, sondern nur, wie ein Begriff zu verstehen ist. Sie geben daher kein Recht, etwas zu verlangen.

Hilfsnormen haben immer nur Bedeutung im Zusammenhang mit einem vollständigen Rechtssatz und regeln selber nicht den Anspruch. Man zieht sie ergänzend heran – dort, wo man sie benötigt.

18 An zweiter Stelle beginnt daher die Suche nach einem einschlägigen Gesetz für jeden Wunsch jedes Beteiligten, der Anspruchsgrundlage.

Im Fallbeispiel 2 käme § 433 Abs. 2 BGB als mögliche Anspruchsgrundlage in Betracht. Diese enthält nämlich die Klaus interessierenden Rechtsfolgen: Recht auf Abnahme des Kaufgegenstandes und Recht auf Bezahlung.

An dieser Stelle ist noch offen, ob der Anspruch tatsächlich rechtlich begründet ist, also, ob die Norm passt. Das stellt sich erst am Ende der Rechtsprüfung heraus. Zu Beginn reicht es aus, dass es überhaupt ein Gesetz für den Wunsch des Beteiligten gibt. Wenn es keine Anspruchsgrundlage gibt, dann ist der Wunsch rechtlich nicht erfüllbar.

Teil I: Allgemeine Grundlagen

Wichtig: Das korrekte Zitieren einer Norm. Die einzelnen Normen können sich in mehrere Absätze aufgliedern. Jeder Absatz hat uU mehrere Sätze. Da Normen sehr lang sein können, sollte die konkret genannte Stelle möglichst genau bezeichnet werden. Üblich ist folgende Zitierweise: Norm (Paragraf), Absatz, Satz, Gesetz. Im Beispiel: § 433 Abs. 2 BGB.

c) Schritt 3: Die Subsumtion – Der Kern der Rechtsprüfung

Hat man die (besser: eine, manchmal gibt es mehrere) Anspruchsgrundlage gefunden, mit der man in die Rechtsprüfung einsteigen kann, geht die eigentliche Arbeit los. Norm und Lebenswirklichkeit müssen zusammengebracht werden. Bei diesem Schritt wird geprüft, ob die Norm tatsächlich den Anspruch enthält (Rn 12): Dazu prüft man, welche Voraussetzungen die Norm aufstellt, konkretisiert die Tatbestandsmerkmals ggf. und gleicht sie zuletzt mit dem Sachverhalt ab. 19

Wichtig: Die Rechtsprüfung wird umso komplexer, je mehr Tatbestandsmerkmale eine Norm aufstellt. In diesem Fall ist ein Tatbestandsmerkmal nach dem anderen durchzuprüfen.

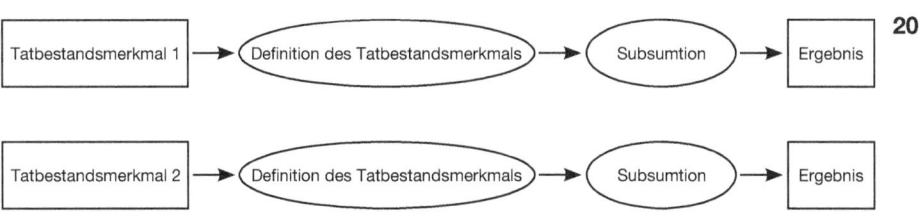

20

Im Fallbeispiel 2 erfordert § 433 Abs. 2 BGB das Vorliegen eines Kaufvertrages. Daher ist zunächst zu konkretisieren, was mit dem Tatbestandsmerkmal gemeint ist, konkret: Was überhaupt ein Vertrag ist. Dazu muss vorab geklärt werden, wann abstrakt gesehen ein Kaufvertrag vorliegt. Im nächsten Schritt ist dann zu prüfen, ob in dem geschilderten Vorgang zwischen Sepp und Klaus der Abschluss eines Kaufvertrages zu sehen ist. Im geschilderten Sachverhalt lässt sich das unproblematisch bejahen.

Nur, wenn alle Voraussetzungen der Anspruchsgrundlage erfüllt sind, ist der Anspruch begründet. Fehlt auch nur eine, besteht der Anspruch nicht. Die Rechtsprüfung ist auch in diesem Fall nicht notwendig zu Ende. UU gibt es noch weitere in Betracht kommende Anspruchsgrundlagen. Diese sind dann nach dem gleichen Schema, eine nach der anderen, zu prüfen.

d) Schritt 4: Ergebnis festhalten

Der letzte Schritt am Ende der Prüfung ist die Formulierung des Gesamtergebnisses. Dadurch werden die vorangegangenen Überlegungen und Zwischenergebnisse der einzelnen Prüfungsschritte zusammengefasst und die eingangs aufgeworfene Frage beantwortet. 21

Im Fallbeispiel 2 würde das Ergebnis lauten: Die Voraussetzungen des § 433 Abs. 2 BGB sind erfüllt. Klaus kann von Sepp verlangen, dass dieser das Auto abholt und den vereinbarten Kaufpreis bezahlt.

e) Und wenn es komplexer wird ...

22 **Wichtig:** Prüfen Sie immer nur die Rechtslage zwischen zwei Personen. Sind mehrere Personen an dem Sachverhalt beteiligt, sortieren Sie den Sachverhalt und prüfen dann jede Rechtsbeziehung separat.

Beispiel – Fallvariante zum Fallbeispiel 2: Klaus hat das Auto Sepp verkauft. Danach hat auch die hübsche Henriette bei Klaus angefragt, die das Auto ebenfalls kaufen möchte. Klaus verkauft auch ihr das Auto. Wie ist die Rechtslage?

In diesem Fall muss der Sachverhalt „aufgedröselt" werden in mehrere „Fälle", die nacheinander durchgeprüft werden:
1. Rechtsbeziehungen zwischen Klaus und Sepp: Kann Sepp Übereignung des Autos von Klaus verlangen? (Lösungshinweis: Ein Vertrag liegt vor, Sepp besitzt einen Anspruch auf Übereignung des Autos.)
2. Rechtsbeziehungen zwischen Klaus und Henriette: Kann Henriette von Klaus Übereignung des Autos verlangen? (Lösungshinweis: Auch hier liegt ein Vertrag vor, so dass auch Henriette einen Anspruch auf Übereignung besitzt.)
Das Ergebnis lautet: Klaus hat sein Auto tatsächlich zweimal verkauft. Beide Kaufverträge sind wirksam.
3. Folgefragen: Dieses Ergebnis ist nicht richtig zufriedenstellend. So ist absehbar, dass Klaus nicht beide Kaufverträge wird erfüllen können. In der Praxis würde man an dieser Stelle jetzt ansetzen, um auch diese Problematik zu klären. Im Vordergrund stünde die Frage, ob die Person, die das Auto nicht erhält, Schadensersatzansprüche besitzt. Auch diese Frage würde nach obigem Schema behandelt werden. Vorliegend wird sie nicht vertieft.

II. Die Gesetzesauslegung – wie dehnbar Begriffe sein können ...

1. Definitionen und unbestimmte Rechtsbegriffe – Ein bisschen juristische Methodenlehre

23 Ist ein einschlägiges Gesetz gefunden, so stellt sich unter Umständen die Notwendigkeit, zunächst den Gesetzesinhalt zu klären: Manche Gesetzesbegriffe sind (sehr) ungenau, zT wertend oder verändern im Laufe der Zeit ihre Bedeutung.

Beispiele:
- § 823 Abs. 1 BGB: „Wer ... *ein sonstiges* Recht ... verletzt, ist ... zum Ersatz des ... Schadens verpflichtet." Was ist ein „sonstiges Recht"?
- § 17 Abs. 1 SGB VIII: „*Mütter* und *Väter* ... haben Anspruch auf Beratung in Fragen der Partnerschaft." Sind Stief- oder Pflegeeltern Mütter und Väter iS dieser Norm?
- § 1 BAföG: „Auf ... Ausbildungsförderung besteht ... ein Rechtsanspruch, wenn *dem Auszubildenden* die erforderlichen Mittel ... nicht zur Verfügung stehen". Gilt das Gesetz auch für weibliche Auszubildende?

An dieser Stelle setzt die juristische Methodenlehre ein. Diese stellt mögliche Begründungs- und Argumentationsmuster zur Verfügung, um den Inhalt eines Gesetzes festzulegen. Klassischerweise wird vor allem auf vier Auslegungsmethoden zurückgegriffen:

- Der Wortlaut einer Norm (sog grammatikalische Auslegung),

  Im Beispiel 3 könnte die grammatikalische Auslegung zu dem Ergebnis führen, dass nur männliche Auszubildende Leistungen des BAföG erhalten können.

- die Systematik der Rechtsordnung, also ein Verständnis der Norm, das sie in den Kontext der gesamten Rechtsordnung stellt,

Teil I: Allgemeine Grundlagen 35

Im Beispiel 3 wäre aus dem verfassungsrechtlichen Gleichbehandlungsgebot des Art. 3 Abs. 2 GG zu folgern, dass sowohl männliche als auch weibliche Auszubildende von der Norm erfasst sein müssen.

- die Entstehungsgeschichte einer Norm und
- ihr Sinn und Zweck (sog teleologische Auslegung). Diese ist die in der Praxis beliebteste Auslegungsmethode. Sie erlaubt dem Ausleger – logisch kaum verifizierbar (aber auch nicht falsifizierbar) – seiner eigenen „Vernünftigkeit" Geltung zu verschaffen. Das macht sie aber auch ziemlich angreifbar.

Für das Beispiel 2 gilt zB folgende Überlegung: Sinn und Zweck des SGB VIII ist es, das Kind in allen tatsächlichen erzieherischen Kontexten zu erfassen und zu schützen. Dafür ist es unerheblich, ob das Kind bei seinen leiblichen Eltern, Stief- oder Pflegeeltern lebt. Das spricht dafür, auch Stief- und Pflegeeltern als Mütter und Väter iS dieser Norm anzusehen.

Aus diesen methodischen Ansätzen lassen sich Argumentationsmuster für die unterschiedlichsten möglichen Normverständnisse gewinnen. Aber eben nur mögliche, nie zwingende Argumentationsmuster. Gesetzesinterpretation hat damit immer ein wertendes Element. Das kann dazu führen, dass verschiedenen Rechtsanwender (Sozialarbeiter*in, Behörde, Klient*in, Richter*in) ein und dieselbe Norm unterschiedlich auslegen. Daher ist an dieser Stelle festzuhalten: Einen wissenschaftlich einwandfrei bestimmbaren Inhalt hat das Recht häufig nicht. Aus eben diesem Grunde gibt es oft keine „richtige", sondern nur eine „vertretbare" Lösung. **24**

Das impliziert natürlich Rechtsunsicherheit. Rechtssicherheit gibt es im Wesentlichen durch die institutionelle Verwobenheit des Rechts: Die Rechtsprechung setzt durch ihre Entscheidungen Standards, an denen sich Bürger*innen, Anwält*innen und Behörden ausrichten. Das Rechtsmittelsystem ermöglicht Bürger*innen, sich gegen eine bestimmte Rechtsauslegung durch eine Behörde zu wehren. Verfahrensrechtliche Standards zwingen Behörden und Gerichte, ihre Entscheidungen zu begründen und ihre Auslegung zumindest transparent zu machen.

2. Analogie

Die Methoden der Gesetzesauslegung implizieren eine gewisse Dehnbarkeit von Gesetzesformulierungen. Eine Gesetzesauslegung ist jedoch nicht unbegrenzt möglich. Sie endet am möglichen Wortlaut eines Wortes. **25**

Beispiel: § 1360 BGB: „Die *Ehegatten* sind einander verpflichtet, ... die Familie angemessen zu unterhalten." Sollte nun eine nichteheliche Lebensgefährtin von ihrem Lebensgefährten Unterhalt wünschen, so gilt: Sie ist auch bei Anwendung aller Auslegungsmethoden keine Ehefrau. § 1360 BGB passt nicht. Einen Unterhaltsanspruch gibt ihr diese Norm nicht.

Trotzdem würde man manchmal gerne – aus einem Empfinden der Gerechtigkeit heraus – ein Gesetz anwenden. Und zwar auch dann, wenn es nicht wirklich passt. Der rechtstechnische Kniff dafür heißt **Analogie**. Analogie ist der Begriff dafür, dass eine Norm auf einen von ihr nicht geregelten Fall angewandt wird.

Mit der Bildung einer Analogie wird der – ohnehin schon weiche – Boden des Gesetzes völlig verlassen. Es besteht die Gefahr, dass Recht beliebig wird. Aus diesem Grunde ist die Bildung einer Analogie nur im Ausnahmefall zulässig. Sie ist nur möglich, wenn es eine planwidrige Regelungslücke gibt (der Gesetzgeber also vergessen hat, etwas zu regeln) und der ungeregelte Sachverhalt mit dem geregelten Sachverhalt so vergleichbar ist, dass die Anwendung der Norm gerechtfertigt erscheint.

Mit diesem Argument lehnt die Rechtsprechung die Anwendung der Normen des Eherechts auf unverheiratete Partner*innen ab: Der Gesetzgeber wollte nur die Ehe privilegieren und: Unverheiratete wollen gerade keine Eheleute sein (sonst hätten sie ja geheiratet). Es wurde also nichts vergessen.

Teil II: Grundlagen des Zivilrechts

Kapitel 1: Grundlagen des Bürgerlichen Rechts

I. Überblick über das BGB

Grundlage für die Rechtsbeziehungen der Bürger im Alltag ist das BGB. Das BGB gliedert sich in 5 große Abschnitte, Bücher genannt:
1. Buch: Allgemeiner Teil (§§ 1–240 BGB): Das erste Buch enthält allgemeine, quasi vor die Klammer gezogene, Regeln, die (uU mit Modifikationen) für das gesamte BGB gelten.
2. Buch: Recht der Schuldverhältnisse (§§ 241–853 BGB): Das zweite Buch behandelt die Begründung von Ansprüchen zwischen verschiedenen Personen. Es enthält die wichtigsten Entstehungsgründe für Ansprüche.
3. Buch: Sachenrecht (§§ 854–1296 BGB): Das dritte Buch hat das Verhältnis zwischen Personen und Sachen zum Gegenstand. Es regelt die möglichen Rechte an Sachen (Besitz, Eigentum, Pfandrechte, Hypotheken) sowie Entstehung und Folgen dieser Rechte.
4. Buch: Familienrecht (§§ 1297–1921 BGB): Das vierte Buch regelt das Verhältnis zwischen Mitgliedern einer Familie. Hier finden sich die grundlegenden Regelungen über die Eheschließung, Verwandtschaft, die elterliche Sorge, Vormundschaft, Adoption und Betreuung.
5. Buch: Erbrecht (§§ 1922–2385 BGB): Das fünfte Buch enthält Regelungen über das Vermögen einer Person nach deren Tode.

II. Rechtsfähigkeit – Der Mensch und andere Personen

1. Übungsfall 1

Der friedfertige Herr Rüpel bekommt einen Wutanfall, als die hochschwangere Frau Sorgfältig vor seiner Garageneinfahrt parkt und schlägt sie nieder. Das Kind kommt infolge des Angriffs von Herrn Rüpel geschädigt auf die Welt (Lösungshinweise Rn 37).

2. Begriff und Überblick

Im Streitfall geht es immer um die Geltendmachung von subjektiven Rechten. Damit stellt sich die Grundsatzfrage: *Wer* kann überhaupt Rechte haben? Der juristische Fachbegriff für die Fähigkeit, Träger von Rechten und Pflichten zu sein, lautet **Rechtsfähigkeit**. Und die Antwort lautet: Personen sind rechtsfähig. Folgende Personen kennt das BGB:

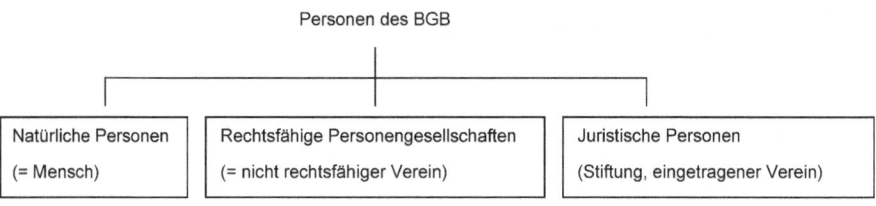

29 Die Rechtsfähigkeit ist zu unterscheiden von der **Handlungsfähigkeit**. Die Rechtsfähigkeit sagt grundsätzlich nur etwas darüber aus, *ob* eine Person überhaupt ein Recht haben kann. Der Begriff verhält sich hingegen nicht zur Frage, *wie* diese Rechte verwirklicht werden, zB ob eine Person ihre Rechte selber geltend machen kann. Dazu geben die Regeln zur Handlungsfähigkeit einer Person Auskunft. Ist eine Person zwar rechts-, aber nicht handlungsfähig, so benötigt sie jemanden, der an ihrer Stelle handelt, einen Vertreter. Für Minderjährige sind das im Regelfall die Eltern, für Erwachsene der Betreuer, für einen eingetragenen Verein handelt der Vorstand.

Je nachdem, in welchem Bereich sich eine Person bewegt, ist die Handlungsfähigkeit unterschiedlich benannt und auch geregelt.

Rechtsfähigkeit	Fähigkeit, Träger von Rechten und Pflichten zu sein.
Handlungsfähigkeit	Fähigkeit zum rechtswirksamen Handeln. ■ Im Rechtsverkehr: Geschäftsfähigkeit. Fähigkeit, wirksame Willenserklärungen im Rechtsverkehr abzugeben (§§ 104 ff BGB). ■ Im Deliktsrecht: Deliktsfähigkeit. Verantwortlichkeit für unerlaubtes Handeln (§§ 827, 828 BGB). ■ Im Eherecht: Ehefähigkeit. Fähigkeit, wirksam eine Ehe einzugehen (§§ 1303, 1304 BGB).

3. Natürliche Person

30 Die einzige **natürliche Person** ist der Mensch. Jeder Mensch ist ohne weitere Voraussetzungen rechtsfähig und kann subjektive Rechte haben. Nicht rechtsfähig sind demgegenüber Tiere. Sie sind zwar keine Sachen. Trotzdem sind die für Sachen geltenden Regeln im Grundsatz auf sie entsprechend anzuwenden (§ 90a BGB).

a) Beginn der Rechtsfähigkeit

31 Die **Rechtsfähigkeit** des Menschen beginnt mit Vollendung seiner Geburt (§ 1 BGB). Vollendet ist die Geburt im Zeitpunkt des vollständigen Austritts des Kindes vom Mutterleib. Unerheblich ist, ob das Kind bereits abgenabelt, oder ob es lebensfähig ist. Somit ist auch ein nicht lebensfähiges Kind – solange es lebt – rechtsfähig, kann erben oder auch Schadensersatzansprüche erwerben.

Nicht rechtsfähig ist die Leibesfrucht (der sog **nasciturus)** vor ihrer Geburt. Dies bedeutet allerdings nicht, dass das ungeborene Leben völlig schutzlos ist. Der Schutz im BGB ist allerdings nur ein punktueller:

- Familienrecht: Bereits vor der Geburt eines nichtehelichen Kindes kann vom mutmaßlichen Kindesvater Unterhalt verlangt werden (§ 247 Abs. 1 FamFG).
- Erbrecht: Wer zur Zeit des Erbfalls noch nicht lebte, aber bereits gezeugt war, gilt als vor dem Erbfall geboren (§ 1923 Abs. 2 BGB).
- Pflegschaft: Bereits vor der Geburt kann für den künftigen Menschen zur Wahrung seiner Rechte ein Pfleger bestellt werden (§ 1810 BGB [bis 31.12.2022: § 1912 BGB]).
- Deliktsrecht: Wird ein Mensch getötet, so sind auch die künftigen Unterhaltsansprüche seiner (noch nicht geborenen, aber schon gezeugten) Kinder von dem Schädiger als Schaden zu tragen (§ 844 Abs. 2 S. 2 BGB).
- Schädigung der Leibesfrucht im Mutterleib: Die Rechtsprechung behilft sich hier mit einer Analogie: Schadensersatzansprüche (§ 823 Abs. 1 BGB – lesen!) setzen voraus, dass *ein anderer* geschädigt wurde. Dies führt bei genauer Anwendung des Gesetzes dazu, dass dem bereits gezeugten, aber noch nicht geborenen Kind keine Schadensersatzansprüche zustehen: Das Kind war im Zeitpunkt der Schädigung ja noch kein Mensch iS des BGB. Daher ist kein anderer (Mensch) geschädigt worden. Erlangt das Kind im Zeitpunkt seiner Geburt die Rechtsfähigkeit, ist es zwar ein Mensch, aber eben ein bereits geschädigter Mensch. Die Rechtsprechung lehnt dieses Ergebnis als inakzeptabel ab und wendet § 823 Abs. 1 BGB – über seinen Wortlaut hinaus – auch auf den Fall der vorgeburtlichen Schädigung an: Im Deliktsrecht ist daher auch als geschütztes Rechtssubjekt anerkannt, wer zum maßgeblichen Zeitpunkt der Schädigung noch nicht lebte, aber bereits gezeugt war, wenn er später rechtsfähig wird[1]. Stirbt der nasciturus mithin durch die Schädigung noch vor der Geburt, scheiden deliktische Ansprüche auf Schadensersatz aus. Erlangt er hingegen – wenn auch nur kurz – die Rechtsfähigkeit, so besitzt er Schadensersatzansprüche.

b) Ende der Rechtsfähigkeit

Die Rechtsfähigkeit des Menschen endet mit seinem **Tod**. Wann das Leben endet, ist nicht im BGB geregelt, sondern beantwortet sich nach medizinwissenschaftlichen Erkenntnissen. Danach endet das Leben mit dem Gehirntod (§ 3 Abs. 2 Nr. 2 TPG).

32

4. Juristische Person

a) Begriff und Abgrenzung

Eine **juristische Person** ist eine Personenvereinigung oder die rechtlich verselbstständigte Zusammenfassung von Vermögenswerten, der die Rechtsordnung eigene Rechtsfähigkeit zuerkennt. Die Anerkennung von juristischen Personen trägt einem praktischen Bedürfnis des Gesellschaftslebens Rechnung: Sie ermöglicht und vereinfacht die Organisation mehrerer Personen oder eines Vermögens in einer Weise, dass nicht mehr die hinter der Organisation stehenden Personen bzw das Vermögen, sondern die geschaffene Organisationseinheit selber Rechtsträger ist.

33

---

[1] BGH, NJW 1972, 1126.

Ohne die Rechtsfigur der juristischen Person ist das Handeln als Gruppe oft umständlich und für den Rechtsverkehr mit Unklarheiten behaftet.

Beispiel: Eine Gruppe Engagierter möchte Migrantinnen, die in ihrer Familie Gewalt erleiden, eine Beratungs- und Zufluchtsstätte schaffen. Zu diesem Zweck soll ein Raum angemietet werden. An der Initiative sollen sich in unterschiedlicher Besetzung freiwillige Helfer beteiligen. Im Rechtsverkehr stellen sich im Konfliktfall sofort eine Reihe von Fragen, zB: „Wer ist Mieter und wer haftet für die Miete? Die Gründer der Initiative? Alle, die sich in der Initiative engagieren? Auch die Migrantinnen? Gegen wen soll der Vermieter vorgehen?"

34 Gemeinschaftliches Handeln zur Erreichung eines gemeinsamen Zwecks ist im BGB grundsätzlich in der Form der Gesellschaft möglich (§§ 705 ff BGB). Die **Gesellschaft** wird durch einen Vertrag (Gesellschaftsvertrag) ihrer Gründungsmitglieder gegründet. Da die Gesellschaft sich nicht rechtlich verselbständigt, bleiben die (alle) Mitglieder der Gesellschaft (sog Gesellschafter) Ansprechpartner für den Rechtsverkehr.

Im Beispielsfall müsste verbindlich festgelegt werden, wer überhaupt Mitglied der Gesellschaft sein soll. Die Gesellschafter müssten sämtliche Entscheidungen gemeinsam fällen und auch im Rechtsverkehr gemeinsam – notfalls über die Erteilung von Vollmachten – auftreten. Alle Mitglieder wären Vertragspartner eines geschlossenen Vertrags, zB eines Mietvertrags, und müssten notfalls mit ihrem gesamten Privatvermögen für die gemeinsamen Schulden der Gesellschaft haften.

Die genannten Schwierigkeiten werden vermieden, wenn eine eigene Rechtspersönlichkeit geschaffen wird, hinter der die Gründer zurücktreten. Die praktisch wichtigste juristische Person im BGB ist der eingetragene Verein.

b) Eingetragener Verein

35 Ein **Verein** ist eine auf Dauer angelegte Personenvereinigung, deren Bestand vom Mitgliederwechsel unberührt bleibt, zur Verwirklichung eines gemeinsamen Zwecks. Zu differenzieren ist zwischen wirtschaftlichen und nichtwirtschaftlichen Vereinen. Abgrenzungskriterium ist der Vereinszweck. Vereine, die einen nicht wirtschaftlichen Zweck verfolgen, werden auch Idealvereine genannt. Wirtschaftsvereine hingegen verfolgen als Hauptziel einen Geschäftszweck. Sie finden sich sehr selten, da der Gesetzgeber dafür interessantere Organisationsformen (zB GmbH oder Aktiengesellschaft) zur Verfügung gestellt hat.

Wirtschaftsvereine entstehen durch staatliche Verleihung (§ 22 BGB). Idealvereine entstehen mit Eintragung ins Vereinsregister durch das Amtsgericht (§ 21 BGB). Mit seiner Eintragung wird der Verein zu einem eigenständigen Rechtssubjekt. Er ist jetzt Träger von Rechten und Pflichten. Dadurch haftet er gegenüber Dritten. Die Vereinsmitglieder hingegen sind im Regelfall von der Haftung befreit. Ausnahmen gelten für Vorstandsmitglieder.

c) Rechtsfähige Personengesellschaft

36 Ohne (vor der) Eintragung ist der Verein, selbst wenn er alle Strukturen eines Vereins hat, nicht rechtsfähig. Er kann nur auf der Basis des Gesellschaftsrechts handeln (§ 54 BGB). Im Rechtsverkehr ist das Auftreten einer bürgerlich-rechtlichen Gesellschaft reichlich umständlich. Das Gesetz behandelt Gesellschaften aus diesem Grunde in bestimmten Bereichen wie eine juristische Person. Derartige Gesellschaften werden als **rechtsfähige Personengesellschaften** bezeichnet (§ 14 Abs. 2 BGB). Diese Gleichstellung ermöglicht den nichtrechtsfähigen Vereinigungen – formal – ein Auftreten im Rechtsverkehr wie eine juristische Person. So wird etwa dem nicht eingetragenen Verein für bestimmte Bereiche eine sog partielle Rechtsfähigkeit zugestanden. Ihm steht zB passive Parteifähigkeit zu. Er kann daher unter seinem Namen verklagt werden (§ 50 Abs. 2 ZPO) und hat im Prozess die Stellung eines rechtsfähigen Vereins. Weiter kann er als Eigentümer in das Grundbuch eingetragen werden und ist Träger des Vereinsvermögens.

Das vereinfacht den Rechtsverkehr. Allerdings ist diese Gleichstellung keine inhaltliche Gleichbehandlung. Insoweit bleibt es dabei: Die Mitglieder haften immer persönlich.

5. Lösungshinweise zum Übungsfall 1 (Rn 27)

Schritt 1: Fallfrage: Hat das Kind Anspruch auf Schadensersatz gegenüber Herrn Rüpel?   **37**

Schritt 2: (Mögliche) Anspruchsgrundlage ist § 823 Abs. 1 BGB.

Schritt 3: Subsumtion

Nach § 823 Abs. 1 BGB setzt eine Schadensersatzpflicht voraus, dass Herr Rüpel vorsätzlich oder fahrlässig uA das Leben, den Körper oder die Gesundheit eines anderen widerrechtlich verletzt hat.

Das Tatbestandsmerkmal „ein anderer" ist im vorliegenden Fall ein Problem: Denn im Zeitpunkt des Angriffs war das Kind noch nicht geboren. Es fehlte ihm mithin an der Rechtsfähigkeit (§ 1 BGB), so dass im Zeitpunkt der schädigenden Handlung kein „anderer" betroffen war. Die Rechtsprechung wendet § 823 Abs. 1 BGB allerdings auch dann - analog - an, wenn der nasciturus geschädigt wird, vorausgesetzt, er erlangt später Rechtsfähigkeit. Das ist hier der Fall. Damit lässt sich das Tatbestandsmerkmal „ein anderer" bejahen.

Die übrigen Tatbestandsmerkmale liegen unproblematisch vor: Es sind sowohl Körper als auch Gesundheit des Kindes geschädigt, so dass ein von § 823 Abs. 1 BGB geschütztes Rechtsgut betroffen ist. Durch die Handlung von Herrn Rüpel ist auch ein Schaden (zB erhöhte Behandlungskosten) entstanden.

Widerrechtlich ist das Handeln immer dann, wenn keine Rechtfertigungsgründe vorliegen. Dahingehende Anhaltspunkte fehlen, so dass die Rechtswidrigkeit zu bejahen ist.

Die Rechtsgutsverletzung müsste vorsätzlich oder zumindest fahrlässig erfolgt sein. Vorsatz liegt vor, wenn die Rechtsgutsverletzung wissentlich und willentlich erfolgte. Fahrlässig handelt, wer die im Verkehr erforderliche Sorgfalt außer Acht lässt (§ 276 Abs. 2 BGB). Zumindest im fortgeschrittenen Stadium ist eine Schwangerschaft für einen aufmerksamen Dritten erkennbar. Damit war die mögliche Rechtsgutsverletzung für Herrn Rüpel vorherseh- und vermeidbar. Sein Handeln ist mithin als fahrlässig einzustufen.

Schritt 4: Gesamtergebnis: Die Voraussetzungen des § 823 Abs. 1 BGB liegen vor. Herr Rüpel haftet daher für den Schaden, den das Kind erlitten hat.

Kapitel 2: Das rechtsgeschäftliche Handeln

I. Übungsfall 2

38 Martha ist die alleinerziehende Mutter der 4jährigen Sina. Sie hat ein Vorstellungsgespräch und kann daher ihre Tochter an diesem Tag nicht vom Kindergarten abholen. Sie bittet eine befreundete Mutter, Hanna, ihre Tochter an diesem Tage vom Kindergarten mitzunehmen und am Nachmittag bei sich zu behalten bis sie wieder kommt. Hanna ist dies eigentlich nicht Recht, weil sie mit Vorbereitungsmaßnahmen zu einer großen Familienfeier beschäftigt ist. Dies sagt sie Martha im Gespräch auch, lässt sich dann aber doch „breitschlagen". Als sie später noch einmal darüber nachdenkt, entscheidet sie sich um und sagt Martha ab (Lösungshinweise Rn 77).

II. Überblick und Grundbegriffe der Rechtsgeschäftslehre

39 Ansprüche zwischen 2 oder mehreren Personen können verschiedene Entstehungsgründe haben:

40

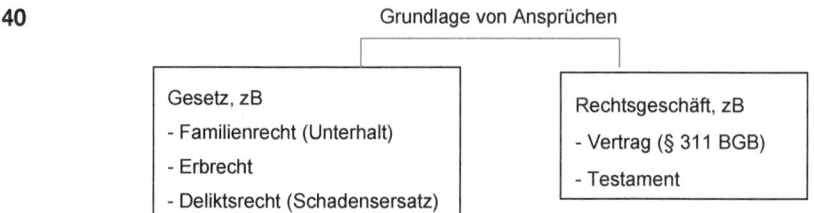

„**Rechtsgeschäft**" ist der allgemeine Oberbegriff für ein Handeln im Geschäftsverkehr, das rechtliche Folgen erzeugt. Im Zentrum eines jeden Rechtsgeschäfts steht ein zielgerichtetes willentliches Handeln (**Willenserklärung**). Ohne Willenserklärung gibt es kein Rechtsgeschäft. Bei manchen Rechtsgeschäften müssen noch weitere Erfordernisse gewahrt werden.

Beispiele: Schriftformerfordernis und Einhaltung von Fristen bei der Kündigung eines Mietverhältnisses; behördliche Genehmigung für die Aufnahme eines Pflegekindes; Notwendigkeit zweier Willensäußerungen beim Vertrag.

Rechtsgeschäfte lassen sich in zwei Kategorien einteilen:

Arten von Rechtsgeschäften	
Mehrseitige Rechtsgeschäfte	**Einseitige Rechtsgeschäfte**
Merkmal: Zwei oder mehr Personen erklären, im Zusammenwirken miteinander dieselbe Rechtsfolge herbeiführen zu wollen. Beispiel: Vertrag	Merkmal: Die Willenserklärung lediglich *einer* Person löst eine Rechtsfolge aus. Beispiele: Testament; Kündigung einer Wohnung; Patientenverfügung

Teil II: Grundlagen des Zivilrechts

Für einseitige Rechtsgeschäfte gelten häufig Sonderbestimmungen. Dies macht die Unterscheidung wichtig.

III. Die Willenserklärung – Das Herz eines Rechtsgeschäfts

1. Überblick

Die Willenserklärung ist das Herz eines jeden Rechtsgeschäfts. Sie ist definiert als private Willensäußerung, die auf Erzielung einer Rechtsfolge gerichtet ist. Willenserklärungen sind äußerst einfach strukturiert: Wie der Name schon sagt, bestehen sie aus einem Willen (subjektiver Erklärungstatbestand), der erklärt wird (objektiver Erklärungstatbestand). Beide Elemente müssen vorliegen, damit eine Willenserklärung entsteht.

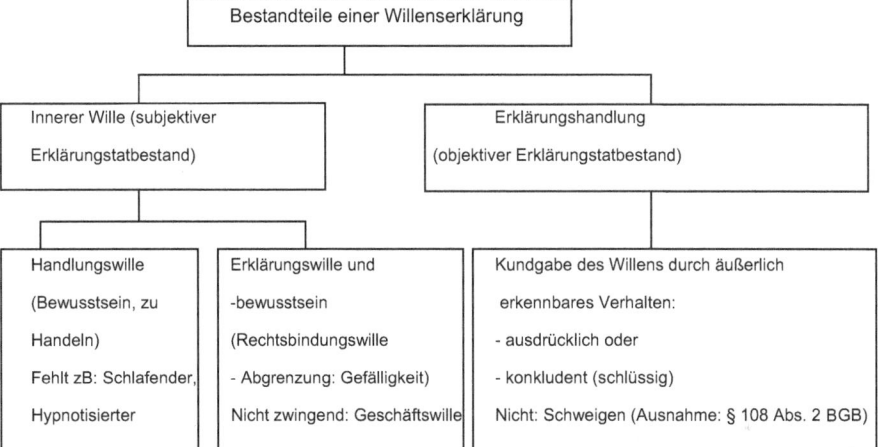

2. Der objektive Erklärungstatbestand einer Willenserklärung

Als **objektiver Erklärungstatbestand** einer Willenserklärung wird der tatsächliche Erklärungsakt bezeichnet. Er ist ein äußerlich erkennbares Verhalten, durch das der Wille, sich zu verpflichten, zum Ausdruck gebracht wird. Dies kann ausdrücklich geschehen.

Beispiel: Herr Lenz betritt eine Bäckerei und sagt zu der Bedienung: „Ich möchte ein Brötchen kaufen".

Ein entsprechender Wille kann aber auch **schlüssig** (konkludent) durch ein Verhalten zum Ausdruck gebracht werden, aus dem man auf einen entsprechenden Erklärungswillen schließen kann.

Beispiele: Ein Mann nimmt am Kiosk eine Zeitschrift aus dem Zeitschriftenständer und legt das abgezählte Geld hin; eine Frau steigt in den Bus ein.

Aus einer Nichtäußerung kann hingegen grundsätzlich nicht auf einen Willen, sich zu verpflichten, geschlossen werden. **Schweigen** scheidet daher grundsätzlich als Erklärungsakt aus (§ 241a Abs. 1 BGB).

Beispiel: Ein Studierender erhält von einem Studienverlag unbestellt eine Fachzeitschrift (20 €/Monat) zugesandt. In dem Anschreiben steht: „Wenn wir innerhalb der nächsten 14 Tage nichts von Ihnen hören, gehört diese wertvolle Studienliteratur Ihnen." Der Studierende kümmert sich nicht weiter und benutzt die Zeitschrift auch nicht. Nach drei Wochen erhält er eine Rechnung über 20 €.

Ein Kaufvertrag kann schon deswegen nicht zustande gekommen sein, weil der Studierende kein Erklärungsverhalten gezeigt hat und damit keine Willenserklärung abgegeben hat.

Nur ausnahmsweise kann das Schweigen als Erklärungshandlung gelten. In diesen Fällen hat der Gesetzgeber jedoch ausdrücklich angeordnet, dass dem Schweigen ein bestimmter Erklärungswert zukommt. Entsprechende Regelungen finden sich etwa in § 108 Abs. 2 S. 2 BGB oder § 177 Abs. 2 S. 2 BGB. Schweigen kann daneben auch dann als Erklärung gelten, wenn die Parteien dies vereinbart haben.

3. Der subjektive Erklärungstatbestand einer Willenserklärung

43 Der **subjektive Erklärungstatbestand** hat mehrere Aspekte:

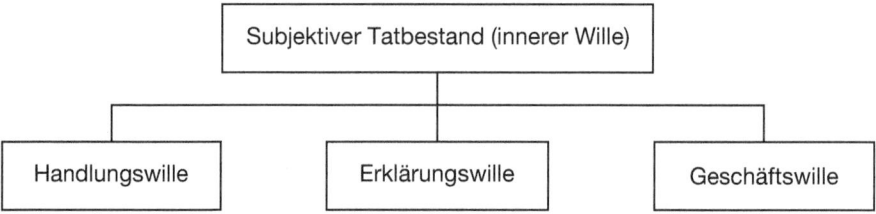

a) Handlungswille

44 Zunächst – quasi auf unterster Ebene – setzt jedes willentliche Verhalten das Bewusstsein voraus, ein wie auch immer geartetes äußeres Verhalten zu zeigen. Dieses Bewusstsein wird als **Handlungswille** bezeichnet. Handlungswillen hat man für jedes bewusste und willentlich gesteuerte Verhalten. Dabei ist unerheblich, ob die Person mit ihrem Handeln irgendwelche Vorstellungen über mögliche Rechtsfolgen ihres Handelns verbindet.

Beispiele: Jemand hebt ein Bierglas hoch, um es auszutrinken; jemand hebt die Hand, um zu grüßen.

Fehlt dieses Bewusstsein, handelt die Person unbewusst; es fehlt am Handlungswillen. Eine Willenserklärung liegt nicht vor. Der Handlungswille wird nur in Ausnahmefällen fehlen. Anwendungsbeispiele wären die Ausübung unwiderstehlicher Gewalt oder Äußerungen Schlafender oder Hypnotisierter.

Beispiel für fehlenden Handlungswillen: Der Pfleger Peter nimmt die Hand des gelähmten Gernot und schreibt mit ihr Gernots Testament (zu seinen Gunsten).

b) Erklärungswille

45 Auf nächsthöherer Ebene ist der **Erklärungswille** angesiedelt: Als Erklärungswille wird das Bewusstsein um die Rechtserheblichkeit des Verhaltens bezeichnet. Der Handelnde muss dafür wissen, dass sein Handeln eine rechtserhebliche Erklärung

Teil II: Grundlagen des Zivilrechts 45

darstellt (Erklärungsbewusstsein) und er muss diese Verbindlichkeit auch wollen (Rechtsbindungswille). Der Erklärungswille ist, wie der Handlungswille, notwendiger Bestandteil einer Willenserklärung. Ohne ihn entfällt der subjektive Tatbestand der Willenserklärung, eine Willenserklärung liegt dann nicht vor.

Beispiel: Der Dozent Dr. Diemer bietet den Studierenden in der Vorlesung seine Fachzeitschriftensammlung zum Kauf an. In dem Moment betritt ein Freund des Studierenden Stefan den Hörsaal. Stefan, der ohnehin nicht auf die Worte von Dr. Diemer geachtet hat, hebt grüßend die Hand.
Stefan hatte Handlungswille, denn er hat die Hand willentlich gehoben. Allerdings hatte er dabei nicht die Absicht, sich zu verpflichten. Damit fehlt das Erklärungsbewusstsein. Auch in diesem Fall scheitert der Vertrag daran, dass keine Willenserklärung von Stefan vorliegt.

Fehlt das Erklärungsbewusstsein, so kann sich die Frage nach der Schutzwürdigkeit **46** des Gegenübers stellen. In diesem Fall kollidieren verschiedene Interessen: Der Handelnde wollte keine Verbindlichkeit schaffen, der Dritte hat die Handlung aber als verbindlich verstanden. Das Dilemma wird nach Schutzwürdigkeit der Beteiligten gelöst:

- Hat der Dritte erkannt oder hätte er erkennen können, dass der Handelnde keine verbindliche Erklärung abgeben wollte, ist er nicht schutzwürdig in seiner Interpretation des Verhaltens. In diesem Fall bleibt es dabei: Wegen des fehlenden Erklärungsbewusstseins liegt keine Willenserklärung vor.
- Die Erklärung wird aber ausnahmsweise dann als Willenserklärung angesehen, wenn der Erklärende erkannt hat oder hätte erkennen können, dass Dritte sein Verhalten als Erklärung auffassen würden. Man spricht dann davon, dass der Handelnde sog **potenzielles Erklärungsbewusstsein** hat.

Wie Dritte ein Verhalten verstehen können und dürfen, richtet sich im Wesentlichen nach den jeweiligen Gegebenheiten.

Im obigen Beispielsfall ist für Dr. Diemer erkennbar, dass Stefan einen Kommilitonen grüßen will. Er ist daher nicht schutzwürdig in seiner Interpretation von Stefans Verhalten. Hätte sich der Vorfall bei einer Versteigerung abgespielt, müsste sich Stefan hingegen das Heben seiner Hand als Erklärung zurechnen lassen und hätte damit eine wirksame Willenserklärung abgegeben (die allerdings uU anfechtbar ist, Rn 51).

Ein für die Soziale Arbeit relevantes Anwendungsfeld fehlenden Erklärungswillens ist **47** die **Gefälligkeit** (oder Gefälligkeitsverhältnis). Gefälligkeiten sind Entgegenkommen im privat-gesellschaftlichen Bereich, die typischerweise unentgeltlich erbracht werden. Die Abreden beruhen auf Freundschaft, Kollegialität oder Nachbarschaft und damit lediglich auf außerrechtlichen Gründen. Hingegen soll keine Verbindlichkeit begründet werden: Es fehlt der Rechtsbindungswille. Das Versprechen einer Gefälligkeit ist mithin keine Willenserklärung. Eine Verpflichtung zur Leistung wird in der Konsequenz nicht ausgelöst.

Beispiel: Stefan lädt ein paar Freunde zu einer privaten Party ein, vergisst die Einladung aber. Als die Freunde kommen, stehen sie vor verschlossener Tür.

Ob ein Gefälligkeitsverhältnis (ohne Rechtsbindungswillen) vorliegt oder ein **Gefälligkeitsvertrag** (besser: Unentgeltlicher Vertrag), ist im Einzelfall an Hand der Besonderheiten des Sachverhalts zu entscheiden. Die Abgrenzung ist letztlich das Ergebnis einer Wertung unter Berücksichtigung der Verkehrsauffassung. Liegen Indizien vor, die auf einen Bindungswillen schließen lassen, so spricht dies für eine Willenserklärung. Derartige Indizien können sich aus der Art der Gefälligkeit, ihrem Grund und Zweck sowie ihrer wirtschaftlichen und rechtlichen Bedeutung für die Beteiligten ergeben. Eine Gefälligkeit scheidet immer dann aus, wenn ein Entgelt oder eine Gegenleistung erbracht wird. Auf der anderen Seite rechtfertigt die Unentgeltlichkeit nicht zwingend den Schluss auf eine Gefälligkeit. So gibt es unentgeltliche Verträge, etwa die Schenkung (§ 516 BGB), die Leihe (§ 598 BGB) oder den Auftrag (§ 662 BGB).

Beispiel für einen Gefälligkeitsvertrag: Die 18-jährige Schülerin Sandra verspricht ihrer Freundin, der Studierenden Frieda, montags bis mittwochs von 15.00–19.00 Uhr auf deren Kind aufzupassen, damit Frieda die Nachmittagsveranstaltungen der Hochschule besuchen bzw lernen kann. Ohne diese Abmachung wäre Frieda nicht in der Lage, ihr Studium zu bewältigen.

c) Geschäftswille

48 Letztes Element des inneren Tatbestandes ist der sog **Geschäftswille**. Die Erklärung richtet sich im Regelfall auf eine bestimmte Rechtsfolge, ein bestimmtes Geschäft, zB einen Kaufvertrag. Der Wille, eine *bestimmte* Rechtsfolge zu erreichen, ist der Geschäftswille. Er ist nicht mehr notwendiger Bestandteil einer Willenserklärung. Fehlt er, so ist die Willenserklärung trotzdem wirksam. Allerdings stellt sich die Frage, was ihr Inhalt ist. Das ist eine Frage der Auslegung der Willenserklärungen.

Beispiel: Der Dozent Dr. Diemer bietet den Studierenden in der Vorlesung seine Fachzeitschriftensammlung zum Kauf an. Der sammelfreudige Stefan, der (wieder mal) nicht richtig zugehört hat, geht davon aus, dass Dr. Diemer die Fachzeitschriftensammlung verschenkt und hebt daher die Hand.

In diesem Fall liegen sowohl Handlungswille (Stefan hat die Hand bewusst „bewegt") als auch Erklärungswille (Stefan wusste, dass er einen Vertrag schließt und wollte dies auch) vor. Allerdings wollte Stefan die Fachzeitschriften geschenkt und nicht kaufen. Es fehlt ihm der Geschäftswille für den Kauf. Gleichwohl ist seine Willenserklärung wirksam. Es ist ein Vertrag zustande gekommen. Unklar ist lediglich der Vertragsinhalt: Schenkung oder Kauf?

4. Die Auslegung von Willenserklärungen – Was ist gewollt?

49 Das, was jemand mit seiner Willenserklärung eigentlich möchte, muss einem Dritten nicht unbedingt immer deutlich sein. Es kann zu Missverständnissen kommen.

Beispiel: Maria bietet einen alten Schallplattenspieler bei e-Bay-Kleinanzeigen an und gibt versehentlich statt 15 € als Preis 5 € an.

Ähnlich wie bei Gesetzen (vgl Rn 23 ff) stellt sich auch bei Willenserklärungen die Frage, wie mit Unklarheiten oder Ungenauigkeiten einer Äußerung umzugehen ist. Auch hier gilt: Willenserklärungen sind auszulegen. Dabei stellt sich der unter Rn 46 bereits angesprochene Interessenkonflikt: Der Erklärende hat ein Interesse daran, dass sein wahrer Wille maßgeblich ist, der Erklärungsempfänger hingegen das Interesse am Schutz seiner Interpretation.

Beide Interessen finden sich in einer gesetzgeberischen Auslegungsregel wieder:

- **Natürliche Auslegung**: Die sog natürliche Auslegung schützt den Erklärenden. Sie ist in § 133 BGB ausgesprochen. Maßgeblich für die Auslegung einer Willenserklärung ist danach der wirkliche Wille des Erklärenden. Die Auslegung bleibt dafür nicht am buchstäblichen Sinn der Erklärung haften, sondern berücksichtigt sämtliche Umstände. Auch eine Falschbezeichnung schadet nicht.
- **Normative Auslegung**: Bei der normativen Auslegung ist auf das übliche Verständnis Dritter abzustellen. Verträge sind so auszulegen, wie Treu und Glauben mit Rücksicht auf die Verkehrssitte es erfordern (§ 157 BGB). Diese Auslegung orientiert sich am sog objektiven Empfängerhorizont. Sie stellt darauf ab, wie ein

umsichtiger und unbefangener Beobachter die Erklärung verstehen würde. Dabei sind die Begleitumstände sowie die Konsequenzen der Erklärung für den Erklärenden zu berücksichtigen.

Welche Auslegungsmethode sich im Einzelfall durchsetzt, richtet sich danach, wem das Risiko für das Missverständnis zuzuweisen ist. Es wird dabei nach der Schutzwürdigkeit der Beteiligten differenziert:

- Sind keine schutzwürdigen Interessen Dritter erkennbar, ist die natürliche Auslegung maßgeblich. Sie wird etwa bei Patientenverfügungen oder Testamenten angewandt.
- Berührt die Erklärung hingegen die Interessen eines Dritten, dann ist die normative Auslegung immer dann einschlägig, wenn der Empfänger den wahren Willen des Erklärenden nicht erkennen kann. Schutzwürdige Interessen Dritter kommen immer bei empfangsbedürftigen Erklärungen in Betracht, vor allem beim Abschluss von Verträgen.

Kann oder könnte der Erklärungsempfänger den wahren Willen des Erklärenden erkennen, so gilt dieser. Hat der Erklärungsempfänger hingegen keine Anhaltspunkte für den wahren Willen des Erklärenden, so gilt das, was ein objektiver Dritter verstehen würde.

Beispiel: Im Beispielsfall würden Dritte die Erklärung von Maria dahin gehend verstehen, dass der Preis 5 € beträgt. Haben sie keine Anhaltspunkte dafür, dass ein höherer Preis gewollt ist, lautet das Angebot für den Schallplattenspieler 5 €.

5. Irrtümer und andere Willensmängel

Willenserklärungen sind nicht immer eindeutig. Wie gezeigt, ist die Gefahr im Geschäftsverkehr groß, dass einer Äußerung ein völlig anderer Sinn beigemessen wird, als der Erklärende eigentlich wollte. Im Rechtsverkehr stellen sich aber noch weitere Quellen für Irrtümer bei und über Erklärungen. Ein **Willensmangel** liegt dabei immer dann vor, wenn die Willenserklärung, wie sie sich nach der Auslegung darstellt, nicht mit dem wahren Willen des Erklärenden übereinstimmt. Die folgende Übersicht zeigt den rechtlichen Umgang mit den häufigsten Willensmängeln.

Bewusste Willensmängel	Unbewusste Willensmängel (Irrtümer)
■ Geheimer Vorbehalt (§ 116 BGB): – Einseitiger Vorbehalt: Unbeachtlich. – Erkannter Vorbehalt: Willenserklärung ist nichtig. ■ Einverständliche Scheinerklärung (§ 117 BGB): Willenserklärung ist nichtig. ■ Scherzgeschäft (nicht ernst gemeinte Erklärung, § 118 BGB): Willenserklärung ist nichtig.	■ Erklärungsirrtum (Erklärender erklärt irrtümlich etwas anderes, als er wollte, § 119 Abs. 1 BGB): Wirksamkeit der Willenserklärung, aber Anfechtungsrecht des sich Irrenden. ■ Inhaltsirrtum (Erklärender irrt über Bedeutung/Tragweite der Erklärung, § 119 Abs. 1 BGB): Wirksamkeit der Willenserklärung, aber Anfechtungsrecht des sich Irrenden. ■ Irrtum über Eigenschaften einer Sache (§ 119 Abs. 2 BGB): Wirksamkeit der Willenserklärung, aber Anfechtungsrecht des sich Irrenden, wenn sich der Irrtum auf eine verkehrswesentliche Eigenschaft bezieht. ■ Übermittlungsirrtum (§ 120 BGB): Wirksamkeit der Willenserklärung, aber Anfechtungsrecht.

52 Ist eine Willenserklärung anfechtbar, so muss der Erklärende die Anfechtung unverzüglich vornehmen, sobald er von dem Anfechtungsgrund Kenntnis erlangt, andernfalls bleibt die Willenserklärung wirksam (§ 121 BGB). UU macht sich der Anfechtende zudem schadensersatzpflichtig (§ 122 BGB).

Sonderregeln gelten, wenn der Willensmangel auf einer aktiven Beeinflussung eines anderen beruht. Anwendungsfälle sind Täuschung oder Drohung. Eine **arglistige Täuschung** liegt vor, wenn durch Vorspiegelung falscher Tatsachen oder pflichtwidrige Unterdrückung wahrer Tatsachen bewusst ein Irrtum erregt wird. Bei der widerrechtlichen **Drohung** wird die Willenserklärung gewissermaßen erzwungen. Eine Drohung ist das In-Aussicht-Stellen eines künftigen Übels, auf dessen Eintritt der Drohende Einfluss zu haben vorgibt.

Hat der Erklärungsempfänger getäuscht oder gedroht, so ist er nicht schutzwürdig. Ihm gegenüber ist die Willenserklärung anfechtbar. Wurde die Erklärung allerdings einem Dritten gegenüber abgegeben, so ist zu differenzieren: Eine auf einer Drohung beruhende Willenserklärung ist auch gegenüber demjenigen anfechtbar, der von der Drohung nichts wusste. Anders wird bei einer auf einer Täuschung beruhenden Willenserklärung einem Dritten gegenüber verfahren: War der Dritte arglos, weil er die Täuschung nicht kannte oder nicht kennen musste, so ist die Willenserklärung nicht anfechtbar (§ 123 Abs. 2 BGB).

Für die Anfechtung gilt eine Jahresfrist (§ 124 Abs. 1 BGB). Die Frist beginnt bei der arglistigen Täuschung zu laufen, wenn der Getäuschte die Täuschung erkennt; bei der Drohung, wenn die Zwangslage endet. Nach Ablauf von 10 Jahren seit Abgabe der Willenserklärung scheidet eine Anfechtung aus.

Verzichtet ein Anfechtungsberechtigter, also der Getäuschte oder Bedrohte auf die Anfechtung, indem er zu erkennen gibt, dass er an dem anfechtbaren Rechtsgeschäft festhalten möchte (und es damit bestätigt), scheidet eine Anfechtung aus (§ 144 Abs. 1 BGB).

IV. Sonstiges

1. Arten und Wirksamwerden einer Willenserklärung

53 Willenserklärungen müssen „in die Welt gesetzt" werden. Erst mit ihrer Existenz werden sie wirksam und können Rechtsfolgen auslösen. Für die Wirksamkeit wird unterschieden zwischen empfangsbedürftigen und nicht empfangsbedürftigen Willenserklärungen:

- **Empfangsbedürftige Willenserklärungen** sind an andere Personen gerichtet. Jemand soll sie zur Kenntnis nehmen. Sie haben also einen sog Erklärungsempfänger.

    Beispiele: Kündigung, Vertragsangebot.

- **Nicht empfangsbedürftige Willenserklärungen** sind nicht unmittelbar an andere Personen gerichtet. Bei diesen ist unerheblich, ob jemand von ihr erfährt.

    Beispiele: Testament, Patientenverfügung.

Teil II: Grundlagen des Zivilrechts

Wirksamwerden von Willenserklärungen 54

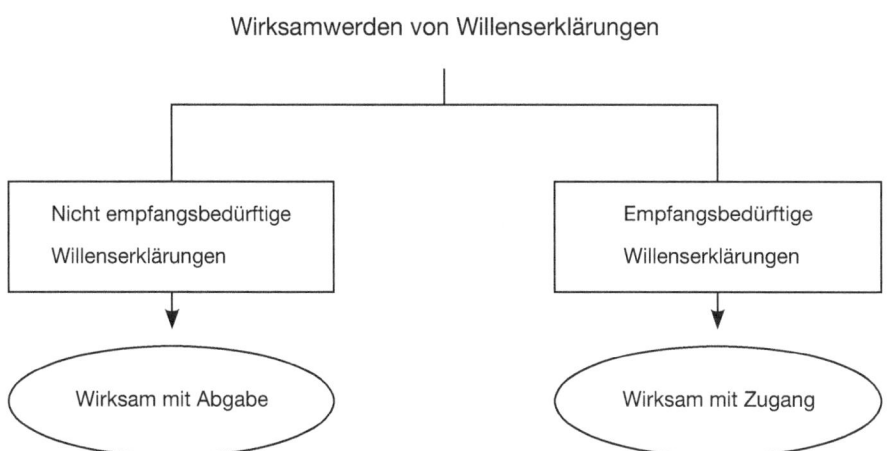

Nicht empfangsbedürftige Willenserklärungen werden mit ihrer Abgabe wirksam. Abgegeben sind sie mit ihrer willentlichen endgültigen Entäußerung. Unmaßgeblich ist, ob ein potenzieller Dritter von ihr erfährt.

Beispiel: Patientenverfügung oder Testament. Diese sind wirksam im Zeitpunkt ihrer Errichtung. Es ist unerheblich, ob ein Dritter überhaupt davon weiß.

Empfangsbedürftige Willenserklärungen müssen demgegenüber nicht nur abgegeben werden, sondern auch bei jemandem „ankommen". Daraus resultieren an erster Stelle andere Anforderungen an die **Abgabe**: Eine empfangsbedürftige Willenserklärung ist erst dann abgegeben, wenn der Erklärende sich ihrer willentlich entäußert und sie so auf den Weg zu dem Erklärungsempfänger gebracht hat, dass normalerweise damit gerechnet werden kann, dass er auch von ihr Kenntnis nehmen kann.

Beispiele: Einwerfen in den Briefkasten; Absenden einer E-Mail.

Mit Abgabe der Willenserklärung ist sie existent. Damit ist der Erklärende grundsätzlich an sie gebunden.

Wirksam wird die Willenserklärung jedoch erst in dem Zeitpunkt, in dem sie beim 55 Gegenüber „ankommt". Das Gesetz benutzt dafür den Begriff „**Zugang**" (§ 130 Abs. 1 S. 1 BGB). Zugang bedeutet dabei nicht zwingend Kenntnisnahme. Vielmehr genügt es, dass der Empfänger sie wahrscheinlich bekommen hat. Technisch ausgedrückt: Die Willenserklärung muss derart in den sächlichen oder persönlichen Herrschaftsbereich des Empfängers gelangt sein, dass unter normalen Umständen mit einer Kenntnisnahme zu rechnen ist.

- Sachlicher Herrschaftsbereich: Räumlichkeiten des Empfängers.

  Beispiele: Postfach; Hausbriefkasten; Nachricht in Mailbox oder auf Anrufbeantworter.

- Persönlicher Herrschaftsbereich: Aushändigung der verkörperten Erklärung an Empfangsboten. Empfangsbote ist jede zur Entgegennahme einer rechtsgeschäftlichen Erklärung geeignete oder nach der Organisation des Empfängers bestimmte Person.

  Beispiele: Privathaushalte: Alle erwachsenen Mitglieder der Familie (Ehegatte, Partner, Mitmieter, Kinder entsprechend Alter und Zuverlässigkeit); Untermieter nach Umständen des Falles. Nachbarn hingegen nicht.

Für die Frage, ob und wann die Möglichkeit der Kenntnisnahme besteht, ist auf den gewöhnlichen Lauf der Dinge abzustellen. Damit kommen, je nach den Umständen, unterschiedliche Zeitpunkte des Zugangs in Betracht.

56 **Hinweis:** In der Praxis stellt sich häufig das Problem, den Zugang nachzuweisen: Zugang ist von demjenigen zu beweisen, der die Willenserklärung abgegeben hat. Erklärt also etwa ein Vermieter, er habe das Kündigungsschreiben der Mieterin nicht erhalten, so muss die Mieterin beweisen, dass die Kündigung zugegangen ist. Dies ist so gut wie nie möglich. Um Streit über den Zugang auszuschließen, wird daher bei wichtigen Willenserklärungen ein Übermittlungsweg gewählt, der den Zugang beweisbar macht: Das Einschreiben mit Rückantwort.

2. Bedingungen und Befristungen – Eine Hintertür für Verbindlichkeiten

57 Willenserklärungen werden mit Zugang wirksam und sind dann für den Erklärenden bindend. Nicht immer wird der Erklärende allerdings unbedingt und für alle Zeit an seine Erklärung gebunden sein wollen. Einfluss auf die Geltungsdauer nehmen Befristungen und Bedingungen.

Bei einer **Befristung** wird das Rechtsgeschäft mit einer Zeitbestimmung versehen (§ 163 BGB). Dadurch wird die Lebensdauer einer Willenserklärung zeitlich begrenzt. Befristungen sind in mehrere Richtungen möglich:

- Es kann entweder ein Anfangstermin für die Wirksamkeit des Rechtsgeschäfts genannt werden. In diesem Fall wird das Rechtsgeschäft erst zum genannten Zeitpunkt wirksam.
- Wird ein Endtermin für das Rechtsgeschäft festgelegt, so wird das Rechtsgeschäft automatisch mit Fristende unwirksam.
- Anfangs- und Endtermin können miteinander verknüpft werden. Das Rechtsgeschäft ist dann nur während des Zeitraumes gültig.

Beispiele: Abschluss eines Mietvertrags *ab* einem bestimmten Datum (Anfangstermin); befristeter Arbeitsvertrag (Anfangs- und Endtermin).

Bei einer **Bedingung** passiert im Wesentlichen das Gleiche wie bei der Befristung. Anders als bei der Befristung wird das Rechtsgeschäft von dem Eintritt eines künftigen, aber ungewissen Ereignisses abhängig gemacht. In gleicher Weise wie bei der Befristung, regelt auch die Bedingung Beginn, Ende und/oder Zeitdauer eines Rechtsgeschäfts. Wird die Wirksamkeit des Rechtsgeschäfts von dem Eintritt der Bedingung abhängig gemacht (… ist gültig, wenn … passiert), spricht man von einer aufschiebenden Bedingung (§ 158 Abs. 1 BGB). Entscheidet die Bedingung über das Ende des Rechtsgeschäfts (… wird unwirksam, wenn … passiert), spricht man von einer auflösenden Bedingung (§ 158 Abs. 2 BGB). Auch hier können aufschiebende und auflösende Bedingung miteinander gekoppelt werden.

3. Formvorschriften

58 Willenserklärungen und Verträge bedürfen grundsätzlich keiner besonderen Form. Dies gilt jedoch nicht uneingeschränkt. Zum einen können die Parteien selber ein Interesse daran haben, die Vereinbarung in einer bestimmten Form zu fixieren, etwa um Streit zu vermeiden. Daneben gibt es Fallkonstellationen, die zumindest für eine

Partei so weitreichend und gefährlich sind, dass der Gesetzgeber zu ihrem Schutz eine bestimmte Form vorgeschrieben hat. Für die Soziale Arbeit relevante Formvorschriften finden sich vor allem im Familienrecht. Ist eine Form für die Abgabe einer Erklärung einzuhalten, so ist dies zwingend. Wird gegen die Formvorschrift verstoßen, ist das Rechtsgeschäft – soweit nichts Abweichendes vereinbart ist – nichtig (§ 125 BGB).

Die wichtigsten Formvorschriften des BGB sind die Schriftform (§ 126 BGB), die elektronische Form (§ 126a BGB) und die notarielle Beurkundung (§ 128 BGB), bei der ein Notar die Erklärungen der Parteien beurkundet.

Daneben erfordern einige Rechtsgeschäfte eine öffentliche Beurkundung, darunter die Vaterschaftsanerkennung (§ 1597 Abs. 1 BGB) oder die Sorgeerklärung (§ 1626d Abs. 1 BGB). Bei der öffentlichen Beurkundung wird die Erklärung nach einer eingehenden Beratung abgegeben, niedergeschrieben, dem Erklärenden vorgelesen, von diesem genehmigt und dann unterschrieben sowie – zuletzt – von der zuständigen Stelle unterzeichnet. Formfehler führen zur Nichtigkeit der Erklärung.

V. Der Vertrag

1. Begriff und Überblick

Der **Vertrag** ist definiert als ein Rechtsgeschäft, das aus den Willenserklärungen zweier Personen besteht, die inhaltlich übereinstimmen und mit Bezug aufeinander abgegeben werden. Als Folge tritt eine gegenseitige Bindungswirkung an die Vereinbarung ein: Ein Schuldverhältnis wird begründet (§ 311 Abs. 1 BGB). Hauptbestandteil des Vertrages sind damit zwei Willenserklärungen. Die zeitlich frühere nennt man Angebot oder auch Antrag (§ 145 BGB), die zeitlich spätere Annahme (§ 146 BGB). Eine Form ist grundsätzlich nicht zu beachten. Verträge können auch mündlich geschlossen werden, wenn nicht ausnahmsweise gesetzlich eine Form vorgeschrieben ist.

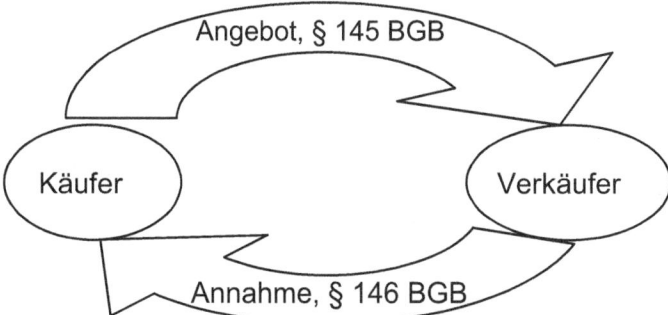

2. Angebot

Das **Angebot** ist eine verbindliche Willenserklärung. Mit ihr strukturiert der Erklärende den Vertrag inhaltlich vor und legt sich fest.

Der Vertrag kommt durch bloßes Einverständnis der Gegenseite mit dem Angebot zustande. Daher muss das Angebot inhaltlich ausreichend bestimmt sein. Zudem muss es alle wesentlichen Punkte des Vertrages enthalten. Dazu gehören im Regelfall der Vertragsgegenstand (worüber eine Einigung erzielt werden soll) und die Gegenleistung. Die Identität des Vertragspartners kann – je nach Vertragstyp – maßgeblich sein, etwa bei Mietverträgen über Wohnraum. Es ist aber auch denkbar, dass die konkrete Identität des Vertragspartners dem Anbietenden gleichgültig ist und er das Angebot gewissermaßen an die Allgemeinheit richtet.

Beispiele: Bahnkartenautomat; Zug, der anhält und in den jeder am Bahnsteig Stehende einsteigen kann.

61 Als (einseitige empfangsbedürftige) Willenserklärung muss das Angebot alle Merkmale einer Willenserklärung erfüllen. Die Qualifikation einer Erklärung als Angebot ist im Alltag nicht immer einfach.

So liegt etwa in dem Preisschild im Ladenfenster oder in der Ankündigung eines Sonderangebotes noch kein Angebot iS des § 145 BGB. Beiden fehlt der Rechtsbindungswille. Würde man sie nämlich bereits als Angebot ansehen, dann käme der Vertrag mit jedem zustande, der den Laden betritt und das Angebot annimmt. Das würde auf einen Zwang zum Vertragsschluss hinauslaufen. Daran hat der Verkäufer ersichtlich kein Interesse. Die Auslegung der Handlungen (Aushängen eines Preisschildes, Ankündigung eines Sonderangebots) ergibt daher, dass es sich lediglich um eine allgemeine, an die Öffentlichkeit gerichtete Aufforderung handelt, ihrerseits an den Ladeninhaber heranzutreten und ihm ein Kaufangebot zu unterbreiten (invitatio ad offerendum), das er dann annehmen oder auch ablehnen kann.

Wirksam wird das Angebot grundsätzlich im Zeitpunkt des Zugangs. Auch ein wirksames Angebot „lebt" nicht zeitlich unbegrenzt. Vielmehr gibt es **Fristen**, innerhalb der das Angebot angenommen werden muss, dazu sogleich.

3. Annahme

62 Der Vertrag kommt durch die **Annahme** zustande. Auch die Annahme ist eine einseitige empfangsbedürftige Willenserklärung. Durch sie entsteht die gegenseitige Bindungswirkung und zwar in dem Zeitpunkt, in dem sie der anderen Seite zugeht. Die Annahme kann auch schlüssig erfolgen. Schweigen genügt grundsätzlich nicht.

Die Annahme muss noch zu „Lebzeiten" des Angebots erfolgen. Es ist zwischen folgenden **Annahmefristen** zu unterscheiden:
- Selbst gesetzte Annahmefrist (§ 148 BGB): Der Erklärende kann eine Annahmefrist bestimmen. In diesem Fall hat die Annahme innerhalb dieser Frist zu erfolgen.
- Gesetzliche Annahmefrist (§ 147 BGB): Wurde keine Frist gesetzt, gelten die gesetzlichen Annahmefristen:

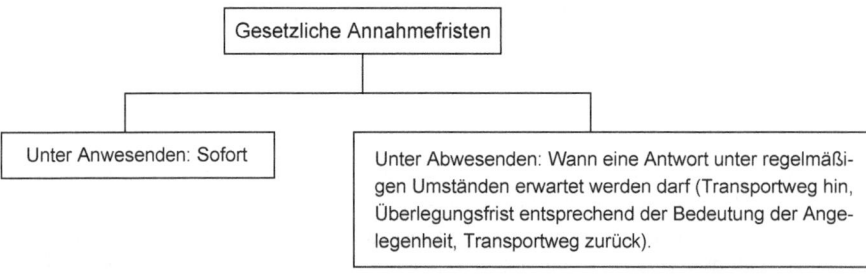

Teil II: Grundlagen des Zivilrechts 53

Beispiel: Bei Mietverträgen beträgt die Annahmefrist in der Regel 2–3 Wochen.

Wird das Angebot nicht innerhalb der maßgeblichen Frist angenommen, erlischt es grundsätzlich[2]. Die Annahme geht ins Leere (§ 146 BGB), stellt aber ihrerseits jetzt ein neues Angebot dar (§ 150 Abs. 1 BGB). Dieses kann der andere Teil seinerseits – ebenfalls innerhalb der Fristen – annehmen oder ablehnen.

Wird das Angebot abgelehnt, kommt der Vertrag nicht zustande. Auch in diesem Fall erlischt das Angebot (§ 146 BGB). Gleiches gilt, wenn das Angebot verändert wird: Auch die Annahme unter Erweiterungen, Einschränkungen („Ja, aber ...") oder sonstigen Änderungen gilt als Ablehnung des Antrags. Zugleich macht der Erklärende ein neues Vertragsangebot (§ 150 Abs. 2 BGB). Dieses kann die Gegenseite jetzt ablehnen oder annehmen. **63**

Beispiel: Karin bietet Mick ihren Pkw zum Kauf für 500 € bar auf die Hand an. Mick ist grundsätzlich mit Kaufpreis und Pkw einverstanden, möchte das Geld aber in Raten zahlen. Diese Einschränkung durch Mick ist eine Änderung gegenüber Karins Erklärung, mithin eine Ablehnung ihres Angebots. Der Vertrag ist noch nicht zustande gekommen. Zugleich macht Mick Karin ein neues Angebot, nämlich: Pkw, 500 € mit Ratenzahlung. Lehnt Karin ab, ist der Kauf gescheitert. Ist Karin damit einverstanden, kommt der Vertrag zu diesen Modalitäten zustande.

4. Inhaltsgleichheit von Angebot und Annahme

Ein Vertrag erfordert die inhaltliche Übereinstimmung von Angebot und Annahme. Erst dann liegt der notwendige und vertragstypische **Konsens** vor. Auch ein vordergründiges Auseinanderfallen der Erklärungen lässt sich dabei auf erster Stufe über die Auslegung der Willenserklärungen lösen: Lässt sich beiden Äußerungen zumindest formal ein übereinstimmender Inhalt zuweisen, so liegt die notwendige inhaltliche Übereinstimmung vor, auch wenn vielleicht eine der Parteien etwas anderes gewollt hat. **64**

Erst wenn sich auch mithilfe der Auslegungsmethoden Angebot und Annahme nicht in ihrem objektiven Sinngehalt decken, fehlt die erforderliche Übereinstimmung. Es besteht ein sog **Dissens**. Bezieht sich der Dissens auf wesentliche Bestandteile des Vertrages, etwa auf Vertragsgegenstand oder Gegenleistung, kommt ein Vertrag – mangels Einigung – nicht zustande.

5. Ungültige Rechtsgeschäfte – Was nicht vereinbart werden darf ...

Grundsätzlich dürfen die Vertragsparteien Gegenstand und Inhalt ihrer Vereinbarungen frei wählen und ausgestalten. Diese Freiheit besteht allerdings nicht unbegrenzt. Die wichtigsten Schranken sind gesetzliche Verbote sowie Sittenwidrigkeit. **65**

Bestimmte Verhaltensweisen sind gesetzlich verbindlich vorgegeben. Eine gesetzliche Vorgabe kann durch **Verbote** bestimmter Verhaltensweisen (Strafgesetze oder Ordnungswidrigkeiten), verbindliche Vorgaben oder aber auch gesetzlich vorgeschriebene Genehmigungspflichten von Rechtsgeschäften erfolgen.

Beispiele: Für die Aufnahme eines Pflegekindes ist eine behördliche Erlaubnis (Pflegeerlaubnis) vorgeschrieben (§ 44 SGB VIII); die Beschneidung von Mädchen ist strafbar (§ 226a StGB).

Die Folgen der Missachtung dieser Vorgaben richten sich nach dem Zweck der gesetzlichen Vorschrift. Soweit die gesetzlichen Vorgaben zwingend sind, darf eine ab-

---
2 Zur Ausnahme vgl § 149 BGB.

weichende vertragliche Vereinbarung darüber nicht getroffen werden. Verstöße führen zur Nichtigkeit des Rechtsgeschäfts (§ 134 BGB). Derartige Verbotsgesetze sind insbesondere die Strafvorschriften sowie Verbotsgesetze, die sich an beide Parteien richten.

Es ist aber auch denkbar, dass der Verstoß nicht sanktioniert ist oder lediglich zu einem Durchführungsverbot des Vertrages führt. Derartige Verbote sind vor allem Ordnungswidrigkeiten sowie Gesetze, die sich nur an eine Partei richten.

Beispiel: Verbot für Berufsbetreuer, Zuwendungen der von ihnen betreuten Personen anzunehmen (§ 30 BtoG).

Ob das Verbotsgesetz die Nichtigkeit des Rechtsgeschäfts will, hängt von seinem Zweck ab. Dafür ist es auszulegen.

66 **Sittenwidrige Geschäfte** sind grundsätzlich nichtig (§ 138 Abs. 1 BGB).

Ein besonderer Anwendungsfall des sittenwidrigen Geschäfts ist das **wucherische Geschäft** (§ 138 Abs. 2 BGB). Danach ist ein Geschäft nichtig, durch das jemand unter Ausbeutung der Zwangslage, der Unerfahrenheit, des Mangels an Urteilsvermögen oder der erheblichen Willensschwäche eines anderen, sich oder einem anderen Dritten für eine Leistung Vermögensvorteile versprechen oder gewähren lässt, die in einem auffälligen Missverhältnis zu der Leistung stehen.

Beispiel: Beschäftigung von Ausländern ohne Aufenthaltsstatus zu Dumping-Löhnen, die, um „nicht aufzufliegen", keinen Rechtsschutz suchen werden.

VI. Die Durchführung von Verträgen

1. Haupt- und Nebenpflichten

67 Mit Abschluss eines Vertrages ist jeder Vertragspartner verpflichtet, die vereinbarte Leistung zu erbringen. Diese Pflichten nennt man auch Hauptpflichten. Zugleich entstehen mit Abschluss des Vertrages Nebenpflichten: Danach ist jeder Vertragspartner – auch ohne dass dies ausdrücklich im Vertrag steht – verpflichtet, die Leistung ehrlich und fair zu erbringen und auf die Rechte und Interessen des Vertragspartners Rücksicht zu nehmen (§§ 241 Abs. 2, 242 BGB). Die wichtigsten Nebenpflichten sind: Pünktliche und fehlerfreie Erbringung der Leistung sowie die Pflicht, Schäden der anderen Seite zu vermeiden.

2. Vertragliche Schadensersatzansprüche

68 Werden vertragliche Haupt- oder Nebenpflichten verletzt oder wird die Hauptleistung schlecht oder nicht erbracht, so stehen der verletzten Partei unter bestimmten Voraussetzungen **vertragliche Schadensersatzansprüche** zu (§§ 280, 281 BGB). Die Schadensersatzpflicht tritt dabei nur dann ein, wenn die Partei ein sog **Verschulden** an der Pflichtverletzung trifft. Das ist dann der Fall, wenn die Pflichtverletzung vorsätzlich oder fahrlässig begangen wurde (§ 276 Abs. 1 BGB). Der Begriff der Fahrlässigkeit ist gesetzlich definiert (Legaldefinition): Fahrlässig handelt, wer die im Verkehr erforderliche Sorgfalt außer Acht lässt (§ 276 Abs. 2 BGB).

Probleme stellen sich, wenn der Vertragspartner die Leistung nicht in Person erbringt, sondern an Dritte delegiert. Insoweit gilt:

- Eine Delegation der vertraglichen Pflichten an Dritte ist grundsätzlich zulässig. Allerdings muss durch eine sorgfältige Auswahl der eingesetzten Personen sichergestellt werden, dass es zu keinem Schaden kommt. Im Übrigen muss der Ablauf in einer Weise organisiert sein, dass Schäden vermieden werden.
- Weiter haftet der Vertragspartner auch für das Verschulden des von ihm eingeschalteten Dritten (§ 278 BGB). Man nennt diesen Dritten Erfüllungsgehilfen.

Beispiel: Der Träger einer Kindertagesstätte hat die Erzieherinnen auf die Beschädigung eines Geräts hingewiesen. Die Erzieherin hat den Hinweis vergessen und lässt ein Kind das beschädigte Gerät benutzen. Kommt es zu einem Schaden, so haftet der Träger für die fahrlässige Pflichtverletzung der Erzieherin als wäre es seine eigene.

3. Gesetzlich geregelte Verträge

a) Allgemeines

Der Gesetzgeber hat eine Reihe von Verträgen gesetzlich geregelt. Die gesetzgeberischen Regeln legen für häufige Vertragstypen deren typischen Vertragsinhalt fest und enthalten Vorgaben für die Behandlung häufiger Probleme und Schwierigkeiten (zB Mängel). Dies befreit die Parteien von der Notwendigkeit, sämtliche Fragen detailgetreu auszuhandeln. Die meisten gesetzgeberischen Vorgaben sind dabei nicht zwingend, so dass die Parteien auch abweichende Vereinbarungen treffen können.

Nicht abbedungen werden können Schutzvorschriften zugunsten einer (vermuteten) schwächeren Partei. Derartige Vorschriften finden sich für Verträge zwischen Verbrauchern und Unternehmern (sog **Verbraucherverträge**). Dazu zählen etwa weitreichende vorvertragliche Informationspflichten des Unternehmers gegenüber dem Verbraucher (§ 312a BGB).

Weitere Sondervorschriften gelten zudem für bestimmte Vertriebsformen, etwa „außerhalb von Geschäftsräumen geschlossene Verträge" (die sog Haustürgeschäfte, § 312b BGB) und Fernabsatzverträge (§ 312c BGB). Zu den wichtigsten Schutzvorschriften zu Gunsten des Verbrauchers in diesen Bereichen zählen etwa weitreichende vorvertragliche Informationspflichten des Unternehmers über die Vertragsinhalte (§ 312d BGB, Art. 246a EGBGB), die Notwendigkeit einer besonderen Bestätigung über den Vertragsinhalt (§ 312f BGB) und ein 14tägiges Widerrufsrecht des Verbrauchers (§§ 312g, 355 BGB).

Die gesetzlich geregelten Vertragsarten sind nicht abschließend. Auch wenn die häufigsten Verträge gesetzlich vorstrukturiert sind, können die Parteien neue Verträge „erfinden". Oft verschmelzen dabei Elemente verschiedener Verträge miteinander.

b) Austauschverhältnisse

Austauschverhältnisse sind insbesondere Kauf, Tausch und Schenkung.

Geschäftsinhalt von **Kaufverträgen** ist die Verschaffung von Eigentum und Besitz an einer Sache oder einem Recht gegen einen Kaufpreis in Geld (§§ 433–479 BGB). Das Kaufvertragsrecht regelt insbesondere die Rechte des Käufers bei Mängeln der Kaufsache, wie lange diese Ansprüche geltend gemacht werden können (Verjährung) sowie besondere Kaufarten (Kauf auf Probe und Verbrauchsgüterkauf).

Insbesondere beim **Verbrauchsgüterkauf** gelten für den Verbraucher günstige Vorschriften. Ein Verbrauchsgüterkauf liegt immer dann vor, wenn ein Verbraucher – als privater Dritter – von einem Unternehmer – als gewerblichem Verkäufer – eine Ware kauft (§ 474 Abs. 1 BGB).

Gegenstand des **Tauschvertrags** ist ebenfalls die Verschaffung von Eigentum und Besitz an einer Sache. Allerdings ist als Gegenleistung nicht Geld, sondern ebenfalls die Eigentums- und Besitzverschaffung an einer anderen Sache oder einem Recht geschuldet. Für Tauschverträge gelten die Vorschriften über den Kauf entsprechend (§ 480 BGB).

Geschäftsinhalt der **Schenkung** ist das Versprechen einer Vermögenszuwendung ohne Gegenleistung (§ 516 Abs. 1 BGB). Für die Schenkung gilt eine Formvorschrift: Sie bedarf der notariellen Beurkundung (§ 518 Abs. 1 BGB). Fehlt sie, ist der Vertrag unwirksam; die Leistung kann nicht verlangt werden. Wird die Schenkung allerdings – trotz des Formmangels – vollzogen, so wird der Formmangel „geheilt". Der Vertrag wird wirksam (§ 518 Abs. 2 BGB).

c) Überlassung einer Sache

71 Verträge, die die zeitweise Überlassung einer Sache zum Gegenstand haben, sind Miete und Pacht, Leihe und das Darlehen.

Durch den **Mietvertrag** wird eine Sache auf Dauer gegen Entgelt überlassen (§§ 535 ff BGB). Bei der Pacht wird nicht nur die Sache überlassen, sondern sie darf auch in einer Weise genutzt werden, dass der Pächter die Nutzungen behalten darf (§ 581 Abs. 1 BGB). Bei der Leihe wird der Sachgebrauch unentgeltlich erlaubt (§ 598 BGB).

Beim **Darlehen** werden – ähnlich wie bei Miete und Pacht – ebenfalls Gegenstände zur Nutzung überlassen. Im Regelfall handelt es sich um Geld (§§ 488 ff BGB), es kommen aber auch andere vertretbare Sachen (sog Sachdarlehen, §§ 607 ff BGB) in Betracht. Im Unterschied zur Miete, Pacht oder Leihe wird der konkret entliehene Gegenstand behalten. Die Rückgabepflicht bezieht sich nur auf Sachen gleicher Art und Güte (bei Gelddarlehen auf einen Geldbetrag in gleicher Währung und Höhe).

Ähnlich wie beim Verbrauchsgüterkauf existieren auch in diesem Bereich besondere Schutzvorschriften zugunsten eines Verbrauchers, der mit einem Unternehmen einen Darlehensvertrag schließt, sofern es sich nicht um ein lediglich kurzzeitiges Darlehen (maximal 3 Monate) oder Bagatellbeträge (Darlehenssumme unter 200 €) handelt (sog **Verbraucherdarlehen**, § 491 BGB). Zu den Verbraucherdarlehen zählen etwa Teilzahlungsverkäufe, die Gewährung eines Zahlungsaufschubs, das Finanzierungsleasing sowie Ratenzahlungsverträge.

d) Tätigkeiten für andere

72 Die wichtigsten Verträge, die Tätigkeiten für andere zum Gegenstand haben, sind der Dienstvertrag, der Werkvertrag, die Geschäftsbesorgung und der Auftrag.

Beim **Dienstvertrag** ist die Erbringung einer Leistung – gegen Entgelt – geschuldet (§ 611 BGB). Hauptanwendungsfall ist der Arbeitsvertrag (§ 611a BGB). Beim **Werkvertrag** ist die Errichtung des versprochenen Werks gegen Entgelt vertraglich vereinbart (§ 631 BGB). Geschuldet ist also ein bestimmtes Ergebnis – ein sog Erfolg. Werkverträge sind etwa Architektenverträge oder der Reparaturvertrag zwischen dem Inhaber einer Werkstatt und einem Kunden. Die Tätigkeit in fremdem Interesse

Teil II: Grundlagen des Zivilrechts

ist eine Geschäftsbesorgung (§ 675 BGB). Wird das Geschäft unentgeltlich besorgt, liegt ein Auftrag vor (§ 662 BGB).

VII. Die Vertretung – Handeln für andere

Bei der Vertretung geht es um die Frage, ob und wie eine Person rechtsgeschäftlich handeln kann, ohne selber aufzutreten. **Vertretung** ist rechtsgeschäftliches Handeln für einen anderen (sog Vertretenen) mit Wirkung für diesen (§ 164 Abs. 1 BGB). Der Vertreter gibt dabei eine eigene Willenserklärung ab. Er tut dies aber in fremdem Namen. Die Wirkungen des Geschäfts treffen daher auch nicht ihn, sondern den Vertretenen. Als Konsequenz ist der Vertretene rechtsgeschäftlich in gleicher Weise gebunden, als hätte er selber die Willenserklärung abgegeben. Irrtümer des Vertreters werden dem Vertretenen zugerechnet (§ 166 Abs. 1 BGB).

73

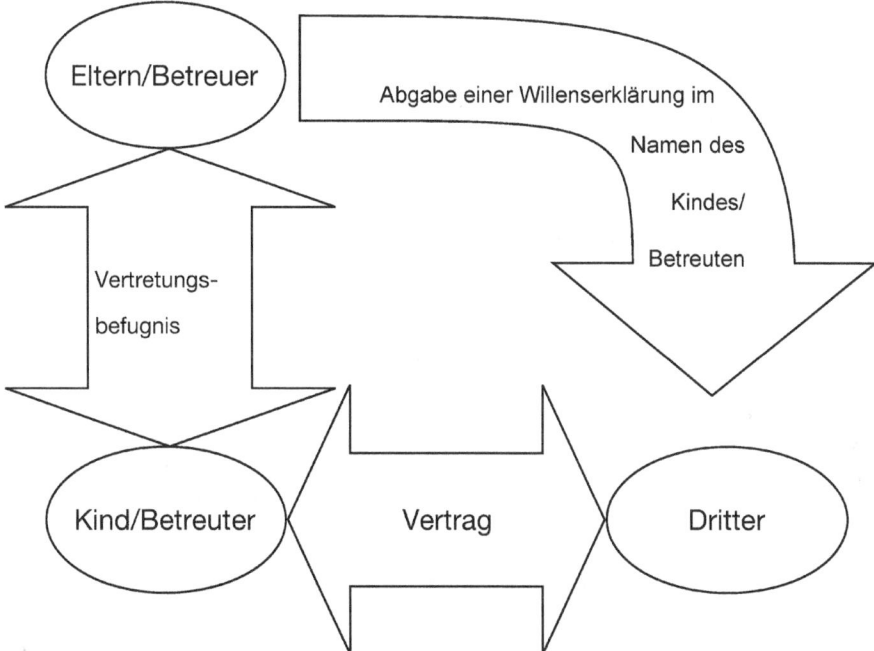

Beispiele: Eltern legen Vermögen ihres Kindes bei der Bank an.
Der Betreuer schließt für den Betreuten einen Mietvertrag.

Der Betroffene wird dabei nur dann verpflichtet, wenn der Vertreter auch in fremdem Namen handeln darf. Er muss also eine entsprechende **Vertretungsmacht** besitzen. Die Vertretungsmacht kann auf unterschiedlichen Gründen beruhen:

- Sie kann dem Vertreter gesetzlich eingeräumt sein. Gesetzliche Vertretungsmacht besitzen etwa Eltern für ihre minderjährigen Kinder (§ 1629 Abs. 1 BGB), Vormünder (§ 1789 Abs. 2 BGB [bis 31.12.2022: § 1793 Abs. 1 BGB]), Ergänzungspfleger (§ 1809 Abs. 1 BGB [bis 31.12.2022: § 1915 Abs. 1 BGB]) und Betreuer (§ 1823 BGB [bis 31.12.2022: § 1902 BGB]).

- Vertretungsmacht kann daneben auch rechtsgeschäftlich durch Erteilung einer Vollmacht eingeräumt werden (sog gewillkürte Vertretung, § 167 Abs. 1 BGB).

74 Fehlt die Vertretungsmacht, so kann das Rechtsgeschäft zwischen dem Dritten und dem Vertretenen im Grundsatz nicht wirksam zustande kommen. Welche Folgen dies hat, hängt davon ab, ob ein einseitiges oder ein mehrseitiges Rechtsgeschäft vorliegt.
- Bei Verträgen hat der Vertretene die Möglichkeit, das Geschäft nachträglich zu genehmigen. Dies kann entweder gegenüber dem Vertreter erfolgen oder aber auch gegenüber dem Geschäftspartner. In diesem Fall wird das Geschäft mit der Genehmigung wirksam. Verweigert der Vertretene hingegen die Genehmigung, so ist das Rechtsgeschäft endgültig unwirksam (§ 177 Abs. 1 BGB). Bis zur Erklärung des Vertretenen über das Geschäft besteht also ein sog Schwebezustand. Aus diesem Grund spricht man auch von der schwebenden Unwirksamkeit eines ohne Vertretungsmacht geschlossenen Vertrags. Verweigert der Vertretene die Genehmigung, kommen auf den Vertreter uU Schadensersatzansprüche zu (§ 179 BGB).
- Einseitige Rechtsgeschäfte sind grundsätzlich unwirksam (§ 180 S. 1 BGB). Anderes gilt, wenn der Dritte nicht schutzwürdig ist, weil er etwa von dem fehlenden Vertretungsrecht wusste oder gar damit einverstanden war (§ 180 S. 2 BGB). In diesem Fall ist wie bei Verträgen zu verfahren.

VIII. Die Verjährung – Ein allgemeines Leistungsverweigerungsrecht

75 Gegenstand der **Verjährung** ist die Frage, wie lange ein einmal begründeter Anspruch durchgesetzt werden kann. Es gilt:

Die Lebensdauer eines einmal bestehenden Anspruchs ist im Grundsatz nicht begrenzt.

Die Geltendmachung eines Anspruchs ist hingegen begrenzt. Der Schuldner hat nach Ablauf bestimmter Fristen das Recht, die Leistung zu verweigern (Verjährung). Beruft der Schuldner sich auf dieses Recht, so kann er – auch wenn der Anspruch besteht – nicht zu der geschuldeten Leistung verurteilt werden. Die Verjährungsfrist variiert, je nachdem, was für ein Anspruch im Raum steht. Die regelmäßige Verjährungsfrist beträgt 3 Jahre (§ 195 BGB). Ist ein Anspruch hingegen rechtskräftig festgestellt, so verjährt er grundsätzlich erst in 30 Jahren (§ 197 Abs. 1 Nr. 3 BGB). Für die einzelnen Vertragstypen bzw bestimmte familienrechtliche Ansprüche gelten zT abweichende Verjährungsfristen.

IX. Prüfschema und Lösungshinweise zum Übungsfall 2

76 Ist die Wirksamkeit eines Vertrages zu prüfen, empfiehlt es sich, nach folgendem Prüfschema vorzugehen:
1. Liegt ein Angebot vor?
    - Angebotshandlung festlegen (liegen sämtliche Erfordernisse einer Willenserklärung vor? UU Auslegung des Erklärungswerts der Handlung).
    - Was ist Inhalt des Angebots (Auslegung)?
    - Ist das Angebot zugegangen?
2. Ist das Angebot angenommen worden?

Teil II: Grundlagen des Zivilrechts

- Liegt eine Annahmeerklärung vor?
- Was ist Inhalt der Annahmeerklärung? Gibt es uU einen Dissens und wie ist in diesem Fall zu verfahren?
- Ist die Annahme (rechtzeitig) zugegangen?
3. Gibt es weitere Probleme?
- Gibt es Formerfordernisse, die nicht beachtet wurden?
- Liegt ein gesetzliches Verbot vor?
- Ist der Vertrag nachträglich entfallen durch eine Anfechtung einer Willenserklärung?
  - Liegen Willensmängel vor, die zur Anfechtung berechtigen?
  - Ist die Anfechtung fristgerecht erklärt worden?

Lösungshinweise zum Übungsfall 2 (Rn 38)

1. Fallfrage: Kann Martha von Hanna verlangen, dass sie Sina nach dem Kindergarten abholt und mit zu sich nach Hause nimmt?
2. (Mögliche) Anspruchsgrundlage ist ein Vertrag nach § 311 Abs. 1 BGB. Ob ein solcher vorliegt, ist im Folgenden zu prüfen.
3. Rechtsprüfung: Ein Vertrag setzt zwei übereinstimmende Willenserklärungen (Angebot und Annahme, §§ 145 f BGB) voraus.

   Die Anfrage von Martha könnte das Vertragsangebot darstellen. Die ausdrückliche Anfrage stellt ohne Zweifel eine Erklärungshandlung dar. Im Bereich des subjektiven Erklärungstatbestandes ist Handlungswille (also eine bewusste Anfrage) anzunehmen. Fraglich ist hingegen, ob auch der erforderliche Rechtsbindungswille vorliegt. Das Mitnehmen eines Kindes aus dem Kindergarten, um eine kurzzeitige Betreuungslücke zu überbrücken, könnte auch eine Gefälligkeit darstellen. Dafür ist der Gehalt der Erklärung nach der Verkehrsauffassung zu würdigen: Die Anfrage beruht in diesem Fall auf außerrechtlichen Gründen, nämlich auf der Hilfsbereitschaft von Hanna. Eine angefragte Mutter will sich ersichtlich nicht in ein verbindliches Vertragsverhältnis mit uU weitreichenden Konsequenzen begeben, sondern in einer Notsituation helfen – dies ist der anfragenden Partei auch bewusst. Indizien für eine Verbindlichkeit der Erklärung fehlen: Das kurzzeitige Hüten von Sina soll unentgeltlich erfolgen und lediglich einmalig, quasi außer der Reihe. Auch aus dem uU recht hohem Interesse von Martha an dem Termin lässt sich nicht ohne weiteres die Verbindlichkeit ihrer Erklärung herleiten: Andernfalls würde immer die Hilfe bei einer als subjektiv empfundenen Notlage die Annahme eines Rechtsbindungswillens begründen. Das geht aber ersichtlich am Zweck der Hilfe, einen Gefallen zu tun, vorbei (Hinweis: Diese Argumentation ist nicht zwingend – es lässt sich ohne weiteres genau das Gegenteil vertreten).
4. Ergebnis: Damit hat die Bitte von Martha keinen Erklärungswert (es fehlt am Rechtsbindungswillen). Vielmehr soll Hanna lediglich eine Gefälligkeit erbringen. Eine Willenserklärung liegt nicht vor. Eine vertragliche Verpflichtung von Hanna, Sina am besagten Tag vom Kindergarten abzuholen, bestand nicht. Martha kann in der Konsequenz nicht von Hanna verlangen, dass sie auf Sina aufpasst.

X. Die Geschäftsfähigkeit – Kinder und andere „unmündige" Personen

1. Begriff und Überblick

Die Möglichkeit, sich durch eigene Willenserklärungen zu verpflichten, setzt ein Mindestmaß an Einsichtsfähigkeit und Urteilsvermögen voraus, um Folgen und Tragweite des eigenen Handelns abschätzen zu können. Diese Fähigkeit wird als **Geschäftsfähigkeit** bezeichnet. Sie ist Wirksamkeitsvoraussetzung eines jeden Rechtsgeschäfts.

Mit Blick auf die weitreichenden Konsequenzen von Willenserklärungen sind Personen, die diese Fähigkeit nicht besitzen, besonders schutzwürdig im Rechtsverkehr. Der Gesetzgeber unterscheidet zwei Konstellationen:
- Einschränkungen der Geistestätigkeit.
- Minderjährige.

2. Einschränkungen der Geistestätigkeit

a) Geschäftsunfähige (Volljährige)

aa) Geschäftsunfähigkeit

79 **Geschäftsunfähig** sind Personen, die sich in einem die freie Willensbildung ausschließenden Zustand krankhafter Störung der Geistestätigkeit befinden, sofern der Zustand nicht nur vorübergehend ist (§ 104 Nr. 2 BGB). Eine derart beschriebene Störung liegt vor, wenn der Betreffende nicht in der Lage ist, seinen Willen frei und unbeeinflusst von einer Geistesstörung zu bilden oder nach rationaler Einsicht zu handeln.

Anwendungsfelder: Hirnorganische Schäden infolge chronischen Alkoholmissbrauchs; Demenzerkrankungen im fortgeschrittenen Stadium; schwere geistige Behinderungen.

Keine Geschäftsunfähigkeit ist hingegen anzunehmen, wenn zwar eine dauerhafte psychische Erkrankung vorliegt, die allerdings nur in akuten Phasen – und damit nur punktuell – die freie Willensbildung ausschließt.

Beispiel: Bipolare Erkrankungen (zB eine manische Depression), bei denen lediglich in akuten Phasen keine Steuerungsfähigkeit besteht (Kaufrausch in einer manischen Phase).

Hinweis: In der Praxis stellt sich ein Beweisproblem. Man vermutet im Rechtsverkehr, dass Volljährige geschäftsfähig sind. Daher muss der Geschäftsunfähige seine fehlende Geschäftsfähigkeit darlegen und nachweisen. Dies wird ihm – wenn nicht bereits eine Betreuung angeordnet ist – nur schwer gelingen.

80 Denkbar ist auch eine sog **partielle Geschäftsunfähigkeit**. Bei der partiellen Geschäftsunfähigkeit ist die Willensstörung auf einen bestimmten, gegenständlich abgegrenzten Bereich beschränkt. In der Konsequenz ist der Betroffene nur in den jeweiligen Bereichen geschäftsunfähig, außerhalb dieser Bereiche hingegen voll geschäftsfähig.

Beispiel: Krankhafte Spielsucht: Geschäftsunfähigkeit besteht nur für das Schließen entsprechender Verträge in Spielhallen oder im Internet. Außerhalb dieses Bereichs (Arbeit, Wohnungsmiete, Kaufverträge über alle Angelegenheiten, die das tägliche Leben betreffen) hingegen besteht volle Geschäftsfähigkeit.

Im Übrigen richtet sich die Geschäftsfähigkeit (Volljähriger) jedoch nach dem Alles-oder-Nichts-Prinzip. Ist jemand nach diesen Maßstäben geschäftsfähig, dann gilt das uneingeschränkt. Eine sog relative Geschäfts*un*fähigkeit für bestimmte schwierige Geschäfte – zB für ältere Personen, die sich im Geschäftsverkehr nicht mehr ohne Weiteres zurechtfinden – scheidet aus.

bb) Handeln Geschäftsunfähiger im Rechtsverkehr

Geschäftsunfähige sind im Rechtsverkehr – bildlich gesprochen – taubstumm. Sie 81 können aktiv nicht am Rechtsverkehr teilnehmen: Willenserklärungen Geschäftsunfähiger sind nichtig (§ 105 Abs. 1 BGB); Willenserklärungen gegenüber Geschäftsunfähigen werden erst in dem Zeitpunkt wirksam, in dem sie ihrem gesetzlichen Vertreter zugehen (§ 131 Abs. 1 BGB).

Zwei wichtige Ausnahmen werden gemacht:
- Geschäfte geschäftsunfähiger Personen sind wirksam, wenn sie diese im Zustand einer punktuellen geistigen Klarheit getätigt haben. Hat also eine geschäftsunfähige Person im Zeitpunkt des Vertragsschlusses einen sog „lichten Moment", ist das Geschäft wirksam.
- Weiter gilt für volljährige geschäftsunfähige Personen im Bereich geringfügiger Bargeschäfte eine **„relative Geschäftsfähigkeit"** (§ 105a BGB). Diese Norm ordnet die Wirksamkeit folgender Geschäfte an: Geschäfte des täglichen Lebens, die mit geringwertigen Mitteln bewirkt werden können, sofern der Vertrag auch tatsächlich beiderseitig erfüllt wurde. Im Einzelnen:
  – Geschäfte des täglichen Lebens sind Alltagsgeschäfte, mit denen Gegenstände des täglichen Bedarfs erworben oder einfache Dienstleistungen (Kino, Friseur, öffentliche Verkehrsmittel) in Anspruch genommen werden. Sie werden typischerweise bar bezahlt. Maßgebend ist, ob sie ihrem Gegenstand nach den persönlichen Lebensbedarf betreffen können, unabhängig von der Frage, ob im konkreten Fall auch tatsächlich ein Bedarf besteht. Was ein Alltagsgeschäft ist, entscheidet sich nach der Verkehrsauffassung. Nicht maßgeblich ist, ob nach den individuellen Verhältnissen der betroffenen Person ein Alltagsgeschäft vorliegt.
  – Auch die Frage, ob das Geschäft geringwertige Mittel betrifft, ist generell und nicht individuell zu bemessen. Maßgebend ist, ob sich das Geschäft, gemessen an den durchschnittlichen Preis- und Einkommensverhältnissen, im überschaubaren Rahmen bewegt. Die Praxis orientiert sich dazu an den Taschengeldsätzen die in Einrichtungen für Menschen mit Behinderungen gelten.
  – Wirksam ist das Geschäft zuletzt erst in dem Zeitpunkt, in dem beide Teile ihre vertraglichen Pflichten erfüllt haben. Solange der Vertrag noch nicht von beiden Seiten erfüllt wurde, kann sich jede Partei auf seine Nichtigkeit berufen.

Zum Schutz des Geschäftsunfähigen greift die Ausnahmeregelung des § 105a BGB allerdings nicht, wenn das Geschäft mit einer erheblichen Gefahr für Person oder Vermögen des Geschäftsunfähigen verbunden ist (§ 105a S. 2 BGB).

Beispiel: Alkoholiker (partielle Geschäftsunfähigkeit) kauft sich Alkohol.

82 Sonderfälle:
- Kreditgeschäfte sind wegen der Gefahr der Verschuldung immer unwirksam. § 105a BGB greift nicht ein.
- Schenkungen durch Geschäftsunfähige sind unwirksam.
- Bei mehreren Geschäften sind die einzelnen Geschäfte unabhängig voneinander zu beurteilen. Anderes gilt mit Blick auf den Normzweck des § 105a BGB (Schutz des Geschäftsunfähigen) bei mehreren gleichzeitig mit ein und demselben Vertragspartner getätigten Geschäften. In diesem Fall ist das Geschäft insgesamt nach Art und Umfang zu bewerten.

83 Da geschäftsunfähige Personen nicht in der Lage sind, wirksam im Rechtsverkehr aufzutreten, benötigen sie eine Person, die an ihrer Stelle handelt, einen gesetzlichen Vertreter. Für geschäftsunfähige Erwachsene ist daher eine Betreuung anzuordnen, die auch die umfassende Vertretung des Betreuten beinhaltet (§ 1823 BGB [bis 31.12.2022: § 1902 BGB]). Geschäfte des Betreuten, die nach § 105a BGB wirksam sind, werden davon jedoch nicht berührt. Sie können also trotz Anordnung einer Betreuung getätigt werden.

b) Punktuelle Störungen der Geistestätigkeit geschäftsfähiger Personen – Der „Aussetzer"

84 Willenserklärungen geschäftsfähiger Personen sind demgegenüber grundsätzlich wirksam. Dies bereitet Probleme bei lediglich punktuellen Störungen der Geistestätigkeit.

Beispiele: Trunkenheit; Drogenkonsum; Kaufrausch in manischer Phase einer bipolaren Erkrankung.

Zwar berühren **punktuelle Störungen** der Geistestätigkeit die Geschäftsfähigkeit des Betroffenen als solche nicht. Gleichwohl fehlt es in diesem Zustand an der notwendigen Einsichtsfähigkeit zum Abschluss eines Rechtsgeschäfts. Dem trägt das Gesetz durch die Anordnung der Nichtigkeit von Willenserklärungen Rechnung, die in diesem Zustand („der Bewusstlosigkeit oder der vorübergehenden Störung der Geistestätigkeit") abgegeben wurden (§ 105 Abs. 2 BGB). Wirksam bleiben allerdings – wie bei geschäftsunfähigen Volljährigen auch – Bargeschäfte des täglichen Lebens. Die für Geschäftsunfähige geltende Ausnahmenorm (§ 105a BGB) wird auf diese Fälle analog angewandt.

Im Gegensatz zu geschäftsunfähigen Personen, können dem Betroffenen jedoch auch in diesem Zustand Willenserklärungen wirksam zugehen. Im Bild: Der nur vorübergehend „Weggetretene" ist stumm, aber nicht taub.

3. Minderjährige

a) Übungsfall 3

85 Die Großmutter steckt dem 17-jährigen Nick bei einem Besuch heimlich 200 € zu. Von dem Geld kauft sich Nick – ohne Wissen der Eltern – ein Smartphone für 1 €, gekoppelt an einen

Vertrag mit einer monatlichen Grundgebühr von 10 € und 30 Freiminuten monatlich zuzüglich nutzungsabhängiger Telefonkosten ab der 31. Gesprächsminute. Bereits nach 2 Monaten belaufen sich die Nutzungskosten auf 150 €, nach 5 Monaten auf 400 €. Nick hat die Beträge 2 Monate lang bezahlt. Muss er den restlichen Betrag zahlen (Lösungshinweise Rn 98)?

b) Geschäftsunfähigkeit

Geschäftsunfähig sind Kinder, die das 7. Lebensjahr noch nicht vollendet haben (§ 104 Nr. 1 BGB). Kinder unter 7 Jahren können nicht am Rechtsverkehr teilnehmen. Ihre Willenserklärungen sind nichtig (§ 105 Abs. 1 BGB). Ein Zugang kann wirksam nur an ihre gesetzlichen Vertreter erfolgen (§ 131 Abs. 1 BGB). Sie handeln ausschließlich durch ihre gesetzlichen Vertreter, im Regelfall die Eltern (§ 1629 Abs. 1 BGB). Die Ausnahmevorschrift des § 105a BGB kann nicht – auch nicht analog – angewandt werden. **86**

c) Beschränkte Geschäftsfähigkeit

aa) Grundsatz und Ausnahme

Die Geschäftsunfähigkeit endet mit Vollendung des 7. Lebensjahres (7. Geburtstag). Minderjährige zwischen 7 und 18 Jahren (§ 2 BGB) sind in der **Geschäftsfähigkeit beschränkt**. Für sie gelten die Sonderregeln der §§ 106–113 BGB. Grundsätzlich dürfen Minderjährige jetzt Willenserklärungen mit Einwilligung ihrer gesetzlichen Vertreter abgeben – im Regelfall sind das die personensorgeberechtigten Eltern (§ 1629 Abs. 1 BGB). Gleiches gilt für den Zugang von Willenserklärungen: Diese werden erst in dem Moment wirksam, in dem sie dem gesetzlichen Vertreter zugehen (§ 131 Abs. 2 S. 1 BGB). **87**

Eine Ausnahme gilt für **lediglich rechtlich vorteilhafte Geschäfte**. Diese können Minderjährige auch ohne Wissen und Willen der Eltern tätigen. Willenserklärungen können ihnen gleichermaßen wirksam zugehen, soweit sie rechtlich nur vorteilhaft sind (§ 131 Abs. 2 S. 2 BGB). **88**

Ein Geschäft ist dabei bereits schon dann lediglich rechtlich vorteilhaft, wenn es keine Nachteile für die minderjährige Person aufweist. Aus diesem Grunde werden rechtlich neutrale (sog indifferente) Geschäfte, die zwar keinen Vorteil, aber auch keinen Nachteil für die minderjährige Person beinhalten, als lediglich rechtlich vorteilhaft behandelt. Ein (rechtlicher) Nachteil in diesem Sinne liegt vor, wenn die minderjährige Person als Folge ihrer Willenserklärung Pflichten treffen. Die Pflichten können unmittelbar aus dem Rechtsgeschäft folgen (zB die Pflicht zur Zahlung des Kaufpreises) oder kraft Gesetzes eintreten. Allerdings begründen gesetzliche Pflichten, die an das Rechtsgeschäft anknüpfen nach (in der Literatur umstrittener) Ansicht des BGH dann keinen rechtlichen Nachteil, wenn diese typischerweise nur ein ganz unerhebliches Gefährdungspotenzial für die minderjährige Person bergen. Dazu zählen etwa die mit einem Rechtsgeschäft etwa verbundenen Steuern, die Tierhalterhaftung oder etwaige Rückgewährpflichten nach § 812 BGB (Rn 99). Damit bestimmt der BGH das Bestehen eines Nachteils durch gesetzliche Pflichten nicht rein rechtlich, sondern aufgrund einer Gesamtbetrachtung unter Berücksichtigung auch wirtschaftlicher Kriterien[3].

---

3   BGH, NJW 2005, 415.

Verträge mit wechselseitigen Pflichten sind damit generell nachteilig und können von Minderjährigen nur mit Einwilligung der Eltern geschlossen werden. Einseitig verpflichtende Geschäfte (Schenkung) sind vorteilhaft, wenn und soweit die minderjährige Person keine Pflicht trifft. Unerheblich ist hingegen, ob das Geschäft für die minderjährige Person wirtschaftlich vorteilhaft ist.

Beispiele: Nachteilig: Schenkung an Minderjährige unter der Auflage einer bestimmten Verwendung des Geschenks; Tauschverträge; Leihverträge; Mietverträge; Schenkung aus dem Vermögen des oder der Minderjährigen.

Lediglich rechtlich vorteilhaft: Schenkung an Minderjährige; Übergabe eines Rings an eine dritte Person durch Minderjährige (indifferentes Geschäft).

Für die Schenkung von Tieren an Minderjährige gelten zudem die Besonderheiten des Tierschutzgesetzes. Danach dürfen Wirbeltiere an Minderjährige unter 16 Jahren nur mit Einwilligung der personensorgeberechtigten Eltern abgegeben werden (§ 11c TierSchG).

89 Außerhalb rechtlich lediglich vorteilhafter Geschäfte benötigen Minderjährige die Einwilligung ihrer Eltern. Die **Einwilligung** ist die vorherige Zustimmung zu einem Rechtsgeschäft (§ 183 BGB). Sie kann – ausdrücklich oder konkludent – sowohl gegenüber dem Kind, als auch gegenüber dem Geschäftspartner erklärt werden (§ 182 Abs. 1 BGB) und bis zur Vornahme des Geschäfts wieder frei widerrufen werden (§ 183 BGB).

Beispiel: Das 8-jährige Kind fragt seinen Vater, ob es sich eine CD kaufen gehen darf. Der Vater nickt.

Formal betrachtet ist die Einwilligung eine einseitige empfangsbedürftige Willenserklärung. Als solche ist sie bei Bedarf auszulegen. Auslegungsmaßstab ist der (mutmaßliche) Wille der Personensorgeberechtigten.

Die Einwilligung kann sich auf ein konkretes Geschäft oder auch auf einen Kreis nicht näher bestimmter Geschäfte beziehen (Generaleinwilligung oder Generalkonsens). Sie erfasst allerdings im Zweifelsfall nicht Folgegeschäfte eines zulässigen Geschäftes.

Beispiele: Die Einwilligung zum Kauf einer CD beinhaltet im Zweifel nicht zugleich die Erlaubnis, diese CD weiter zu verkaufen.

Die Zustimmung zu einer Lehre beinhaltet im Zweifel nicht die Erlaubnis zum Abschluss eines Mietvertrages einer eigenen Wohnung.

Die Zustimmung zum Erwerb eines Smartphones beinhaltet nicht die Zustimmung für Verträge über Mehrwertdienstleistungen wie das Herunterladen von Klingeltönen.

90 Einen Sonderfall der elterlichen Einwilligung regelt der sog „Taschengeldparagraf" (§ 110 BGB). Dieser ordnet die Wirksamkeit eines ohne Einwilligung des gesetzlichen Vertreters geschlossenen Vertrags an, wenn die minderjährige Person die geschuldete Leistung mit Mitteln bewirkt hat, die ihr entweder die Eltern oder Dritte – dann aber mit Zustimmung der Eltern – zur freien Verfügung überlassen haben. Rechtstechnisch handelt es sich dabei um die gesetzliche Fiktion einer **konkludenten elterlichen Einwilligung** in sämtliche Geschäfte, die Minderjährige mit diesen, zur freien Verfügung stehenden, Mitteln tätigen (beschränkter Generalkonsens). Ein auf der Basis einer konkludenten Einwilligung nach § 110 BGB geschlossener Vertrag ist auch dann wirksam, wenn die Eltern nicht von ihm wussten. Erforderlich sind zwei Voraussetzungen (die beide vorliegen müssen):

- **„Freie Mittel":** Eine konkludente Einwilligung lässt sich nur annehmen, wenn der oder die Minderjährige frei über die eingesetzten Mittel verfügen darf. Diese „Frei-

Teil II: Grundlagen des Zivilrechts

schaltung" der Mittel muss zwingend über die Personensorgeberechtigten erfolgen, sei es, dass diese dem oder der Minderjährigen die Mittel selber – zu diesem Zweck oder zur freien Verfügung – überlassen haben, sei es, dass sie damit einverstanden sind, dass Dritte dies tun. Wissen die Eltern nicht von den Mitteln, stehen diese generell nicht zur freien Verfügung des oder der Minderjährigen.

Beispiel: Keine freie Verfügung: Die Großmutter steckt dem 9-jährigen Enkel ohne Wissen der Eltern Geld zu.

Gleiches gilt für Mittel, die die Eltern mit einer Einschränkung oder Zweckbindung versehen haben.

Beispiel: Die Großmutter steckt dem 9-jährigen Enkel mit Wissen der Eltern 20 € zu. Die Eltern wünschen, dass ihr Kind das Geld auf das Sparbuch bringt bzw sie sind nicht damit einverstanden, dass es sich davon Süßigkeiten kauft. Im ersten Fall würde das Geld dem Minderjährigen gar nicht zur Verfügung stehen, im zweiten Fall jedenfalls nicht für den Kauf von Süßigkeiten.

Als Mittel, über die Minderjährige verfügen können, kommen etwa folgende Positionen in Betracht: Taschengeld; eigenes Einkommen, das die Eltern ihnen zur Verfügung überlassen (Geldgeschenke Dritter; Lohn aus Ferienarbeit; Geld, das die Eltern dem oder der Minderjährigen geben, damit er oder sie sich etwas kaufen kann); eigene Sachen des oder der Minderjährigen im Rahmen der elterlichen Zweckbindung; die eigene Arbeitskraft, ebenfalls nur im Rahmen der elterlichen Zweckbestimmung.

- **Tatsächliches Bewirken der Leistung**: Der Vertrag wird erst in dem Moment wirksam, in dem der oder die Minderjährige die Leistung auch tatsächlich erbracht hat. Solange der Vertrag noch nicht vollständig erfüllt wurde, ist er (noch) nicht wirksam. Aus diesem Grunde werden zB Kreditgeschäfte erst mit Zahlung der letzten Rate wirksam. Bei teilbaren Leistungen hingegen kann eine Teilerfüllung zur Teilwirksamkeit des Vertrages führen.

Beispiele: Mietvertrag; Kauf eines Smartphones mit Netzvertrag.

Allerdings können Eltern auch insoweit bei der Mittelüberlassung bestimmen, dass das Geschäft bereits mit Abschluss und nicht erst mit Erfüllung des Vertrages wirksam werden soll.

bb) Konsequenzen

Ist eine Einwilligung der Eltern nicht erforderlich, ist das Rechtsgeschäft grundsätzlich wirksam. Gleiches gilt, wenn die Einwilligung vorliegt. **Besonderheiten** gelten allerdings für **einseitige Rechtsgeschäfte**. Bei diesen muss der oder die Minderjährige der Vertragspartei die Einwilligung der Eltern in schriftlicher Form nachweisen. Wird der schriftliche Nachweis nicht geführt, hat die Vertragspartei das Recht zur Zurückweisung des Geschäfts. Tut sie dies unverzüglich, so ist das einseitige Rechtsgeschäft unwirksam. Weist die Vertragspartei das Geschäft hingegen nicht zurück, ist es wirksam zustande gekommen. Ein Zurückweisungsrecht hat sie auch dann nicht, wenn die Eltern der Vertragspartei ihre Einwilligung mitgeteilt haben (§ 111 S. 2, 3 BGB).

Ist die Einwilligung der Eltern hingegen erforderlich, so ist zu differenzieren: Verweigern die Eltern ihre Einwilligung (ausdrücklich oder konkludent), so ist das Rechtsgeschäft von Anfang an unwirksam. In diesem Fall ist weder für die Anwendung des § 110 BGB noch für eine nachträgliche Genehmigung (§ 108 Abs. 1 BGB) Raum.

Problematisch ist die Konstellation, dass die Eltern sich nicht zu einem einwilligungsbedürftigen Geschäft geäußert haben. Hinsichtlich der Folgen einer fehlenden Einwilligung ist zu differenzieren:

- Einseitige Rechtsgeschäfte (Kündigung eines Abo-Vertrags) sind unwirksam (§ 111 S. 1 BGB).
- Verträge: Bei zweiseitigen Geschäften tritt ein Schwebezustand ein. Der Vertrag ist **schwebend unwirksam** (§ 108 Abs. 1 BGB). Sein Schicksal hängt jetzt von der Reaktion der Eltern bzw. der Vertragspartei ab.

92 Reaktionsmöglichkeiten der Eltern: Grundsätzlich können die Eltern ihre Zustimmung auch noch nachträglich erteilen. Die nachträgliche Zustimmung wird (im Gegensatz zur Einwilligung als vorheriger Zustimmung) als Genehmigung bezeichnet (§ 184 Abs. 1 BGB). Die Genehmigung kann sowohl dem oder der Minderjährigen als auch der Vertragspartei erteilt werden (§ 182 Abs. 1 BGB). Mit Erteilung der Genehmigung wird der Vertrag wirksam (§ 108 Abs. 1 BGB). Wird die Genehmigung verweigert, wird der Vertrag endgültig unwirksam.

Reaktionsmöglichkeiten der Vertragspartei: Auch die Vertragspartei hat ein Interesse an klaren Verhältnissen. Diesem wird in mehrfacher Weise Rechnung getragen.

Zunächst kann die andere Vertragspartei ihrerseits auf die Klärung der Rechtslage hinwirken, indem sie die Eltern zur Erklärung über ihre **Genehmigung auffordert** (§ 108 Abs. 2 BGB). In diesem Fall können (und müssen) die Eltern sich ihr gegenüber äußern. Eine etwa erteilte vorherige Genehmigung gegenüber dem oder der Minderjährigen ist nicht mehr bindend. Verweigern die Eltern daher der Vertragspartei die Genehmigung, ist der Vertrag auch dann unwirksam, wenn sie dem Kind gegenüber zuvor ihre Zustimmung erteilt haben. Zudem *müssen* die Eltern sich nach der Aufforderung äußern und zwar innerhalb einer Frist von zwei Wochen, ab Zugang der Genehmigungsaufforderung. Tun sie dies nicht, so gilt die Genehmigung als verweigert (§ 108 Abs. 2 BGB). Damit legt § 108 Abs. 2 BGB ausnahmsweise einem Schweigen Erklärungswert bei.

Zum anderen kann sich die andere Vertragspartei grundsätzlich von dem Geschäft distanzieren. Sie besitzt während des Schwebezustandes ein Widerrufsrecht: Bis zur Genehmigung kann sie das Geschäft jederzeit widerrufen. Dies gilt nicht, wenn sie nicht schutzwürdig ist, weil sie um die Minderjährigkeit wusste. In diesem Fall kann sie nur widerrufen, wenn der oder die Minderjährige sie über das Vorliegen der elterlichen Einwilligung getäuscht hat (§ 109 Abs. 2 BGB).

93 Greift keiner der Mechanismen, so bleibt das Geschäft schwebend unwirksam, im Extremfall bis zur Volljährigkeit des oder der Minderjährigen. Danach ist es Angelegenheit des „Kindes", über die Wirksamkeit des Geschäfts zu entscheiden. Daher steht ihm nunmehr das Recht zur Erteilung (oder auch zur Verweigerung) der Genehmigung zu (§ 108 Abs. 3 BGB). Diese Genehmigung kann insbesondere (konkludent) dadurch erteilt werden, dass der oder die jetzt Volljährige die vertragliche Leistung weiter in Anspruch nimmt.

Beispiel: Eine Minderjährige hat einen (schwebend unwirksamen) Netzvertrag für ihr Smartphone abgeschlossen. Nach Erreichen der Volljährigkeit nutzt sie das Smartphone weiter. Dadurch genehmigt sie schlüssig den Vertrag.

cc) Teilgeschäftsfähigkeit

Die Geschäftsfähigkeit beschränkt geschäftsfähiger Minderjähriger ist durch die Handels- und Arbeitsmündigkeit partiell erweitert (§§ 112, 113 BGB). Für die betreffenden Geschäfte besitzt der oder die Minderjährige die volle Geschäftsfähigkeit. Die praktische Relevanz der Teilgeschäftsfähigkeit Minderjähriger ist gering. Nicht in den Anwendungsbereich der §§ 112 und 113 BGB fallen dabei Ausbildungsverhältnisse, da hier nicht die Arbeit, sondern die Ausbildung im Mittelpunkt steht. **94**

Die **Handelsmündigkeit** (§ 112 BGB) erlaubt Minderjährigen den selbstständigen Betrieb eines Erwerbsgeschäfts mit sämtlichen dazu gehörenden Geschäften (Abschluss von Arbeitsverträgen mit Arbeitnehmern, Erwerbs- und Verkaufsgeschäfte, etc). Die Handelsmündigkeit erlangen Minderjährige durch Ermächtigung ihrer Eltern (mit Genehmigung des Familiengerichts). Sie endet mit Rücknahme der Ermächtigung durch die Eltern (§ 112 Abs. 2 BGB). Auch hierfür benötigen sie die Genehmigung des Familiengerichts.

Die **Arbeitsmündigkeit** verleiht Minderjährigen die unbeschränkte Geschäftsfähigkeit für die Eingehung und Aufhebung eines Dienst- oder Arbeitsverhältnisses. Sie beinhaltet darüber hinaus die Geschäftsfähigkeit für alle Geschäfte, die das Dienst- oder Arbeitsverhältnis mit sich bringt.

Beispiele: Eröffnung eines Gehaltskontos; Vornahme einer Barabhebung; Kündigung des Arbeitsverhältnisses; Beitritt zur Gewerkschaft.

Die Arbeitsmündigkeit erlangen Minderjährige durch einfache Ermächtigung ihrer Eltern (§ 113 Abs. 1 BGB). Die Ermächtigung ist eine formfreie, an ihr Kind zu richtende Willenserklärung. Sie kann auch schlüssig erteilt werden. Dass die Eltern das Verhalten des Kindes „resignierend dulden" genügt allerdings nicht. Dabei gilt die Auslegungsregel: Eine einmal erteilte Ermächtigung gilt im Zweifelsfall als allgemeine Ermächtigung zur Eingehung von Verhältnissen derselben Art (§ 113 Abs. 4 BGB).

Beispiel: Die Eltern erlauben dem 15-jährigen Sohn Siegbert, sein Taschengeld durch Zeitungsaustragen zu verbessern. Siegbert dürfte in diesem Zusammenhang den Vertrag auch eigenmächtig kündigen sowie einen Vertrag mit einem anderen Zustelldienst eingehen. Hingegen wäre Siegbert – ohne ausdrückliche Erlaubnis – nicht befugt, einen Job als Kellner anzunehmen.

Außerhalb des Arbeitsverhältnisses gelten die allgemeinen Regeln: Minderjährige dürfen daher ohne Zustimmung ihrer Eltern über ihr Arbeitsentgelt nur verfügen, soweit sie Verträge aus dem Arbeits- oder Dienstverhältnis erfüllen (Fahrgeld für öffentliche Verkehrsmittel, Gewerkschaftsbeiträge). Im Übrigen muss der Lohn bei den Eltern abgeliefert werden bzw von diesen zur freien Verfügung freigeschaltet werden. Damit tritt die paradoxe Situation ein, dass Minderjährige mit Erlaubnis der Eltern ihren Unterhalt alleine verdienen können, jedoch – zu ihrem Schutz – nicht ohne Einwilligung (und sei es in Form einer konkludenten Einwilligung der Eltern nach § 110 BGB) über den eigenen Arbeitsverdienst verfügen dürfen.

dd) Handeln beschränkt Geschäftsfähiger im Rechtsverkehr

Mit Blick auf ihre eingeschränkten rechtlichen Handlungsmöglichkeiten sind auch beschränkt geschäftsfähige Minderjährige im Regelfall auf das Handeln ihrer sorgeberechtigten Eltern angewiesen, die für sie die notwendigen Geschäfte abschließen, für sie Vermögen erwerben und verwalten und sie in Schule und Vereinen an- und abmelden. Diese besitzen dazu mehrere Handlungsoptionen: **95**

Handlungsmöglichkeiten

Einwilligung in das Handeln ihres Kindes

Gesetzliche Vertretung des Kindes

Eigenes Handeln zu Gunsten des Kindes

- Die elterliche Sorge beinhaltet das gesetzliche Vertretungsrecht für das Kind (§ 1629 Abs. 1 S. 1 BGB). Eltern sind daher in der Lage, im Namen des Kindes und mit Wirkung für dieses Geschäfte abzuschließen, aus denen das Kind berechtigt und verpflichtet wird. Sie können im Namen des Kindes vor Gericht Klage erheben und auch verklagt werden. Die Rechtsfolgen des Geschäfts treffen in diesem Fall das Kind, nicht jedoch die Eltern.

  Beispiel: Anlage von Kindesvermögen.

- Verträge, die Minderjährige betreffen, müssen nicht notwendig als Vertretungsgeschäfte konzipiert sein. Eltern können gleichermaßen eigene Verträge zugunsten ihres Kindes abschließen (§ 328 BGB). In diesem Fall sind die Eltern die Vertragspartner und leistungsverpflichtet. Das Kind kann aus einem derartigen Vertrag leistungsberechtigt sein, ist jedoch – da nicht Vertragspartner – nicht leistungsverpflichtet.

d) Haftungsbeschränkungen – Der Schutz des Kindes vor seinen Eltern

96 Die verschiedenen rechtlichen Möglichkeiten der Partizipation am Rechtsverkehr erlauben weitreichende Verpflichtungen von Minderjährigen. Dies birgt die Gefahr, dass Minderjährige bereits hoch verschuldet in die Volljährigkeit eintreten. Zu ihrem Schutz enthält § 1629a BGB eine **Haftungsbeschränkung** für Verpflichtungen, die während der Minderjährigkeit begründet wurden, auf das bei Eintritt in die Volljährigkeit vorhandene Kindesvermögen (§ 1629a Abs. 1 BGB). Unerheblich ist dabei, wie die Verpflichtung zustande gekommen ist. Sie kann auf einer wirksamen Vertretung beruhen, ebenso aber auch auf der Zustimmung der Eltern zu Rechtsgeschäften des Kindes.

Ausgeschlossen von der Haftungsprivilegierung sind allerdings Rechtsgeschäfte, die allein der Befriedigung persönlicher Bedürfnisse des Kindes dienen (§ 1629a Abs. 2 BGB). Hierzu werden eine Reihe von Geschäften beschränkt Geschäftsfähiger zählen. Dies beträfe etwa den Abschluss von Abonnements, Smartphone-Verträgen oder den Kauf von Bekleidung. Da in diesem zentralen Bereich die Haftungsbeschränkung nicht greift, ist eine Überschuldung Minderjähriger nicht immer zu verhindern.

e) Übersicht, Prüfschema und Lösungshinweise zum Übungsfall 3

97 Ist die Wirksamkeit eines Vertrages, an dem ein oder eine beschränkt geschäftsfähige Person beteiligt war, zu prüfen, empfiehlt es sich, nach folgendem Schema vorzugehen:

Teil II: Grundlagen des Zivilrechts 69

I. Prüfung (soweit keine Probleme ersichtlich sind: Oberflächlich), ob ein Vertrag (und welchen Inhalts) und zwischen wem geschlossen wurde.
II. Ist eine minderjährige Person Vertragspartei, so ist weiter zu prüfen, ob diese wirksam handeln konnte:

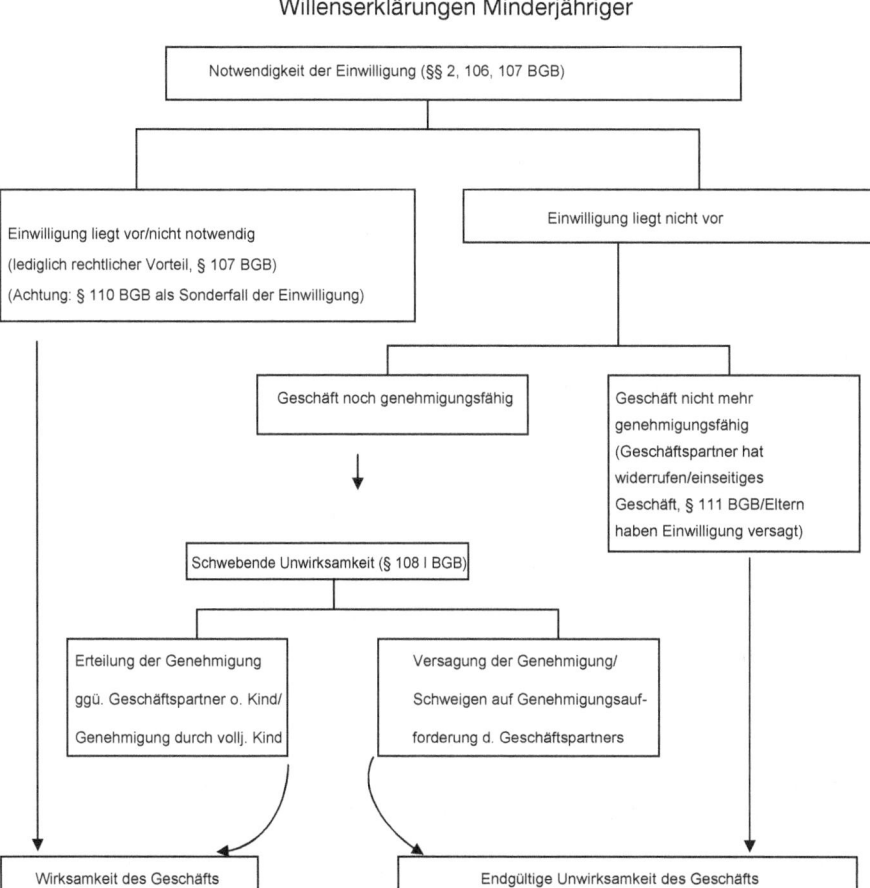

Denkbare Ergebnisse der Prüfung: Wirksamkeit des Geschäfts, Unwirksamkeit des Geschäfts, schwebende Unwirksamkeit des Geschäfts.

Lösungshinweise zum Übungsfall 3 (Rn 85): 98

1. Fallfrage: Muss Nick die Rechnung bezahlen?
2. Mögliche Anspruchsgrundlage: Vertrag, § 311 Abs. 1 BGB.
3.. Subsumtion: Zu prüfen ist, ob Nick aus einem entsprechenden Vertrag wirksam verpflichtet ist.
a) Der Abschluss eines Vertrags lässt sich nach den Sachverhaltsangaben unproblematisch annehmen. Nick hat einen Kaufvertrag über ein Smartphone geschlossen. Dieser Vertrag

war gekoppelt mit einem entgeltlichen Nutzungsvertrag, bei dem unter bestimmten Voraussetzungen weitere nutzungsbedingte Kosten anfallen können.

b) Probleme wirft aber das Alter von Nick auf: Nick ist erst 17 Jahre alt und damit beschränkt geschäftsfähig, §§ 2, 106 BGB.

Nick benötigt damit für Rechtsgeschäfte, die nicht lediglich rechtlich vorteilhaft sind nach § 107 BGB die Einwilligung seiner gesetzlichen Vertreter. Der Kaufvertrag ist nicht lediglich rechtlich vorteilhaft, denn aus dem Vertrag ergeben sich Gegenleistungspflichten für Nick: Zum einen muss er das Smartphone bezahlen. Zum anderen ist der Kauf des Smartphones an einen weiteren Vertrag gekoppelt, der Nick zu einer wiederkehrenden Leistung von monatlich mindestens 10 € verpflichtet. Damit benötigt Nick für den Vertragsschluss die Einwilligung seiner Eltern.

Nachfolgend ist zu prüfen, ob die erforderliche Einwilligung vorlag: Eine ausdrückliche Einwilligung der Eltern lag nicht vor. Möglicherweise lässt sich jedoch eine konkludente Einwilligung über § 110 BGB konstruieren: Eine konkludente Einwilligung kann danach angenommen werden, wenn der Vertrag mit Mitteln bewirkt wurde, die Nick von seinen Eltern oder mit deren Wissen von Dritten zur freien Verfügung erhalten hat. An beidem fehlt es im vorliegenden Fall: Zum einen stehen die 200 €, die Nick zur Bezahlung des Vertrags bereits aufgewendet hat, ihm nicht zur freien Verfügung. Dafür hätten die Eltern von den Mitteln wissen müssen. Zum anderen wäre selbst in diesem Fall der Vertrag erst in dem Moment wirksam, in dem Nick die ihm obliegende Leistung vollständig erbracht hat. Dies lässt sich allenfalls abschnittsweise annehmen, soweit die monatlichen Entgelte bezahlt wurden. Aus diesem Grunde ist § 110 BGB nicht einschlägig. Für den Vertrag kann keine Einwilligung der Eltern fingiert werden.

4. Ergebnis: Der Vertrag ist damit schwebend unwirksam (§ 108 Abs. 1 BGB). Ein Zahlungsanspruch besteht daher derzeit nicht. Allerdings kann der Vertrag noch sowohl in die eine (Wirksamkeit) als auch in die andere Richtung (Unwirksamkeit) „umschlagen". Dies hängt von dem – jetzt noch nicht absehbaren – Verhalten der Eltern ab. Denn der schwebend unwirksame Vertrag kann noch durch die Eltern genehmigt werden.

XI. Die Rückabwicklung fehlgeschlagener Verträge

99 Rechtsgeschäfte und Verträge können aus den unterschiedlichsten Gründen scheitern. Ist der Vertrag trotzdem ordnungsgemäß erfüllt worden (der Kaufpreis wurde gezahlt/die Kaufsache übergeben), so stellt sich das Problem, wie der eigentlich unrechtmäßige Leistungsaustausch rückgängig gemacht werden kann (Rückabwicklung).

Beispiel: Der 17-jährige Beat hat sich gegen den Willen seiner Eltern einen Fernseher gekauft. Der Vertrag ist unwirksam. Der Verkäufer wird seinen Fernseher wieder haben wollen und Beat sein Geld.

Der maßgebliche Korrekturmechanismus für die Rückabwicklung nichtiger Verträge findet sich in § 812 BGB. § 812 Abs. 1 BGB gibt in verschiedenen Fallkonstellationen einen Herausgabeanspruch. Hauptanwendungsfall für die Rückabwicklung gescheiterter Verträge ist die sog **Leistungskondiktion** (§ 812 Abs. 1 S. 1 BGB): Danach hat jeder, der durch die Leistung eines anderen einen Rechtsvorteil erlangt hat, für den es keinen Rechtsgrund gibt, diesen wieder herauszugeben.

Erlangt sein kann zB ein Vermögensvorteil oder das Eigentum an einer Sache. Eine Leistung liegt immer dann vor, wenn das Erlangte Ergebnis einer zielgerichteten Vermögensmehrung war. Auf Kosten eines anderen ist die Bereicherung immer dann erfolgt, wenn der Bereicherung auf Seiten des Leistungsempfängers beim Leistenden eine Vermögensminderung korreliert. Der rechtliche Grund fehlt, wenn keine rechtliche Basis, etwa ein Vertrag, für die Vermögensveränderung vorhanden ist oder wenn diese Basis (zB durch Anfechtung) nachträglich entfallen ist.

Beispiel: Im Beispiel hat Beat durch die Leistung des Verkäufers einen Fernseher erlangt. Dies geschah auf Kosten des Verkäufers, dessen Vermögen sich um den Fernseher vermindert hat (mit dem Entgelt wird nicht gegengerechnet!). Diese Vermögensverschiebung hat keinen rechtlichen Grund, denn der Vertrag ist unwirksam.

Liegen die Voraussetzungen des § 812 Abs. 1 S. 1 BGB vor, so ist der Empfänger verpflichtet, das Erlangte herauszugeben. Herauszugeben sind auch die Nutzungen sowie – soweit der erlangte Gegenstand beschädigt oder zerstört wurde – der Ersatz dafür (sog Surrogat, § 818 Abs. 1 BGB).

Beispiele: Beats Freund hat den Fernseher zerstört. Der Fernseher kann nicht mehr herausgegeben werden. Ersetzt der Freund (oder auch dessen Haftpflichtversicherung) den Schaden, dann kann dieser Ersatz als Surrogat herausgegeben werden.
Beat hat den Fernseher weiterverkauft. Der Kaufpreis ist – als Ersatz (Surrogat) – für den Gegenstand herauszugeben.

Der Bereicherungsanspruch stößt jedoch auf eine wichtige Grenze: Soweit der Empfänger nicht mehr bereichert ist – etwa, weil der Gegenstand in keiner Weise mehr in seinem Vermögen vorhanden ist – besteht kein Herausgabeanspruch mehr (sog Entreicherung, § 818 Abs. 3 BGB). **100**

Beispiel: Beat hat den Fernseher in einem Wutanfall zerstört. Der Fernseher ist im Vermögen von Beat nicht mehr enthalten. Es kann nichts herausgegeben werden. Der Verkäufer hat in diesem Fall Pech gehabt. Das ist auch vom Gesetzgeber so gewollt, als Konsequenz eines Minderjährigenschutzes, der den Minderjährigen unbedingt vor den Folgen von Verpflichtungen im Rechtsverkehr schützen will.

Der Entreicherungseinwand greift nicht, wenn der Leistungsempfänger nicht schutzwürdig ist. Die Schutzwürdigkeit fehlt bei Bösgläubigkeit des Bereicherten oder bei Rechtshängigkeit des Anspruchs (Einreichung einer Klage, § 819 BGB): Weiß der Empfänger von dem fehlenden rechtlichen Grund, ist er nicht schutzwürdig. Er kann sich dann ebenfalls nicht darauf berufen, dass er entreichert ist.

Kapitel 3: Unerlaubte Handlungen

Das Recht der unerlaubten Handlung behandelt die Haftung für einen Schaden, der **101** durch eigenes oder fremdes Handeln verursacht wurde. Die einschlägigen Vorschriften finden sich in den §§ 823 ff BGB. Das BGB kennt verschiedene Tatbestände der deliktischen Haftung für eigenes Handeln, darunter die Verletzung bestimmter Rechtsgüter (§ 823 Abs. 1 BGB), die Verletzung eines Schutzgesetzes (etwa eines Strafgesetzes, § 823 Abs. 2 BGB), die Kreditgefährdung (§ 824 BGB), die Bestimmung zu sexuellen Handlungen (§ 825 BGB) oder die sittenwidrige vorsätzliche Schädigung (§ 826 BGB). Im Rahmen des vorliegenden Lehrbuches wird der für die Soziale Arbeit relevante Haftungsgrundtatbestand des § 823 Abs. 1 BGB behandelt.

Daneben kommt der Haftung für fremdes Handeln große Bedeutung zu. Dazu zählen insbesondere die Haftung für den Verrichtungsgehilfen (§ 831 BGB), die Haftung des

Aufsichtspflichtigen (§ 832 BGB) und die Haftung aus Amtspflichtverletzung (§ 834 BGB).

I. Die Haftung aus unerlaubter Handlung – Der Grundtatbestand der Haftung

1. Übungsfall 4

102 Das 3-jährige Kind Karli besucht die Kindertagesstätte. Als ihm das „Programm" zu langweilig wird, verlässt er die Kindertagesstätte. Dies ist ihm deswegen möglich, weil die Türsicherung, die eigentlich ein eigenmächtiges Verlassen der Kindertagesstätte durch die Kinder verhindern soll, derzeit kaputt ist. Zwar sind die Erzieherinnen angehalten, die Tür bis zur Reparatur der Sicherung abzusperren. Allerdings hat die verantwortliche Erzieherin dies versehentlich unterlassen. Karli wird beim Überqueren der an die Kindertagesstätte angrenzenden Straße an dem – gut einsichtigen – Fußgängerübergang von dem 17-jährigen Fahrradfahrer Friedrich, angefahren und behandlungsbedürftig verletzt. Friedrich hatte Karli übersehen, weil er seiner Schulkameradin Franzi mit einem Kunststück auf dem Fahrrad imponieren wollte, bei dem er ihr Kusshändchen zuwarf. Haftet der Fahrradfahrer für den Schaden von Karli (Lösungshinweise Rn 137)?

103 Die Prüfung der Schadensersatzpflicht aus unerlaubter Handlung nach § 823 Abs. 1 BGB erfolgt in mehreren Schritten:

- Objektiver Tatbestand.
- Rechtswidrigkeit.
- Verantwortlichkeit.

2. Objektiver Tatbestand der unerlaubten Handlung

Im Rahmen des objektiven Tatbestandes wird an erster Stelle das objektiv greifbare Geschehen sortiert. In diesem Rahmen wird geprüft, ob jemand gehandelt, dadurch ursächlich ein geschütztes Recht verletzt und in der Folge einen Schaden verursacht hat.

a) Rechtsgutsverletzung

104 Der objektive Tatbestand des § 823 Abs. 1 BGB erfordert an erster Stelle eine Verletzung bestimmter Rechtsgüter (den sog **Verletzungserfolg**). Folgende Rechte sind ausdrücklich benannt: Leben, Körper, Gesundheit, Freiheit und Eigentum. Daneben kann auch die Verletzung eines „sonstigen Rechts" Schadensersatzansprüche auslösen.

Das Leben wird verletzt bei der Tötung einer Person. Eine Körperverletzung liegt bei äußeren Eingriffen in die körperliche Unversehrtheit vor.

Beispiele: Ein Autofahrer fährt ein Kind an; Abschneiden von Haaren.

Eine Gesundheitsverletzung ist anzunehmen, wenn die inneren Lebensvorgänge nachhaltig gestört werden.

Beispiele: Die Mutter des im obigen Beispiel angefahrenen Kindes erleidet einen Nervenzusammenbruch als sie vom Unfall des Kindes erfährt; HIV-Infektion vor Ausbruch der Krankheit.

Die Abgrenzung zwischen einer Körper- und Gesundheitsverletzung ist im Einzelfall schwierig. Nachdem in beiden Fällen ein Schadensersatzanspruch besteht, ist eine trennscharfe Zuweisung aber auch nicht immer erforderlich.

Eine Freiheitsverletzung liegt in jeder Beeinträchtigung der körperlichen Bewegungsfreiheit. Notwendig ist eine objektive Freiheitsberaubung. Nicht ausreichend ist die Beeinträchtigung der Willens- und Entschlussfreiheit.

Beispiele: Verletzung der Freiheit: Einsperren.

Keine Verletzung der Freiheit: Aussperren. Drohung mit Gewalt, um eine Person am Verlassen eines Raumes zu hindern.

Eigentum ist das Vollrecht an einer Sache (§ 903 BGB). Es vermittelt dem Eigentümer das Recht, nach Belieben mit einer Sache zu verfahren und jeden anderen von einer Einwirkung auszuschließen. Eine Eigentumsverletzung kann unterschiedliche Gesichter haben: Einwirkung auf die Substanz einer Sache (Zerstörung, Beschädigung, Verunstaltung), dauerndes oder zeitweiliges Entziehen einer Sache oder Beeinträchtigung des Gebrauchs (zB durch Lärm- oder Schmutzimmissionen). **105**

Welche Rechte als „**sonstige Rechte**" geschützt sind, erschließt sich demgegenüber nicht auf den ersten Blick. Zu den geschützten sonstigen Rechten zählt zunächst das allgemeine Persönlichkeitsrecht, dann auch die Privatsphäre als besonders schutzwürdiger Bereich der Selbstbestimmung und Selbstverwirklichung.

Beispiele für eine Verletzung des Persönlichkeitsrechts: Heimliches Abhören von Telefongesprächen; Überwachung der Nachbarn mit Videokameras; heimliche Aufnahmen im privaten Bereich; unbefugtes Öffnen fremder Post; Aufnahmen ohne Zustimmung des Betroffenen; Erhebung und Speicherung von Daten aus dem persönlichen Bereich (informationelles Selbstbestimmungsrecht); herabsetzende Äußerungen in einem Facebook-Eintrag (Bezeichnung eines Kindes als „Abschaum", „asozial" und ein „Blag"[4]).

Vor allem aber ist die sexuelle Selbstbestimmung erfasst. Dies schützt das Opfer vor Handlungen, mit denen sich der Täter über dessen entgegenstehenden Willen hinwegsetzt. Ein körperlicher Kontakt ist nicht zwingend erforderlich. Reine Distanzlosigkeiten genügen jedoch nicht[5].

Weiter ist als sonstiges Recht der berechtigte Besitz an einer Sache geschützt. Besitz ist (im Gegensatz zum Eigentum als Vollrecht an einer Sache) die tatsächliche Sachherrschaft über eine Sache. Nicht geschützt ist das Vermögen als solches.

Schließlich zählen viele Familienrechte zu den geschützten sonstigen Rechten, so etwa die elterliche Sorge oder das Recht auf Schutz der ehelichen Lebensgemeinschaft.

Beispiele: Entzug eines Kindes; Störung des räumlich-gegenständlichen Bereichs der Ehewohnung durch den Einzug der Geliebten des Ehemannes in die Ehewohnung.

b) Geschützter Personenkreis

Schadensersatz kann nur verlangt werden, wenn „**ein anderer**" geschädigt ist. Die Schadensersatzpflicht setzt also voraus, dass eine rechtsfähige Person betroffen ist. Im Fall der vorgeburtlichen Schädigung des nasciturus arbeitet die Rechtsprechung mit einer Analogie: Geschützt ist auch, wer zum maßgeblichen Zeitpunkt der Schädigung noch nicht lebte, aber bereits gezeugt war, wenn er später rechtsfähig wird (Rn 31). **106**

---

4 BGH, FamRZ 2016, 2011.
5 BT-Dr 19/27654, S. 128.

c) Verletzungshandlung

107 An dritter Stelle erfordert die Erfüllung des objektiven Tatbestandes eine Verletzungshandlung. Als **Verletzungshandlung** kommt jedes menschliche Verhalten in Betracht, sofern es vom Willen beherrschbar ist. Das stellt auf ein aktives Tun des Schädigers ab (zur Haftung aus Unterlassen Rn 115f).

d) Schaden

108 Die deliktische Haftung setzt weiter denknotwendig die Entstehung eines Schadens voraus. **Schaden** ist jeder Nachteil, den jemand an seinem Vermögen oder an seinen sonstigen rechtlich geschützten Gütern erleidet.

Die Schadensersatzpflicht kann verschiedene Bestandteile umfassen.

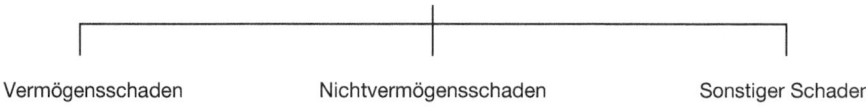

Vermögensschaden — Nichtvermögensschaden — Sonstiger Schaden

aa) Vermögensschaden

109 **Vermögensschaden** ist die Einbuße am Vermögen oder an vermögenswerten Gütern. In diesem Fall ist der Zustand herzustellen, der ohne das schädigende Ereignis bestehen würde (Grundsatz der Naturalrestitution, § 249 Abs. 1 BGB).

Typische Schadenspositionen: Bei einer Körper- oder Gesundheitsverletzung: Heilungskosten (Arzt, Medikamente, Pflegepersonal, Kurkosten, Fahrten Angehöriger für Krankenbesuche) unter Anrechnung ersparter häuslicher Verpflegungskosten.

Bei einer Eigentumsverletzung: Reparatur-, Wiederherstellungs- oder Ersatzkosten.

Ist die Wiederherstellung des ursprünglichen Zustandes nicht, nicht ausreichend oder nur mit unverhältnismäßigem Aufwand möglich, so kann – subsidiär – Schadensersatz in Geld verlangt werden (§ 251 BGB).

Zu ersetzen ist auch der entgangene Gewinn, der nach dem gewöhnlichen Lauf der Dinge mit Wahrscheinlichkeit erwartet werden konnte (§ 252 BGB). Das hat Relevanz etwa bei einer infolge einer Körperverletzung eingetretenen Arbeitsunfähigkeit der verletzten Person.

Die Schadensersatzpflicht umfasst weiter folgende Positionen:
- Richtet sich die Handlung gegen eine Person, so beinhaltet die Schadensersatzpflicht alle Nachteile, die die Handlung für den Erwerb und das Fortkommen des Geschädigten mit sich bringt (sog Erwerbsschaden, § 842 BGB).
- Wurde die Erwerbsfähigkeit des Geschädigten durch eine Körper- oder Gesundheitsverletzung gemindert oder aufgehoben oder ist er infolgedessen gesteigert bedürftig, so ist Schadensersatz in Form einer Rente zu leisten (§ 843 Abs. 1 BGB). Die Geldrente kann aus wichtigem Grund durch eine einmalige Abfindung ersetzt werden (§ 843 Abs. 3 BGB).

bb) Schmerzensgeld

Für Nichtvermögensschäden (sog immaterielle Schäden) kann Geldersatz nur verlangt werden, wenn es gesetzlich besonders angeordnet ist (§ 253 Abs. 1 BGB). Immaterieller Schaden kann also nur ausnahmsweise geltend gemacht werden. Denkbar ist er bei einer Verletzung des Körpers, der Gesundheit, Freiheit oder sexuellen Selbstbestimmung (§ 253 Abs. 2 BGB). 110

Anwendungsfelder: Schwere psychische Störung als Folge einer Verletzung; Schmerzhaftigkeit der Verletzung; weitere belastende Folgen der Verletzung zB Entstellung durch Verletzungsnarben.

Der Anspruch richtet sich auf eine sog „billige" Entschädigung (sog **Schmerzensgeld**). Die Höhe ist vom Gericht zu schätzen. Die Überlegungen für die Schätzung sind von den Gedanken geleitet, dem Opfer einen Ausgleich für das erlittene Leid (Ausgleichsfunktion des Schmerzensgeldes), aber auch Genugtuung (Genugtuungsfunktion des Schmerzensgeldes) zu schaffen.

cc) Schäden bei Dritten

Daneben hat der Schädiger auch bestimmte Nachteile, die Dritten im Gefolge der Schädigung entstanden sind, zu tragen. Ist das Opfer etwa getötet worden, so hat der Schädiger nicht nur die Beerdigungskosten (§ 844 Abs. 1 BGB), sondern auch die Unterhaltspflichten des Opfers gegenüber Dritten zu übernehmen (§ 844 Abs. 2 BGB). 111

Beispiel: Tötung eines Familienvaters, der seiner Ehefrau und seinen minderjährigen Kindern unterhaltspflichtig war. Die Unterhaltspflicht erstreckt sich in diesem Fall sogar auf die Ansprüche bereits gezeugter, aber noch nicht geborener Kinder.

e) Kausalität

Bei der Kausalität geht es um die ursächliche Verknüpfung zwischen Verletzungshandlung, Verletzungserfolg und Schaden: Schadensersatz muss nur derjenige leisten, der Rechtsgutsverletzung und Schaden **verursacht** hat. Das Handeln muss dafür ursächlich (also kausal) sowohl für die Verletzung des geschützten Rechtsguts als auch für den dadurch entstandenen Schaden sein. Dies erfordert eine doppelte Kausalitätsprüfung: 112

- Kausalzusammenhang zwischen Handlung und Rechtsgutsverletzung (sog **haftungsbegründende Kausalität**).
- Kausalzusammenhang zwischen Rechtsgutsverletzung und Schaden (sog **haftungsausfüllende Kausalität**).

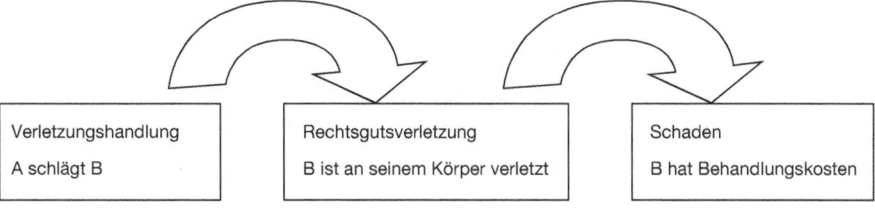

Verletzungshandlung	Rechtsgutsverletzung	Schaden
A schlägt B	B ist an seinem Körper verletzt	B hat Behandlungskosten

Die (sowohl haftungsbegründende als auch haftungsausfüllende) Kausalitätsprüfung erfolgt in mehreren Schritten:

113 An erster Stelle erfolgt eine Zurechnung zwischen Handlung und verletztem Rechtsgut bzw Rechtsgut und Schaden mit Hilfe der sog **Äquivalenztheorie**: Eine Handlung ist danach bereits immer dann kausal für Verletzungserfolg und Schaden, wenn sie nicht hinweg gedacht werden kann, ohne dass zwingend die Verletzung des Rechtsguts entfiele. Anders ausgedrückt: Eine Handlung ist immer dann ursächlich, wenn sie zwingende Vorbedingung für die Verletzung des Rechtsguts bzw des daraus resultierenden Schadens ist. Dahinter steht der Gedanke: „Hätte X nicht ... getan, dann wäre ... nicht passiert", also zB: „Hätte das Kind den Hund nicht geschubst, wäre er nicht in den Brunnen gefallen".

114 Da hierdurch ein sehr weiter Ursachenzusammenhang eröffnet wird (hätte die Mutter das Kind nicht geschimpft, wäre es nicht weggelaufen und draußen vom Blitz erschlagen worden), schränkt die Rechtsprechung die Kausalität in bestimmten Fällen in einem zweiten Schritt etwas ein. Dazu greift sie auf verschiedene Kriterien zurück:

- **Adäquanztheorie**: Eine Verletzung bzw ein Schaden wird nur dann dem Handelnden zugerechnet, wenn die gesetzte Bedingung im Allgemeinen – und nicht nur bei einem ganz ungewöhnlichen Schadensverlauf – geeignet ist, die Rechtsgutsverletzung und den Schaden herbeizuführen. Hierdurch werden unwahrscheinliche oder gar nicht beherrschbare Kausalverläufe ausgesondert, etwa solche, die auf Naturereignissen beruhen.
- **Schutzzweck der Norm**: Verletzung und Schaden werden dem Schädiger weiter nur dann zugerechnet, wenn § 823 Abs. 1 BGB den Verletzten auch davor schützen soll. Verletzungen und Schäden, die hingegen dem allgemeinen Lebensrisiko zuzurechnen sind, fallen aus dem Schutzzweck des § 823 Abs. 1 BGB heraus. Sie werden dem Schädiger nicht zugerechnet und müssen in der Konsequenz von ihm auch nicht ersetzt werden.

  Beispiel: Ein Jugendlicher wird bestohlen. Er verfolgt den Dieb und verletzt sich dabei. Verletzung und Schaden des Jugendlichen sind dem Dieb dann zuzurechnen, wenn sich hier nicht das allgemeine Lebensrisiko, sondern ein spezifisches Verfolgerrisiko realisiert. Maßstab ist, ob und inwieweit sich der Jugendliche zu einer Selbstgefährdung bei der Verfolgung herausgefordert fühlen durfte. Dies hängt nicht zuletzt von der Verfolgungssituation ab. Läuft der Jugendliche etwa bei der Verfolgung unter Missachtung eines Ampelsignals über eine Straße und wird infolgedessen angefahren, so realisiert sich hier nur eine Eigengefährdung und nicht mehr das Verfolgerrisiko. Anders wäre zu entscheiden, wenn der Jugendliche bei der Verfolgung stürzt, oder ein Polizist den Dieb verfolgt hätte.

Trotz dieser Einschränkungsmöglichkeiten eröffnet die Kausalität eine weite Zurechnung von Verletzungserfolgen und Schäden. Auch das Fehlverhalten Dritter unterbricht etwa nicht notwendig den Kausalzusammenhang. Vor allem aber mittelbare Schäden, die erst aus der Verletzung selber resultieren, sind grundsätzlich noch von der Haftung umfasst.

Beispiel: Ein Jugendlicher wird von einem Schulkameraden gestoßen und zieht sich infolgedessen eine behandlungsbedürftige Verletzung zu. Die Verletzung muss im Krankenhaus operiert werden. Infolge von Komplikationen bei der Operation erblindet der Jugendliche. Er erkrankt zudem an einem Krankenhausvirus. Zuletzt wird ihm dort seine Brille gestohlen. Während der Erkrankung kann er seinem Nebenjob nicht mehr nachgehen und erleidet dadurch einen Gewinnausfall. Zwei Jahre später erleidet er infolge der damaligen Verletzung einen weiteren Sturz mit erheblichen Behandlungskosten.

Teil II: Grundlagen des Zivilrechts 77

f) Die Haftung für Unterlassen

In bestimmten Fällen wird ein Rechtsgut verletzt, ohne dass irgendjemand gehandelt hätte. **115**

Beispiel: Ein 3-jähriges Kind stürzt auf dem Spielplatz von einer Schaukel und verletzt sich dabei behandlungsbedürftig. Die Mutter und deren Freundin sehen zu.

In derartigen Fällen kommt eine Haftung aus **Unterlassen** in Betracht.

Hinweis:

Von der systematischen Prüfungslogik des § 823 Abs. 1 BGB wirkt sich dies im objektiven Tatbestand aus: Nachdem ein aktives Handeln fehlt, ist – nach Feststellung des verletzten Rechtsgutes – nunmehr zu begründen, warum für ein Nichtstun gehaftet werden soll. Auch die Kausalität des Unterlassens für Rechtsgutsverletzung und Schaden wird anders bestimmt als bei aktivem Tun. Im Übrigen wird die Prüflogik des § 823 Abs. 1 BGB beibehalten.

aa) Die Gleichstellung von Unterlassen und aktivem Tun

Nichtstun führt grundsätzlich nicht zu einer Haftung. Nur ausnahmsweise ist Unterlassen dem aktiven Tun gleichgestellt, nämlich dann, wenn eine Handlungspflicht zur Abwendung der Rechtsgutsverletzung bestand. Es gibt verschiedene Handlungspflichten: Die wichtigsten: **116**

- Gesetzliche Handlungspflichten: Zu den gesetzlichen Handlungspflichten zählt insbesondere die **Aufsichtspflicht** von Eltern, Vormündern und Betreuern, die diese verpflichtet, die zumutbaren Vorkehrungen zu treffen, um den Schützling vor Schäden zu behüten.

    Beispiel: Im Beispielsfall trifft nur die Mutter, nicht aber deren Freundin eine Handlungspflicht. Deswegen kommt nur bei der Mutter eine Haftung aus Unterlassen in Betracht.

- **Verkehrspflichten** (auch Verkehrssicherungspflichten genannt): Die Verkehrspflicht trifft denjenigen, der eine Gefahrenquelle schafft oder eröffnet und verpflichtet ihn, die ihm zumutbaren Schutzvorkehrungen zu treffen, um Dritte, die bestimmungs- (oder auch nur erfahrungs-)gemäß mit der Gefahrenquelle in Berührung kommen, vor Schäden zu bewahren.
- Vertragliche oder tatsächliche Pflichtenübernahme: Schutz- und Handlungspflichten müssen nicht persönlich wahrgenommen werden, sondern können vertraglich delegiert werden. Im Bereich der Aufsichtspflicht etwa finden sich diese sog **Aufsichtsverträge** sehr häufig. Auf diese Weise werden Aufsichtspflichten des Betreuungspersonals in Horten, Kindertagesstätten oder etwa für Begleiter bei Jugendfreizeiten begründet. In gleicher Weise können auch Verkehrspflichten an Dritte – etwa einen Hausmeister oder ein anderes Unternehmen – delegiert werden. Auch wenn keine vertragliche Delegation der Handlungspflicht erfolgt ist, kann uU aus der tatsächlichen Verantwortungsübernahme eine Handlungspflicht zur Abwendung eines Schadens resultieren.
- **Überwachungs- und Organisationspflichten:** Durch die Delegation der Handlungspflicht an Dritte, endet die Handlungspflicht des eigentlich Pflichtigen nicht. Sie wandelt sich jedoch in eine Aufsichts- und Überwachungspflicht des eingeschalteten Dritten um. Wird eine Dienstleistung nicht von einer einzelnen Person, sondern von einer Einrichtung, zB einem Träger der Sozialen Arbeit, erbracht, so stellen sich die Verkehrs- und Aufsichtspflichten in Form einer Organisations-

pflicht: Der Träger muss durch seine Organisation dafür Sorge tragen, dass die notwendigen Schutzvorkehrungen zugunsten Dritter getroffen werden.

- Vorangegangenes gefährliches Tun (Ingerenz): Hinter dieser Konstellation steht die Überlegung, dass derjenige, der durch sein Verhalten eine gefährliche Situation schafft, die Pflicht zur Abwendung des Schadens hat, der sich infolge seines Verhaltens realisiert.

Hinweis:

An erster Stelle ist daher in einer Rechtsprüfung die Existenz einer Handlungspflicht festzustellen. Besteht eine Handlungspflicht, so ist das Nichtstun als Unterlassen dem aktiven Tun gleichzustellen. Ob die Handlungspflicht auch verletzt wurde, wird erst an zweiter Stelle – im Rahmen der Kausalität – geprüft. Dazu sogleich.

bb) Kausalität

117 Es stellt sich an zweiter Stelle die Schwierigkeit, die Ursächlichkeit zwischen dem Unterlassen und der Rechtsgutsverletzung bzw dem Schaden zu bestimmen. Die Äquivalenztheorie, die ja auf aktives Tun abstellt, hilft hier nicht weiter. Aus diesem Grund wird bei Unterlassen die Kausalität zwischen Nichtstun und Rechtsgutsverletzung bzw dann auch Schaden grundsätzlich anders bestimmt als bei aktivem Handeln: Ursächlich ist das Nichtstun nur dann, wenn die handlungsverpflichtete Person ihre Handlungspflicht auch verletzt hat. Aus diesem Grunde ist nun die jeweilige Handlungspflicht mithilfe der folgenden Formel zu konkretisieren: „Was hätte eine gewissenhafte und sorgfältige handlungsverpflichtete Person für Verletzungen und Schäden vorhersehen und durch welches ihr zumutbare Verhalten vermeiden können?"

Die Anforderungen variieren damit – je nachdem, um welche Handlungspflicht es geht.

Beispiele für Anforderungen der Verkehrspflicht: Wer Grund und Boden dem Verkehr für Menschen eröffnet, hat ihn in gefahrlosem Zustand zu halten (Beleuchtung, Streupflicht, Kaufhäuser).

Wer auf seinem Grundstück einen Teich hat, muss Sicherungsmaßnahmen etwa mit Blick auf Nachbarskinder treffen, die in den Teich fallen können.

Für die **Aufsichtspflicht** etwa lautet die „Formel" zur Konkretisierung der Handlungspflicht: „Was würden vernünftige Eltern/Aufsichtspflichtige in der konkreten Situation tun, um vorhersehbare Schädigungen des Kindes zu verhindern?" Je nach Handlungsverpflichtetem sieht das anders aus: Die unmittelbar aufsichtspflichtigen Betreuer*innen, Erzieher*innen oder Eltern haben naturgemäß andere Möglichkeiten und damit auch andere Pflichten, als Träger einer Einrichtung (Rn 139 ff).

Unmittelbar Handlungspflichtige (Eltern oder Erzieher*innen zB) müssen Gefahrensituationen für das Kind erkennen und vermeiden.

Beispiele: Geräte auf einem Spielplatz müssen zB auf eine gefahrlose Benutzungsmöglichkeit geprüft werden, notfalls ist das Spiel zu untersagen; Erzieher*innen müssen darauf achten, dass die Kinder die Kindertagesstätte nicht eigenmächtig verlassen können.

Eltern und uU auch Aufsichtspflichtige dürfen die Aufsichtspflicht an Dritte vertraglich delegieren, müssen aber prüfen, ob diese geeignet und auch bereit sind, die Betreuung zu übernehmen.

Teil II: Grundlagen des Zivilrechts 79

Beispiele: Bei einer erlebnispädagogischen mehrtägigen Kanutour mit in Strafhaft befindlichen Jugendlichen gelten daher andere Anforderungen für die Auswahl des Betreuungspersonals als bei einem Ausflug im Rahmen einer Ferienfreizeit mit normal entwickelten jüngeren Kindern.

Wenn in der Kindertagesstätte zu wenig Erzieher*innen infolge einer Krankheit präsent sind, dürfen die Eltern ihr Kind dort nicht abgeben.

Träger (Organisationspflichten) sind vor allem für die Rahmenbedingungen verantwortlich, müssen also den Betrieb so organisieren, dass es zu keiner Verletzung der Aufsichtsbedürftigen kommt.

Beispiele: Kindertagesstätten müssen für die Kinder gefahrenfrei nutzbar sein. Konkret müssen die Fenster etwa aus bruchsicherem Glas bestehen.

Die Türen müssen in einer Weise gesichert sein, die ein eigenmächtiges Verlassen der Kindertagesstätte durch die Kinder verhindert.

Schadhafte Spielgeräte müssen repariert oder entfernt werden und bis dahin ist Sorge zu tragen, dass Kinder nicht geschädigt werden. Dies kann etwa dadurch geschehen, dass die Erzieher*innen angewiesen werden, darauf zu achten, dass die Kinder das Gerät nicht benutzen.

Der Einrichtungsträger hat für die Präsenz von ausreichend – vor allem ausreichend qualifiziertem - Personal zu sorgen. Bei Personalausfall – etwa infolge von Krankheit – muss für Ersatz gesorgt werden. Ist ein Jugendheim etwa derart personell unterbesetzt, dass die eingesetzten Sozialarbeiter*innen aufgrund der dadurch eintretenden Überforderung nicht in der Lage sind, die ihnen obliegenden Aufsichts- und Kontrollpflichten zu erfüllen, sind diejenigen Schäden, die sich in der Folge realisieren, dem Träger als kausal von ihm verursacht zuzurechnen.

In Heimen sind Maßnahmen zu ergreifen, um die anderen Heimbewohner vor aggressiven Mitbewohnern zu schützen.

3. Rechtswidrigkeit

Die Haftung nach § 823 Abs. 1 BGB setzt eine **widerrechtliche** Verletzung eines der 118 geschützten Rechtsgüter voraus. Dabei lässt allein die Verwirklichung des objektiven Tatbestands vermuten, dass das Verhalten auch rechtswidrig ist. Man spricht in diesem Rahmen auch davon, dass die Realisierung des objektiven Tatbestands die Rechtswidrigkeit der Rechtsgutverletzung indiziert. Die Rechtswidrigkeit entfällt nur beim Vorliegen von Rechtfertigungsgründen. Die wichtigsten Rechtfertigungsgründe sind: Notwehr, Notstand, Selbsthilfe sowie die Einwilligung des Verletzten.

a) Notwehr

Liegen die Voraussetzungen einer Notwehrhandlung vor, ist die Handlung nicht 119 rechtswidrig (§ 227 Abs. 1 BGB). **Notwehr** ist diejenige Verteidigung, die erforderlich ist, um einen gegenwärtigen rechtswidrigen Angriff von sich oder einem anderen abzuwenden (§ 227 Abs. 2 BGB).

Der Angriff kann sich gegen jedes beliebige rechtlich geschützte Interesse richten. Der Angriff muss gegenwärtig sein. Das ist der Fall, wenn er bereits begonnen hat und noch andauert. Ausreichend ist, dass er unmittelbar bevorsteht. Davon ist etwa auszugehen, wenn ein Verhalten jederzeit in einen Angriff umschlagen kann. Ist der Angriff hingegen im Zeitpunkt der Notwehrhandlung bereits beendet, liegt keine Notwehrsituation mehr vor. Der Angriff muss zudem rechtswidrig sein. Notwehr gegen Notwehr ist daher nicht zulässig.

Beispiel: Der 15jährige Tom bedroht den 13jährigen Mehmet mit dem Messer, um ihm sein Smartphone abzunehmen. Mehmet wehrt sich mit einem gezielten Tritt. Mehmets Gegenwehr ist durch Notwehr gerechtfertigt. Tom darf sich hiergegen nicht zur Wehr setzen.

Gerechtfertigt sind dabei nur objektiv erforderliche Verteidigungshandlungen. Daher ist bei mehreren gleich geeigneten Mitteln das mildere zu wählen. Wird hingegen stärker als nötig in die Rechtsposition des Angreifers eingegriffen, ist die Handlung – weil nicht mehr erforderlich – rechtswidrig.

Weiter muss die Verteidigung auch (subjektiv) vom Verteidigungswillen getragen sein. Hingegen erfolgt eine Abwägung der kollidierenden Rechtsgüter nicht.

b) Notstand

120 Im Gegensatz zur Notwehrsituation wird beim Notstand nicht auf eine Person, sondern auf eine Sache eingewirkt. Zu unterscheiden ist zwischen defensivem (§ 228 BGB) und aggressivem Notstand (§ 904 BGB).

Beim sog **defensiven Notstand** (man spricht auch vom Verteidigungsnotstand) geht die Gefahr – im Unterschied zur Notwehr – von einer Sache oder einem Tier aus, gegen die sich der Handelnde schützt.

Beispiel: Ein Hund greift den Spaziergänger S an. Dieser verteidigt sich, indem er mit seinem Stock auf das Tier einschlägt.

Beim Verteidigungsnotstand gilt: Wer eine fremde Sache beschädigt oder zerstört, um eine durch sie drohende Gefahr von sich oder einem anderen abzuwenden, handelt nicht widerrechtlich, wenn die Beschädigung oder Zerstörung zur Abwendung der Gefahr erforderlich ist und der Schaden nicht außer Verhältnis zur Gefahr steht (§ 228 BGB).

Die Voraussetzungen des Notstandes ähneln damit weitgehend denen der Notwehr. Im Unterschied zu dieser erfolgt beim Verteidigungsnotstand allerdings eine Abwägung der betroffenen Güter: Der Schaden an der Sache darf nicht außer Verhältnis zur Gefahr stehen. Eine im Vergleich zum geschützten Interesse unverhältnismäßige Beeinträchtigung der Sache ist mithin nicht mehr gerechtfertigt.

Beispiel: Der – wertvolle – Terrier des Nachbarn wird getötet, um einen (wertlosen) Tennisball, in den sich der Hund verbissen hat, zu schützen (Eigentum). In diesem Fall ist die Verletzung des Hundes nicht mehr durch defensiven Notstand gedeckt.

121 Beim **aggressiven Notstand** (sog Angriffsnotstand) wird zur Abwendung einer Gefahr auf eine dritte Sache eingewirkt, von der selber keine Gefahr ausgeht.

Beispiel: Ein Rottweiler greift das Kind des Spaziergängers S an. Zu dessen Schutz ergreift S den Stock eines Passanten, mit dem er auf den Hund einschlägt. Der Stock wird dabei beschädigt.

Beim aggressiven Notstand gilt: Der Eigentümer der Sache muss den Eingriff in sein Eigentum hinnehmen und darf sein Eigentum nicht seinerseits verteidigen (keine Notwehr gegen die Wegnahme des Stockes zulässig). Die Duldungspflicht besteht allerdings nur, wenn die Einwirkung zur Abwendung einer gegenwärtigen Gefahr notwendig und der ohne den Eingriff drohende Schaden unverhältnismäßig groß ist. Der aggressive Notstand hat mithin eine engere Grenze als der Verteidigungsnotstand: Der drohende Schaden (im Beispielsfall: Leben/Körper eines Menschen) muss unverhältnismäßig größer sein, als der Schaden, der dem Dritten durch den Eingriff in dessen Eigentum (Beschädigung des Stockes) entsteht. Unabhängig von der Frage, ob der Eingriff in das fremde Eigentum rechtmäßig (und damit vom Eigentümer zu dulden) ist, kann der Eigentümer der beeinträchtigten Sache von dem Handelnden Ersatz des Schadens verlangen (§ 904 BGB).

c) Selbsthilfe

Die Durchsetzung eigener Rechte erfolgt in einem Rechtsstaat grundsätzlich mit staatlicher Hilfe nach Durchführung eines gerichtlichen Verfahrens in einem staatlichen Vollstreckungsverfahren. Die eigenmächtige Durchsetzung eigener Rechte (Selbsthilfe) ist grundsätzlich unzulässig. Eine Ausnahme davon enthalten die §§ 229, 230 BGB: **Selbsthilfe** ist danach in engen Grenzen zulässig, wenn obrigkeitliche Hilfe nicht rechtzeitig zu erlangen ist und ohne sofortiges Eingreifen die Gefahr besteht, dass die Verwirklichung des Anspruchs vereitelt oder wesentlich erschwert wird. Zulässige Selbsthilfehandlungen sind: **122**

- Wegnahme, Zerstörung oder Beschädigung einer Sache.
- Festnahme eines der Flucht Verdächtigen.
- Beseitigung des Widerstandes gegen eine Handlung.

d) Einwilligung

Die **Einwilligung** des Verletzten ist ein – zT – ungeschriebener Rechtfertigungsgrund. Lediglich für den Bereich der medizinischen Behandlungen findet sich eine ausdrückliche Regelung (§ 630d BGB). **123**

Beispiele: Stechen eines Piercings auf Wunsch eines Kunden; Vornahme einer Operation.

Die Einwilligung ist keine Willenserklärung, sondern eine Gestattung zur Vornahme tatsächlicher Handlungen, die in den Rechtskreis der gestattenden Person eingreifen[6]. Demnach sind auch die Regeln für die Geschäftsfähigkeit nicht unmittelbar anzuwenden. Vielmehr kommt es auf die **Einwilligungsfähigkeit** der betroffenen Person an, die nicht deckungsgleich mit der Geschäftsfähigkeit ist. Sie erfordert die Fähigkeit, Art, Bedeutung und Tragweite des Eingriffs zu erkennen und den eigenen Willen danach auszurichten. Es ist also denkbar, dass Geschäftsunfähige (zB geistig behinderte Personen) einwilligungsfähig sind. **124**

Bei Minderjährigen kommt es darauf an, ob sie altersgemäß für den konkret in Rede stehenden Eingriff die notwendige Einsichts- und Urteilsfähigkeit besitzen. Dies ist einzelfallbezogen zu prüfen, ohne dass sich feste Altersgrenzen etabliert haben. Was die Konsequenzen betrifft, so gilt:

- Ist der oder die Minderjährige *nicht* einsichtsfähig, so erteilen die gesetzlichen Vertreter – im Regelfall also die Eltern – die Einwilligung.
- Ist der oder die Minderjährige einsichtsfähig, ist ein Eingriff nur mit seiner oder ihrer Einwilligung zulässig. Dies vermittelt Minderjährigen ein Vetorecht gegen Eingriffe, die die Eltern genehmigen wollen[7]. Streitig ist hingegen, ob Minderjährige auch unter Ausschluss der Eltern in einen Eingriff einwilligen können.

Beispiele: Anbringung einer Tätowierung bei einem 17jährigen; Schwangerschaftsabbruch durch Minderjährige.

---

6 BGH, NJW 1959, 811.
7 BGH, NJW 2007, 217.

Vor allem bei gravierenden, auch medizinisch nicht indizierten Eingriffen wird überwiegend zusätzlich zur Einwilligung der minderjährigen Person auch die Einwilligung der Eltern gefordert. Im Übrigen bestehen zT Sonderregeln im Bereich der Transplantationsmedizin (TPG) oder im Bereich bestimmter weitreichender medizinischer Eingriffe bei Minderjährigen (vgl Rn 241 ff).

125 Die Einwilligung muss im Übrigen freiwillig erteilt sein. Bei ärztlichen Eingriffen erfordert eine wirksame Einwilligung zudem grundsätzlich eine Aufklärung durch den Arzt über Bedeutung, Tragweite und Risiken des Eingriffs (§ 630d Abs. 2 BGB). Ist die Aufklärung nicht, unvollständig oder fehlerhaft erfolgt, ist die Einwilligung unwirksam. Die Einwilligung deckt dabei nur den Regeln der ärztlichen Kunst entsprechende Eingriffe.

Ist eine Einwilligung nicht zu erlangen, etwa, wenn eine Person physisch oder psychisch nicht in der Lage ist, einem Aufklärungsgespräch zu folgen und eine eigenständige Entscheidung zu treffen, kann uU eine mutmaßliche Einwilligung angenommen werden, die dann ebenfalls die Rechtswidrigkeit eines Eingriffs entfallen lässt. Bei der mutmaßlichen Einwilligung kommt es darauf an, ob der Eingriff dem mutmaßlichen Willen der betroffenen Person entspricht.

4. Verantwortlichkeit

126 Haftung aus unerlaubter Handlung ist immer vorwerfbares Handeln. Aus diesem Grund steht an letzter Stelle der Prüfung die Verantwortlichkeit des Täters. Zu unterscheiden ist zwischen:
- Verschulden und
- Verschuldensfähigkeit.

a) Verschulden

127 Die Haftung aus § 823 Abs. 1 BGB setzt Verschulden voraus. Dementsprechend wird nur für eine vorsätzliche oder fahrlässige Tatbegehung gehaftet. Lässt sich ein Verhalten nicht einmal als fahrlässig einstufen, entfällt die Schadensersatzpflicht. Das Verschulden muss sich dabei lediglich auf die Rechtsgutverletzung, den sog Verletzungserfolg beziehen, nicht auf den Schaden.

Vorsätzlich handelt, wer den Verletzungserfolg herbeiführen will. Vorsatz ist in verschiedenen Ausprägungen möglich: Die wissentliche Rechtsgutsverletzung erfolgt ebenso vorsätzlich wie eine absichtliche Rechtsgutsverletzung. Ausreichend ist sogar, dass die handelnde Person eine Rechtsgutsverletzung lediglich für möglich hält und sie „billigend" in Kauf nimmt.

128 Demgegenüber handelt **fahrlässig**, wer die im Verkehr erforderliche Sorgfalt außer Acht lässt (§ 276 Abs. 2 BGB). Dies ist immer dann anzunehmen, wenn die handelnde Person die Rechtsgutsverletzung hätte vorhersehen und bei Beachtung der notwendigen Sorgfalt vermeiden können. Die für den Fahrlässigkeitsvorwurf notwendige Sorgfaltswidrigkeit wird dabei nicht nach individuellen Maßstäben, sondern an Hand eines objektiven Maßstabs beurteilt. Daher ist unerheblich, ob die handelnde Person, gemessen an ihren individuellen Verhältnissen, die notwendige Sorgfalt aufgewandt hat. Abzustellen ist vielmehr darauf, wie sich besonnene und gewissenhaf-

Teil II: Grundlagen des Zivilrechts 83

te Angehörige des in Betracht kommenden Verkehrskreises verhalten hätten. Typische Verkehrskreise sind etwa:
- Berufsstände, die die Standards ihrer Berufsgruppe erfüllen müssen.
- Teilnehmer am Straßenverkehr, die die Straßenverkehrsregeln einhalten müssen.
- Bei Kindern kommt es darauf an, ob ein durchschnittliches Kind dieser Altersgruppe die Gefahr hätte erkennen und den Schaden hätte vermeiden können.

Fahrlässigkeit kann unterschiedliche Ausprägungen aufweisen: Werden selbst einfachste und naheliegende Vorsichtsmaßnahmen außer Acht gelassen, liegt grobe Fahrlässigkeit vor. Wendet die handelnde Person zwar eine gewisse, jedoch nicht die ausreichende Sorgfalt an, spricht man von leichter Fahrlässigkeit. Eine genaue Differenzierung ist etwa dann erforderlich, wenn das Gesetz eine besondere Form der Fahrlässigkeit verlangt. Ein besonderer Haftungsmaßstab gilt etwa für die Haftung von Eltern gegenüber ihren Kindern: Diese haben nämlich bei der Ausübung der Sorge nur für diejenige Sorgfalt einzustehen, die sie in eigenen Angelegenheiten anzuwenden pflegen (§ 1664 Abs. 1 BGB). Eltern haften daher ihren Kindern nur bei grober Fahrlässigkeit (§ 277 BGB), nicht jedoch bei nur einfacher oder gar leichter Fahrlässigkeit. Keine Anwendung findet die Haftungserleichterung des § 1664 BGB allerdings auf Handlungen, die in keinem Zusammenhang mit der elterlichen Sorge stehen. Das ist zB der Fall für die deliktische Haftung für Schäden, die im Straßenverkehr entstehen.

b) Verschuldensfähigkeit

Eine Haftung für eine verschuldete Rechtsgutsverletzung impliziert Vorwerfbarkeit des Handelns. In gleicher Weise wie bei der Geschäftsfähigkeit existieren daher auch für die deliktische Haftung Sonderregeln für diejenigen Fälle, in denen verantwortliches – und damit vorwerfbares – Handeln aufgrund des psychisch-geistigen Zustandes nicht möglich ist. Der Fachbegriff für die Handlungsfähigkeit im Bereich des Deliktsrechts ist „Verschuldensfähigkeit" bzw **„Deliktsfähigkeit"**. Ähnlich wie im Rahmen der Geschäftsfähigkeit werden auch hier Fallgruppen gebildet: **129**
- Bewusstseinsstörungen (§ 827 BGB).
- Minderjährige (§ 828 BGB).

Nicht für einen Schaden verantwortlich ist zunächst, wer im Zustand der Bewusstlosigkeit oder in einem die freie Willensbestimmung ausschließenden Zustand krankhafter Störung der Geistestätigkeit gehandelt hat (§ 827 BGB). **130**

Beispiele: Unfallschock; Drogenkonsum mit völligem Wahrnehmungsverlust; Geisteskrankheiten.

Bei – vorübergehenden – Rauschzuständen kommt es darauf an, ob der Zustand verschuldet ist. Insoweit gilt: Hat sich die schädigende Person durch Alkohol- oder Drogenkonsum in einen vorübergehenden Zustand der Bewusstseinsstörung versetzt, ist sie auch für ihr Handeln in diesem Zustand verantwortlich. Zugleich hat dies Auswirkungen auf den Verschuldensmaßstab: Die Person haftet lediglich wegen fahrlässigen Verhaltens. Anderes gilt nur, wenn die schädigende Person unverschuldet in diesen Zustand geraten ist. In diesem Fall scheidet – mangels Verantwortlichkeit – jegliche Haftung aus (§ 827 S. 2 BGB).

Für Kinder findet sich eine abgestufte Differenzierung: **131**
- Bis zum vollendeten 7. Lebensjahr sind Kinder für den Schaden, den sie einem anderen zufügen, nicht verantwortlich (§ 828 Abs. 1 BGB).

- Ab Vollendung des 7. Lebensjahres bis zum vollendeten 18. Lebensjahr hängt die Deliktsfähigkeit davon ab, ob Minderjährige bei Tatbegehung die erforderliche **Einsichtsfähigkeit** besitzen (§ 828 Abs. 3 BGB). Die Einsichtsfähigkeit liegt vor, wenn der oder die (konkrete) Minderjährige in der Lage ist, das Gefährliche ihres Tuns zu erkennen und sich der Verantwortung dafür bewusst ist. Davon ist auszugehen, wenn er oder sie intellektuell das Unrecht seiner Handlung einsehen kann und eine Verpflichtung erkennt, für die Folgen in irgendeiner Weise einstehen zu müssen. Nicht erforderlich ist hingegen, dass der oder die Minderjährige die Fähigkeit besitzt, sich entsprechend dieser Erkenntnis zu verhalten. Anders als im Bereich des Verschuldens wird die Deliktsfähigkeit Minderjähriger nicht abstrakt, sondern individuell nach den jeweiligen intellektuellen Fähigkeiten des konkreten Minderjährigen bestimmt. Nach der sprachlichen Formulierung des Absatzes wird das Vorliegen der Verschuldensfähigkeit Minderjähriger nach Vollendung des 7. Lebensjahres vermutet. Im Prozess müssen Minderjährige daher darlegen und beweisen, dass sie nicht deliktsfähig waren. Liegen mithin keine besonderen Anhaltspunkte für das Fehlen der erforderlichen Einsichtsfähigkeit vor, ist von der Deliktsfähigkeit des oder der Minderjährigen auszugehen.
- Besondere Altersgrenzen gelten für Schäden, die im Verkehr entstehen, an denen Minderjährige beteiligt sind (§ 828 Abs. 2 BGB). Hier beginnt die Deliktsfähigkeit für fahrlässig herbeigeführte Schäden erst mit Vollendung des 10. Lebensjahres. Dies betrifft nur Schäden, die Minderjährige bei einem Unfall mit einem Kraftfahrzeug, einer Schienenbahn oder einer Schwebebahn herbeiführen. Hingegen greift die Privilegierung nicht bei Unfällen mit nicht motorisierten Fahrzeugen, etwa dem Fahrrad, Skateboard oder Inlinern.

Weiter ist die Privilegierung auf fahrlässig verursachte Schäden beschränkt. Bei vorsätzlich herbeigeführten Unfällen bleibt es bei dem regulären Maßstab.

Beispiel: Ein 9-jähriges Kind bewirft Autos mit Steinen. Hier richtet sich die Verschuldensfähigkeit nach § 828 Abs. 3 BGB.

5. Mitverschulden

132 Beim **Mitverschulden** geht es darum, das Verhalten des Opfers, das uU bei der Rechtsgutverletzung und/oder Schadensentstehung bzw -höhe ebenfalls eine Rolle gespielt haben kann, angemessen zu berücksichtigen. Ist ein Mitverschulden anzunehmen, so mindert sich der Umfang der Schadensersatzpflicht entsprechend dem Verschuldensanteil des Opfers.

Mitverschulden ist der Verstoß gegen die eigenen Interessen, eine Art „Verschulden" gegen sich selbst. Es muss sich allerdings nicht um eine vorwerfbare Pflichtwidrigkeit handeln. Zwei Formen des Mitverschuldens sind relevant:

- Mitverschulden bei der Schadensentstehung (§ 254 Abs. 1 BGB).

    Beispiel: Eine Inline-Skaterin fährt auf der Mitte des linken Fahrstreifens. Ein entgegenkommender Rollerfahrer verletzt sie. Die Skaterin besitzt einen Schadensersatzanspruch, allerdings trifft sie erhebliches Mitverschulden.

- Mitverschulden bei der Schadenshöhe. Dies ist anzunehmen, wenn der oder die Geschädigte es unterlassen hat, den Schädiger auf die Gefahr eines ungewöhnlich hohen Schadens aufmerksam zu machen oder aber es unterlassen hat, den Schaden abzuwenden oder zu mildern (§ 254 Abs. 2 BGB).

Teil II: Grundlagen des Zivilrechts

Bei verletzten Minderjährigen wird § 828 BGB entsprechend angewandt: Kindern unter 7 Jahren kann mithin kein Mitverschulden zugerechnet werden. Bei älteren Kindern ist es eine Frage des Einzelfalles, inwieweit sie ihre Interessen einschätzen konnten. Zudem wird Minderjährigen ein Mitverschulden ihrer gesetzlichen Vertreter zugerechnet. **133**

6. Ein Sonderproblem: Dritte kompensieren den Schaden

Wird durch eine unerlaubte Handlung Körper oder Gesundheit verletzt, so entsteht dem oder der Geschädigten nicht immer ein unmittelbarer Schaden, wenn und weil Dritte eintreten: Heilungskosten (Arztkosten, Medikamente uÄ) und Entgeltausfälle werden zumeist von der Krankenkasse erstattet; bei Schäden in Kindertagesstätten oder Schulen besteht ein gesetzlicher Unfallversicherungsschutz (§ 2 Abs. 1 Nr. 8 SGB VII). **134**

Nun sollen Schädiger nicht deswegen von ihrer Schadensersatzpflicht freigestellt sein, weil (zufälligerweise) Dritte finanziell in die Bresche gesprungen sind. Entsteht dem Opfer nur deswegen kein Schaden, weil ein Sozialversicherungsträger ihn auffängt, ist daher ein Mechanismus vorgesehen, der dem Sozialversicherungsträger – an Stelle des Opfers – einen Zugriff auf den Schädiger ermöglicht: Hat ein Sozialversicherungsträger aufgrund des Schadensereignisses eigene Leistungen zu erbringen, die der Behebung des Schadens dieser Art dienen und sich auf denselben Zeitraum wie der vom Schädiger zu leistende Schadensersatz beziehen, so geht der Schadensersatzanspruch des oder der Geschädigten gegen den Schädiger nach § 823 BGB automatisch auf den Sozialversicherungsträger über (der juristische Fachbegriff dafür lautet Legalzession, also „Übergang des Anspruchs" [Zession] „von Gesetzes wegen" [legal], § 116 SGB X). Der oder die Geschädigte verliert dadurch die Forderung gegenüber dem Schädiger. Der Sozialversicherungsträger erhält sie und kann jetzt den Schaden des Opfers, den er trägt, vom Schädiger verlangen. Der Schädiger kann schuldbefreiend nur noch an den Sozialversicherungsträger leisten.

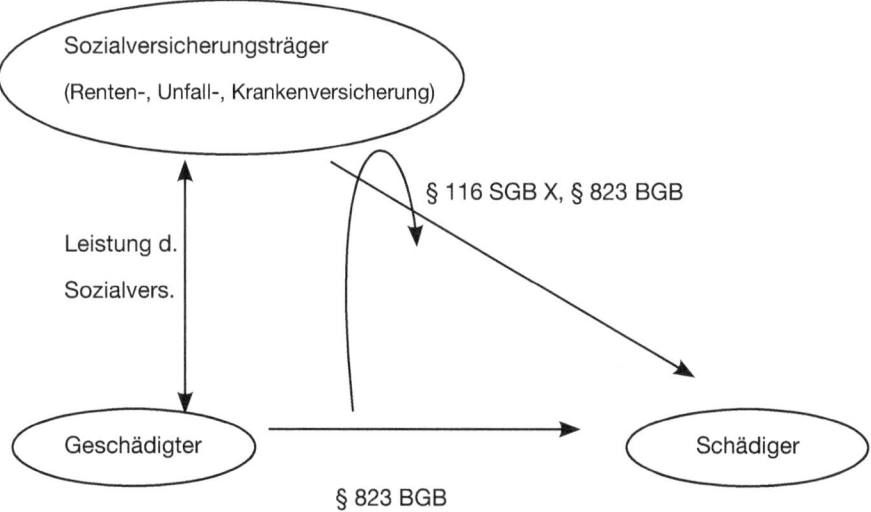

135 Die folgende Tabelle erlaubt einen Überblick über die wichtigsten Schadenspositionen, die vom Sozialversicherungsträger übernommen werden:

Ersatzfähiger Schaden	Sozialversicherungsleistung
Erwerbsnachteile (entgangener Gewinn).	Sozialversicherungsleistungen mit Lohnersatzfunktion (Arbeitslosengeld, berufsfördernde Leistungen zur Rehabilitation, Krankengeld).
Minderung der Erwerbsfähigkeit.	Kinderzuschläge zur Rente.
Entgangene Betreuungsleistung.	Waisenrente.
Heilungskosten.	Ärztliche Behandlung, Arzneimittel, Heilmittel.
Sachschaden (Reparatur).	Erstattung der Aufwendungen für Sachschaden.
Verdienstausfall.	Vorgezogenes Altersruhegeld.

Hingegen gehen Schmerzensgeldansprüche nicht über, da die Versicherungen keine dahin gehenden Leistungen gewähren. Insoweit sieht sich der Schädiger uU mehreren Gläubigern gegenüber: Dem oder der Geschädigten (Schmerzensgeld) und einem Sozialversicherungsträger.

7. Prüfschema und Lösungshinweise zum Übungsfall 4

136 Die Haftung aus § 823 Abs. 1 BGB wird in folgender Reihenfolge geprüft:
I. Verwirklichung des objektiven Tatbestandes:
1. Feststellung des verletzten Rechtsguts.
2. Feststellung eines Schadens.
3. Feststellung der Handlung. Steht ein Unterlassen im Raum muss an dieser Stelle festgestellt werden, dass eine Handlungspflicht bestand.
4. Kausalität zwischen Handlung und Verletzung des Rechtsguts anhand von Äquivalenz- und Adäquanztheorie bzw des Schutzzwecks der Norm. Bei Unterlassen ist an dieser Stelle die Handlungspflicht zu konkretisieren und zu prüfen, ob sie verletzt wurde.
5. Kausalität zwischen Rechtsgutsverletzung und Schaden nach den gleichen Maßstäben.
II. Rechtswidrigkeit: Rechtswidrigkeit ist immer zu bejahen, wenn kein Rechtfertigungsgrund vorliegt: Notwehr, Notstand, Einwilligung, Selbsthilfe.
III. Verschulden:
1. Verschuldensfähigkeit.
2. Verschuldensform: Vorsatz oder Fahrlässigkeit.
IV. Minderung der Schadensersatzpflicht durch ein Mitverschulden des oder der Geschädigten.

Teil II: Grundlagen des Zivilrechts 87

Lösungshinweise zum Übungsfall 4 (Fall bei Rn 102): 137

Haftung von Friedrich: Mögliche Anspruchsgrundlage: § 823 Abs. 1 BGB.
1. Objektiver Tatbestand:
   a) Rechtsgutsverletzung und Schaden: Beide Merkmale liegen offensichtlich vor: Karli hat eine Körperverletzung erlitten. Infolgedessen sind Behandlungskosten entstanden.
   b) Verletzungshandlung: Die erforderliche Verletzungshandlung (aktives Tun) von Friedrich ist darin zu sehen, dass er Karli angefahren hat.
   c) Kausalität: Diese Handlung ist eine notwendige Bedingung für die Verletzung und Schaden von Karli, denn ohne sie wäre Karli nicht verletzt worden und es wären auch keine Behandlungskosten entstanden. Anhaltspunkte für eine Einschränkung der Haftung mithilfe der Adäquanztheorie oder dem Schutzzweck der Norm sind nicht ersichtlich: Es ist im Rahmen des Vorhersehbaren, dass es bei Unaufmerksamkeiten im Straßenverkehr zu einem Unfall dieser Art kommen kann.
   Zwischenfazit: Friedrich hat den objektiven Tatbestand des § 823 Abs. 1 BGB erfüllt.
2. Rechtswidrigkeit:
   Rechtfertigungsgründe für das Handeln von Friedrich sind vorliegend nicht ersichtlich. Damit war das Handeln von Friedrich auch widerrechtlich.
3. Verschulden:
   a) Verschuldensfähigkeit: An dieser Stelle ist Friedrichs Minderjährigkeit zu problematisieren. Friedrich ist aufgrund seines Alters (17 Jahre) minderjährig. Dies stellt seine Deliktsfähigkeit in Frage. Diese richtet sich nach § 828 Abs. 3 BGB. Danach ist er für einen von ihm verursachten Schaden dann nicht verantwortlich, wenn er das Gefährliche seines Tuns nicht erkennen konnte. Die fehlende Einsichtsfähigkeit wäre von Friedrich darzulegen und zu beweisen. Da im vorliegenden Fall keine Anhaltspunkte für das Fehlen der Einsichtsfähigkeit erkennbar sind, ist sie zu unterstellen.
   b) Als Verschuldensform kommt Fahrlässigkeit in Betracht: Fahrlässig handelt, wer die im Verkehr erforderliche Sorgfalt außer Acht lässt (§ 276 Abs. 2 BGB). Dies wirft die Frage auf, welche Sorgfaltsanforderungen an einen durchschnittlichen 17-jährigen Verkehrsteilnehmer zu stellen sind. Zu diesen gehört sicherlich die ausreichende Konzentration auf das Verkehrsgeschehen sowie verkehrsgerechtes Fahren. Hiergegen hat Friedrich verstoßen, indem er seine Aufmerksamkeit auf einen außerhalb des Verkehrsgeschehens liegenden Vorgang gerichtet hat. Zudem ist das Durchführen von Kunststücken auf dem Fahrrad im laufenden Verkehr als nicht verkehrsgerechtes Verhalten ebenfalls ein Sorgfaltsverstoß. Es sind auch mit Blick auf die Minderjährigkeit von Friedrich keine niedrigeren Anforderungen an sein Verkehrsverhalten zu stellen.
4. Mitverschulden: Ein schadensminderndes Mitverschulden von Karli scheidet in analoger Anwendung von § 828 Abs. 1 BGB aus.

Ergebnis: Friedrich haftet für den von ihm verursachten Schaden aus § 823 Abs. 1 BGB.

Hinweis: Daneben kommt auch – was vorliegend nicht geprüft werden musste – eine Haftung der aufsichtsverpflichteten Erzieherinnen und des Trägers aus § 823 Abs. 1 BGB in Betracht und zwar unter dem Aspekt des Unterlassens der erforderlichen Maßnahmen zum Schutz von Karli: So hätte die Erzieherin die Türe absperren müssen (das hat sie nicht getan, was eine Aufsichtspflichtverletzung impliziert) und der Träger hätte (als ebenfalls vertraglich Aufsichtsverpflichteter) entsprechende Anweisungen geben müssen (das hat er getan) bzw. für das erforderliche Personal zur Überwachung der Kinder sorgen müssen (das lässt der Sachverhalt offen).

II. Haftung für den Verrichtungsgehilfen

138 Die Haftung für den **Verrichtungsgehilfen** ist eine Haftung für fremdes Handeln. Sie tritt neben die Haftung für eigenes Verschulden aus § 823 Abs. 1 BGB. Typischer Anwendungsfall wäre die Haftung des Trägers – neben seiner eigenen Haftung etwa für die Verletzung von Organisationspflichten – für das Handeln seines Mitarbeiters – neben dessen eigener Haftung aus § 823 Abs. 1 BGB.

Haftungsgrundlage ist § 831 Abs. 1 BGB: Danach ist derjenige (sog Geschäftsherr), der einen anderen zu einer Verrichtung bestellt (sog Verrichtungsgehilfe), zum Ersatz desjenigen Schadens verpflichtet, den der andere einem Dritten widerrechtlich zufügt. Die Haftung tritt nicht ein, wenn der Geschäftsherr bei der Auswahl der bestellten Person bzw bei Beschaffung oder Leitung die im Verkehr erforderliche Sorgfalt beachtet hat. Die Haftung ist ebenfalls dann ausgeschlossen, wenn der Schaden auch bei Anwendung der erforderlichen Sorgfalt entstanden wäre.

III. Die Aufsichtspflicht

1. Inhalt und Bedeutung der Aufsichtspflicht

a) Überblick

139 Die Aufsichtspflicht entfaltet eine zweifache **Schutzrichtung**:
- Sie schützt zum einen Aufsichtsbedürftige, zB das Kind. Insoweit beinhaltet sie die Pflicht, zB der Eltern, das Kind vor Schäden zu schützen.
- Daneben besteht die Aufsichtspflicht zugleich mit Blick auf Dritte: Diese sind *vor* dem Verhalten Aufsichtsbedürftiger zu schützen.

Verletzungen der Aufsichtspflicht können weitreichende – auch rechtliche – Konsequenzen mit sich bringen: Im vorliegenden Kontext steht die Haftung für Schäden im Vordergrund. Daneben können sich Aufsichtspflichtige uU auch strafbar machen; für die Beschäftigten einer Einrichtung stellt sich weiter die Gefahr dienst- bzw arbeitsrechtlicher Konsequenzen, die nachfolgend nicht behandelt werden.

b) Aufsichtsbedürftige

140 Aufsichtsbedürftig sind folgende Personen:
- Minderjährige. Dies gilt generell, ungeachtet des Alters. Allerdings variieren die konkreten Anforderungen an die Aufsichtspflicht je nach Alter des oder der Minderjährigen.
- Personen, die wegen ihres geistigen oder körperlichen Zustands aufsichtsbedürftig sind. Dazu zählen Menschen mit Behinderungen bzw geistigen oder seelischen Erkrankungen, daneben auch Menschen mit körperlichen Erkrankungen, etwa Blinde oder Epileptiker.

c) Begründung der Aufsichtspflicht

141 Die **Aufsichtspflicht** kann sich aus Gesetz (§ 832 Abs. 1 BGB) oder aus Vertrag (§ 832 Abs. 2 BGB) ergeben. Kraft Gesetzes sind folgende Personen Inhaber der Aufsichtspflicht:

- Personensorgeberechtigte Eltern über ihre Kinder (§ 1631 Abs. 1 BGB).
- Vormünder (§ 1795 Abs. 1 BGB [bis 31.12.2022: § 1800 BGB]) und Ergänzungspfleger über den Mündel (§ 1813 Abs. 1 BGB [bis 31.12.2022: § 1915 Abs. 1 BGB]).
- Betreuer, soweit ihr Aufgabenkreis auch die Beaufsichtigung über den Betreuten beinhaltet (§ 1814 BGB [bis 31.12.2022: § 1896 Abs. 1 BGB]).

Die Aufsichtspflicht kann vertraglich delegiert werden. Aufsichtsverträge sind häufig im Bereich der Kinder- und Jugendarbeit anzutreffen.

Beispiele: Anmeldung des Kindes in der Kindertagesstätte, bei einer Ferienfreizeit oder auch nur die Teilnahme an Jugendgruppen; Pflegeeltern.

An die vertragliche Begründung einer Aufsichtspflicht sind keine hohen Anforderungen zu stellen. Ausreichend ist etwa, dass der oder die Minderjährige mit Wissen der Eltern regelmäßig eine Jugendeinrichtung besucht.

Eine vertraglich begründete Aufsichtspflicht bedeutet weiter nicht unbedingt, dass die Aufsichtspflicht auch von dem Vertragspartner in Person wahrgenommen werden muss. So können etwa Träger sozialpädagogischer Einrichtungen ihre Aufsichtspflicht weiter an Dritte delegieren (Heimleiter*innen, Erzieher*innen, Gruppenleiter*innen, Ehrenamtliche, Praktikant*innen, etc). Auch diese Personen sind dann vertraglich zur Führung der Aufsicht verpflichtet. Dem Träger verbleibt die Aufsichtspflicht in Form von Organisationspflichten und Überwachungspflichten des von ihm eingesetzten Personals.

Keine vertragliche Delegation der Aufsichtspflicht liegt hingegen vor, wenn die Übernahme der Betreuung auf einer Gefälligkeit beruht (vgl Rn 47).

Beispiele: Gelegentliche Betreuung durch Großeltern oder Nachbarn; Besuch bei Freunden.

d) Anforderungen der Aufsichtspflicht

Mithilfe der folgenden Formel konkretisiert die Rechtsprechung den Maßstab der Aufsichtspflicht: „Was würden vernünftige Eltern/Aufsichtspflichtige in der konkreten Situation tun, um vorhersehbare Schädigungen des Kindes oder Dritter durch das Kind zu verhindern?" **142**

Ob ein Schaden und was für ein Schaden vorhersehbar ist, richtet sich nach den jeweiligen Gegebenheiten des Einzelfalls. Maßgebliche Determinanten sind insbesondere:

- Die **persönlichen Verhältnisse und Eigenschaften des Aufsichtsbedürftigen** (des konkret betroffenen Kindes): Bei Kindern kommt es etwa auf ihr Alter und ihren Charakter an (gehorsames Kind oder Neigung zu „Streichen"). In diesem Rahmen sind etwa auch Reife und Erziehungsstand des Kindes sowie das Bestehen von Verhaltensauffälligkeiten und Krankheiten zu berücksichtigen. Bewegt sich das Kind in der Gruppe, ist auch an ein potenziell anderes Gruppenverhalten zu denken. Zu berücksichtigen ist etwa auch, dass bestimmte Sachen einen besonderen Reiz auf Kinder ausüben können (zB Autos, Waffen und Feuer).
- Die **objektiven Gegebenheiten** (in der konkreten Situation und Zeit): In diesem Rahmen ist die Art der Beschäftigung zu würdigen. Werden etwa Spielgeräte benutzt, die ein Gefahrenpotenzial bergen, oder werden gefahrenträchtige Spiele (wie Wettkämpfe) durchgeführt, so sind andere Schäden vorhersehbar als bei dem Besuch eines Museums. Zu berücksichtigen ist auch, ob sich situativ beson-

dere Gefahren stellen. Diese können sich aus den regionalen Besonderheiten ergeben, etwa wenn sich der oder die Aufsichtsbedürftige an gefahrenträchtigen Orten aufhält, im Gebirge, an einem Gewässer oder an der Meeresküste. Es können aber auch andere Umstände gefahrerhöhend wirken. So ist etwa zu berücksichtigen, ob man sich in einer Großstadt oder auf dem Land befindet, ob in der Nähe verkehrsreiche Straßen oder Bahngleise liegen, etc. Selbst in einem Raum kann es gefahrenträchtige Orte geben, etwa niedrige Fensterbänke, leicht zu öffnende Fenster oder Türen, Treppen etc.

143 Die solchermaßen analysierte Situation gibt dann vor, welche Schutzmaßnahmen nötig sind. Zum **Standardrepertoire der Aufsichtspflicht** gehören etwa folgende Maßnahmen:

- Umfassende Eigeninformation der Aufsichtspflichtigen über die Individualität der Minderjährigen und die in Rede stehende Situation.
- Gefahrenpunkte müssen festgestellt und entschärft werden.
- Umfassende Informationspflichten gegenüber den Minderjährigen, uU auch gegenüber Eltern und Kolleg*innen.
- Die tatsächliche Führung der Aufsicht (Belehrungen, Ermahnungen, Warnungen, Ge-/Verbote und Überwachung). In diesem Rahmen müssen sich Aufsichtspflichtige vergewissern, dass Aufsichtsbedürftige eine Belehrung verstanden haben. Falsche Belehrungen oder missverständliche Anweisungen stellen eine Verletzung der Aufsichtspflicht dar.
- Das Ergreifen von Konsequenzen und unmittelbares Handeln (Durchsetzen von Verboten, Wegschließen von Streichhölzern).

144 Bei der Frage, welche Maßnahme im konkreten Einzelfall gefordert ist, ist abzuwägen:

- Das Ausmaß der Gefahr für die Aufsichtsbedürftigen und außenstehende Dritte. Je höher das Gefahrenpotenzial ist, umso höhere Anforderungen werden an die Aufsichtspflichtigen gestellt.

    Beispiele: Gegenüber älteren Kindern sind Kfzs besonders zu sichern; Schusswaffen sind sicher aufzubewahren. Gleiches gilt für Streichhölzer und Feuerzeuge. Bei kleinen Kindern ist nachhaltig zu verhindern, dass sie Zugang zu Streichhölzern haben. Hohe Anforderungen gelten bei „Zündelneigung". So darf ein 10jähriger mit Zündelneigung nicht unbeaufsichtigt gelassen werden.

    Soweit es um Urheberrechtsverletzungen durch Kinder im Internet (Filesharing) geht, fordert die Aufsichtspflicht lediglich, dass die Eltern ihr Kind über die Rechtswidrigkeit der Teilnahme an Internettauschbörsen aufklären und ihm die Teilnahme daran verbieten[8].

- Die Notwendigkeit eines pädagogischen Freiraums. Dies nicht nur, weil Minderjährige ein Bedürfnis haben, sich auszuprobieren und ihre Fähigkeit zu selbstständigem Handeln einzuüben. Sondern vor allem auch, weil Ziel der Erziehung ist, Kinder zu eigenständigem und verantwortungsbewusstem Handeln zu befähigen, was zwingend die Einräumung eines Freiraums voraussetzt. Eine Beaufsichtigung eines Kindes rund um die Uhr ist daher nur ausnahmsweise gefordert.

    Beispiele: Bei spielenden Kleinkindern genügen Kontrollen von ½ Stunde. Normal entwickelten Kindern im Alter von 7 ½ Jahren ist im Allgemeinen das Spielen im Freien auch ohne Aufsicht gestattet, wenn die Eltern sich über deren Tun in groben Zügen einen Überblick verschaffen. Anderes gilt, wenn das Kind zu „üblen Streichen" neigt.

    Ein 11-jähriger kann zeitweise in der Wohnung allein gelassen werden.

---

8 BGH, NJW 2013, 1441.

Teil II: Grundlagen des Zivilrechts 91

Wird die Aufsichtspflicht delegiert, muss eine sorgfältige Auswahl getroffen werden. Wird die Aufsicht zB an eine erkennbar ungeeignete oder nicht betreuungsbereite Person delegiert, so liegt unter dem Gesichtspunkt des **Auswahlverschuldens** eine Aufsichtspflichtverletzung vor.
- Die Zumutbarkeit für die Aufsichtspflichtigen. Gefordert sind nur diejenigen Maßnahmen, die den Aufsichtspflichtigen auch zumutbar sind. Dies richtet sich nach deren Fähigkeiten und Fertigkeiten.

   Beispiele: Wieviel Erfahrung besitzen die Betreuer*innen? Handelt es sich um ehrenamtliche Helfer oder pädagogische Fachkräfte? Wie ist das Verhältnis zwischen Erzieher*innen und Minderjährigen? Wie ist die Gruppengröße?

Ob die Aufsichtspflicht verletzt ist, stellt sich als Ergebnis einer Einzelfallabwägung dar, bei der auch ein Kompromiss gesucht wird zwischen den Interessen der Minderjährigen bzw Dritter an Schadensfreiheit und der pädagogischen Notwendigkeit, den Aufsichtsbedürftigen Freiräume zum Einüben selbstständigen Handelns zu eröffnen.

2. Die Haftung des Aufsichtspflichtigen

a) Übungsfall 5

Fallfortführung von Übungsfall 4: Friedrich ist bei dem Zusammenstoß ebenfalls vom Fahrrad gestürzt und hat sich behandlungsbedürftig verletzt. Außerdem ist sein Fahrrad beschädigt worden. Wer haftet für seine Schäden (Lösungshinweise Rn 150)? 145

b) Konsequenzen von Aufsichtspflichtverletzungen

Die doppelte Schutzrichtung der Aufsichtspflicht gegenüber Aufsichtsbedürftigen 146
und Dritten hat auch **haftungsrechtliche Konsequenzen**:
- Für Schäden, die dem oder der Aufsichtsbedürftigen entstehen, haften Aufsichtspflichtige zunächst unmittelbar für ihr eigenes Verhalten aus § 823 Abs. 1 BGB (häufig unter dem Aspekt des Unterlassens Rn 115 ff).
- Für Schäden, die Aufsichtsbedürftige *bei Dritten* anrichten, haften Aufsichtspflichtige – neben den Aufsichtsbedürftigen – ebenfalls. Dabei gibt es zwei denkbare Haftungsgrundlagen:
   – Haftung für eigenes Verschulden (zB Verletzung der Verkehrssicherungspflicht, § 823 Abs. 1 BGB).
   – Haftung für das fremde Verschulden der Aufsichtsbedürftigen (§ 832 BGB). Dazu nachfolgend.

c) Die Haftung des Aufsichtspflichtigen für Schäden bei Dritten

Haftungsgrundlage für das Eintreten für das fremde Verschulden von Aufsichtsbedürftigen ist § 832 Abs. 1 bzw Abs. 2 BGB. Die Haftung hat folgende Voraussetzungen: 147
- Aufsichtsbedürftigkeit.
- Aufsichtspflicht.
- Der oder die Aufsichtsbedürftige hat bei einem Dritten widerrechtlich einen Schaden verursacht.

Die Haftung Aufsichtspflichtiger setzt ein rechtswidriges Handeln des oder der Aufsichtsbedürftigen voraus. Zu prüfen ist daher, ob der oder die Aufsichtsbedürftige *rechtswidrig* einen Schaden bei einem Dritten verursacht hat. Unerheblich ist, ob die Rechtsgutsverletzung verschuldet ist. Haften Minderjährige zB nicht für einen von ihnen angerichteten Schaden aus § 823 Abs. 1 BGB, weil sie verschuldensunfähig waren, so können gleichwohl die Eltern aus § 832 Abs. 1 BGB haften, wenn der oder die Minderjährige rechtswidrig den objektiven Tatbestand des § 823 Abs. 1 BGB verwirklicht hat. Haften Minderjährige hingegen deswegen nicht, weil ein Rechtfertigungsgrund vorlag, so scheidet auch eine Haftung der Eltern aus.

Sind die ersten drei Punkte erfüllt, so gilt zulasten der Aufsichtspflichtigen eine doppelte Vermutung:
- Die Aufsichtspflicht wurde unzulänglich geführt.
- Dadurch wurde der Schaden verursacht.

Diese Konstruktion ist günstig für Geschädigte. Sie müssen im Prozess lediglich nachweisen, dass ein Aufsichtsbedürftiger widerrechtlich einen Schaden verursacht hat. Nunmehr ist es am Aufsichtspflichtigen, nachzuweisen, dass er seiner Aufsichtspflicht Genüge getan hat (Widerlegung der Verschuldensvermutung) und/oder dass der Schaden zumindest nicht das Ergebnis seiner Aufsichtspflichtverletzung war (Widerlegung der Ursächlichkeitsvermutung), will er seine Haftung ausschließen. Kann er die Vermutung widerlegen (man spricht auch davon, dass er sich „exkulpieren" kann), scheidet seine Haftung aus.

d) Übersicht, Prüfschemata und Lösungshinweise zum Übungsfall 5

aa) Prüfungsgliederung bei mehreren denkbaren Haftungsgrundlagen

148 Ist die Haftung für den Schaden, den ein Kind verursacht hat, zu prüfen, empfiehlt es sich, nach folgender Reihenfolge vorzugehen:
1. Haftung des Kindes für eigenes Verschulden: § 823 Abs. 1 BGB (immer mit dem Schadensnächsten beginnen!).
2. Haftung der Aufsichtspflichtigen (Erzieher*innen/Eltern) für den vom Kind verursachten Schaden: § 832 BGB.
3. Haftung der Aufsichtspflichtigen aus eigenem Verschulden (zB Verletzung von Verkehrssicherungspflichten): § 823 Abs. 1 BGB.

bb) Prüfschema für die Haftung aus Aufsichtspflichtverletzung (§ 832 BGB):

1. Feststellung einer Aufsichtsbedürftigkeit.
2. Feststellung einer Aufsichtspflicht (kraft Gesetzes oder Vertrag).
3. Widerrechtliche (nicht notwendig schuldhafte!) Schadenszufügung bei einem Dritten durch eine aufsichtsbedürftige Person (Prüfung § 823 Abs. 1 BGB)?
4. Exkulpationsmöglichkeit für die aufsichtspflichtige Person?
   – Wurde die (zu konkretisierende!) Aufsichtspflicht erfüllt?
   – War eine etwaige Aufsichtspflichtverletzung nicht kausal für den Schaden?

cc) Übersicht über mögliche Haftungstatbestände bei Schäden beim Kind und Dritten

149

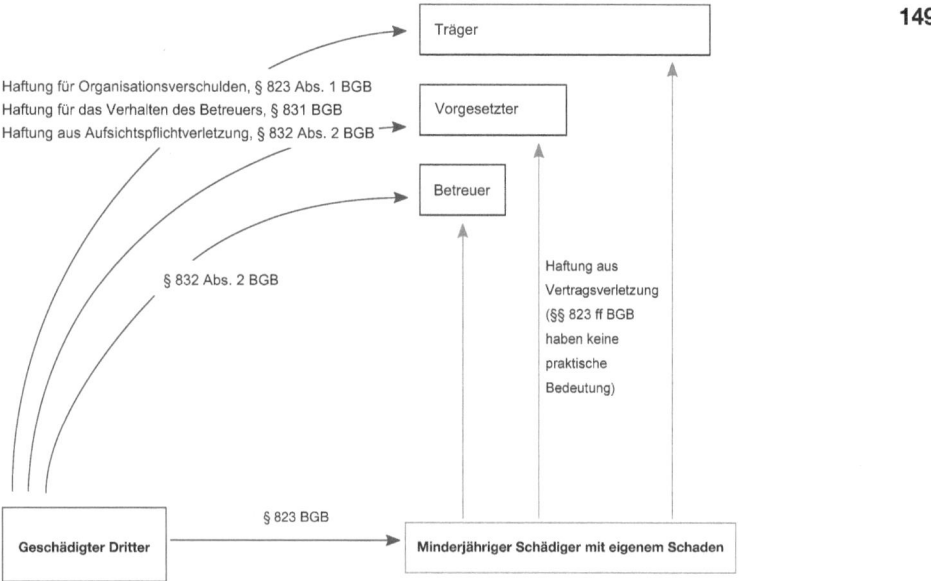

dd) Lösungshinweise zum Übungsfall 5 (Rn 145)

150

I. Haftung von Karli: Mögliche Anspruchsgrundlage: § 823 Abs. 1 BGB.
  1. Objektiver Tatbestand: Der objektive Tatbestand ist durch Karli unproblematisch realisiert worden: Es liegen zwei Rechtsgutsverletzungen vor: Körper und Eigentum. Karli hat gehandelt, indem er auf die Straße gelaufen ist. Diese Handlung hat auch äquivalent kausal beide Rechtsgutsverletzungen verursacht. Anhaltspunkte für eine Einschränkung der Zurechnung sind nicht ersichtlich. In gleicher Weise sind ihm die durch sein Verhalten verursachten Schäden (Sachschaden am Fahrrad und Behandlungskosten) zuzurechnen.
  2. Rechtswidrigkeit: Anhaltspunkte für Rechtfertigungsgründe fehlen. Karlis Verhalten ist damit widerrechtlich.
  3. Verantwortlichkeit: Karli ist jedoch nicht deliktsfähig, denn er hat noch nicht das 7. Lebensjahr vollendet, § 828 Abs. 1 BGB.

Ergebnis: Karli haftet nicht aus § 823 Abs. 1 BGB.

II. Haftung der Erzieherin: Mögliche Haftungsgrundlage: § 832 Abs. 2 BGB.
  1. Aufsichtsbedürftiger: Karli ist aufgrund seines Alters grundsätzlich aufsichtsbedürftig.
  2. Aufsichtspflichtiger: Die Erzieherin besitzt kraft vertraglicher Delegation die Aufsichtspflicht für Karli. Der Vertrag zwischen der Kindertagesstätte und den personensorgeberechtigten Eltern beinhaltet regelmäßig die Delegation der Aufsichtspflicht für das Kind an die Tagesstätte. Diese wurde intern an die angestellte Erzieherin durch den Träger weiterdelegiert.

3. **Rechtswidrige Schadensverursachung bei Drittem:** Karli hat – wie eben ausgeführt – Friedrich rechtswidrig an Körper sowie Eigentum verletzt.
4. **Aufsichtspflichtverletzung/Kausalität:** Es stellt sich daher die Frage, ob die Erzieherin sich exkulpieren kann.

   Was die Anforderungen der Aufsichtspflicht angeht, so ist die Erzieherin verpflichtet, die ihr zumutbaren Maßnahmen zu ergreifen, um Dritte vor vorhersehbaren Schäden durch Karli zu bewahren. In diesem Rahmen ist sie dafür verantwortlich, dass die ihr anvertrauten Kinder nicht ohne ihr Wissen die Tagesstätte verlassen. Denn es ist vorhersehbar, dass Kinder die Tagesstätte eigenmächtig verlassen, über die Straße laufen und dabei auch einen Unfall verursachen können. Die dafür erforderliche Sicherungsmaßnahme (Abschließen der Tür) hat sie nicht ergriffen, obgleich ihr bekannt war, dass diese Sicherungsmaßnahme notwendig war und ihr dies auch zumutbar war. Der Schaden wäre auch bei Erfüllung der Aufsichtspflicht mit Sicherheit vermieden worden. Damit ist eine Exkulpation der Erzieherin nicht möglich.
5. **Mitverschulden:** Die Schadensersatzpflicht der Erzieherin wird im vorliegenden Fall durch das Mitverschulden von Friedrich gemildert. Friedrich hat seinerseits in erheblichem Maße die – auch im eigenen Interesse – zu beachtende Sorgfalt missachtet: Sein Verhalten war nämlich nicht nur grob verkehrswidrig, sondern hat den Schaden gerade mitverursacht: Hätte er sich verkehrsgerecht verhalten, so wäre ihm das Kind aufgefallen und er hätte rechtzeitig bremsen können.

III. Haftung des Trägers

Mögliche Haftungsgrundlage: § 832 Abs. 2 BGB: Die Prüfung folgt dem gleichen Schema wie unter II. Allerdings wäre im vorliegenden Fall eine Haftung zu verneinen, da bzw. wenn keine Aufsichtspflichtverletzung vorliegt (etwa durch den Einsatz einer ungeeigneten Betreuungsperson oder das Öffnen der Einrichtung, obwohl aufgrund eines hohen Krankenstandes zu wenige Erzieher*innen anwesend waren. Im Sachverhalt finden sich dazu keine Anhaltspunkte. Daher genügt es, Kriterien zu benennen und die Lösung im Übrigen offen zu lassen).

IV. Haftung der Eltern von Karli

Mögliche Haftungsgrundlage: § 832 Abs. 1 BGB. Die Prüfung folgt dem gleichen Schema wie unter II. Die Eltern sind hier allerdings auf Grund gesetzlicher Vorgaben aufsichtspflichtig. Bei ihnen wird sich mit großer Wahrscheinlichkeit die Aufsichtspflichtverletzung verneinen lassen, weil sie durch die Abgabe des Kindes in der Kindertagesstätte, ihre Aufsichtspflicht zulässigerweise an einen betreuungsgeeigneten und auch –bereiten Dritten delegiert haben.

IV. Haftung aus Amtspflichtverletzung

151 Bei der Haftung aus einer **Amtspflichtverletzung** geht es um die Haftung des Staates bzw. einer öffentlich-rechtlichen Körperschaft für das Handeln der eingesetzten Ausführenden. Die Haftung ist in Art. 34 GG iV mit § 839 BGB geregelt.

Die Staatshaftung setzt voraus, dass jemand in Ausübung eines öffentlichen Amtes die ihm oder einem Dritten obliegende Amtspflicht schuldhaft verletzt hat.

Anwendungsbeispiel: Eine Pflegefamilie betreut ein Kind. Dieses kommt durch eine Unachtsamkeit der Pflegefamilie zu Schaden. Neben der Haftung der Pflegeeltern (aus § 823 Abs. 1 BGB) und des zuständigen Jugendamtsmitarbeiters (ebenfalls aus § 823 Abs. 1 BGB) kommt auch eine Haftung der Stadt (als Anstellungsträger, jetzt aus Art. 34 GG iV mit § 839 BGB) in Betracht.

Teil II: Grundlagen des Zivilrechts

V. Schädigermehrheit

Existieren mehrere Schädiger, so stellt sich die Frage nach deren **Haftungsrang** gegenüber den Geschädigten (im Außenverhältnis) und untereinander (im Innenverhältnis). Es gilt:

152

Haftung im Außenverhältnis	Haftung im Innenverhältnis
Gegenüber einem oder einer Geschädigten sind alle Schädiger*innen gleichermaßen verantwortlich. Sie haften als Gesamtschuldner (§ 840 Abs. 1 BGB). Das bedeutet: Alle Schädiger*innen können von der geschädigten Person gleichermaßen in Anspruch genommen werden, allerdings darf die geschädigte Person die Schadenssumme nur insgesamt einmal erhalten (§ 421 BGB).	Für die Verteilung der Schadenslast unter den Schädiger*innen gilt: Es besteht ein Vorrang der Haftung für eigenes Verschulden (§ 823 BGB) vor der Haftung für fremdes Verschulden (§ 831 oder § 832 BGB, § 840 Abs. 2 BGB). Haften mehrere aus demselben Tatbestand (etwa Minderjährige neben dem Träger, beide aus § 823 BGB), so haben sie im Zweifel den Schaden zu gleichen Teilen zu tragen (§ 426 Abs. 1 BGB).

VI. Unterlassung

Die §§ 823 ff BGB geben einer geschädigten Person lediglich einen nachträglichen Schadensersatzanspruch. Ist die Rechtsgutverletzung vorhersehbar, hat das Opfer ein Interesse, die schädigende Handlung schon im Vorfeld, also präventiv, abzuwehren. Dies ermöglicht ihm ein eigener Unterlassungsanspruch: Ausdrücklich gesetzlich sind die Fälle befürchteter Namensverletzung (§ 12 BGB) oder bevorstehender Eigentumsverletzung geregelt (§ 1004 BGB). Was die restlichen in § 823 Abs. 1 BGB genannten Rechtsgüter (Gesundheit, Freiheit, Leben) anbetrifft, so enthält das Gesetz keine ausdrücklichen **Unterlassungsansprüche**. Allerdings besteht in diesen Fällen das gleiche Schutzbedürfnis, wie etwa bei einer drohenden Eigentumsbeeinträchtigung. Aus diesem Grunde wird – der auf den Schutz des Eigentums zielende – § 1004 BGB in allen Fällen analog angewandt, in denen eine rechtswidrige Verletzung eines durch § 823 Abs. 1 BGB geschützten Rechts droht.

153

Der Unterlassungsanspruch hat folgende Voraussetzungen:

154

- Schutzgut: Eigentum oder ein von § 823 Abs. 1 BGB erfasstes Rechtsgut (Leben, Gesundheit, Freiheit, sonstiges absolutes Recht).
- Wiederholungs-/Erstbegehungsgefahr: Eine Wiederholungsgefahr lässt sich immer annehmen, wenn weitere Störungen oder Beeinträchtigungen des geschützten Rechtsguts zu besorgen sind. Ist es bereits zu einer Beeinträchtigung gekommen, wird die Wiederholungsgefahr vermutet. Der sog Störer kann die Vermutung widerlegen, allerdings gelten dabei hohe Anforderungen. Daher kann der Störer die Vermutung einer Wiederholung nicht bereits durch das Versprechen, sich künftig rechtmäßig zu verhalten, widerlegen. Daneben kann auch bei einer drohenden Erstverletzung ein Unterlassungsanspruch bestehen.
- Rechtswidrigkeit des Störerhandelns: Der Unterlassungsanspruch besteht nur, wenn die drohende Beeinträchtigung auch rechtswidrig ist. Liegen Rechtfertigungsgründe für das Handeln des Störers vor, scheidet ein Unterlassungsanspruch naturgemäß aus. Der Anspruch ist auch dann ausgeschlossen, wenn das Verhalten rechtlich erlaubt ist, etwa weil privat- oder öffentlich-rechtliche Normen der beeinträchtigten Person eine Duldungspflicht auferlegen.
- Verschulden: Verschulden ist für den Unterlassungsanspruch hingegen nicht erforderlich.

Kapitel 4: Gewalt im sozialen Nahraum

I. Überblick

155 Das Phänomen der Gewalt innerhalb der Familie bzw innerhalb des sozialen Nahraums ist so verbreitet, wie tabuisiert, bei hoher Gefährlichkeit der Gewalthandlungen. In sämtlichen Rechtsbereichen finden sich Mechanismen zum Schutz des Opfers:
- Strafrecht.
- Polizeirecht.
- Zivilrecht.

Schwerpunkt der Darstellung im Rahmen dieses Lehrbuches ist der zivilrechtliche Opferschutz. Die anderen Schutzmechanismen werden nur überblicksartig skizziert.

II. Der strafrechtliche Schutz

156 Viele der im Rahmen sog „häuslicher Gewalt" begangenen Handlungen sind strafbar. Die wichtigsten **Straftatbestände** sind: Hausfriedensbruch (§ 123 StGB), Beleidigung (§ 185 StGB), sexuelle Belästigung (§ 184i StGB), sexueller Übergriff, sexuelle Nötigung bzw Vergewaltigung (§§ 177 ff StGB), sonstige Nötigung (§ 240 StGB), Bedrohung (§ 241 StGB), Körperverletzung (§§ 223 f StGB) und Tötung (§§ 211 f StGB), daneben Freiheitsberaubung (§ 239 StGB) und Nachstellung (sog Stalking, § 238 StGB).

Der strafrechtliche Schutz erfolgt im Wesentlichen durch eine Einwirkung auf den Täter. Ziel ist die Bestrafung des Täters nach dessen rechtskräftiger Verurteilung. Aber auch das Strafverfahren selber gibt Möglichkeiten, durch Auflagen oder Weisungen auf den Täter einzuwirken. Die wichtigste Weisung in diesem Zusammenhang ist die Verpflichtung des Täters zur Teilnahme an Anti-Aggressionsmaßnahmen:
- Steht lediglich ein Vergehen im Raum (Straftaten, die im Mindestmaß mit einer Freiheitsstrafe unter einem Jahr oder Geldstrafe bedroht sind, § 12 Abs. 2 StGB), kann die Staatsanwaltschaft von der Erhebung der Klage absehen und zugleich der beschuldigten Person Auflagen und Weisungen erteilen, wenn diese geeignet sind, das öffentliche Interesse an der Strafverfolgung zu beseitigen und die Schwere der Tat nicht entgegensteht (§ 153a Abs. 1 Nr. 6 StPO).
- Gleiches gilt, wenn Klage bereits erhoben ist. In diesem Fall kann – wenn die og Voraussetzungen vorliegen – das Gericht mit Zustimmung der Staatsanwaltschaft und der angeschuldigten Person das Verfahren vorläufig einstellen und zugleich der angeschuldigten Person Auflagen und Weisungen erteilen (§ 153a Abs. 2 StPO).

157 Allerdings besitzt das Opfer an entscheidenden Stellen Möglichkeiten, auf Einleitung und Gang des Strafverfahrens einzuwirken. Dies relativiert faktisch häufig seinen Schutz:
- Ein Teil der Straftaten im Rahmen häuslicher Gewalt sind Antragsdelikte. Das Strafverfahren wird bei Antragsdelikten grundsätzlich nur dann eingeleitet, wenn das Opfer auch einen Antrag stellt (§ 77 Abs. 1 StGB, § 158 Abs. 2 StPO). Antragsdelikte sind: Hausfriedensbruch (§ 123 Abs. 2 StGB), Beleidigung (§ 194 Abs. 1 StGB), die vorsätzliche einfache Körperverletzung (§ 230 Abs. 1 StGB) so-

Teil II: Grundlagen des Zivilrechts

wie das Stalking (§ 238 Abs. 4 StGB). Sowohl bei der einfachen Körperverletzung als auch beim Stalking kann die Staatsanwaltschaft auch ohne einen Antrag das Strafverfahren einleiten, wenn ein besonderes öffentliches Interesse vorliegt, das die Verfolgung auch von Amts wegen geboten erscheinen lässt.
- Die übrigen Delikte werden auch ohne Antrag des Opfers, von Amts wegen, durch die Staatsanwaltschaft verfolgt, wenn und sobald sie von der Tat erfährt, im Regelfall durch eine Anzeige (§ 158 Abs. 1 StPO). Zeigt das Opfer (oder eine andere Person) die Tat nicht an, wird ein Strafverfahren bereits aus diesem Grund unterbleiben.
- Eine Anklage wird die Staatsanwaltschaft nur dann erheben, wenn sie dem Täter nachweisen kann, dass er die Tat begangen hat (§ 170 Abs. 1 StPO). In gleicher Weise, wird der Täter auch nur dann verurteilt, wenn zur Überzeugung des Gerichts feststeht, dass er die ihm vorgeworfene Tat begangen hat (§§ 260, 261 StPO). Verbleiben nach der Beweisaufnahme noch Zweifel, so muss die angeklagte Person – und sei es aus Mangel an Beweisen – freigesprochen werden. Dies bereitet faktisch in all denjenigen Fällen Schwierigkeiten, in denen das Opfer als einziger Zeuge gegen den Täter zur Verfügung steht. Die Verurteilung des Täters hängt dann davon ab, dass das Opfer gegen ihn aussagt. Häufig ziehen Opfer ihre Aussagebereitschaft während des Verfahrens wieder zurück und entziehen so dem Strafverfahren den Boden.

III. Der polizeirechtliche Schutz

Die **Polizei** nimmt beim Schutz eines Opfers von Gewalt im sozialen Nahraum eine Doppelrolle ein: **158**
- **Unterstützung der Staatsanwaltschaft**: Zum einen kommt der Polizei eine entscheidende Bedeutung im Rahmen des Strafverfahrens zu. Sie fungiert als Hilfsapparat der Staatsanwaltschaft und wird in diesem Rahmen – sobald eine Straftat angezeigt wird – den Sachverhalt ermitteln und die für die Durchführung des Strafverfahrens notwendigen Beweise zusammentragen (§ 163 StPO).
- **Unmittelbarer Schutz des Opfers**: Die zweite wichtige Funktion der Polizei ist die Abwehr von Gefahren und Störungen der öffentlichen Sicherheit und Ordnung. Eine Gefahr für die öffentliche Sicherheit und Ordnung kann dabei immer dann angenommen werden, wenn wichtige Rechtsgüter einer Person bedroht sind. Die Ausübung von Gewalt – auch im sozialen Nahraum – ist damit immer eine Störung der öffentlichen Sicherheit. Bei der Abwehr dieser Gefahr handelt die Polizei auf der Grundlage der jeweiligen Polizeigesetze der Länder. In diesem Rahmen besitzt sie wichtige Befugnisse zum unmittelbaren Schutz des Opfers:
  - Platzverweis: Danach können die allgemeinen Ordnungsbehörden und die Polizei zur Abwehr einer Gefahr eine Person zeitlich befristet von einem Ort verweisen und ihr zeitlich befristet das Betreten eines Ortes verbieten.
  - Wohnungswegweisung: In diesem Rahmen kann eine Person – zeitlich befristet – aus ihrer Wohnung gewiesen werden bzw ein Betretensverbot der Wohnung kann ausgesprochen werden.
  - Flankierende Schutzanordnungen: Besteht eine gegenwärtige Gefahr für Leib, Leben oder Freiheit einer Person oder auch für bedeutende Sach- und Vermögenswerte, so kann die Polizei flankierend weitere Verbote aussprechen.

    Beispiele: Verbot des Aufenthalts innerhalb eines bestimmten Umkreises der Wohnung der betroffenen Person; Verbot der Kontaktaufnahme zum Opfer.

Bei den genannten Maßnahmen handelt es sich ausnahmslos um ad-hoc-Maßnahmen zur Abwendung einer gegenwärtigen Gefahr. Die Polizei greift also nur punktuell ein. Alle Maßnahmen sind zu befristen. Üblich ist eine Frist von mehreren Tagen, die von der Ordnungsbehörde verlängert werden kann, üblicherweise auf 10–21 Tage. Einen langfristigen Schutz kann das Opfer vor dem Täter auf diesem Wege daher nicht erreichen.

– Polizeigewahrsam: Besteht eine gegenwärtige Gefahr für Leib und Leben einer anderen Person kann der Täter für längstens 48 Stunden ohne richterliche Anordnung in Gewahrsam genommen werden.

159 Hinweis:

Auf den polizeilichen Schutz kann das Opfer nicht ohne Weiteres verzichten. Haben herbeigerufene Polizeibeamte in einer eindeutigen Gefahrensituation für das Opfer (mehrfaches Schlagen mit der Faust ins Gesicht des Opfers, deutliche Verletzungssymptome beim Opfer, geständiger Täter, 8-jähriges Kind, das die Tathandlungen miterlebt hat), den Täter der Wohnung verwiesen, so wird die polizeiliche Schutzanordnung auch dann aufrechterhalten, wenn das Opfer die Rückkehr des Täters in die Wohnung wünscht.

IV. Der zivilrechtliche Schutz

1. Übungsfall 6

160 Die Eheleute Moder haben zwei Kinder, 5 und 7 Jahre alt. Frau Moder arbeitet als Friseurin in einem Salon. Dort lernt sie einen Mann kennen, ein Kunde von ihr, zu dem sie alsbald ein intimes Verhältnis aufnimmt. Als Frau Moder ihrem Mann die neue Beziehung mitteilt und ihn bittet, aus der gemeinsamen Ehewohnung auszuziehen, spitzt sich die Situation zu. Herr Moder kommt unregelmäßig abends bzw mitten in der Nacht, zT angetrunken, nach Hause. Dann zerrt er seine Frau aus dem Bett, beschimpft sie, schlägt sie zT auch. UA hat er ihr verschiedene Male ein Messer bzw eine Pistole, von der Frau Moder nicht weiß, ob sie echt bzw geladen ist, an den Hals gehalten und gebrüllt „er wisse im Moment leider nicht so genau, was er tue". Die Kinder, die die Szenen zT von der Tür aus mitverfolgt haben, reagieren mit Verhaltensauffälligkeiten. Das jüngere der beiden kotet ein.

Frage: Welche zivilrechtlichen Möglichkeiten gibt es zum Schutz von Frau Moder und ihren Kindern? Unterstellen Sie dabei, dass Herr Moder Alleineigentümer der Wohnung ist (Lösungshinweise Rn 184).

2. Überblick

161 Das Zivilrecht enthält verschiedene Schutzmechanismen für Opfer von Gewalt im sozialen Nahraum:
- Gewaltschutzgesetz.
- Allgemeiner zivilrechtlicher Schutz (§§ 823, 1004 BGB).
- Eherechtlicher Schutz (§ 1361b BGB).

3. Der Schutz des Gewaltschutzgesetzes

a) Überblick und Anwendungsbereich

162 Das Gewaltschutzgesetz erfasst das Opfer in verschiedenen Kontexten. Sein Ziel ist, dem Opfer nach einmal erfolgter oder auch nur angedrohter Gewalt einen wirksa-

Teil II: Grundlagen des Zivilrechts

men und schnell durchsetzbaren längerfristigen Schutz anzubieten. Seine Maxime lautet: „Der Täter geht, das Opfer bleibt!" Sein Schutzansatz basiert auf der Eröffnung von Schutzzonen, innerhalb derer sich das Opfer ungefährdet bewegen kann. Der Gewaltschutz erfolgt dabei im Wesentlichen durch ein Maßnahmenbündel.

	Gerichtliche Schutzanordnungen	Wohnraumüberlassung
Schutzmaßnahme	Gerichtliche Schutzanordnungen (§ 1 GewSchG) als spezielle Folge eines deliktischen Handelns.	Zuweisung der gemeinsamen Wohnung zur alleinigen Benutzung (§ 2 GewSchG). Flankiert durch Wohlverhaltenspflicht.
Voraussetzungen (Prüfschema!)	■ Vorsätzliche, widerrechtliche Verletzung von Freiheit, Körper, Gesundheit oder sexueller Selbstbestimmung (§ 1 Abs. 1 GewSchG) oder ■ Drohung mit einer solchen (§ 1 Abs. 2 Nr. 1 GewSchG) oder ■ widerrechtliches und vorsätzliches Eindringen in das befriedete Besitztum (§ 1 Abs. 2 Nr. 2 lit. a GewSchG) oder ■ widerrechtliches und vorsätzliches unzumutbares Belästigen (§ 1 Abs. 2 Nr. 2 lit. b GewSchG) und ■ Wiederholungsgefahr.	■ Verwirklichung eines Schutzanordnungsgrundes gem. § 1 Abs. 1, Abs. 2 Nr. 1 GewSchG (s. linke Spalte) oder ■ Drohung bei unbilliger Härte (§ 2 Abs. 6 GewSchG) und ■ auf Dauer angelegter, gemeinsamer Haushalt im Zeitpunkt der Tat.
Nicht erforderlich	■ Verschulden (§ 1 Abs. 3 GewSchG). ■ Beschränkung der Tat auf häuslichen Bereich.	■ Verschulden (§ 2 Abs. 1 iV mit § 1 Abs. 3 GewSchG).
Ausschluss/Berücksichtigung	■ Berechtigte Täterinteressen (§ 1 Abs. 1 S. 3 GewSchG).	Ausschluss (§ 2 Abs. 3 GewSchG): ■ Keine Wiederholungsgefahr. ■ Kein fristgerechtes schriftliches Überlassungsverlangen. ■ Berechtigte Täterinteressen.
Sonstiges	■ Anordnung ist zu befristen. ■ Strafbarkeit von Verstößen gegen die Schutzanordnung (§ 4 GewSchG).	■ UU Befristung der Anordnung (§ 2 Abs. 2 GewSchG). ■ UU Nutzungsvergütung (§ 2 Abs. 5 GewSchG).

Das Gewaltschutzgesetz ist im Grundsatz auf sämtliche Zusammenhänge von Gewalt anwendbar. Sein Schutz setzt insbesondere keine Ehe voraus. Er gilt damit auch für nicht formalisierte (gleich- oder verschiedengeschlechtliche) Lebensgemeinschaften. Nicht anwendbar ist das Gewaltschutzgesetz auf Gewalt von Eltern gegenüber ihren eigenen Kindern (§ 3 Abs. 1 GewSchG). Der Schutz des Kindes vor seinen sorgeberechtigten Eltern ist nur über einen Eingriff in die elterliche Sorge auf der Basis des § 1666 BGB möglich. Anwendbar ist der Gewaltschutz hingegen auf Gewalt von Stiefeltern gegenüber den Kindern des Partners oder aber auf Gewalthandlungen von Kindern gegen ihre Eltern.

163

b) Schutzanordnungen

aa) Schutzmaßnahmen

164 Die Gerichte können zum Schutz des Opfers **Schutzanordnungen** erlassen und dem Opfer so Korridore eröffnen, in denen es sich sicher vor Übergriffen des Täters bewegen kann. § 1 GewSchG listet exemplarisch die wichtigsten Anordnungen auf:
- Wohnungsbetretensverbot (§ 1 Abs. 1 S. 3 Nr. 1 GewSchG).
- Näherungsverbot (Verbot, sich in einem bestimmten Umkreis der Wohnung der verletzten Person aufzuhalten, § 1 Abs. 1 S. 3 Nr. 2 GewSchG).
- Verbot, bestimmte Orte aufzusuchen, an denen sich die verletzte Person regelmäßig aufhält (§ 1 Abs. 1 S. 3 Nr. 3 GewSchG).

   Beispiele: Arbeitsplatz; Ladengeschäfte; Freizeiteinrichtungen; Kindertagesstätte; Schule; Gaststätte.

- Kontaktverbot (Verbot, Verbindung zur verletzten Person aufzunehmen, auch unter Verwendung von Fernkommunikationsmitteln, § 1 Abs. 1 S. 3 Nr. 4 GewSchG).

   Beispiele: E-Mails; SMS; Telefonanrufe, soziale Netzwerke oder Messenger-Dienste.

- Verbot, Zusammentreffen mit der verletzten Person herbeizuführen (§ 1 Abs. 1 S. 3 Nr. 5 GewSchG). Bei einem zufälligen Zusammentreffen hat der Täter die Pflicht, sich unverzüglich zu entfernen.

165 Die Aufzählung ist nicht abschließend. Es können also auch weitere, nicht explizit genannte Maßnahmen gerichtlich angeordnet werden.

Beispiel: Die Ehefrau zieht im Rahmen der Trennung aus der Ehewohnung aus und mietet eine Wohnung in einem Mehrfamilienhaus an. Ihr Ehemann, gegen den im Rahmen der Trennung mehrere Schutzanordnungen nach dem Gewaltschutzgesetz erlassen wurden, mietet eine Wohnung im gleichen Mehrfamilienhaus an. In diesem Fall ist es denkbar, anzuordnen, dass der Ehemann diese Wohnung aufzugeben habe[9].

bb) Tatbestandsvoraussetzungen – Die „Gewalttat"

166 Schutzanordnungen sind besondere Folgen eines Ausschnitts deliktischen Handelns: Die vorsätzliche Verletzung von Körper, Gesundheit und Freiheit sowie sexueller Selbstbestimmung. Die Voraussetzungen – und auch die Prüflogik – entsprechen daher – soweit der Anwendungsbereich des Gewaltschutzes reicht – weitgehend denen des Schadensersatzanspruchs aus § 823 Abs. 1 BGB.

Auslöser einer Schutzanordnung ist das Vorliegen einer **Gewalttat** iS des Gewaltschutzgesetzes: Gewalttat ist jede widerrechtliche Verletzung des Körpers, der Gesundheit, der sexuellen Selbstbestimmung oder der Freiheit einer anderen Person (§ 1 Abs. 1 S. 1 GewSchG). Eine Drohung mit einer Gewalttat genügt (§ 1 Abs. 2 Nr. 1 GewSchG).

Nicht geschützt ist das Opfer hingegen vor Handlungen psychischer Gewalt, die ein weites Spektrum umfassen, beginnend mit Beleidigungen über Kränkungen und Bedrohungen bis hin zu körperlichen Verletzungen, die auch psychisch wirken. Schutz kann das Opfer nur dann finden, wenn sich die Verletzungshandlung in den Kanon eines der genannten Rechtsgüter einordnen lässt. Die psychische Integrität kann

---

9   BGH, NJW 2014, 1381.

insbesondere unter dem Aspekt der Gesundheitsverletzung geschützt sein, wenn die psychisch vermittelte Beeinträchtigung Krankheitswert besitzt.

Ebenfalls nicht geschützt ist das Opfer vor sonstigen Verletzungen seines allgemeinen Persönlichkeitsrechts, etwa bei Beschimpfungen. Keine Gewalthandlung im Sinne des Gesetzes ist daneben das Aussperren des Opfers aus der gemeinsamen Wohnung, wohl aber das Einsperren darin (Freiheit).

Ein Zusammenleben zwischen Täter und Opfer ist nicht Voraussetzung des Anspruchs. Damit kommt eine Schutzanordnung gerade auch dann in Betracht, wenn sich Täter und Opfer bereits getrennt haben.

Ebenso sind die Ursachen des Konflikts unerheblich. Damit ist es nicht möglich, den Gewaltschutz dadurch zu relativieren, dass man ihn in Bezug setzt zu einem etwaigen gewaltauslösenden Verhalten.

Beispiel: Der Mann rechtfertigt seine Tätlichkeiten gegenüber seiner Frau damit, dass er von Frau und Kindern aus der Familie ausgegrenzt und beleidigt worden sei.

Über den Anwendungsbereich von Gewalttaten hinaus sind Schutzanordnungen **167** auch bei bestimmten schwerwiegenden Belästigungen möglich, unabhängig davon, ob es sich hierbei um eine Gewalttat iS des Gewaltschutzgesetzes handelt (§ 1 Abs. 2 Nr. 2 GewSchG). Folgende vorsätzliche und widerrechtliche Verhaltensweisen können eine Schutzanordnung auslösen:

- Hausfriedensbruch (Eindringen in die Wohnung oder das befriedete Besitztum, § 1 Abs. 2 Nr. 2 lit. a GewSchG).
- Andere unzumutbare Belästigungen gegen den erklärten Willen des Opfers (Wiederholtes Nachstellen oder Verfolgung unter Verwendung von Fernkommunikationsmitteln, § 1 Abs. 2 Nr. 2 lit. b GewSchG).

Beispiele: Dauernde Überwachung und Beobachtung des Opfers; ständige demonstrative Anwesenheit in der Nähe des Opfers; unerwünschte Annäherungen und Kontaktversuche; Psychoterror durch Telefonate, über soziale Netzwerke, Mails, Nachrichten über Messenger-Dienste, uÄ.

Bei einer Schutzanordnung handelt es sich um eine verfahrensrechtliche Ausprägung des allgemeinen zivilrechtlichen Unterlassungsanspruchs. Daher müssen dessen weiteren Voraussetzungen ebenfalls vorliegen, insbesondere eine **Wiederholungsgefahr** (vgl Rn 154).

Im Bereich des Verschuldens gibt es zwei Abweichungen gegenüber den Voraussetzungen des § 823 Abs. 1 BGB: **168**

- Nur Vorsatztaten können eine Schutzanordnung auslösen. Bei fahrlässig verursachten Beeinträchtigungen scheidet eine Schutzanordnung aus.
- Zugleich ist eine vorübergehende selbstverschuldete **Verschuldensfähigkeit** des Täters **irrelevant**. Eine Schutzanordnung kann daher auch dann ausgesprochen werden, wenn dem Täter sein Tun nicht bewusst war, etwa weil er alkoholisiert war (§ 1 Abs. 3 GewSchG). Anderes gilt, wenn der Täter dauerhaft schuldunfähig ist, zB aufgrund einer geistigen Erkrankung. In diesem Fall ist § 1 GewSchG nicht anwendbar[10].

Beispiel: Ein aufgrund einer geistigen Erkrankung unzurechnungsfähiger Täter „stalkt" sein Opfer. In diesem Fall scheidet eine Schutzanordnung aus.

---

10 OLG Frankfurt a.M., FamRZ 2010, 1813.

Eine Schutzanordnung kann zuletzt nur unter Wahrung der berechtigten Interessen des Täters erlassen werden (§ 1 Abs. 1 S. 3 GewSchG). Entsprechende Belange des Täters, die Kontakt legitimieren, müssen berücksichtigt werden.

Beispiele: Sorge- und Umgangsrecht des Täters für gemeinsame Kinder; Täter arbeitet im selben Betrieb wie das Opfer.

Das kann zu einer Relativierung des Opferschutzes führen. Soweit es möglich ist (etwa beim Umgangs- oder Sorgerecht) sollten diese Fragen sinnvollerweise zeitgleich ebenfalls gerichtlich geklärt werden.

cc) Modalitäten der Schutzanordnung

169 Was die Dauer einer Schutzanordnung angeht, so gilt: Schutzanordnungen bieten eine längerfristige, aber keine dauerhafte Lösung. Die Anordnungen sollen befristet werden. Die Frist kann allerdings (auch mehrmals) verlängert werden, solange die Voraussetzungen für ihren Erlass weiter vorliegen (§ 1 Abs. 1 S. 2 GewSchG).

dd) Besonderheit: Die Strafbarkeit der Missachtung einer Schutzanordnung

170 Gerichtliche Schutzanordnungen sind **strafbewehrt** (§ 4 GewSchG): Der Verstoß des Täters gegen eine vollstreckbare gerichtliche Schutzanordnung ist eine Straftat. Diese Vorschrift ermöglicht zwar keine unmittelbare Durchsetzung der gerichtlichen Schutzanordnung. Sie entfaltet aber ein nicht unbedeutendes Drohpotenzial. Sie ist daher geeignet, einer richterlichen Schutzanordnung Respekt zu verschaffen. Das Opfer wird dadurch ebenfalls entlastet: Es ist für die Durchsetzung nicht allein auf die Vollstreckung der Schutzanordnung verwiesen.

Voraussetzung der Strafbarkeit ist die Rechtmäßigkeit der Schutzanordnung. Daher ist von der Staatsanwaltschaft zu überprüfen, ob die Anordnung zu Recht ergangen ist. Hätte sie nicht ergehen dürfen, ist der Tatbestand des § 4 GewSchG nicht erfüllt.

Hauptproblem in der Praxis ist die Versöhnung zwischen Täter und Opfer, etwa in der Form, dass das Opfer den Täter wieder in die Wohnung aufnimmt. Insoweit gilt: Verstößt der Täter mit „Einwilligung" des Opfers gegen die Schutzanordnung, ist sein Verhalten nicht rechtswidrig. Er macht sich in diesem Fall nicht strafbar. Aus diesem Grunde ist die Schutzanordnung aufzuheben[11].

c) Die Wohnungsüberlassung

aa) Tatbestandsvoraussetzungen – Die „Gewalttat"

171 Die genannten Schutzzonen schützen das Opfer nur außerhalb seiner Wohnung. Lebt es mit dem Täter zusammen, so bedarf es eines Schutzes auch innerhalb des Zuhauses. Diesen Schutz ermöglicht § 2 GewSchG, der dem Gewaltopfer einen Anspruch auf Überlassung der gemeinsam genutzten Wohnung gibt.

---

11 OLG Hamburg, FamRZ 2016, 989.

Teil II: Grundlagen des Zivilrechts

Die Wohnungszuweisung hat folgende Voraussetzungen, die alle vorliegen müssen, damit der Anspruch gegeben ist:
- Zunächst muss eine **Gewalttat** vorliegen: Auch hier bedarf es einer vorsätzlichen und widerrechtlichen Verletzung des Körpers, der Gesundheit, sexuellen Selbstbestimmung oder Freiheit einer anderen Person (§§ 2 Abs. 1, 1 Abs. 1 S. 1 GewSchG). Eine etwaige „selbstverschuldete" vorübergehende Verschuldensunfähigkeit des Täters ist unerheblich (§ 2 Abs. 1 iV mit § 1 Abs. 3 GewSchG). Insoweit gilt die Gleichung: Eine Gewalttat, die den Erlass einer Schutzanordnung erlaubt, ermöglicht auch eine Wohnraumüberlassung und umgekehrt.
  Auch eine bloße Drohung kann den Anspruch auslösen. In diesem Fall muss jedoch – als weiteres Tatbestandsmerkmal – die Wohnungsüberlassung zur Vermeidung einer unbilligen Härte erforderlich sein (§§ 2 Abs. 6, 1 Abs. 2 Nr. 1 GewSchG). Eine unbillige Härte kann vor allem dann gegeben sein, wenn im Haushalt lebende Kinder beeinträchtigt sind (§ 2 Abs. 6 S. 2 GewSchG).
  Beispiel: Miterleben tätlicher Auseinandersetzungen zwischen den Eltern.

- Zum Zeitpunkt der Tat muss der Täter mit der verletzten Person einen auf Dauer **172** angelegten **gemeinsamen Haushalt** geführt haben (§ 2 Abs. 1 GewSchG). Ein solcher Hausstand ist immer anzunehmen, wenn zwischen Täter und Opfer eine Lebensgemeinschaft besteht, die auf Dauer angelegt ist, keine weiteren Bindungen gleicher Art zulässt und sich durch innere Bindungen auszeichnet, die ein gegenseitiges Füreinandereinstehen begründen. Sie muss also über eine reine Wohn- und Wirtschaftsgemeinschaft hinausgehen. Im Regelfall wird es sich um eine eheliche oder eheähnliche Gemeinschaft handeln. Trennungsabsicht ist nicht erforderlich. Jedoch ist der Schutz des Gewaltschutzgesetzes nicht auf geschlechtliche Beziehungen beschränkt. Gewaltschutz kommt zB auch bei einer Alters-WG in Betracht. Abzugrenzen ist der gemeinsame Hausstand vom bloßen Mitwohnen ohne Übernahme von Verantwortung für die Erledigung der rechtlichen und tatsächlichen Angelegenheiten des Hausstandes.
  Nicht mehr geschützt ist das Opfer vor Gewalthandlungen, die *nach* Aufhebung des gemeinsamen Haushaltes ausgeübt werden. Für Eheleute lässt sich ein Schutz uU auf der Basis des § 1361b BGB erzielen (vgl Rn 177 ff).

bb) Ausschluss des Anspruchs

Der Anspruch auf Überlassung der Wohnung ist in folgenden Fällen ausgeschlossen: **173**
- Keine **Wiederholungsgefahr** (§ 2 Abs. 3 Nr. 1 GewSchG): Ist es bereits zu einer Rechtsgutsverletzung gekommen, wird die Wiederholungsgefahr vermutet. Die Regelvermutung greift auch nach einem erfolgten Platzverweis durch die Polizei. Diese Vermutung muss der Täter widerlegen. Auch wenn eine Wiederholungsgefahr nicht besteht, kann gleichwohl die Wohnungszuweisung erfolgen, wenn es dem Opfer wegen der Schwere oder der Art des Delikts nicht zuzumuten ist, sich die Wohnung weiter mit dem Täter zu teilen.
  Beispiele: Schwere Körperverletzung; Vergewaltigung; Tötungsversuch.

- **Ausschlussfristen** (§ 2 Abs. 3 Nr. 2 GewSchG): Die Wohnungsüberlassung muss innerhalb von drei Monaten nach Tatbegehung (bzw der Drohung) schriftlich vom Täter verlangt werden. Der Anspruch kann auch von außen geltend gemacht werden, zB nachdem die Frau sich in ein Frauenhaus geflüchtet hat. Wird er nicht in-

nerhalb dieser Frist geltend gemacht, erlischt er. Schutz ist in diesem Fall erst nach einer erneuten „Gewalttat" zu erlangen.
- **Täterinteressen** (§ 2 Abs. 3 Nr. 3 GewSchG): Der Anspruch kann zuletzt ausgeschlossen sein wegen überwiegender entgegenstehender Belange des Täters.

Beispiele: Angewiesensein des Täters auf die Wohnung wegen schwerer Behinderung oder Erkrankung; Kinder des Täters, für die das Opfer kein Sorgerecht hat, leben im Haushalt; der Täter betreibt sein selbstständiges Unternehmen von der Wohnung aus; ernsthafte Selbstmordgefährdung des Täters[12].

cc) Das Wohlverhaltensgebot

174 Flankierend zu dem Anspruch auf Wohnraumüberlassung existiert ein sog **Wohlverhaltensgebot** (§ 2 Abs. 4 GewSchG): Soweit die Wohnung dem Opfer zur Alleinbenutzung zugewiesen wurde, hat der Täter alles zu unterlassen, was dem Opfer die Nutzung der Wohnung vereiteln oder erschweren kann.

Beispiele: Kündigung; Abriss des Hauses; Verkauf der Wohnung.

dd) Modalitäten der Nutzung

175 Die Eigentumsverhältnisse bzw die Nutzungsberechtigung an der Wohnung sind für die Wohnungszuweisung nicht unmittelbar relevant. Eine Wohnungszuweisung ist also auch dann denkbar, wenn der Täter Alleinmieter oder Alleineigentümer ist. Sie sind aber von Bedeutung für die Konditionen, zu denen das Opfer die Wohnung zugewiesen erhält:
- **Dauer der Nutzungsbefugnis** (§ 2 Abs. 2 GewSchG): Ein dauerhaftes Bleiberecht ist dem Opfer nur dann gesichert, wenn es allein an der Wohnung berechtigt ist, also alleinige Mietpartei oder Alleineigentümer*in ist. Andernfalls (bei Mitberechtigung des Täters) ist die Überlassung zu befristen. Ist der Täter allein an der Wohnung berechtigt, ist die Überlassung der Wohnung auf 6 Monate zu befristen. Eine Verlängerung der Zuweisung ist in diesem Fall um weitere 6 Monate möglich, wenn die verletzte Person nicht in der Lage war, sich innerhalb dieser Frist angemessenen Wohnraum zu verschaffen (§ 2 Abs. 2 S. 2, 3 GewSchG).
- **Vergütung** (§ 2 Abs. 5 GewSchG): Ein Vergütungsanspruch kann dem der Wohnung verwiesenen Täter nach Billigkeit zugesprochen werden. Daran ist insbesondere zu denken, wenn der Täter mit- oder sogar alleinberechtigt an der Wohnung ist.

Hinweis: Verstöße des Täters gegen eine Wohnungszuweisung sind nicht strafbar. Daher empfiehlt es sich, flankierend zu einer Wohnungszuweisung auch eine Schutzanordnung, also ein Näherungs-, Kontakt- oder sonstiges Verbot, zu beantragen.

4. Der allgemeine zivilrechtliche Schutz

176 Bei Gewalthandlungen innerhalb des sozialen Nahraums stehen dem Opfer neben den Ansprüchen des Gewaltschutzgesetzes die regulären zivilrechtlichen **(deliktsrechtlichen) Ansprüche** offen (§ 3 Abs. 2 GewSchG). Dies ist vor allem dann

---

[12] OLG Brandenburg, BeckRS 2020, 13176.

von Bedeutung, wenn nicht vom Gewaltschutzgesetz erfasste Rechtsgüter verletzt wurden, etwa das Eigentum des Opfers.
Bei auch nur fahrlässiger Verletzung von Körper, Gesundheit und Freiheit oder anderer Güter, wie zB das Eigentum, besteht ein Schadensersatz- sowie uU Schmerzensgeldanspruch (§ 823 BGB). Daneben kann in analoger Anwendung von § 1004 BGB Unterlassung künftiger Beeinträchtigungen verlangt werden, wenn eine Erstbegehungs- oder Wiederholungsgefahr droht (Rn. 153 f).

5. Der eherechtliche Schutz

a) Der Schutzmechanismus

Für trennungswillige **Gewaltopfer innerhalb einer Ehe** bietet § 1361b BGB eine eigenständige Grundlage für die Wohnraumüberlassung. **177**
Inhaltlich ist der Anspruch – wie § 2 GewSchG – auf Überlassung der Wohnung gerichtet. Der Erlass von Schutzanordnungen ist hingegen nur eingeschränkt möglich. Zwar kann das Gericht im Rahmen der Wohnungszuweisung Anordnungen treffen. Zulässig sind allerdings nur „wohnungsbezogene" Anordnungen, etwa das Verbot, die Wohnung zu betreten bzw sich der Wohnung zu nähern (§ 209 Abs. 1 FamFG). Nicht zulässig sind demgegenüber nicht-wohnungsbezogene Anordnungen wie sie die Schutzanordnungen nach § 1 GewSchG ermöglichen.
Der eherechtliche Gewaltschutz ist neben dem Gewaltschutzgesetz anwendbar (§ 3 **178** Abs. 2 GewSchG). Die folgende Tabelle erlaubt einen Überblick über Gemeinsamkeiten und Unterschiede der beiden Schutzmöglichkeiten:

	„Eherecht" (§ 1361b BGB)	Gewaltschutzgesetz (§ 2 GewSchG)
Voraussetzungen	■ Ehe, ■ Trennung/Trennungswille und ■ unbillige Härte. ■ Ausschluss: 6 Monate nach Auszug keine Bekundung der Rückkehrabsicht.	■ Gemeinsamer Hausstand, ■ Gewalttat oder Drohung (bei unbilliger Härte) und ■ kein Ausschluss des Anspruchs (keine Wiederholungsgefahr, berechtigte Täterinteressen, kein schriftliches Überlassungsverlangen innerhalb von 3 Monaten nach Tatbegehung).
Mechanismen	■ Wohnraumüberlassung. ■ Wohnungsbezogene Anordnungen.	■ Wohnraumüberlassung. ■ Flankierende Schutzanordnungen unter den Voraussetzungen des § 1 GewSchG.

b) Tatbestandsvoraussetzungen

Der **eherechtliche Gewaltschutz** gilt nur für Ehegatten, nicht jedoch für nichteheliche Lebensgemeinschaften. Der Anspruch ist auf Überlassung der Wohnung gerichtet. Er hat folgende Voraussetzungen. **179**

■ Der Anspruch ist zunächst denknotwendig auf die Dauer der **Trennung** begrenzt. Er setzt daher eine Trennung (§ 1567 BGB, Rn 555) der Ehepartner voraus, wobei der Wille zur Trennung ausreicht. Will sich hingegen ein Ehegatte nur vor dem an-

deren schützen, ohne auf eine Trennung hin zu steuern, ist der Anspruch nicht einschlägig. Auch nach der Scheidung besteht er nicht mehr. Die Zuteilung der Wohnung nach der Scheidung ist nach § 1568a BGB zu regeln.
- Die Überlassung muss notwendig sein, um eine **unbillige Härte** zu vermeiden. Der Begriff der unbilligen Härte ist unbestimmt und im Rahmen einer Abwägung zu konkretisieren.

180 Erfasst werden vor allem Fälle von Gewalt zwischen den Ehepartnern im Rahmen der Trennung. Aus diesem Grunde ist die Überlassung der Ehewohnung zur alleinigen Benutzung im Regelfall vorgesehen, wenn der Ehegatte, gegen den sich der Antrag richtet, den antragstellenden Ehegatten widerrechtlich und vorsätzlich am Körper, der Gesundheit, Freiheit oder sexuellen Selbstbestimmung verletzt bzw mit einer Verletzung eines dieser Rechtsgüter oder des Lebens gedroht hat (§ 1361b Abs. 2 S. 1 BGB). Der Anspruch ist in diesem Fall nur dann ausgeschlossen, wenn keine Wiederholungsgefahr besteht.

Problematisch ist die Behandlung **einmaliger Übergriffe**: Fehlt eine Wiederholungsgefahr, ist der Anspruch grundsätzlich ausgeschlossen. Insoweit begründet allerdings bereits auch die erste Gewaltanwendung die (widerlegliche) Vermutung einer Wiederholungsgefahr. Auch wenn keine Wiederholungsgefahr droht, bleibt der Anspruch bei einmaligen Vorkommnissen allerdings dann bestehen, wenn der Übergriff so schwer ist, dass dem verletzten Ehegatten das weitere Zusammenleben unzumutbar ist (§ 1361b Abs. 2 S. 2 BGB).

Eine unbillige Härte kann weiter darin liegen, dass das **Wohl** der im Haushalt lebenden **Kinder** beeinträchtigt ist (§ 1361b Abs. 1 S. 2 BGB). Davon ist auszugehen, wenn die Kinder die ehelichen Auseinandersetzungen miterleben und sie das psychisch erheblich belastet.

Im Übrigen liegt eine unbillige Härte immer dann vor, wenn das Zusammenleben innerhalb der Wohnung dem Anspruchsteller unzumutbar ist und die Wohnungszuweisung mithin dringend erforderlich ist, um eine unerträgliche Belastung durch den anderen Ehegatten abzuwenden. Das lässt sich erst dann annehmen, wenn das Verhalten des einen Ehepartners die häusliche Gemeinschaft tiefgreifend stört. Nicht ausreichend sind trennungstypische Spannungen.

Beispiele (unbillige Härte bejaht): Aufnahme eines neuen Partners in die Ehewohnung; besondere Belastung durch eine psychische Erkrankung des Ehepartners, der die Familie terrorisiert; Ängstigungen durch massive und ernsthafte Bedrohungen; ständiges Randalieren; ständige laute Musik; Ignorieren der vereinbarten Aufteilung der Wohnung.

181 Die Schwelle für die Wohnungsüberlassung ist damit niedriger als in § 2 GewSchG, der Anwendungsbereich größer: Auch bei Demütigungen, Erniedrigungen, Schikanen oder Psychoterror, wo § 2 GewSchG nicht greift, kann § 1361b BGB anwendbar sein.

Bei der Würdigung, ob eine unbillige Härte vorliegt, sind allerdings auch die entgegenstehenden **Belange des** anderen **Ehegatten** angemessen zu berücksichtigen, etwa sein Alter und sein Gesundheitszustand das Angewiesensein auf die Wohnung für dessen Berufstätigkeit, die Dauer des Auszugs sowie die Eigentums- und Rechtsverhältnisse an der Wohnung.

c) Zeitliche Fristen für die Geltendmachung des Anspruchs

Während der Trennung ist lediglich die Konstellation problematisch, dass einer der **182** Ehegatten die Ehewohnung verlässt und nunmehr – von außen – den Anspruch auf Überlassung der Wohnung geltend macht. Gegen diesen Ehepartner spricht sechs Monate nach seinem Auszug die **unwiderlegliche Vermutung**, dass er dem in der Ehewohnung verbliebenen Ehegatten die Wohnung zur alleinigen Nutzung überlassen hat (§ 1361b Abs. 4 BGB). Die Vermutung greift nur dann nicht, wenn der Ehegatte innerhalb dieser Frist gegenüber dem in der Wohnung verbliebenen Ehegatten ernsthafte Rückkehrabsichten bekundet hat.

d) Modalitäten der Zuweisung

Ist die Wohnung einem der Ehegatten überlassen worden, so gilt für den verwiesenen Ehegatten folgendes: **183**

- **Wohlverhaltenspflicht** (§ 1361b Abs. 3 S. 1 BGB): Der der Ehewohnung verwiesene Ehepartner hat alles zu unterlassen, was das Nutzungsrecht des „verbleibenden" Ehepartners beeinträchtigen würde. Die Wohlverhaltenspflicht kann gerichtlich konkretisiert werden, etwa durch ein Verbot, die Wohnung zu kündigen oder zu veräußern bzw anderweitig zu vermieten (§ 209 Abs. 1 FamFG).
- **Nutzungsentgelt** (§ 1361b Abs. 3 S. 2 BGB): Wenn es der Billigkeit entspricht kann der der Wohnung verwiesene Ehegatte von dem anderen eine Nutzungsentschädigung verlangen. Das ist etwa denkbar, wenn der der Wohnung verwiesene Ehegatte Alleinmieter oder Alleineigentümer ist. Der Vergütungsanspruch besteht dabei nicht nur für den Fall der richterlichen Zuweisung der Ehewohnung, sondern auch dann, wenn der Ehegatte freiwillig auszieht.
- Für die **Dauer** der Zuweisung gilt: Eine Befristung ist nicht vorgesehen. Die gerichtliche Entscheidung gilt automatisch bis zur Rechtskraft des Scheidungsurteils und damit für die gesamte Dauer des Getrenntlebens.

6. Lösungshinweise zum Übungsfall 6 (Rn 160)

Ist eine Gewaltproblematik zu prüfen, bietet es sich an, alle denkbaren Schutzmechanismen **184** „abzuklopfen" und nicht aufzuhören, wenn die erste trägt. Im Einzelnen:

I. Überlassung der Wohnung:
   1. Anspruch auf Wohnungsüberlassung auf der Basis des eherechtlichen Schutzes: § 1361b BGB kommt grundsätzlich in Betracht, nachdem Herr und Frau Moder miteinander verheiratet sind.

      Voraussetzung der Wohnungszuweisung ist zum einen das Vorliegen einer Trennung bzw zumindest einer Trennungsabsicht. Diese scheint vorhanden zu sein. Weiter muss die Zuweisung der Wohnung erforderlich sein, um eine unbillige Härte zu vermeiden (§ 1361b Abs. 1 S. 2 BGB). Eine unbillige Härte kann dabei auch darin liegen, dass das Wohl der im Haushalt lebenden Kinder beeinträchtigt ist. Der Sachverhalt gibt mehrere Anhaltspunkte für das Vorliegen einer unbilligen Härte:
      - Herr Moder hat seine Frau mehrfach geschlagen. In diesem Fall ist die Wohnungszuweisung bereits als Regelfall vorgesehen (§ 1361b Abs. 2 BGB). In dem Verhalten von Herrn Moder (Pistole) liegt zudem eine Bedrohung ihres Lebens.
      - Die Kinder reagieren mit deutlichen Verhaltensauffälligkeiten auf die erlebte Auseinandersetzung zwischen den Eltern. Die damit einhergehende Beeinträch-

tigung des Kindeswohles begründet ebenfalls eine unbillige Härte (§ 1361b Abs. 1 S. 2 BGB).

Entgegenstehende Belange von Herrn Moder sind nicht ersichtlich. Eine Wohnungsüberlassung ist auf der Basis von § 1361b BGB aussichtsreich. In diesem Rahmen können zugleich wohnungsbezogene Anordnungen, etwa ein Betretensverbot der Wohnung, angestrebt werden.

2. Anspruch auf Überlassung der Wohnung auf der Basis des Gewaltschutzgesetzes: Anspruchsgrundlage ist § 2 GewSchG iV mit § 1 GewSchG:

Die Voraussetzungen einer Gewalttat sind unproblematisch gegeben:
- Es liegt sowohl eine vorsätzliche Gewalttat vor (Körperverletzung von Frau Moder, §§ 2 Abs. 1, 1 Abs. 1 GewSchG), als auch eine Bedrohung von Frau Moder (§ 2 Abs. 6 GewSchG). Die im Fall der Bedrohung weiter erforderliche unbillige Härte lässt sich sowohl mit der Art der Bedrohung als auch mit den Auswirkungen auf die Kinder begründen.
- Weiter haben die Eheleute Moder im Zeitpunkt der Tat auch einen gemeinsamen Haushalt geführt.
- Problem: Trunkenheit Herr Moder. Es ist zu überlegen, ob die Schuldfähigkeit fehlt. Allerdings bestimmt § 2 Abs. 1 iV mit § 1 Abs. 3 GewSchG insoweit, dass dies unerheblich wäre.
- Ausschlussgründe nach § 2 Abs. 3 GewSchG sind nicht ersichtlich:
  - Die Wiederholungsgefahr wird vermutet.
  - Schwerwiegende Interessen des Täters, die der Wohnungszuweisung entgegenstehen, sind nicht ersichtlich. Die Eigentumsverhältnisse sind insoweit irrelevant. Allerdings ist die Wohnungszuweisung auf 6 Monate zu befristen, da Herr Moder an der Wohnung allein berechtigt ist. UU muss Frau Moder ein Nutzungsentgelt entrichten (§ 2 Abs. 2 GewSchG).
- Im Weiteren ist darauf zu achten, dass Frau Moder die Wohnungsüberlassung innerhalb von drei Monaten nach Tatbegehung von ihrem Mann schriftlich verlangt, will sie den Anspruch nicht verlieren.

II. Schutzanordnungen: § 1 GewSchG

Die Voraussetzungen liegen vor (vgl o): Sowohl eine Tat, als auch eine Bedrohung mit einer Tat sind im Sachverhalt gegeben. Als Täterinteressen sind zu berücksichtigen: Das Sorgerecht von Herrn Moder sowie sein Umgangsrecht. In diesem Rahmen sind Kontakte zwischen Herrn und Frau Moder nicht ausgeschlossen.

Teil III: Grundlagen des Familienrechts

Gegenstand des Familienrechts im BGB sind die für Ehe und Verwandtschaft geltenden Rechtsregeln sowie die Rechtsinstitute Vormundschaft und Betreuung. Die einschlägigen Regeln finden sich im 4. Buch des BGB.

Kapitel 1: Abstammungsrecht

I. Übungsfall 7

Alma Alander hat sich vor einem Jahr von ihrem Ehemann Otto getrennt und lebt seither mit ihrem neuen Freund Roland Renner zusammen. Das neue Liebesglück ist durch die kürzlich erfolgte Geburt der gemeinsamen Tochter Iris besiegelt worden. **185**
Fragen:
1. Wie ist Iris mit Almas Schwester verwandt?
2. Wer ist Vater von Iris?
3. Welche Möglichkeiten gibt es, die Zuordnung zu ändern?
4. Welchen Rat würden Sie Alma Alander und Roland Renner erteilen, die Sie während der Schwangerschaft aufgesucht haben, um sich beraten zu lassen?

(Lösungshinweise Rn 224)

II. Begriffe und Bedeutung

Wer mit wem verwandt ist, ist Gegenstand des Abstammungsrechts. Zu unterscheiden ist zwischen Verwandtschaft in gerader Linie und Verwandtschaft in der Seitenlinie. **Verwandte in gerader Linie** stammen unmittelbar voneinander ab (§ 1589 S. 1 BGB). Die Verwandten der absteigenden Linie werden als Abkömmlinge bezeichnet. **186**

Beispiel: Ein Kind ist in gerader Linie mit folgenden Personen verwandt: In absteigender Linie mit seinen eigenen Kindern und deren Kindern (Abkömmlinge); in aufsteigender Linie mit seinen Eltern, Großeltern, Urgroßeltern, etc.

Verwandte in der Seitenlinie stammen hingegen von derselben dritten Person ab (§ 1589 S. 2 BGB).

Beispiel: Ein Kind ist in der Seitenlinie verwandt mit seinen Geschwistern und deren Abkömmlingen; in aufsteigender Linie mit den Geschwistern seiner Eltern und deren Abkömmlingen etc.

Der **Grad der Verwandtschaft** bestimmt sich durch die Zahl der sie vermittelnden Geburten (§ 1589 S. 3 BGB). Dazu sind jeweils die Geburten in der geraden Linie zu zählen. Sind Personen im Seitengrad miteinander verwandt, so werden die Geburten in der geraden Linie bis zum gemeinsamen Ahn „nach oben" und von dort aus wieder – ebenfalls in gerader Linie - „nach unten" zu der anderen Person gezählt. **187**

Beispiel ausgehend von „Frau":

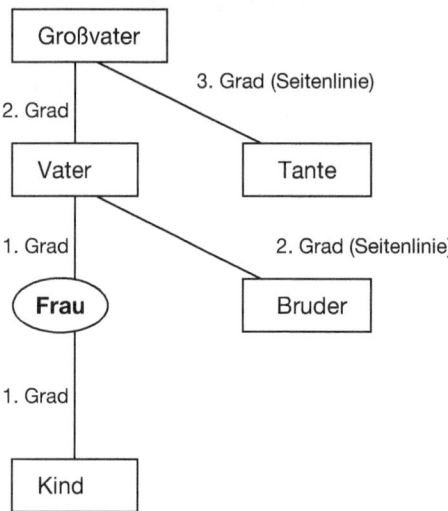

Die Verwandtschaft ist in verschiedener Hinsicht von **Bedeutung**:
- Zwischen Verwandten in gerader Linie bestehen Unterhaltsansprüche (§§ 1601 ff BGB, vgl Kapitel 6).
- Verwandte sind – neben dem Ehepartner – gesetzlich vorgesehene Erben (§§ 1924 ff BGB).
- Im Bereich der Vormundschaft nehmen Verwandte eine wichtige Rolle ein.
- Nahe Verwandtschaft begründet Eheverbote (§ 1307 BGB).
- Außerhalb des Familienrechts ist die Verwandtschaft im Zivil- und Strafprozess von Bedeutung (Zeugnisverweigerungsrechte), im Sozialleistungsrecht sowie im Ausländerrecht (Staatsangehörigkeit).

Zu den Verwandten des Ehegatten wird lediglich eine Schwägerschaft begründet, die allerdings nur noch marginale rechtliche Bedeutung besitzt (§ 1590 BGB).

188 Die gesetzliche Definition von Verwandtschaft in § 1589 BGB erweckt den Eindruck, dass Verwandtschaft eine rein genetische Angelegenheit sei. Das trifft allerdings nur eingeschränkt zu. Die Regelung des § 1589 BGB wird nämlich durch rechtliche Zuweisungen des Kindes zu seinen Eltern überlagert (sog rechtliche Verwandtschaft). Das Gesetz arbeitet insoweit mit Vermutungen, mit deren Hilfe es ein Kind seinen Eltern zurechnet. Soweit eine Zurechnung passt, ist das Kind vor dem Gesetz das Kind *dieser* Eltern und zwar auch dann, wenn dies nicht den biologischen bzw genetischen Tatsachen entspricht.

Fallen rechtliche und biologische Elternschaft auseinander, so kann sie zT unter bestimmten Voraussetzungen korrigiert werden. Bis zu dieser Korrektur bzw ohne diese Korrektur bleibt das Kind rechtlich mit allen Konsequenzen seinen Eltern als dessen Kind zugeordnet, auch wenn es nicht von ihnen abstammt.

III. Mutterschaft

Die Zurechnung des Kindes zu seiner Mutter erfolgt gewissermaßen über den Anschein: **Mutter** ist, wer das Kind geboren hat (§ 1591 BGB). Diese Zurechnung entspricht im Regelfall auch der biologischen Abstammung. Unzutreffende Zuordnungen können durch die künstliche Reproduktionsmedizin entstehen: Rechtliche und genetische Mutterschaft können etwa bei der Eizellen- oder einer Embryonenspende auseinanderfallen. Rechtliche Mutter bleibt gleichwohl die austragende Frau, auch dann, wenn sie nicht die genetische Mutter des Kindes ist. Eine Korrektur der Zuordnung ist nicht vorgesehen. **189**

Probleme mit der Zuweisung des Kindes zu einer „falschen" Mutter kann es in Deutschland nicht unmittelbar geben, nachdem die Ersatzmutterschaft (Leihmutterschaft) in Deutschland durch das Embryonenschutzgesetz (§ 1 Abs. 1 Nr. 7 EschG) verboten ist. Paare mit Kinderwunsch weichen aber auf das Ausland aus, soweit dieses die Leihmutterschaft erlaubt. Die deutschen Gerichte müssen sich im Anschluss mit der Frage befassen, ob sie diese in Deutschland eigentlich nicht mögliche rechtliche Zuweisung jetzt doch akzeptieren. Möglich ist die Anerkennung einer dahingehenden ausländischen Entscheidung in jedem Fall dann, wenn einer der Wunschelternteile auch der genetische Elternteil ist[13]. **190**

Beispiel (Anerkennung der rechtlichen Elternschaft der Wunscheltern): Ein deutsches Ehepaar lässt Kinder von einer Leihmutter in den USA austragen. Verwendet werden anonym gespendete Eizellen sowie die Samenzellen des Ehemannes.

Probleme können sich bei der Zurechnung hingegen stellen, wenn die Person der Mutter nicht klar ist, etwa weil das Kind anonym geboren und in einer Babyklappe abgegeben wurde, das Kind vertraulich geboren wurde oder die Babies in der Geburtsklinik verwechselt wurden. In diesen Fällen ist es möglich, ein Abstammungsverfahren nach § 169 Nr. 1 FamFG gegen die Mutter mit dem Ziel der gerichtlichen Feststellung ihrer Mutterschaft zu führen[14]. **191**

IV. Vaterschaft

1. Überblick

Das BGB kennt verschiedene Möglichkeiten der Zuordnung eines Kindes zu einem zweiten Elternteil. Diese ist allerdings einem Mann als Vater vorbehalten. Eine rechtliche Zuordnung eines Kindes zu einer zweiten Frau als sog Co-Mutter (etwa der Ehefrau der Mutter) ist abstammungsrechtlich nicht möglich[15] und kann nur im Wege der Adoption erfolgen. Folgende **Vaterschaftszurechnungen** nennt das BGB: **192**

- Ehemann der Mutter (§ 1592 Nr. 1 BGB).
- Vaterschaftsanerkennung durch einen nicht mit der Mutter verheirateten Mann (§ 1592 Nr. 2 BGB).
- Gerichtliche Vaterschaftsfeststellung (§ 1592 Nr. 3 BGB). Bei diesem Statustatbestand sind zwei Fälle zu unterscheiden:
  – Gerichtliche Feststellung der Vaterschaft eines vaterlosen Kindes.
  – Anfechtung der Vaterschaft durch den leiblichen Vater.

---

13 BGH, NJW 2015, 479; NJW-RR 2018, 1473.
14 KG, FamRZ 2018, 1923.
15 BGH, NJW 2019, 153.

193 Eine einmal begründete **Zurechnung** ist immer **exklusiv**: Solange eine rechtliche Vaterschaft zugunsten eines Mannes besteht, ist jeder andere Mann daran gehindert, dessen Vaterschaft zu bestreiten oder sie für sich in Anspruch zu nehmen. Eine unzutreffende Zuordnung muss zunächst beseitigt werden, im Regelfall durch gerichtliche Anfechtung der Vaterschaft (§ 1599 Abs. 1 BGB). Erst danach ist eine anderweitige Zuordnung des Kindes möglich.

Im Verhältnis der Zurechnungstatbestände untereinander gilt folgendes **Rangverhältnis**: Eine Vaterschaft aufgrund der Ehe mit der Kindesmutter sperrt jede andere Zuordnung. Bei der Vaterschaft durch Anerkennung oder gerichtliche Feststellung gilt das Prioritätsprinzip: Die zeitlich frühere Vaterschaft sperrt – solange sie besteht – eine anderweitige Anerkennung oder gerichtliche Feststellung.

2. Vaterschaft kraft Ehe

194 Das Bestehen einer **Ehe** zwischen einem Mann und einer Frau im Zeitpunkt der Geburt führt zur automatischen Vaterschaft des Ehemannes der Kindesmutter (§ 1592 Nr. 1 BGB). Unerheblich ist, ob die Abstammung möglich oder auch nur wahrscheinlich bzw korrekt ist.

Beispiele für die Vaterschaft eines Ehemannes: Die Mutter lebt bereits seit mehreren Jahren von ihrem Ehemann getrennt (ohne geschieden zu sein), als sie ein Kind auf die Welt bringt.
Der Ehemann ist zeugungsunfähig.
Das Kind wurde vor der Ehe gezeugt und kommt kurz nach der Eheschließung auf die Welt.

195 Von dieser gesetzlichen Regelvermutung gibt es eine Ausnahme für den Fall, dass der Ehemann der Mutter im Zeitpunkt der Geburt verstorben ist: In diesem Fall wird das Kind – automatisch – dem **verstorbenen Ehemann** der Mutter zugewiesen, wenn seine Zeugung noch innerhalb der Ehe möglich war (§ 1593 BGB): Das Gesetz verlangt insoweit, dass das Kind innerhalb von 300 Tagen nach dem Tod des Mannes geboren wurde, als längst möglicher Schwangerschaft. Wird es später geboren, wird es dem Ehemann noch zugerechnet, wenn nachweislich eine längere Schwangerschaft vorlag.

Ist die Mutter zum Zeitpunkt der Geburt bereits erneut verheiratet, stellt sich das Problem der Doppelvaterschaft. In diesem Fall greift neben der eben genannten Zurechnung auch die reguläre Zurechnung des § 1592 Nr. 1 BGB, wonach der Ehemann der Mutter Vater des Kindes ist. Das Gesetz löst den Zurechnungskonflikt zugunsten des lebenden Mannes (§ 1593 S. 3 BGB): Als Vater des Kindes gilt der neue Ehemann der Mutter. Auch diese Zuordnung ist nicht abschließend. So kann auch die Vaterschaft des Ehemannes angefochten werden. Wird in diesem Verfahren festgestellt, dass er tatsächlich nicht der Vater des Kindes ist, so greift die Zurechnung des Kindes zu dem vormaligen verstorbenen Ehemann der Mutter (§ 1593 S. 4 BGB).

3. Vaterschaft kraft Anerkennung

a) Formale Erfordernisse

196 Die Vaterschaft kraft Anerkennung beruht auf einem einseitigen, zustimmungs- und formbedürftigen Rechtsgeschäft (§ 1592 Nr. 2 BGB). Sie setzt voraus:
- Ein „freies" Kind,
- die Anerkennungserklärung eines Mannes und

- die Zustimmung der Mutter, uU auch
- die Zustimmung des Kindes.

aa) „Freies" Kind

Eine Anerkennung setzt denknotwendig voraus, dass das **Kind keinem Vater zugeordnet**, also gewissermaßen „frei" ist. Das ist in folgenden Fällen denkbar: **197**
- Die Mutter des Kindes ist im Zeitpunkt der Geburt nicht mit einem Mann (also entweder gar nicht oder mit einer Frau) verheiratet.
- Eine anderweitige Vaterschaft (etwa des Ehemannes der Mutter) ist nach einer gerichtlichen Anfechtung der Vaterschaft erloschen.

Umgekehrt bedeutet dies: Solange für das Kind eine anderweitige Vaterschaftszurechnung greift, kann eine Anerkennung für ein Kind nicht wirksam werden (§ 1594 Abs. 1, Abs. 2 BGB). Eine gleichwohl abgegebene Anerkennung ist schwebend unwirksam und wird automatisch wirksam, wenn die andere Vaterschaft wegfällt.

bb) Anerkennungserklärung

Die **Vaterschaftserklärung** ist die Anerkennung im eigentlichen Sinn. Sie ist eine einseitige, nicht empfangs-, aber formbedürftige Willenserklärung eines Mannes mit dem Inhalt, Vater des in Rede stehenden Kindes zu sein. Zugänglich ist die Anerkennung ebenfalls nur einem Mann. **198**

Sie unterliegt – mit Blick auf ihre weitreichenden Folgen – folgenden formalen Anforderungen:

- Die Erklärung ist unbedingt und unbefristet abzugeben (§ 1594 Abs. 3 BGB). Zulässig sind allerdings sog Rechtsbedingungen. Bei einer Rechtsbedingung wird die Wirksamkeit der Erklärung von dem Vorliegen der gesetzlichen Voraussetzungen abhängig gemacht. **199**

    Beispiele: Unschädliche Bedingung: Anerkennung der Vaterschaft für ein eheliches Kind, unter der Bedingung, dass eine noch bestehende anderweitige Vaterschaft entfällt.
    Schädliche Bedingung: Anerkennung der Vaterschaft für den Fall, dass keine Unterhaltszahlungen verlangt werden.

- Die Anerkennung muss **öffentlich beurkundet** werden (§ 1597 Abs. 1 BGB, Rn 58). Befugt zur Vornahme der Beurkundung sind der Notar (§ 20 BNotO), das Standesamt (§ 44 Abs. 1 PStG), das Gericht (§ 62 BeurkG, § 180 FamFG) sowie das Jugendamt (§ 59 Abs. 1 Nr. 1 SGB VIII).
- Die Erklärung ist **höchstpersönlich** abzugeben (§ 1596 Abs. 1 S. 1 BGB). Eine Bevollmächtigung ist unzulässig (§ 1596 Abs. 4 BGB).

    Auch **Minderjährige** müssen die Erklärung persönlich abgeben und können dabei nicht durch ihre Eltern vertreten werden (§ 1596 Abs. 1 S. 1 BGB). Jedoch benötigen sie für ihre Anerkennungserklärung deren Zustimmung.

    Geschäftsunfähige hingegen können keine Anerkennungserklärung abgeben. Die Anerkennung erklärt in diesem Fall der gesetzliche Vertreter des Geschäftsunfähigen. Für geschäftsunfähige Volljährige ist dies im Regelfall der mit diesem Aufgabenkreis bestellte Betreuer. Dieser benötigt dafür zusätzlich die Genehmigung des Betreuungsgerichts (§ 1596 Abs. 1 S. 3 BGB). Demgegenüber können geschäftsfähige Betreute die Vaterschaft nur selber anerkennen; ein Einwilligungsvorbehalt ist allerdings möglich (§ 1825 Abs. 1 BGB [bis 31.12.2022: § 1903 BGB]).

200 Ein **Zeitpunkt**, zu dem die Erklärung abgegeben werden muss, ist nicht bestimmt. Sie kann frühestens vor der Geburt, nicht jedoch vor der Zeugung des Kindes abgegeben werden (§ 1594 Abs. 4 BGB). Ein spätester Zeitpunkt ist hingegen nicht vorgesehen. Damit kann auch für ein bereits volljähriges Kind die Vaterschaft anerkannt werden.

Ist die Erklärung formwirksam abgegeben worden, so kann sich der Mann nicht mehr einseitig von ihr lösen. Er kann es sich also nicht mehr nachträglich anders überlegen. Lediglich in einer einzigen Konstellation ist ihm das ausnahmsweise möglich: Ist seine Anerkennung ein Jahr nach ihrer Beurkundung noch nicht wirksam geworden (etwa, weil die Zustimmung der Mutter noch nicht vorliegt oder noch eine anderweitige Vaterschaft besteht), kann der Mann seine Anerkennung **widerrufen** (und zwar unter den gleichen formalen Voraussetzungen wie sie für die Anerkennung gelten [öffentliche Beurkundung, höchstpersönlich, unbedingt, § 1597 Abs. 3 S. 2 BGB]).

cc) Zustimmung der Mutter

201 Die Anerkennung des Mannes benötigt zu ihrer Wirksamkeit die **Zustimmung** der Mutter (§ 1595 Abs. 1 BGB). Die Mutter erteilt die Zustimmung aus eigenem Recht. Verweigert sie die Zustimmung, ist es nicht möglich, ihr dieses Recht zu entziehen und auf einen Dritten zu übertragen, der dann an Stelle der Mutter seine Zustimmung erklärt. Die Vaterschaft kann in diesem Fall nur gerichtlich festgestellt werden.

Eine Frist für die Zustimmung ist nicht vorgesehen. Die Zustimmung kann also der Anerkennung durch den Mann zeitlich vor- oder auch nachgelagert sein. Sie kann auch bereits vor der Geburt, nicht jedoch vor der Zeugung des Kindes, erklärt werden.

Für die Zustimmung gelten die gleichen **formalen Erfordernisse** wie für die Anerkennungserklärung (§§ 1595 Abs. 3, 1594 Abs. 3, Abs 4, 1596 Abs. 1 S. 1, S. 4, Abs. 4, 1597 Abs. 1 BGB).

dd) Zustimmung des Kindes

202 Die **Zustimmung des Kindes** zu der Vaterschaftsanerkennung ist nur in dem besonderen Fall erforderlich, dass der Mutter die Sorge insoweit nicht zusteht (§ 1595 Abs. 2 BGB).

Beispiele: Minderjährige Mutter; volljähriges Kind; Sorgerechtsentzug der Mutter.

Der Sorgerechtsentzug gewinnt an Bedeutung in dem Fall, dass die Mutter der Anerkennung eines Mannes, der nicht der Erzeuger des Kindes ist, wider besseres Wissen zustimmen möchte. Die einzige Möglichkeit, eine gezielte Falschzuordnung zu verhindern, ist ein Sorgerechtsentzug (§ 1666 BGB). Dieser nimmt der Mutter zwar nicht ihr eigenes Zustimmungsrecht. Aber er aktualisiert jetzt das Zustimmungsrecht des Kindes, das dann die Zustimmung nun verweigern und so eine falsche Anerkennung blockieren kann.

Teil III: Grundlagen des Familienrechts 115

Ab 14 Jahren stimmt das Kind – mit Zustimmung des gesetzlichen Vertreters – selber zu. Jüngere oder geschäftsunfähige Kinder stimmen durch ihren gesetzlichen Vertreter – ein Ergänzungspfleger, im Regelfall das Jugendamt – zu (§ 1596 Abs. 2 BGB).

ee) Fehlerfolgen

Entspricht die Erklärung nicht den genannten formalen Anforderungen, ist sie unwirksam (§ 1598 Abs. 1 BGB). Allerdings gibt es eine **Heilungsmöglichkeit**. Wenn seit Eintragung der Vaterschaft in ein deutsches Personenstandsregister fünf Jahre verstrichen sind, werden die Fehler geheilt und sind dann unbeachtlich (§ 1598 Abs. 2 BGB). **203**

b) Inhaltliche Erfordernisse

Die **inhaltliche Richtigkeit** der abgegebenen Erklärungen ist grundsätzlich unbeachtlich. Auch bewusst unrichtige Erklärungen oder Erklärungen, die an einem Willensmangel leiden, sind wirksam und können nur in einem gerichtlichen Vaterschaftsanfechtungsverfahren korrigiert werden. Insofern verdrängen die Regeln des Abstammungsrechts die allgemeinen Regeln über die Anfechtung von Willenserklärungen (§§ 119 ff BGB). **204**

Beispiele: Ein Mann erkennt die Vaterschaft für ein Kind an, nachdem ihm die Mutter wahrheitswidrig versichert hat, er wäre der Erzeuger.

Ein Bekannter der Mutter erkennt die Vaterschaft für das nicht von ihm stammende Kind an, damit der wahre Vater nicht in die Vaterstellung einrücken kann.

Von diesem Grundsatz gibt es eine Ausnahme: Verboten ist eine unrichtige Vaterschaftsanerkennung dann, wenn sie dazu dient, einem Ausländer einen ihm eigentlich nicht zustehenden Aufenthalt zu ermöglichen (**missbräuchliche Anerkennung,** § 1597a Abs. 1, Abs. 4 BGB). **205**

Beispiele: Ein Deutscher erkennt mit Zustimmung der Mutter, einer abgelehnten Asylbewerberin, die Vaterschaft für ihr Kind an, damit sie nicht abgeschoben werden.

Ein abgelehnter Asylbewerber erkennt mit Zustimmung der (deutschen) Mutter die Vaterschaft für ihr Kind an, damit er einen Aufenthaltstitel erhält.

Ist der Anerkennende der leibliche Vater des Kindes, ist seine Anerkennung natürlich nicht missbräuchlich (§ 1597a Abs. 5 BGB). Die beurkundende Stelle wird sich allerdings bei der Beurkundung mit Zweifeln an der Richtigkeit der Erklärungen auseinandersetzen. Anhaltspunkte für eine missbräuchliche Anerkennung sind (§ 1597a Abs. 1 BGB):

- Das Bestehen einer vollziehbaren Ausreisepflicht eines der Beteiligten,
- einer der Beteiligten stammt aus einem sicheren Herkunftsland (§ 29a AsylG[16]) und befindet sich in einem Asylverfahren,
- das Fehlen persönlicher Beziehungen zwischen den Beteiligten,
- der Verdacht, der Anerkennende habe bereits mehrfach die Vaterschaft für Kinder verschiedener ausländischer Mütter anerkannt, die dadurch ein Aufenthaltsrecht erworben haben oder

---

16 Albanien, Bosnien und Herzegowina, Ghana, Kosovo, Mazedonien (ehemalige jugoslawische Republik), Montenegro, Senegal und Serbien, Anlage II zu § 29a AsylG.

- der Verdacht, dass einer der Beteiligten für die Anerkennung oder Zustimmung einen Vermögensvorteil erhalten oder versprochen hat.

206 Liegt ein Verdachtsmoment vor, wird die Beurkundung der Erklärungen ausgesetzt und die Ausländerbehörde eingeschaltet, die dann ihrerseits prüft, ob die Anerkennung missbräuchlich ist (§ 1597a Abs. 2 BGB, § 85a AufenthG). Erst wenn die Ausländerbehörde „grünes Licht" gibt, kann die Anerkennung beurkundet werden. Stellt die Ausländerbehörde hingegen (durch Verwaltungsakt) unanfechtbar fest, dass die Vaterschaftsanerkennung missbräuchlich ist, darf sie nicht beurkundet werden und kann so nicht wirksam werden.

Eine gleichwohl vorgenommene Beurkundung der Erklärungen ist unwirksam (§ 1598 Abs. 1 S. 2 BGB). Auch dieser Mangel wird geheilt, wenn seit der Eintragung in ein deutsches Personenstandsregister 5 Jahre verstrichen sind (§ 1598 Abs. 2 BGB).

4. Die Korrektur der Vaterschaftszurechnung

a) Überblick

207 Grundsätzlich bedarf es für eine Zuordnungsänderung einer **gerichtlichen Anfechtung** der Vaterschaft. Die Erhebung eines Anfechtungsantrags hat verschiedene Voraussetzungen. Diese variieren zT für die unterschiedlichen Anfechtungsberechtigten. Die folgende Tabelle gibt einen Überblick über die Anfechtungstatbestände und deren Voraussetzungen.

Anfechtungsberechtigter	Allgemeine Voraussetzungen	Frist (§ 1600b BGB), beginnend mit Anfangsverdacht	Formale Anforderungen (§ 1600a BGB)	Besondere Voraussetzungen
Scheinvater (§ 1600 Abs. 1 Nr. 1 BGB)	Tatsachengestützter Anfangsverdacht	2 Jahre	Höchstpersönlich (auch mj Väter)	Keine
Mutter (§ 1600 Abs. 1 Nr. 3 BGB)	Tatsachengestützter Anfangsverdacht	2 Jahre	Höchstpersönlich (auch mj Mütter)	Keine
Leiblicher Vater (§ 1600 Abs. 1 Nr. 2 BGB)	Tatsachengestützter Anfangsverdacht	2 Jahre	Höchstpersönlich (auch mj Väter)	- Glaubhaftmachung der Vaterschaft und - Fehlen einer sozialfamiliären Beziehung zwischen Scheinvater und Kind und - Vaterschaft des Anfechtenden
Minderjähriges Kind (§ 1600 Abs. 1 Nr. 4 BGB)	Tatsachengestützter Anfangsverdacht	2 Jahre	Nur durch gesetzlichen Vertreter (uU Ergänzungspfleger)	Kindeswohldienlichkeit der Anfechtung

Teil III: Grundlagen des Familienrechts

Anfechtungs-berechtigter	Allgemeine Voraussetzungen	Frist (§ 1600b BGB), beginnend mit Anfangsverdacht	Formale Anforderungen (§ 1600a BGB)	Besondere Voraussetzungen
Volljähriges Kind (§ 1600 Abs. 1 Nr. 4 BGB)	Tatsachengestützter Anfangsverdacht	Zwei Anfechtungsfristen: - 2-Jahres-Frist, beginnend mit Anfangsverdacht und Volljährigkeit - 2-Jahres-Frist, beginnend mit Kenntnis von Umständen, die Vaterschaft unzumutbar werden lassen	Höchstpersönlich	Keine

Ist die Anfechtung erfolgreich, so wird die Vaterschaft des rechtlichen Vaters rückwirkend beseitigt. Das Kind ist vaterlos. Damit entfallen alle Rechtswirkungen der Verwandtschaft, also Unterhaltsansprüche, Erbrechte oder auch uU die Staatsangehörigkeit[17]. Der Beschluss wirkt für und gegen alle (§ 184 FamFG). **208**

Bei einer Anfechtung durch den leiblichen Vater hat die Entscheidung weitere Wirkungen: Da Ziel der Anfechtung eine Neuzuordnung ist, beschränkt sich die Wirkung des der Anfechtung stattgebenden Beschlusses nicht nur auf die Beseitigung der bisherigen rechtlichen Vaterschaft, sondern enthält zudem die ausdrückliche – und von Amts wegen auszusprechende – Feststellung der Vaterschaft des Anfechtenden (§ 182 Abs. 1 FamFG).

b) Allgemeine Anfechtungsvoraussetzungen

Allgemeine Anfechtungsvoraussetzungen sind:
- Das Vorliegen eines Anfangsverdachts,
- die Beachtung einer Anfechtungsfrist und
- die Höchstpersönlichkeit der Anfechtung.

aa) Anfangsverdacht

Die Anfechtung durch einen Anfechtungsberechtigten muss innerhalb von 2 Jahren erhoben werden, beginnend mit dem Zeitpunkt, zu dem der Berechtigte Umstände erfährt, aus denen sich die nicht ganz fernliegende Möglichkeit einer anderweitigen Vaterschaft ergibt (§ 1600b Abs. 1 BGB). Eine Anfechtung setzt daher zunächst einen sog **Anfangsverdacht**, dass die Vaterschaft unzutreffend ist, voraus. Ohne einen derartigen Verdacht ist der Anfechtungsantrag unzulässig. Der Anfangsverdacht muss sich auf konkrete Anhaltspunkte stützen können. Bloße Vermutungen, insbesondere etwa aufgrund von Gerüchten, reichen nicht aus. **209**

---

17 Vgl aber VG Düsseldorf, BeckRS 2021, 21515.

Beispiele: Anfangsverdacht denkbar: Behaupteter Mehrverkehr der Mutter; Mutter lebte während Empfängniszeit für mehrere Wochen in der Wohnung eines anderen Mannes; Mutter ging der Prostitution nach (auch wenn sie verhütete); Wissen um außereheliche sexuelle Kontakte der Mutter; Wissen des Vaters um seine Zeugungsunfähigkeit.

Kein Anfangsverdacht: Gerüchte oder Verdacht der Untreue der Mutter; früher Geburtstermin (7. Monat) eines voll ausgereiften Kindes; mangelnde Ähnlichkeit zwischen Kind und Vater.

210 Ein Anfangsverdacht kann nicht durch die heimliche (und deswegen unzulässige) Einholung eines **Vaterschaftstests** begründet werden. Jedoch hat die rechtliche Familie ein – verdachtsunabhängiges – **Recht auf Klärung der Vaterschaft** (§ 1598a BGB). Dieses erlaubt es, die Abstammungsverhältnisse zu prüfen und kann so den für die Anfechtung notwendigen Anfangsverdacht schaffen. Die Klärung der Vaterschaft hat selber keine Auswirkungen auf die rechtliche Zuweisung des Kindes zu dem Vater. Eine Änderung der Zuweisung des Kindes kann allein durch die Anfechtung der Vaterschaft nach den allgemeinen Regeln erfolgen.

Der Anspruch aus § 1598a Abs. 1 BGB umfasst folgende Komponenten:

- Einwilligung in eine genetische Abstammungsuntersuchung.
- Duldung der Entnahme einer genetischen Probe.

Über die Klärung der leiblichen Abstammung entscheidet das **Familiengericht**. Es wird auf Antrag tätig und kann sowohl die Einwilligung zur Vornahme der genetischen Abstammungsuntersuchung ersetzen als auch anordnen, dass eine Probeentnahme zu dulden ist (§ 1598a Abs. 2 BGB, § 178 Abs. 1 FamFG).

Der Anspruch steht nur der rechtlichen Familie zu, also dem rechtlichen Vater, der Mutter und dem Kind selber. *Nicht* Anspruchsinhaber ist der mögliche leibliche Vater. Sein Interesse an der Klärung seiner Vaterschaft kann er nur im Wege der gerichtlichen Anfechtung bzw – wenn das Kind keinem anderen Mann zugewiesen ist – im Wege der gerichtlichen Vaterschaftsfeststellung verfolgen. In beiden Fällen wird ihm das Kind auch rechtlich zugewiesen. Eine „unverbindliche", rechtsfolgenlose, Klärung seiner Vaterschaft ist ihm hingegen nicht möglich.

Die Klärung der leiblichen Abstammung kann das **Kindeswohl** beeinträchtigen. Von Relevanz ist das Kindeswohl allerdings nur im Ausnahmefall: Nur, wenn eine erhebliche Beeinträchtigung des Wohles des minderjährigen Kindes vorliegt, die die Klärung für das Kind ausnahmsweise unzumutbar macht, ist das Verfahren auszusetzen (§ 1598a Abs. 3 BGB). Durch die Aussetzung des Verfahrens wird der Anspruch nicht ausgeschlossen, sondern es wird nur eine gerichtliche Entscheidung „zur Unzeit" verhindert.

Eine erhebliche Beeinträchtigung ergibt sich nicht bereits aus der allgemeinen Härte, die die Verunsicherung des Kindes über seine wahre Abstammung mit sich bringt. Vielmehr muss eine besondere Ausnahmesituation vorliegen, in der das Abstammungsgutachten aufgrund außergewöhnlicher Umstände atypische und besonders schwere Folgen für das Kind auslöst. Dies können sowohl psychische, als auch physische Gründe sein, etwa eine Suizidgefahr oder die Gefahr einer gravierenden Verschlechterung einer bereits bestehenden schweren Krankheit.

bb) Anfechtungsfrist

211 Liegt ein Anfangsverdacht vor, so hat die Anfechtung innerhalb einer **Frist von zwei Jahren** zu erfolgen. Die Frist beginnt mit dem Anfangsverdacht, nicht jedoch vor der Geburt des Kindes (§ 1600b Abs. 1, Abs. 2 BGB).

Insbesondere das Ergebnis eines Klärungsverfahrens nach § 1598a BGB kann die Frist in Gang setzen. Läuft die Frist hingegen bereits, so hemmt das Klärungsverfahren den weiteren Fristlauf (§ 1600b Abs. 5 BGB). Die Hemmung endet 6 Monate nach der rechtskräftigen Entscheidung oder anderweitigen Beendigung des Klärungsverfahrens. Ab diesem Zeitpunkt läuft die bereits begonnene Frist weiter. Ist die Anfechtungsfrist hingegen zu dem Zeitpunkt, in dem das Klärungsverfahren nach § 1598a BGB durchgeführt wird, bereits verstrichen, so können die – uU jetzt gesicherten – Erkenntnisse von den rechtlichen Eltern nicht mehr zur Beseitigung der Vaterschaft genutzt werden. Das Wissen kann allenfalls von dem Kind in seinem eigenen Anfechtungsverfahren nach Erreichen der Volljährigkeit verwertet werden.

cc) Höchstpersönlichkeit

Die Anfechtung muss weiter **höchstpersönlich** erfolgen (§ 1600a Abs. 1 BGB). Eine Vertretung ist unzulässig. Dies gilt auch dann, wenn der Anfechtende unter Betreuung steht (§ 1600a Abs. 5 BGB). Die Erteilung der Prozessvollmacht ist aber möglich. Ist ein Anfechtungsberechtigter nicht (voll) geschäftsfähig ist, so gilt: 212

- **Minderjährige**: Auch beschränkt Geschäftsfähige müssen das Anfechtungsverfahren höchstpersönlich betreiben. Die Zustimmung des gesetzlichen Vertreters ist nicht erforderlich (§ 1600a Abs. 2 BGB).
- **Geschäftsunfähige**: Eine Anfechtung kann nur durch den gesetzlichen Vertreter erfolgen (§ 1600a Abs. 2 S. 3 BGB), bei Erwachsenen ist das im Regelfall der Betreuer.

c) Besonderheiten für Scheinvater und Mutter

Für die Vaterschaftsanfechtung des Scheinvaters oder der Mutter werden keine inhaltlichen Anforderungen gestellt. Unerheblich ist daher, ob die Anfechtung dem Kindeswohl dient. 213

Besonderheiten gelten jedoch bei einer Zeugung durch künstliche Befruchtung: Ausgeschlossen ist die Anfechtung der Vaterschaft durch die Eltern, wenn das Kind mit Einwilligung seiner (rechtlichen) Eltern durch künstliche Befruchtung mittels Samenspende eines Dritten gezeugt wurde (sog konsentierte heterologe Insemination, § 1600 Abs. 4 BGB). Das Kind – uU auch der Samenspender – kann die Vaterschaft aber anfechten.

d) Besonderheiten für den leiblichen Vater

Auch der **biologische Vater** besitzt ein Anfechtungsrecht und kann so eine Zuordnungsänderung bewirken. Für seine Anfechtung gelten verschiedene Besonderheiten: Neben den besonderen Wirkungen, die die der Anfechtung stattgebende Entscheidung des Familiengerichts entfaltet (Rn 208), bestehen folgende weitere Voraussetzungen für sein Anfechtungsrecht (§ 1600 Abs. 1 Nr. 2, Abs. 2, Abs. 3 BGB): 214

- Eidesstattliche Versicherung des anfechtenden Mannes, der Mutter während der Empfängniszeit beigewohnt zu haben (§ 1600 Abs. 1 Nr. 2 BGB). Ausreichend dafür kann auch eine Samenspende sein[18]. Das kann Friktionen mit der Wertung

---

18 BGH, NJW 2013, 2589 (2591).

des § 1600 Abs. 4 BGB implizieren: Diese Norm schließt den rechtlichen Vater, der mit der Samenspende einverstanden war, nämlich von der Anfechtung aus. Mit dieser Wertung ist es schwerlich zu vereinbaren, dass der Samenspender anfechten darf. Um diesen Wertungswiderspruch zu vermeiden schließt die Rechtsprechung in dieser Konstellation (in der also der rechtliche Vater gem. § 1600 Abs. 4 BGB vom Anfechtungsrecht ausgeschlossen ist) auch den Samenspender von der Anfechtung aus[19]. Ist das Kind also mit Einwilligung des späteren rechtlichen Vaters mittels Fremdsamenspende gezeugt worden, können weder der rechtliche Vater, noch der Samenspender (noch die Mutter) die Abstammung in Frage stellen. Außerhalb der konsentierten heterologen Insemination hingegen können sowohl der rechtliche Vater als auch der Samenspender die Vaterschaft anfechten.

215 **Beispiel:** Die Mutter ist mit einer anderen Frau verheiratet. Das Kind wird durch Becherspende mit dem Samen eines Bekannten von ihr gezeugt. Nach der Geburt des Kindes erkennt ein anderer Mann mit Zustimmung der Mutter die Vaterschaft an, der Anerkennung des Samenspenders verweigert die Mutter die Zustimmung. Sowohl der anerkennende Bekannte als auch der Samenspender könnten die Vaterschaft anfechten.

- **Leibliche Vaterschaft** des Anfechtenden: Das Anfechtungsrecht eines außerhalb der rechtlichen Familie stehenden Mannes steht nur dem leiblichen Vater zu. Dessen Verwandtschaft mit dem Kind ist mithin zwingend Prüfungsgegenstand des Anfechtungsverfahrens und Grundlage für die besondere positive Feststellungswirkung des Beschlusses hinsichtlich seiner Vaterschaft.

216 - **Fehlen einer sozial-familiären Beziehung zwischen rechtlichem Vater und Kind:** Das Anfechtungsrecht des leiblichen Vaters steht unter dem Vorbehalt, dass zwischen rechtlichem Vater und Kind eine sozial-familiäre Beziehung fehlt (§ 1600 Abs. 2 BGB). Besteht also eine sozial-familiäre Beziehung zwischen Scheinvater und Kind im Zeitpunkt der Anfechtung, ist eine Anfechtung auch für die Zukunft ausgeschlossen und lebt auch dann nicht wieder auf, wenn die sozial-familiäre Beziehung später entfällt. Damit ist es dem leiblichen Vater im Grundsatz nicht möglich, in eine gelebte Vater-Kind-Beziehung „einzubrechen".

Ob hingegen der leibliche Vater zu seinem Kind eine sozial-familiäre Beziehung aufgebaut hat, ist unerheblich. In der Konsequenz kann der leibliche Vater, selbst wenn er mit dem Kind zusammengelebt hat, keine Zuordnungsveränderung erzwingen, wenn das Kind zugleich auch zu seinem rechtlichen Vater eine solche Beziehung hat[20].

Der unbestimmte Begriff der sozial-familiären Beziehung wird in § 1600 Abs. 3 BGB durch die Übernahme tatsächlicher Verantwortung des rechtlichen Vaters für das Kind konkretisiert. Eine solche wird in zwei Fällen vermutet: Das Bestehen einer Ehe zwischen Mutter und rechtlichem Vater sowie ein längeres Zusammenleben zwischen rechtlichem Vater und Kind in häuslicher Gemeinschaft. Diese Vermutung kann allerdings widerlegt werden, etwa wenn die Eltern des Kindes getrennt leben.

217 Im Übrigen gelten für den leiblichen Vater die gleichen formalen Erfordernisse wie für die rechtlichen Eltern:

Die Anfechtung muss höchstpersönlich erfolgen (§ 1600a Abs. 1 und 2 BGB) und zwar innerhalb der Zwei-Jahres-Frist (§ 1600b Abs. 1 BGB), beginnend mit dem Zeit-

---

19 BGH, NJW 2013, 2589 (2591).
20 BVerfG, FamRZ 2014, 191; BGH, NJW 2007, 1677; NJW-RR 2018, 68; NJW 2018, 947.

punkt des Anfangsverdachts. Die Frist läuft insbesondere auch während des Bestehens einer sozial-familiären Beziehung zwischen rechtlichem Vater und Kind und kann damit verstreichen, ohne dass der leibliche Vater sein Anfechtungsrecht wahrnehmen kann.

e) Besonderheiten für das Kind

Will sich das Kind gegen die Vaterschaft richten, so ist zu differenzieren, ob das Kind noch minderjährig ist, oder ob es bereits volljährig ist.

218 Der Grundsatz der Höchstpersönlichkeit gilt für die Anfechtung der Vaterschaft durch das noch **minderjährige Kind** nicht. Soll das Kind selber die Anfechtung der Vaterschaft betreiben, so muss es durch seinen gesetzlichen Vertreter vertreten werden (§ 1600a Abs. 3 BGB). Teilen sich die Eltern die Sorge, sind sie allerdings von der Vertretung des Kindes ausgeschlossen: Denn das Verfahren, das sie führen sollen, würde sich notwendig gegen einen von ihnen richten. Dieser (formale) Interessenkonflikt (Rn 253) schließt die Eltern von ihrer Sorge aus und macht die Bestellung eines Ergänzungspflegers notwendig, der das Verfahren im Namen des Kindes gegen den Vater führt. Demgegenüber kann eine alleinsorgeberechtigte Mutter das Anfechtungsverfahren im Namen des Kindes gegen den rechtlichen Vater führen.

Da der gesetzliche Vertreter des Kindes nicht aus eigenem Recht, sondern für das Kind handelt, ist das Anfechtungsrecht durch eine weitere Voraussetzung ergänzt: Sie muss dem **Kindeswohl** dienen (§ 1600a Abs. 4 BGB). In diesem Rahmen ist eine umfassende Abwägung aller Vor- und Nachteile der Anfechtung für das Kind vorzunehmen. So ist zB zu berücksichtigen, wie sich das Anfechtungsverfahren auf den Familienfrieden auswirkt, ob eine anschließende Vaterschaftsfeststellung möglich erscheint oder welche wirtschaftlichen (auch unterhaltsrechtlichen) Konsequenzen die Anfechtung für das Kind mit sich bringt. Besteht der einzige Zweck der Anfechtung etwa darin, das Kind vaterlos zu stellen, ist sie nicht kindeswohldienlich.

Beispiel: Das Kind ist durch anonyme Fremdsamenspende aus dem Ausland gezeugt, der rechtliche Vater übernimmt Verantwortung für das Kind, bemüht sich um eine gute Beziehung zu ihm und es besteht keine Wahrscheinlichkeit, dass der leibliche Vater des Kindes ermittelt wird[21].

Die reguläre **Anfechtungsfrist** von zwei Jahren gilt auch für die Anfechtung des Kindes. Abzustellen ist auf die Kenntnis des gesetzlichen Vertreters. Diese wird dem Kind zugerechnet.

219 Das **volljährige Kind** kann die Vaterschaft selber anfechten. Relevant wird das, wenn die Eltern die Anfechtung nicht betrieben haben. Für das volljährige Kind gelten dabei **besondere Fristen** für seine Anfechtung:

- Mit Volljährigkeit des Kindes wird zunächst eine eigenständige Frist in Gang gesetzt. Sie beginnt in dem Zeitpunkt, in dem das Kind Kenntnis von dem Anfechtungsgrund erlangt (§ 1600b Abs. 3 BGB). Hat es diese bereits vor seinem 18. Lebensjahr, beginnt die Frist mit seiner Volljährigkeit zu laufen. Erlangt es hingegen die maßgebliche Kenntnis erst später, beginnt die Frist erst in diesem Zeitpunkt zu laufen.
- Hat das Kind – etwa mit Blick auf das Verhältnis zu seinem Scheinvater – von seinem Anfechtungsrecht keinen Gebrauch gemacht, kann das mittlerweile verfriste-

---

21 OLG Saarbrücken, JAmt 2018, 339.

te Anfechtungsrecht erneut aufleben: Erlangt das Kind nämlich nach Fristablauf Kenntnis von Umständen, die die Vaterschaft für es unzumutbar werden lassen, beginnt die zweijährige Frist erneut zu laufen (§ 1600b Abs. 6 BGB).

Beispiele: Die Mutter heiratet den wahren Erzeuger; schwere Verfehlungen des Scheinvaters gegen Kind oder seine Mutter.

f) Der „fliegende" Vaterschaftswechsel

220 Daneben ist ausnahmsweise eine Änderung der Vaterschaftszuordnung ohne gerichtliche Anfechtung möglich. Der **„fliegende Vaterwechsel"** betrifft die besondere Konstellation, dass ein Kind während eines laufenden Scheidungsverfahrens (also nach Einreichung eines Scheidungsantrags bei Gericht) geboren wird (§ 1599 Abs. 2 BGB). In diesem Fall greift zwar nach wie vor die Vaterschaftsvermutung zugunsten des Ehemannes der Mutter. Allerdings ist seine Vaterschaft höchst unwahrscheinlich. Aus diesem Grund ermöglicht das Gesetz einen vergleichsweise unbürokratischen Zuordnungswechsel durch Erklärungen aller Beteiligter. Erforderlich sind:

- Die wirksame Anerkennung eines anderen Mannes, die nicht nur seine Erklärung, sondern auch die Zustimmung der Mutter erfordert.
- Die Zustimmung des Ehemannes der Mutter, die den gleichen Anforderungen unterliegt wie Anerkennungserklärung und Zustimmung der Mutter.

Alle Erklärungen müssen spätestens ein Jahr nach Rechtskraft der Scheidung vorliegen. Ist dies der Fall, wird das Kind automatisch Kind des anerkennenden Mannes.

5. Vaterschaft kraft gerichtlicher Feststellung

221 Liegt keine Anerkennung vor, eröffnet § 1592 Nr. 3 Alt. 1 BGB als letzte Alternative die Möglichkeit einer **gerichtlichen Feststellung der Vaterschaft**. Das Verfahren kann sowohl durch die Kindesmutter, den möglichen Vater, als auch durch das Kind betrieben werden (§ 1600d Abs. 1 BGB, §§ 171, 172 FamFG). Auch das Jugendamt kann uU ein Verfahren betreiben. Dieses kann zum einen auf Antrag der Mutter Beistand des Kindes werden und dann im Namen des Kindes die gerichtliche Feststellung der Vaterschaft verfolgen (§ 1712 Abs. 1 Nr. 1 BGB, vgl Rn 607). Daneben ist ein Tätigwerden des Jugendamtes (im Namen des Kindes) denkbar, wenn der Mutter die Sorge entzogen wurde. In Betracht kommt ein Sorgerechtsentzug, wenn die Mutter einer unzutreffenden Vaterschaft zustimmen will. Hingegen kann einer Mutter, die sich nicht um die Feststellung der Vaterschaft kümmert, nicht die Sorge entzogen werden (§ 1629 Abs. 2 S. 3 Hs 2 BGB). Auch insoweit ist es nicht möglich, der Mutter einen Vater „aufzuzwingen".

Ausgeschlossen ist ein gerichtliches Feststellungsverfahren für bestimmte Fälle der künstlichen Befruchtung: Wurde das Kind in einer medizinischen Einrichtung ärztlich unterstützt durch eine anonyme Fremdsamenspende gezeugt (heterologe Samenspende), kann der Samenspender nicht als Vater festgestellt werden (§ 1600d Abs. 4 BGB). Im Umkehrschluss kann bei der nicht ärztlich betreuten künstlichen Befruchtung mittels „Becherspende" die gerichtliche Feststellung der Vaterschaft – etwa durch das Kind oder auch den Samenspender – betrieben werden.

222 Verfahrensgegenstand ist die Vaterschaft des betreffenden Mannes. Das Gericht wird die Vaterschaft von sich aus mittels Sachverständigengutachten prüfen (§ 26 FamFG). Kann auf dieser Basis die Vaterschaft erwiesen werden, wird sie festge-

Teil III: Grundlagen des Familienrechts

stellt. Nur soweit dies nicht möglich ist (etwa, weil der Aufenthalt des Mannes nicht bekannt ist) kommen die Vermutungen des § 1600d Abs. 2 BGB zum Tragen, die quasi eine Beweislastumkehr zulasten des Mannes enthalten. Als Vater wird danach vermutet, wer der Frau in der Empfängniszeit beigewohnt hat. Mit Blick auf die biologisch-technischen Möglichkeiten der Abstammungsklärung kommt der Vermutung des § 1600d BGB kaum mehr praktische Bedeutung zu.

Der Beschluss des Familiengerichts, der die Vaterschaft feststellt, ist statusbegründend: Er wirkt ab dem Zeitpunkt seiner Feststellung (§ 1600d Abs. 5 BGB) für und gegen alle, unabhängig davon, ob sie am Verfahren teilgenommen haben oder nicht (§ 184 Abs. 2 FamFG). Er ist Grundlage für die Geltendmachung aller Rechtswirkungen des Eltern-Kind-Verhältnisses (zB Unterhaltsansprüche) für die Zukunft und für die Vergangenheit.

V. Prüfschema und Lösungshinweise zum Übungsfall 7

Ist eine abstammungsrechtliche Frage zu prüfen, empfiehlt es sich, wie folgt zu strukturieren:
1. Feststellung, ob das Kind überhaupt und wenn ja: Wem es einem Mann als sein Kind zugewiesen ist:
   a) Ehe im Zeitpunkt der Geburt des Kindes?
   b) Falls keine Zuweisung über die Ehe: Wirksame Anerkennung? War das Kind „frei"? Hat ein Mann anerkannt? Hat die Mutter zugestimmt? Brauchte man noch weitere Zustimmungen (des Kindes oder der Eltern des minderjährigen Mannes oder der minderjährigen Mutter)?
2. Ist die Vaterschaftszurechnung unzutreffend, sind Überlegungen zur Abänderung der Zuordnung durch Anfechtung zu machen:
   a) Ist die Person anfechtungsberechtigt (Scheinvater, Mutter, Kind, leiblicher Vater)?
   b) Besteht ein hinreichender Anfangsverdacht, dass die Vaterschaft unzutreffend ist? Wenn nicht, lässt sich der Anfangsverdacht über das Klärungsverfahren des § 1598a BGB schaffen (klärungsberechtigt nur Scheinvater, Mutter und Kind)?
   c) Sind ggf. besondere Voraussetzungen zu beachten (bei Anfechtung durch leiblichen Vater: Fehlen einer sozial-familiären Beziehung zwischen Scheinvater und Kind)?
   d) Ist die Zwei-Jahres-Frist gewahrt?
      – Wann begann sie?
      – Wann ist sie abgelaufen?
      – Bei Anfechtung durch das Kind: Können weitere Fristen laufen?

Lösungshinweise zum Übungsfall 7 (Fall Rn 185)

Frage 1: Iris ist mit ihrer Tante im 3. Grad Seitenlinie verwandt.

Frage 2: Iris ist das Kind von Otto (§ 1592 Nr. 1 BGB), da es während der Ehe von Alma und Otto Alander auf die Welt gekommen ist.

Frage 3: Eine Zuordnung zu Roland kommt erst in Betracht, wenn die Zuordnung zu Otto aufgehoben wurde. Dies kann grundsätzlich nur durch gerichtliche Anfechtung der Vaterschaft erfolgen (§ 1599 Abs. 1 BGB).

Uneingeschränkt anfechtungsberechtigt sind Otto, Iris (vertreten durch einen Ergänzungspfleger) und Alma (§ 1600 Abs. 1 Nrn. 1, 3 und 4 BGB).

Roland besitzt ebenfalls ein Anfechtungsrecht (§ 1600 Abs. 1 Nr. 2 BGB). Allerdings steht ihm dieses nur unter der Voraussetzung zu, dass es an einer sozial-familiären Beziehung zwischen rechtlichem Vater (Otto) und Iris fehlt (§ 1600 Abs. 2 BGB). Eine solche Beziehung ist durch das Element tatsächlicher Verantwortungsübernahme (§ 1600 Abs. 3 BGB) geprägt und wird vermutet, wenn Mutter und rechtlicher Vater miteinander verheiratet sind. Das ist hier der Fall. Jedoch ist diese Vermutung widerleglich. Im vorliegenden Fall etwa leben die Eheleute nicht nur nicht zusammen, sondern Iris ist in die Beziehung von Alma und Roland „hineingeboren". Eine sozial-familiäre Beziehung zwischen Otto und Iris besteht damit nicht. Roland steht daher ein Anfechtungsrecht zu.

Der Anfechtungsantrag muss innerhalb von 2 Jahren erhoben werden. Die Frist wird durch einen Anfangsverdacht in Gang gesetzt. Dieser wird durch die Kenntnis von Umständen begründet, die für einen Laien den nicht ganz fernliegenden Verdacht begründen, dass die Zuordnung des Kindes unzutreffend ist. Vorliegend wird sie durch die Geburt von Iris in Gang gesetzt.

Mit der erfolgreichen Anfechtung wird die Zuordnung des Kindes zu Otto beseitigt. Ob und wie das Kind Roland zuzuordnen ist, hängt davon ab, wer das Vaterschaftsanfechtungsverfahren betreibt:

Nur, wenn Roland selber das Verfahren betreibt, wird ihm das Kind auch unmittelbar durch den der Anfechtung stattgebenden Beschluss zugeordnet (§ 182 Abs. 1 FamFG). In den übrigen Fällen wird lediglich die Vaterschaft von Otto beseitigt. In diesen Fällen bedarf es eines eigenen Zuordnungsakts von Iris zu Roland: Es liegt nahe, dass Roland (mit Zustimmung von Alma) die Vaterschaft für Iris anerkennt (§ 1592 Nr. 2 BGB).

Frage 4: Ausgangspunkt ist die obige Feststellung, dass Roland rechtlich nicht der Vater des Kindes sein wird und erst nach einer Anfechtung (und ggf Anerkennung der Vaterschaft) in diese Position einrücken kann. Solange das Kind noch nicht geboren ist, ist zudem an die vereinfachte Möglichkeit der Zuordnungsänderung des § 1599 Abs. 2 BGB zu denken: Bei Geburt während eines anhängigen Scheidungsverfahrens kann eine erleichterte Zuordnung des Kindes zum neuen Vater erfolgen durch jeweils öffentlich beurkundete Erklärungen aller Beteiligten (Otto, Roland, Alma).

Es ist daher daran zu denken, dass Alma Alander noch während ihrer Schwangerschaft ein Scheidungsverfahren einleitet. Sollte die Scheidung noch vor Geburt des Kindes ausgesprochen werden, wäre Iris ohnehin nichtehelich und könnte Roland durch einfache Vaterschaftsanerkennung zugeordnet werden.

Kapitel 2: Elterliche Sorge

I. Grundlagen

1. Gegenstand und Bedeutung elterlicher Sorge

225 Gegenstand der elterlichen Sorge ist das Rechtsverhältnis zwischen Eltern und ihren Kindern. Das Verfassungsrecht weist Erziehung und Pflege den Eltern zu (Art. 6 Abs. 2 GG). Deren Rechtsstellung wird einfachgesetzlich in den §§ 1626 ff BGB umgesetzt und ausgestaltet. Eltern im Sinne des BGB sind dabei diejenigen, deren El-

ternschaft nach den §§ 1591 ff BGB besteht. Ihre sorgerechtliche Zuständigkeit beginnt grundsätzlich im Zeitpunkt der Rechtsfähigkeit des Kindes. Ihr Ende kann unterschiedliche Ursachen haben:
- Volljährigkeit des Kindes.
- Tod der Eltern oder eines Elternteils.
- Aufhebung der elterlichen Sorge durch gerichtliche Entscheidung, etwa
  - Aufhebung der gemeinsamen Sorge (§ 1671 Abs. 1 BGB),
  - Übertragung der Sorge von einem Elternteil auf den anderen (§ 1671 Abs. 2 BGB),
  - Eingriff in die elterliche Sorge (§ 1666 BGB) oder
  - Adoption (§§ 1754, 1755 BGB).

Elterliche Sorge ist zwar im Grundsatz **unübertragbar, unverzichtbar und unvererblich**. Gleichwohl lässt das Gesetz in gewissem Umfang kontrollierte Dispositionsakte über die Sorge zu. Nicht ohne weiteres reversible Dispositionen über die Sorge sind etwa die Adoption und die Sorgerechtsübertragung auf einen Elternteil (§ 1671 BGB) oder auf eine Pflegeperson (§ 1630 Abs. 3 BGB). Solche Akte, die den Sorgerechtsinhaber grundsätzlich verändern, erfolgen durchgehend durch gerichtliche Entscheidung. 226

Daneben können Eltern selbstverständlich sorgerechtliche Befugnisse an Dritte delegieren.

Beispiele: Kindertagesstätte; Internat; Fußballclub; Kind in Pflegefamilie.

Die Delegation an Dritte erfolgt durch einen Vertrag eigener Art: Vertragsparteien sind die sorgeberechtigten Eltern und der Dritte. Das Kind ist als Begünstigter nicht selbst Vertragspartei. Die Delegation an Dritte räumt diesen sorgerechtliche Befugnisse ein, tangiert aber die Sorge der Eltern nicht, so dass die Eltern die Delegation jederzeit rückgängig machen können.

2. Strukturen elterlicher Sorge

a) Befugnisse

Elterliche Sorge begründet eine umfassende Zuständigkeit für die körperlichen, seelischen, wirtschaftlichen und sonstigen Belange des Kindes. Aus diesem Grunde dürfen die Eltern grundsätzlich im Innenverhältnis sämtliche Entscheidungen für ihr Kind treffen und diese auch rechtlich nach außen gegenüber Dritten umsetzen. 227

Eltern   Außenverhältnis (zB Kontaktverbot zu Kind)   Dritte

Innenverhältnis
(zB Kontaktverbot zu Drittem)

Kind

b) Personen- und Vermögenssorge

228 Inhaltlich wird unterschieden zwischen der Sorge für die Person des Kindes, der sog Personensorge, sowie der Sorge für das Vermögen des Kindes, der sog Vermögenssorge (§ 1626 Abs. 1 S. 2 BGB). Im Zentrum der Praxis Sozialer Arbeit steht die Personensorge, die nachfolgend schwerpunktmäßig behandelt wird.

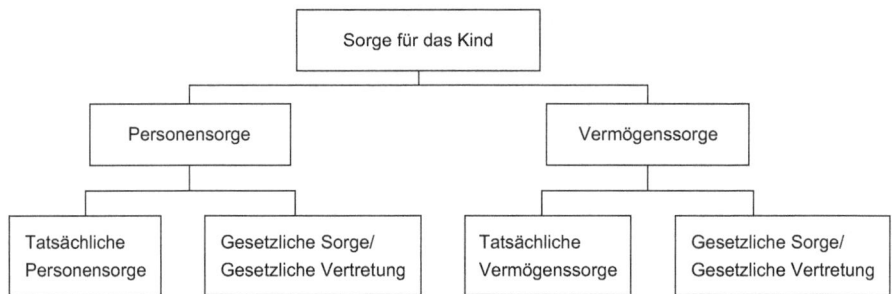

Die **Personensorge** beinhaltet insbesondere die Pflicht und das Recht, das Kind zu pflegen, zu erziehen, es zu beaufsichtigen und seinen Aufenthalt zu bestimmen (§ 1631 Abs. 1 BGB). Im Einzelnen:

- Pflege („materielle" Leistungen): Sorge um das leibliche Wohl und eine gesunde äußere Entwicklung des Kindes. Dazu gehören sämtliche Schutz- und Fürsorgemaßnahmen für das Kind, ebenso die Maßnahmen der täglichen Pflege sowie alle Entscheidungen über Kleidung, Nahrung oder der Gesundheitsfürsorge für das Kind.
- Erziehung („immaterielle" Leistungen): Förderung der geistigen, seelischen und sozialen Entwicklung. Dazu gehören die Wahl und die Förderung von Schul- und Berufsausbildung sowie die religiöse Erziehung.
- Aufsicht: Die elterliche Aufsicht dient dem Schutz des Kindes, aber auch Dritter vor dem Handeln des Kindes. Verletzungen können zu deliktsrechtlichen Haftungsansprüchen führen.
- Aufenthaltsbestimmung: Das Aufenthaltsbestimmungsrecht beinhaltet das Recht, festzulegen, an welchem Ort und in welcher Wohnstätte das Kind dauernd oder vorübergehend weilen soll und darf.

Beispiele: Entscheidung, das Kind in ein Heim, Internat oder zu einer Pflegefamilie zu geben.

Diese Aufzählung ist nicht abschließend. Zur Personensorge gehören etwa auch folgende – nicht ausdrücklich genannte – Bereiche:

- Umgangsbestimmungsrecht: Die Entscheidung, mit wem das Kind wann und wo Kontakt hat.
- Recht zur Wahl des Vor- und Geburtsnamens des Kindes.
- Erteilung der Zustimmung zu rechtsgeschäftlichem Handeln des Kindes.
- Einwilligung in ärztliche Behandlungen.
- Geltendmachung von Rechtsansprüchen des Kindes.
- Festlegung des Wohnsitzes.

Die Unterhaltspflicht gehört hingegen nicht zur Personensorge, sondern ist eine eigenständige Pflicht der Eltern. Die Geltendmachung der Unterhaltsansprüche des Kindes ist demgegenüber Teil der Personensorge.

Teil III: Grundlagen des Familienrechts 127

Zur **Vermögenssorge** gehören alle Maßnahmen zur Erhaltung, Vermehrung und Ver- **229**
waltung des Kindesvermögens.

Beispiele: Erwerb von Vermögen; Verfügung über Vermögensgegenstände (Verkauf/Vermietung von Grundstücken); Kontoeröffnung; Anlage von Vermögen.

c) Tatsächliche und gesetzliche Sorge

Je nach Richtung elterlicher Sorgeausübung lassen sich elterliche Entscheidungen **230**
in Maßnahmen der sog tatsächlichen sowie der gesetzlichen Sorge differenzieren.

Tatsächliche Sorge	Gesetzliche Sorge/Gesetzliche Vertretung
Faktisches erzieherisches und pflegendes Handeln gegenüber dem Kind. Zur tatsächlichen Sorge gehören: ■ Entscheidungen über Aufwachsbedingungen. ■ Tägliche Fürsorge, fortlaufende Begegnung. ■ Zustimmung zu Willenserklärungen des Kindes (§ 107 BGB).	Rechtliches Handeln der Eltern für das Kind nach außen: Die gesetzliche Vertretung des Kindes durch die Eltern erlaubt den Eltern, ihre Entscheidungen rechtswirksam nach außen umzusetzen und für das Kind im Rechtsverkehr zu handeln. Synonym für den Begriff „gesetzliche Sorge" wird auch der Begriff der „gesetzlichen Vertretung" verwendet.

II. Die Ausübung elterlicher Sorge

1. Übungsfall 8

Die Eltern von Marina sind nicht ganz zufrieden mit dem Ergebnis der Erziehung ihres Kindes: **231**
Die 14jährige Marina war ein Wunschkind und wurde dementsprechend schon früh verzogen. Zurzeit kommen die Eltern immer schlechter mit Marina zurecht. Kürzlich sah sich Marinas Vater veranlasst, Marina eine Ohrfeige zu verpassen sowie einen mehrtägigen Hausarrest zu verhängen, als Marina ihn auf seine Bitte, doch die Hausaufgaben nicht zu vergessen, einen „alten, fetten, senilen und total verblödeten Spießer" titulierte. Streit gibt es im Moment über Marinas Zukunft. Marinas aktueller Berufswunsch ist es, Model zu werden. Die Eltern lehnen das ab und möchten, dass Marina zunächst ihren Realschulabschluss und danach eine Lehre als Industriekauffrau macht.
Bitte bewerten Sie die elterlichen Erziehungsmaßnahmen (Lösungshinweise Rn 259)!

2. Einführung

Der Gesetzgeber muss – aus Respekt vor dem verfassungsrechtlich in Art. 6 Abs. 2 **232**
GG verbrieften Erziehungsrecht der Eltern – diesen Freiraum für die Art und Weise der Ausgestaltung der elterlichen Sorge gewähren. Daher finden sich nur wenige Vorgaben bzw Grenzen für die Ausübung der elterlichen Sorge. Lediglich in bestimmten Bereichen finden sich Vorgaben bzw Schranken.

Außerhalb dieser ausdrücklich geregelten Bereiche ist die Entscheidungs- und Handlungsmacht der Eltern nicht begrenzt. Daher sind auch Maßnahmen der Eltern, deren Kindeswohldienlichkeit fraglich ist oder gar fehlt, von der elterlichen Sorge gedeckt und damit von Dritten zu beachten. Es besteht kein Anspruch des Kindes auf eine „optimale" Erziehung. Nur wenn und soweit das elterliche Verhalten das Kind gefährdet, ist ein Schutz des Kindes vor den Eltern durch einen (gerichtlichen) Eingriff in deren Sorge möglich (§ 1666 BGB, Rn 382 ff)[22].

3. Die Erziehung des Kindes

a) Allgemeines

233 Grundsätzlich entscheiden die Eltern, wie sie ihr Kind erziehen. Verfassungsrechtlich vorgegeben ist lediglich die Richtung der Erziehung: Sie soll dem Kindeswohl dienen. Die Konkretisierung dessen, was im konkreten Fall das Kindeswohl verlangt, steht dabei – ebenfalls verfassungsrechtlich vorgegeben – den Eltern zu.

Dementsprechend normiert der Gesetzgeber keine erzieherischen Vorgaben, sondern beschränkt sich darauf, punktuell essenzielle **Eckpunkte der Erziehung** bzw Grenzen zu regeln. Diese Vorgaben sind echte Rechtsnormen und damit für die Eltern verbindlich. Allerdings sind für Verletzungen dieser Vorgaben keine Sanktionen vorgesehen. Begrenzbar ist die elterliche Erziehungshoheit erst in dem Zeitpunkt, in dem sie das Kindeswohl gefährdet. Dann aktualisiert sich das Wächteramt des Staates, das ihm Eingriffe in die elterliche Sorge erlaubt. Der Eingriff erfolgt durch die Familiengerichte auf der Basis des § 1666 BGB (Rn 382 ff).

Aus der Sanktionslosigkeit sollte jedoch nicht auf die Überflüssigkeit der Normen geschlossen werden. Zum einen geht allein von der Festschreibung erzieherischer Standards eine Signalwirkung aus. Sodann kommt den Normen eine mittelbare Bedeutung zu, wenn im Rahmen einer gerichtlichen Entscheidung das Kindeswohl zu konkretisieren ist.

b) Das Wohl des Kindes als Richtschnur der Erziehung

234 Die Ausrichtung der Erziehung am **Kindeswohl** ist einfachgesetzlich in § 1627 BGB aufgenommen. Als besonderer Kindeswohlbelang ist ausdrücklich der Respekt vor den persönlichen Bindungen des Kindes aufgegriffen (§ 1626 Abs. 3 BGB). Zum Kindeswohl gehört danach in der Regel der Umgang mit folgenden Personen:
- Eltern.
- Personen, zu denen das Kind Bindungen besitzt, wenn der Kontakt zu ihnen der Entwicklung des Kindes förderlich ist. Ob der Kontakt dem Kindeswohl dienlich ist, bestimmen die Eltern. Dadurch wird den Eltern ein inhaltlicher Entscheidungsspielraum darüber zugestanden, welche Kontakte sie für ihr Kind wünschen und welche nicht.

c) Erziehungsziel

235 In der verfassungsrechtlichen Grundstruktur ist als **Erziehungsziel**, die Entwicklung des Minderjährigen zu einer autonomen und selbstständigen Persönlichkeit angelegt[23]. Dies beinhaltet die Befähigung zu wirtschaftlicher Selbstständigkeit, einem ei-

---

22 BVerfG, NJW 2015, 223 (226).
23 BVerfG, NJW 1968, 2233 (2235).

genständigen sozialen Leben sowie der Entwicklung von Verantwortungsbewusstsein und Autonomie. Einfachgesetzlich ist dieses Erziehungsziel implizit in § 1626 Abs. 2 BGB enthalten, das die Eltern zur Berücksichtigung der wachsenden Autonomie des Kindes anhält.

d) Leitlinien für die Erziehung

Im Rahmen ihrer elterlichen Verantwortung entscheiden die Eltern zunächst über den grundsätzlichen **Erziehungsstil**, der verfassungsrechtlich nicht vorgegeben ist. Ein behütender Erziehungsstil ist verfassungsrechtlich ebenso geschützt wie ein autoritärer Erziehungsstil. Mit Blick auf die Rechtsstellung des Kindes enthalten die verfassungsrechtlichen Vorgaben gleichwohl einige Maßstäbe für den Erziehungsstil. 236

aa) Achtung der wachsenden Autonomie des Kindes

Da Ziel der Erziehung die volle rechtliche und wirtschaftliche Selbstständigkeit des Kindes ist, sollen Eltern nach Auffassung des Gesetzgebers mit zunehmendem Alter des Kindes auch dessen Streben nach Selbstständigkeit Rechnung tragen. Dies impliziert demokratische Elemente in der Erziehung, insbesondere die Einbeziehung des Kindes in den Erziehungsprozess sowie in elterliche Entscheidungen. Der Gesetzgeber hat dies in § 1626 Abs. 2 BGB ausdrücklich festgeschrieben: 237

- Eltern berücksichtigen danach die wachsende Fähigkeit des Kindes zu selbstständigem Handeln.
- Fragen der elterlichen Sorge sind entsprechend dem Entwicklungsstand mit dem Kind zu besprechen.
- Einvernehmen in Fragen der elterlichen Sorge mit dem Kind ist anzustreben. Diese Vorgabe bedeutet dabei nicht, dass der Kindeswille sich durchsetzt. Die Entscheidungsbefugnis (und damit auch -verantwortung) behalten die Eltern. Die Eltern sollen sich aber mit der Haltung des Kindes auseinandersetzen und diese ernst nehmen.

Dem **Kindeswillen** wird besondere Bedeutung im Bereich der eigenen Ausbildung eingeräumt (§ 1631a BGB). Danach nehmen die Eltern in Angelegenheiten der Ausbildung und des Berufs auf Eignung und Neigung des Kindes Rücksicht. Dies verbietet den Eltern, das Kind in einen ungeliebten Beruf zu drängen. Auch diese Norm entbindet die Eltern nicht von ihrer Verantwortung: Eltern müssen die kindliche Entscheidung etwa dann nicht berücksichtigen, wenn das Kind seine eigenen Fähigkeiten grob verkennt. In Zweifelsfällen sollen sich Eltern den Rat eines Lehrers oder einer anderen geeigneten Person holen (§ 1631a S. 2 BGB).

bb) Erziehungsmittel

Es gilt in der Erziehung des Kindes ein grundlegendes, ausnahmsloses und umfassendes **Gewaltverbot** (§ 1631 Abs. 2 BGB): Kinder haben ein Recht auf Erziehung unter Ausschluss von Gewalt, körperlichen Bestrafungen, seelischen Verletzungen und anderen entwürdigenden Maßnahmen. 238

Körperliche Bestrafungen als Sanktion auf ein Fehlverhalten des Kindes sind demnach ausnahmslos unzulässig. Dies erfasst das Schlagen (vom „Klaps" bis zur

Tracht Prügel), aber auch das Treten, Schütteln, Schubsen oder Stoßen des Kindes. Das Gewaltverbot steht dabei nicht jeder körperlichen Einwirkung auf das Kind entgegen. Vor allem im Bereich der Gefahrenabwehr für das Kind sind körperliche Einwirkungen zulässig, wenn und solange sie zum Schutz des Kindes erforderlich sind und keine Bestrafung darstellen.

Beispiel: Gewaltsames Festhalten des Kindes, um es am Überqueren einer Straße zu hindern.

Seelische Verletzungen sind etwa Grausamkeiten oder Verletzungen des Kindes ohne körperliche Einwirkungen, zB durch ein Verhalten, das das Kind dem Gespött preisgibt.

Entwürdigende Erziehungsmaßnahmen liegen immer dann vor, wenn sie mit dem Erziehungsziel nicht zu vereinbaren sind.

Das Gewaltverbot nimmt den Eltern damit nicht die Möglichkeit der Bestrafung ihres Kindes. Allerdings können die ergriffenen Maßnahmen (Kürzen des Taschengeldes, Hausarrest, Computersperre) in krassen Übermaßfällen unzulässig sein.

e) Durchsetzung gegenüber dem Kind

239 Es stellt sich die Frage, wie sich die Eltern gegen den Widerstand ihres Kindes durchsetzen können. Praktisch ist der Eltern-Kind-Konflikt ein Problem der inneren Autorität der Eltern, weniger ein Rechtsproblem. Gerichtliche Entscheidungen zu diesem Themenkomplex sind dementsprechend eine Rarität.

Rechtlich ist der Konflikt (gleichwohl) in § 1631 Abs. 3 BGB aufgegriffen. Danach hat das Familiengericht die sorgeberechtigten Eltern auf Antrag in geeigneten Fällen bei der Ausübung der Personensorge zu unterstützen. **Denkbare Maßnahmen des Gerichts** sind etwa Ermahnungen, Verwarnungen (in der Hoffnung, das Kind durch den amtlichen Charakter der Handlung zu beeindrucken), Verweise, die Vorladung zu einer Besprechung sowie die Anordnung, in den elterlichen Haushalt zurückzukehren.

4. Grenzen elterlicher Sorge

a) Eingriffe in die körperliche Unversehrtheit

240 Die Personensorge beinhaltet die Entscheidungsbefugnis über sämtliche Eingriffe in die körperliche Integrität des Kindes. Hauptanwendungsfall ist die Einwilligung in einen körperlichen Eingriff, sei es im Rahmen einer Heilbehandlung, sei es in eine medizinisch nicht indizierte Maßnahme. Gedeckt sind von der Sorge grundsätzlich sämtliche, auch medizinisch nicht notwendige und uU sogar aus der Perspektive des Kindeswohles fragwürdige Eingriffe.

Eingriffe in die körperliche Integrität des Kindes, etwa die Einwilligung in eine medizinische Behandlung, sind insbesondere nicht am Gewaltverbot des § 1631 Abs. 2 BGB zu messen[24]. Dieses bezieht sich nämlich ausschließlich auf elterliche Sanktionsmaßnahmen für ein – aus ihrer Sicht – kindliches Fehlverhalten und ist daher nicht auf sonstige elterliche Maßnahmen anwendbar, die eine andere Zielrichtung verfolgen.

---

24 BeckOK BGB/Veit, 59. Ed. 1.8.2021, BGB § 1631d Rn 28.

Beispiele: Einwilligung in eine medizinische Maßnahme, etwa die Impfung oder Operation des Kindes.
Einwilligung in das Stechen eines Ohrloches.

Mit zunehmendem Alter des oder der Minderjährigen kann die elterliche Entscheidung allerdings mit dessen oder deren Selbstbestimmungsrecht kollidieren.

Beispiele: Entscheidung über Schwangerschaftsabbruch durch eine minderjährige werdende Mutter.

Gesetzlich ist dieser Konflikt nicht geregelt. Die Rechtsprechung löst ihn mithilfe der von ihr entwickelten Rechtsfigur des **einsichtsfähigen Minderjährigen**: Das Zusammenspiel elterlicher Entscheidungsbefugnis und Autonomie Minderjähriger richtet sich danach, ob der Minderjährige nach seinem konkreten Entwicklungsstand die notwendige Einsichts- und Urteilsfähigkeit für die anstehende Entscheidung besitzt. Dafür kommt es darauf an, ob er die Tragweite der Entscheidung abschätzen und nach rationalen Gesichtspunkten die dafür und dagegen sprechenden Aspekte abwägen kann: 241

- Ist der oder die Minderjährige *nicht* einsichts- und urteilsfähig, so entscheiden allein die Eltern über den Rechtsgutseingriff.
- Ist der oder die Minderjährige hingegen einsichts- und urteilsfähig, so ist auch seine bzw ihre Einwilligung in den Eingriff erforderlich. Minderjährige besitzen dadurch ein Vetorecht gegen Eingriffe, die die Eltern wünschen[25]. Streitig ist hingegen, ob einsichtsfähige Minderjährige allein über einen von ihnen gewünschten Eingriff entscheiden und ihn ohne oder sogar gegen den Willen der Eltern veranlassen können[26], oder ob der vom Minderjährigen gewünschte Eingriff konsensuell von Eltern und Minderjährigem getragen sein muss (Co-Konsens[27]).

Für bestimmte Eingriffe, die die Geschlechtsorgane der Kinder betreffen, gelten besondere Vorgaben. Dies betrifft folgende Bereiche: 242

- Beschneidung: Bei der **Beschneidung** ist zu differenzieren. Während eine elterliche Einwilligung in die Beschneidung eines weiblichen Kindes unzulässig ist, ist die Entscheidung über die Beschneidung des männlichen Kindes grundsätzlich von der elterlichen Sorge gedeckt, wenn diese nach den Regeln der ärztlichen Kunst durchgeführt werden soll (§ 1631d BGB). In den ersten 6 Monaten darf auch eine von einer Religionsgemeinschaft vorgesehene Person die Beschneidung durchführen, vorausgesetzt, sie ist dafür befähigt.
- Geschlechtsändernde bzw -angleichende Eingriffe: Eine differenzierende Regelung hingegen gilt für Behandlungen von nicht einwilligungsfähigen Kindern, deren Geschlecht nicht eindeutig ist (**Kinder mit Varianten der Geschlechtsentwicklung**).

Grundsätzlich ist eine gezielte geschlechtsangleichende Behandlung, um das körperliche Geschlecht des Kindes einem Geschlecht anzugleichen, verboten (§ 1631e Abs. 1 BGB). Zulässig sind aber operative Eingriffe mit einer anderen Zielsetzung, die – als Nebenfolge – eine Angleichung des körperlichen Erscheinungsbildes an ein Geschlecht mit sich bringen. Das ist denkbar bei Eingriffen, die eine Gesundheitsgefahr für das Kind oder eine Funktionsstörung abwenden sollen. Die elterliche Einwilligung setzt in diesem Fall allerdings voraus, dass der Eingriff nicht bis zu einer selbstbestimmten Entscheidung des Kindes aufgescho-

---

[25] BGH, NJW 2007, 217.
[26] So etwa OLG Hamm, NJW 2020, 1373, für den Schwangerschaftsabbruch durch eine minderjährige Mutter gegen den Willen ihrer Eltern.
[27] OLG Frankfurt a.M., BeckRS 2019, 20042; Lorenz, NZFam 2018, 782.

ben werden kann. Die Eltern benötigen zudem die Genehmigung des Familiengerichts (§ 1631e BGB), die allerdings zu erteilen ist, wenn der geplante Eingriff dem Wohl des Kindes am besten entspricht. In eilbedürftigen Fällen (unaufschiebbare operative Eingriffe zur Abwehr einer Gefahr für das Leben oder die Gesundheit des Kindes) entfällt das Genehmigungserfordernis.
- Sterilisation: Über eine **Sterilisation des Kindes** hingegen können weder die Eltern noch das Kind selber verfügen. Eine Einwilligung ist ausgeschlossen (§ 1631c BGB).
- Organspende: Auch eine Organlebendspende eines minderjährigen Kindes ist unzulässig und damit auch einer Einwilligung der Eltern nicht zugänglich (§ 8 Abs. 1 TPG).

b) Freiheitsentziehende Maßnahmen

aa) Überblick

243 Die elterliche Sorge umfasst auch die Befugnis, die Fortbewegungsfreiheit des Kindes zu beschränken. Das Spektrum möglicher Maßnahmen reicht vom Einsperren des Kindes in seinem Zimmer über das Anbringen eines Bettgitters an das Bett bis zu einer Unterbringung in einer geschlossenen Einrichtung. Freiheitsentziehende Maßnahmen tangieren einen sehr sensiblen Bereich des Kindes. In bestimmten Bereichen ist die elterliche Entscheidung über freiheitsentziehende Maßnahmen daher an eine gerichtliche Genehmigung gebunden und weiter an besondere Bedingungen geknüpft.

Dies betrifft zwei Bereiche:
- Die freiheitsentziehende Unterbringung.
- Freiheitsentziehende Maßnahmen in einer Einrichtung.

Freiheitsentziehende Maßnahmen im außerinstitutionellen Kontext, also durch die Eltern selber, eine Tagesmutter oder durch Pflegeeltern, können Eltern hingegen ohne gerichtliche Kontrolle, allein auf Grund ihrer sorgerechtlichen Kompetenz, vornehmen.

bb) Freiheitsentziehende Unterbringung

244 Von einer **Unterbringung** wird nur bei Aufenthalten in Einrichtungen gesprochen. Freiheitsentziehend ist sie, wenn folgende Gegebenheiten zusammentreffen:
- Eine minderjährige Person ist gegen ihren Willen oder im Zustand der Willenlosigkeit
- in einem räumlich begrenzten Teil eines geschlossenen Krankenhauses oder einer anderen geschlossenen Einrichtung bzw in einem abgeschlossenen Teil einer solchen Einrichtung festgehalten,
- ihr Aufenthalt ist ständig überwacht und
- die Kontaktaufnahme mit Personen außerhalb des Bereichs ist eingeschränkt.

Beispiele: Freiheitsentziehende Unterbringung: Unterbringung in einem geschlossenen Heim der Kinder- und Jugendhilfe, einem geschlossenen psychiatrischen Krankenhaus oder einer solchen Entziehungsanstalt.

Keine freiheitsentziehende Unterbringung: Internat; offene oder halboffene Heime (trotz Ausgehverbot und kurzzeitiger Hausarreste); Krankenhaus; Notwendigkeit, in einer Klinik der

Kinder- und Jugendpsychiatrie einen in üblicher Schalterhöhe angebrachten Türentriegelungsknopf drücken zu müssen.

Eine freiheitsentziehende Unterbringung des Kindes können sorgeberechtigte Eltern grundsätzlich nur mit Genehmigung des Familiengerichts veranlassen (§ 1631b Abs. 1 BGB). Diese setzt voraus, dass die Unterbringung für das Wohl des Kindes, insbesondere zur Abwendung einer erheblichen Selbst- oder Fremdgefährdung erforderlich ist, und der Gefahr nicht auf andere Weise – auch nicht durch andere öffentliche Hilfen – begegnet werden kann. **245**

Beispiele: Kind nimmt Drogen; Kind verweigert den Schulbesuch; Kind ist hochaggressiv, aber nicht in Behandlung.

Durch diese Formulierung wird zugleich klargestellt, dass eine geschlossene Unterbringung subsidiär zu einschlägigen Leistungen der Kinder- und Jugendhilfe ist. Eine Unterbringung ist danach immer ausgeschlossen, wenn eine erfolgversprechende Maßnahme der öffentlichen Jugendhilfe in Betracht kommt (und darf dann vom Familiengericht nicht genehmigt werden). Weigert sich das Kind hingegen in den obigen Beispielsfällen, an einer entsprechenden Maßnahme teilzunehmen, so kommt eine Unterbringung in Betracht.

Ohne die erforderliche familiengerichtliche Genehmigung dürfen Eltern ihr Kind nur dann in einer geschlossenen Einrichtung unterbringen, wenn der zeitliche Aufschub infolge der Durchführung des Genehmigungsverfahrens mit einer Gefahr für das Kind verbunden ist. Allerdings ist die Genehmigung unverzüglich nachzuholen. **246**

Beispiele: Einweisung in eine geschlossene Einrichtung nach Suizidversuch oder bei akuter psychischer Erkrankung.

cc) Freiheitsentziehende Maßnahmen in einer Einrichtung

Ein Freiheitsentzug ist auch innerhalb einer Einrichtung denkbar, unabhängig davon ob diese geschlossen ist oder nicht. Im Gegensatz zur freiheitsentziehenden Unterbringung, beruht der Freiheitsentzug bei dieser Variante nicht auf einem institutionellen, für alle Untergebrachten gleichen, Rahmen, sondern auf individuellen Maßnahmen gegenüber einzelnen Minderjährigen. Man nennt freiheitsbeschränkende Maßnahmen innerhalb des institutionellen Kontexts daher auch „unterbringungsähnliche Maßnahmen". **247**

Beispiele: Festhalten eines Minderjährigen; Fixierungen; Sedierungen; Einsatz von Therapietischen, Bettgittern, Gurten und Schutzanzügen; der Einschluss in Time-Out-Räumen; das Absperren der Tür.

Über derartige Maßnahmen müssen grundsätzlich die Eltern entscheiden. Lehnen Eltern sie ab, sind sie bereits deswegen nicht zulässig.

Die Zustimmung der Eltern zu unterbringungsähnlichen Maßnahmen muss jedoch in bestimmten Fällen vom Familiengericht genehmigt werden: Genehmigungspflichtig sind Maßnahmen innerhalb einer Einrichtung, etwa einem Krankenhaus oder einem Heim, durch die dem Kind über einen längeren Zeitraum oder regelmäßig in nicht altersgerechter Weise die Freiheit entzogen werden soll (§ 1631b Abs. 2 BGB). Unerheblich ist, wodurch der Freiheitsentzug erfolgt. Das Gesetz benennt mechanische Beschränkungen und eine Medikamentengabe, verweist aber auch auf sonstige Formen des Freiheitsentzugs.

Erfasst werden dabei lediglich Maßnahmen, die einen Freiheitsentzug bezwecken. Maßnahmen, die anderen – zB therapeutischen oder medizinischen – Zwecken die- **248** nen und lediglich – als ungewollte „Nebenwirkung" – einen Freiheitsentzug mit sich bringen, sind hingegen keine „freiheitsentziehenden" Maßnahmen im Sinne dieser Vorschrift. Sie sind damit auch nicht genehmigungspflichtig.

Beispiele für genehmigungsfreie Maßnahmen: Fixierung eines mehrfachbehinderten Kindes im Rollstuhl zu dessen Aufrichtung und Atmungserleichterung mit einem Rumpfmieder; Einsatz eines Beckengurtes oder Bügels[28]; Medikamentengabe zu Heilzwecken, die als Nebeneffekt sedierende Wirkung haben.

249 Unterbringungsähnliche Maßnahmen sind dabei nur dann genehmigungspflichtig, wenn sie länger oder regelmäßig und in nicht altersgerechter Form angewandt werden. Damit sind folgende freiheitsbeschränkende Maßnahmen ebenfalls genehmigungsfrei:

- Kurzfristige oder einmalige Maßnahmen: Kurzfristig ist eine Maßnahme, wenn sie 30 Minuten nicht überschreitet[29].
- „Altersadäquate" freiheitsentziehende Maßnahmen.

  Beispiele: Laufställe oder Hochstühle für Kinder in Kindertagesstätten.

Die Erteilung der Genehmigung richtet sich nach den gleichen Maßstäben wie die Genehmigung einer freiheitsentziehenden Unterbringung: Sie setzt eine erhebliche Selbst- oder Fremdgefährdung des Kindes oder durch das Kind voraus, die nicht anders abgewendet werden kann. Ohne Genehmigung darf eine unterbringungsähnliche Maßnahme nur in Eilfällen ergriffen werden. Sie ist dann aber unverzüglich nachzugenehmigen.

250 Besondere Anforderungen gelten für Fixierungen am Bett, vor allem solche, die den Betroffenen komplett bewegungsunfähig halten sollen[30]:

- Grundsätzlich ist eine Eins-zu-eins-Betreuung durch therapeutisches oder pflegerisches Personal zu gewährleisten. Ist dies der Einrichtung organisatorisch nicht möglich, so wird das Familiengericht die Genehmigung zu der Maßnahme verweigern, auch wenn alle übrigen Voraussetzungen für die Fixierung eigentlich vorliegen[31].
- Die Anordnung der Fixierung, ihre Gründe, Durchführung, Dauer und Art der Überwachung sind zu dokumentieren.

c) Beschränkung der gesetzlichen Vertretungsmacht im Geschäftsverkehr

251 Im Bereich der Rechtsgeschäfte bestehen Einschränkungen der gesetzlichen Vertretungsbefugnis der Eltern. Die wichtigsten Bereiche sind:

- Genehmigungsbedürftige Geschäfte.
- Vertretungsverbote.
- Schenkungen im Namen des Kindes.

---

28 OLG München, FamRZ 2020, 104.
29 BVerfG, NZFam 2018, 724 (730).
30 BVerfG, NZFam 2018, 724 (732). Die Entscheidung betraf eine 5-bzw 7-Punkt-Fixierung im Rahmen einer öffentlich-rechtlichen Unterbringung und wird auf die Fixierung Minderjähriger übertragen, OLG Hamburg, NZFam 2021, 166.
31 Braun, NZFam 2021, 170.

aa) Genehmigungsbedürftige Geschäfte

Bestimmte weitreichende Geschäfte dürfen Eltern nur mit **Genehmigung** des Familiengerichts für das Kind tätigen (§ 1643 Abs. 1 iV mit §§ 1850 bis 1854 Nrn. 1-5 BGB)[32]. Die Hauptanwendungsfälle stammen überwiegend aus dem Bereich der Vermögenssorge, zB Verfügungen über ein Grundstück des Kindes, das Vermögen des Kindes im Ganzen oder bestimmte erbrechtliche Handlungen – darunter die Ausschlagung einer Erbschaft.

Genehmigungspflichtig sind aber auch Mietverträge und sonstige Dauerschuldverhältnisse, durch die der oder die Minderjährige zu laufenden Leistungen verpflichtet wird, wenn der Vertrag länger als ein Jahr nach dem Eintritt der Volljährigkeit fortdauern soll (§ 1643 Abs. 4 BGB [bis zum 31.12.2022: § 1643 Abs. 1 BGB iV mit § 1822 Nr. 5 BGB]). Genehmigungsfrei sind aber Ausbildungsverträge, Verträge, die geringe wirtschaftliche Bedeutung haben, oder Verträge, die ohne Nachteile innerhalb eines Jahres nach Erreichen der Volljährigkeit gekündigt werden können (§ 1643 Abs. 4 BGB). Das betrifft etwa Mobilfunkverträge, Verträge über Streaming-Dienstleistungen, Fitness-Studio-Verträge, Verträge über Vereinsmitgliedschaften oder Abos des öffentlichen Personennahverkehrs[33].

Das Familiengericht erteilt die Genehmigung, wenn das Wohl des Kindes nicht widerspricht (§ 1644 Abs. 1 BGB). In diesem Rahmen ist auch der Kindeswille zu berücksichtigen[34]. Rechtsgeschäfte, die ohne die notwendige familiengerichtliche Genehmigung vorgenommen wurden, sind schwebend unwirksam bis zur Genehmigungserteilung durch das Familiengericht gegenüber den Eltern (nicht dem Geschäftspartner!).

bb) Vertretungsverbote

Bei bestimmten vertragliche Konstellationen ist den Eltern das Vertretungsrecht für ihr Kind entzogen. Die Eltern können in diesen Bereichen nicht wirksam für ihr Kind handeln. Dies macht die Bestellung eines sog Ergänzungspflegers (Rn 478) durch das Familiengericht nötig, der anstelle der Eltern das Geschäft vornimmt. Tätigen die Eltern entgegen dem Vertretungsverbot ein Rechtsgeschäft, ist dieses schwebend unwirksam und kann nur von dem (zu bestellenden Ergänzungspfleger) genehmigt werden.

Folgende **Vertretungsverbote** gibt es (§§ 1629 Abs. 2, 1824, 181 BGB[35]):

- **In-Sich-Geschäfte**: Rechtsgeschäfte, bei denen der gesetzliche Vertreter sowohl als Vertragspartner als auch als Vertreter des oder der Minderjährigen auf beiden Seiten des Vertrags beteiligt ist.
- **Formale Interessenkollisionen** zwischen Eltern und Kind: Es handelt sich dabei um Rechtsgeschäfte, bei denen – bei formaler Betrachtungsweise – eine ähnliche Verquickung der Interessen wie beim In-Sich-Geschäft besteht. Dies ist der Fall bei Rechtsgeschäften zwischen Kind einerseits und Personen, die zu dem gesetzlichen Vertreter ein besonderes Näheverhältnis aufweisen, konkret: Seinem Ehegatten oder einem seiner Verwandten in gerader Linie.

---

32 Bis zum 31.12.2022: § 1643 Abs. 1 BGB iV mit §§ 1821 und 1822 Nrn. 1, 3, 5, 8-11 BGB.
33 BT-Dr 19/24445, S. 184.
34 BT-Dr 19/24445, S. 185.
35 Bis zum 31.12.2022 folgen die Vertretungsverbote aus §§ 1629 II BGB iV mit § 1795 BGB.

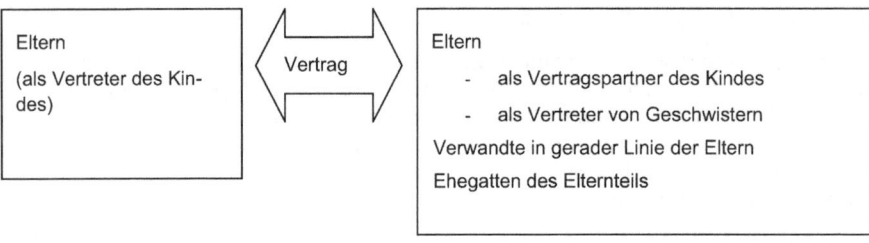

Die Interessenkollision lässt sich bereits ganz formal daraus ersehen, dass auf beiden Seiten des Rechtsgeschäfts entweder die Eltern oder entsprechend nahe Familienangehörige von ihnen auftreten.

254 Folgende **Ausnahmen** gibt es für das Vertretungsverbot:
- Geltendmachung von Unterhaltsansprüchen des Kindes durch einen Elternteil gegen den anderen (§ 1629 Abs. 2 S. 2, Abs. 3 BGB): Leben die Eltern getrennt voneinander, so kann der Elternteil, bei dem das Kind lebt, das Kind bei der Geltendmachung seiner Unterhaltsansprüche – auch gegen den anderen Elternteil – vertreten.
- Rechtshandlungen in Erfüllung einer Verbindlichkeit gegenüber Kindern. Damit ist die *Erfüllung* von Verträgen, aus denen Kinder berechtigt werden, über deren Eltern rechtlich zulässig.
- Lediglich rechtlich vorteilhafte Geschäfte: Diese Ausnahme beruht auf einer Analogie, die die Rechtsprechung entwickelt hat. Wenn dem Kind und seinem Vermögen keine Gefahr droht, wendet sie den Rechtsgedanken des § 107 BGB analog an[36]. Aus diesem Grunde können Eltern (oder Großeltern) ihren noch geschäftsunfähigen Kindern (und Enkeln) etwas schenken, ohne dass die Einschaltung eines Pflegers notwendig ist.

255 Auch außerhalb der genannten Konstellationen kann im Einzelfall eine **Interessenkollision** zwischen Eltern und Kind bestehen.

Beispiele: Der Vater leiht seinem Bruder, in Vertretung des Kindes, Geld des Kindes; die Eltern melden das Kind in einem Verein an, obwohl das Kind das nicht möchte; Vaterschaftsanfechtung durch eine nicht mit dem Vater verheiratete Mutter bei gemeinsamer Sorge[37].

Der (mögliche) Interessenkonflikt als solcher impliziert nicht automatisch ein Vertretungsverbot. Jedoch ist es möglich, dem gesetzlichen Vertreter die Vertretungsmacht zu entziehen, wenn ein erheblicher Interessengegensatz zwischen Vertreter und Vertretenem besteht (§§ 1629 Abs. 2 S. 3, 1789 Abs. 2 BGB [bis 31.12.2022: § 1796 BGB]). Ob ein derartiger Interessenkonflikt vorliegt, ist im konkreten Fall festzustellen. Wenn ja, wird das Familiengericht den Eltern punktuell die Angelegenheit bzw den betroffenen Kreis entziehen und einem Ergänzungspfleger übertragen, der anstelle der Eltern die Entscheidung treffen kann.

---

36 BGH, FamRZ 1989, 945 (946).
37 BGH, NJW 2021, 1875 (1878 f).

cc) Schenkungen aus dem Vermögen des Kindes

Schenkungen in Vertretung des Kindes an Dritte sind verboten (§ 1641 BGB). Ausgenommen sind Anstandsschenkungen oder Schenkungen, mit denen einer sittlichen Pflicht entsprochen wird. 256

d) Teilmündigkeit des Minderjährigen

In bestimmten Bereichen sind Minderjährige mit Erreichen einer bestimmten Altersgrenze selber in der Lage, bestimmte Rechtsgeschäfte bzw Handlungen vorzunehmen. In diesen Bereichen können Minderjährige grundsätzlich nur selber handeln. Die Eltern sind unterschiedlich beteiligt, bis hin zum Ausschluss von der Vertretung des Kindes: 257

- Wirtschaftliche Teilmündigkeit: Soweit das Gesetz Minderjährigen **eigenständiges Handeln im Geschäftsverkehr** erlaubt, ist kein Raum mehr für elterliche Vertretung. Das betrifft rechtlich lediglich vorteilhafte Rechtsgeschäfte, die selbstständige sowie die unselbstständige Erwerbstätigkeit (§§ 106 ff BGB, §§ 112, 113 BGB).
- Religiöses Bekenntnis: Für Entscheidungen mit Bezug auf das **religiöse Bekenntnis** finden sich Sondervorschriften im Gesetz über die religiöse Kindererziehung. Danach darf ein Kind ab 12 Jahren nicht mehr gegen seinen Willen in einem anderen Bekenntnis als bisher erzogen werden (§ 5 S. 2 RKEG). Ab 14 Jahren besitzen Minderjährige ein eigenes Entscheidungsrecht über ihr religiöses Bekenntnis unter Ausschluss der Eltern (§ 5 S. 1 RKEG).
- Testierfähigkeit: Minderjährige können mit Vollendung des 16. Lebensjahrs wirksam und ohne Zustimmung ihres gesetzlichen Vertreters ein **Testament** errichten (§ 2229 BGB).
- Höchstpersönliche Rechtsgeschäfte: Zu den **höchstpersönlichen Rechtsgeschäften** zählen insbesondere die Anerkennung der Vaterschaft, die Abgabe von Sorgeerklärungen und die Einwilligung beschränkt Geschäftsfähiger in ihre Adoption. Minderjährige sind in diesem Bereich selber handlungsfähig. Die Eltern sind im Regelfall nur noch mittelbar durch Zustimmungserfordernisse, eingebunden.
- Einwilligung in Rechtsgutsverletzungen: Die für körperliche Eingriffe entwickelten Grundsätze des einsichtsfähigen Minderjährigen (Rn 241) gelten auch in anderen Bereichen.

Beispiel: Entbindung des Arztes oder beratenden Sozialberaters von seiner Schweigepflicht durch Minderjährige.

- Verfahrensrechte: Minderjährige besitzen in verschiedenen Verfahren eine eigene Rechtsstellung: So sind Minderjährige im familiengerichtlichen Verfahren mit Vollendung des 14. Lebensjahres verfahrensfähig und können die ihnen nach dem BGB zustehenden Rechte selber geltend machen (§ 9 Abs. 1 Nr. 3 FamFG). Das gleiche gilt, soweit beschränkt Geschäftsfähige für den Verfahrensgegenstand als geschäftsfähig anerkannt worden sind (§ 9 Abs. 1 Nr. 2 FamFG). Im Sozialrecht sind Minderjährige ab Vollendung des 15. Lebensjahres handlungsfähig (§ 36 SGB I). Sie können daher Anträge auf Sozialleistungen stellen und verfolgen.

e) Öffentlich-rechtliche Beschränkungen

258 Weitere Einschränkungen der elterlichen Sorge können sich aus öffentlich-rechtlichen Bestimmungen ergeben. Die wichtigsten sind: Die **Schulpflicht**, die Strafhaft sowie hoheitliche Aufgaben des Jugendamtes (Inobhutnahme).

5. Lösungshinweise zum Übungsfall 8 (Rn 231)

259 Herauszuarbeiten sind zunächst die theoretischen Grundlagen für die Erziehung, auf deren Grundlage dann der Sachverhalt zu würdigen ist.

Grundlage der Bewertung ist die Kindeswohlorientierung als allgemeine Erziehungsvorgabe (§ 1627 BGB), wobei allerdings bei der Festlegung des Kindeswohles im konkreten Fall den Eltern ein weiter Interpretationsspielraum zukommt. Vor diesem Hintergrund muss auch ein verwöhnender Erziehungsstil grundsätzlich als zulässig angesehen werden.

Mit Blick auf den Erziehungsstil sind zu nennen: Die Notwendigkeit der Berücksichtigung eigenständiger Autonomiebestrebungen des Kindes, was sich in einem grundsätzlich „partnerschaftlichen Erziehungsstil" niederschlägt (Entscheidungen sind mit dem Kind zu besprechen, Einvernehmen ist anzustreben, § 1626 Abs. 2 BGB) sowie das Gewaltverbot (§ 1631 Abs. 2 BGB).

Vorliegend sind zu bewerten: Das Verhalten des Vaters (Hausarrest und Ohrfeige) sowie die Haltung der Eltern mit Blick auf die Berufswahl von Marina:

- Hausarrest: Diese Maßnahme ist mit Blick auf das Gewaltverbot zu diskutieren. Wenn sie aus erzieherischer Sicht sinnvoll ist (Hausarrest, um das Kind zu den Hausarbeiten „zu zwingen") ist, spricht vieles für ihre Zulässigkeit. Anderes gälte, wenn sich der Elternteil lediglich an dem Kind „abreagiert". Im vorliegenden Fall ist von der Zulässigkeit der Maßnahme auszugehen. Als Freiheitsentziehung lässt sich die Maßnahme hingegen nicht einstufen, denn diese ist nur dann besonderen Anforderungen unterworfen, wenn das Kind in einer Einrichtung untergebracht werden soll. Das steht hier nicht in Rede.
- Ohrfeige: Es gilt das absolute Gewaltverbot (§ 1631 Abs. 2 BGB). Danach sind entwürdigende Maßnahmen, körperliche Bestrafungen und seelische Verletzungen unzulässig. Die Ohrfeige ist eine körperliche Bestrafung und damit rechtswidrig.
- Berufswunsch: Insoweit existiert eine eindeutige Vorgabe in § 1631a BGB, die neben die Vorgabe des § 1626 Abs. 2 BGB tritt. Danach muss die Meinung von Marina angemessen berücksichtigt werden. Eltern werden jedoch nicht verpflichtet, dem Willen ihres Kindes zu entsprechen, sondern behalten die Letztentscheidung und damit auch -verantwortung.

Um die Rechtmäßigkeit der Entscheidung im vorliegenden Fall würdigen zu können, kommt es auf die – hier nicht bekannten – Begleitumstände an, etwa die Vorgeschichte, etwaige Begabungen, die Nachhaltigkeit von Marinas Berufswunsch sowie die elterlichen Hintergrundüberlegungen. Erst wenn die elterliche Entscheidung sachlich völlig willkürlich an den Bedürfnissen des Kindes vorbeiginge, stünde ihre Rechtswidrigkeit im Raum. Vorliegend fehlt es an Anhaltspunkten dafür. Im Gegenteil: Mit Blick auf Marinas Alter scheint die elterliche Entscheidung, dass Marina zunächst ihren Realschulabschluss machen solle, nachvollziehbar. Es spricht mithin viel für ihre Rechtmäßigkeit, auch, wenn sie sich in Widerspruch zum Willen des Kindes setzt.

Teil III: Grundlagen des Familienrechts

III. Befugnisse gegenüber Dritten

Das Elternrecht ist auch gegenüber Dritten geschützt: Von Bedeutung sind vor allem folgende Bereiche: **260**
- Der deliktische Schutz der Sorge (§ 823 Abs. 1 BGB).
- Herausgabeanspruch (§ 1632 Abs. 1 BGB).
- Umgangsbestimmungsrecht (§ 1632 Abs. 2 BGB).

1. Der deliktische Schutz des Elternrechts

Die elterliche Sorge ist ein sonstiges Recht iS des § 823 Abs. 1 BGB. Widerrechtliche **261** Verletzungen können daher deliktische Ansprüche (Schadensersatz, Unterlassung) auslösen. Die sorgerechtlichen Befugnisse sind auch von den Eltern untereinander zu beachten.

Beispiel: Die widerrechtliche Entführung des Kindes – auch durch einen Elternteil – kann Schadensersatzansprüche begründen, etwa: Kostenersatz für die Wiedererlangung des Kindes (Detektivkosten, Verfolgungskosten, Rückführungskosten inklusive einem Begleiter des beeinträchtigten Elternteils).

2. Der Herausgabeanspruch

a) Übungsfall 9

Die 14-jährige Marina hat sich – nachdem die Frage über ihre berufliche Zukunft mit ihren Eltern nicht in ihrem Sinne geklärt werden konnte – entschieden, sich eigenständig zu machen und ist zu diesem Zweck zu ihrer Freundin, der 19-jährigen Janina, gezogen. Können die Eltern von Marina bzw von Janina die Rückkehr von Marina in den elterlichen Haushalt verlangen und ggf auch erzwingen? Wie wäre es, wenn Marina Zuflucht beim Jugendamt genommen hätte, und das Jugendamt sie in Obhut genommen hätte (Lösungshinweise Rn 267)? **262**

b) Voraussetzungen

Entscheidungen über den Aufenthalt des Kindes (§ 1631 Abs. 1 BGB) sind für Dritte verbindlich. Dementsprechend können Eltern ihre Sorge in diesem Bereich auch gegenüber Dritten ausüben, von diesen die Herausgabe des Kindes verlangen (§ 1632 Abs. 1 BGB) und diesen Anspruch auch gerichtlich durchsetzen (§ 1632 Abs. 3 BGB). **263**

Der **Herausgabeanspruch** nach § 1632 Abs. 1 BGB hat folgende Voraussetzungen (Prüfschema!):
- Anspruchsberechtigter: Personensorgeberechtigter,
- Vorenthalten des Kindes durch Dritten <u>und</u>
- Widerrechtlichkeit des Verhaltens des Dritten.

Im Einzelnen:

Anspruchsinhaber sind die Eltern als Personensorgeberechtigte. Ist den Eltern die Sorge entzogen, so ist Personensorgeberechtigter der Vormund bzw Ergänzungspfleger. Der Anspruch kann sich auch gegen den anderen Elternteil richten, etwa dann, wenn dieser nicht oder nicht mehr sorgeberechtigt ist. Sind hingegen beide Elternteile personensorgeberechtigt, kann sich der Herausgabeanspruch grundsätzlich nicht gegen den jeweils anderen Elternteil richten. Vielmehr muss zuvor der El- **264**

ternkonflikt (über § 1628 oder § 1671 BGB) gerichtlich gelöst werden. Ohne gerichtliche Entscheidung ist ein Herausgabeanspruch zwischen personensorgeberechtigten Eltern nur ausnahmsweise denkbar, etwa wenn ein Elternteil einer zuvor einverständlich getroffenen Einigung über den Lebensmittelpunkt des Kindes zuwiderhandelt („Kindesentführung").

Ein **Vorenthalten** liegt immer dann vor, wenn sich das Kind im Einflussbereich einer dritten Person befindet und diese die Durchsetzung des Aufenthaltsbestimmungsrechts der Eltern erschwert oder vereitelt. Das Vorenthalten kann in der Verheimlichung des Kindesaufenthaltes gegenüber den Eltern, in der Verweigerung des Zutritts zu dem Kind, in der Weigerung zur Herausgabe des Kindes sowie in der nachhaltigen Beeinflussung des Kindes liegen, mit der die Rückkehr zum personensorgeberechtigten Elternteil unterbunden werden soll.

265 Schwierig ist die Konstellation, wenn sich nicht ein Dritter, sondern das Kind selber der elterlichen Entscheidung widersetzt.

Beispiel: Die Eltern sind nicht damit einverstanden, dass ihre 16-jährige Tochter bei ihrem Freund und dessen Eltern wohnt.

Es stellt sich die Frage, ob das Verhalten des Dritten (hier: Der Eltern des Freundes) ein „Vorenthalten" darstellt, oder ob sich nicht letztlich allein die Tochter gegen die elterliche Entscheidung stellt. Nur dann, wenn man die Missachtung der elterlichen Bestimmung dem Dritten zurechnen kann, ist ein Herausgabeanspruch gegen ihn begründet. Rechnet man die Missachtung hingegen dem Kind zu, stehen den Eltern gegen den Dritten keine Ansprüche zu.

Ausschlaggebend für die Bewertung ist, ob und inwieweit der Wille des Kindes beachtlich ist, das Kind mithin in diesem Bereich als einsichtsfähig angesehen werden kann. Kinder unter 14 Jahren bilden im Regelfall keinen beachtlichen Willen. Bei solchen Kindern besteht mithin eine Pflicht zur aktiven Einwirkung auf das Kind, um es zur Rückkehr zu den Eltern zu bewegen, will sich der Dritte nicht dem Vorwurf aussetzen, dass er das Kind den Eltern vorenthält. Gewähren Dritte einem solchen Kind ohne den Willen der Eltern Unterkunft, so wird ihnen dies als Missachtung des elterlichen Erziehungsrechts zugerechnet; auch ein lediglich passives Dulden des Aufenthalts des Kindes ist dann als Vorenthalten zu werten. Herausgabeansprüche der Eltern gegen sie kommen in Betracht.

Bei älteren Kindern kann hingegen durchaus ein beachtlicher Kindeswille anzunehmen sein. Daher ist in diesen Fällen eine Einzelfallprüfung vorzunehmen, ob die Entscheidung dem Kind zuzurechnen ist. Übt der Dritte auf den Minderjährigen physischen oder psychischen Druck aus, oder ist die Entscheidungsfähigkeit des Minderjährigen aus anderen Gründen (geistige Behinderung, retardierte Entwicklung) beeinträchtigt, so ist allerdings auch bei älteren Minderjährigen ein Vorenthalten denkbar.

266 Ein Herausgabeanspruch der Eltern ist schließlich nur dann gegeben, wenn das Vorenthalten auch **widerrechtlich** ist. An der Widerrechtlichkeit fehlt es, wenn und solange die Eltern mit dem Aufenthalt des Kindes einverstanden sind. Dieses Einverständnis können Eltern allerdings jederzeit frei widerrufen. Ab diesem Zeitpunkt muss das Kind an die Eltern herausgegeben werden. Ein Behalten des Kindes wird zum Vorenthalten und ist jetzt widerrechtlich.

Der Wille des Personensorgeberechtigten ist ausnahmsweise dann unmaßgeblich, wenn das Herausgabeverlangen ein Sorgerechtsmissbrauch ist und das Kindeswohl unmittelbar gefährdet. In diesem Fall darf die Herausgabe verweigert werden.

Weitere Rechtfertigungsgründe für das „Behalten" des Kindes gegen den Willen der Eltern können sich aus gerichtlichen Maßnahmen (etwa eine Verbleibensanordnung) oder aus öffentlich-rechtlichen Regeln ergeben. Vor allem eine wirksame Inobhutnahme eines Kindes durch das Jugendamt gibt dem Jugendamt ein Recht zum „Behalten des Kindes" bis zum Ergehen einer familiengerichtlichen Entscheidung[38].

c) Lösungshinweise zum Übungsfall 9 (Rn 262)

Zu differenzieren ist zwischen den zwei verschiedenen Adressaten der elterlichen Maßnahmen: 267

Gegenüber Marina ist das elterliche Bestimmungsrecht die Grundlage, um von ihr die Rückkehr in den elterlichen Haushalt zu verlangen (§ 1631 Abs. 1 BGB). Die Maßnahme selber stellt sich nicht als rechtswidrig dar (gemessen am Maßstab der §§ 1626 f BGB).

Gegenüber Janina hingegen ist als Anspruchsgrundlage für die Herausgabe von Marina § 1632 Abs. 1 BGB heranzuziehen. Der Herausgabeanspruch setzt voraus, dass Janina Marina den Personensorgeberechtigten vorenthält. Marinas Eltern sind als Personensorgeberechtigte grundsätzlich Inhaber des Anspruchs.

Fraglich ist, ob Janina ihnen Marina vorenthält. Ein Vorenthalten kann nämlich immer nur dann angenommen werden, wenn der Dritte (hier: Janina) durch sein Verhalten das Aufenthaltsbestimmungsrecht der Eltern beeinträchtigt. Dies ist vorliegend nicht eindeutig, weil letztlich Marina selber die Entscheidung getroffen hat. Dies wirft die Frage auf, ob diese Entscheidung Marina selber zuzurechnen ist oder Janina. Ist Marina einsichtsfähig und auch selber die treibende Kraft, kann der Aufenthalt von Marina bei Janina, den diese lediglich passiv duldet, nicht als Vorenthalten durch Janina qualifiziert werden. Ein Anspruch gegen Janina auf Herausgabe von Marina wäre dann nicht gegeben. Anderes gälte nur dann, wenn – was vorliegend nicht bekannt ist – Janina Marina zu ihrem Verhalten ermutigen würde. Ob Marina die nötige Einsichtsfähigkeit besitzt, kann vorliegend nicht entschieden werden. Auf Grund ihres Alters ist es jedoch nicht ausgeschlossen.

Fallvariante: Das Jugendamt nimmt Marina in Obhut.

Weigert sich das Jugendamt, Marina an die Eltern zurückzuführen, so ist dies ein Vorenthalten. Dieses ist ausnahmsweise hier nicht widerrechtlich, weil das Jugendamt das Kind wirksam in Obhut genommen hat und daher einen Rechtfertigungsgrund für den Eingriff in die elterliche Sorge besitzt. Der Herausgabeanspruch der Eltern gegen das Jugendamt ist damit nicht begründet.

3. Das Umgangsbestimmungsrecht

Das **Umgangsbestimmungsrecht** beinhaltet – als Teil der Personensorge – das 268
Recht der Eltern, den Umgang ihres Kindes gegenüber dem Kind (§ 1631 Abs. 1 BGB) auch mit Wirkung für und gegen Dritte zu bestimmen (§ 1632 Abs. 2 BGB). Festsetzungen der Eltern, etwa mit wem das Kind persönlichen oder sonstigen Kontakt aufnehmen und unterhalten darf, sind für Dritte verbindlich. In diesem Rahmen können Eltern auch Kontaktverbote gegenüber Dritten aussprechen.

Während die Durchsetzung der Umgangsbestimmung gegenüber dem Kind eher ein Problem der inneren Autorität als ein Rechtsproblem ist (Durchsetzungsmechanis-

---

38 OLG Frankfurt a.M., NJW-RR 2019, 578.

mus: § 1631 Abs. 3 BGB), können die Eltern ihre Entscheidungen gegenüber Dritten auch gerichtlich verfolgen und durchsetzen (§ 1632 Abs. 3 BGB). Im Rahmen der gerichtlichen Auseinandersetzung über das Kontaktverbot wird das Gericht die elterliche Umgangsbestimmung darauf hin überprüfen, ob sie sich im Rahmen der erzieherischen Vorgaben bewegt. In diesem Rahmen müssen die Eltern etwa die gesetzliche Vorgabe des Respekts kindlicher Bindungen beachten (§ 1626 Abs. 3 BGB). Allerdings wird das Gericht nicht grundsätzlich seine eigene Gewichtung zum Maßstab seiner Entscheidung machen, sondern die elterliche Entscheidung lediglich daraufhin überprüfen, ob sie sich innerhalb eines nachvollziehbaren Spielraums hält. Tut sie das, wird das Gericht die Entscheidung der Eltern gegenüber dem Dritten bestätigen[39].

Begrenzt wird das Umgangsbestimmungsrecht der Eltern durch **Umgangsrechte Dritter**. Einem Umgangsberechtigten gegenüber sind Umgangsverbote auf der Basis des § 1632 Abs. 2 BGB daher nicht zulässig. Eine Rolle spielt das Umgangsrecht vor allem bei der Trennung der Eltern. Ihm ist daher ein eigener Abschnitt (Rn 329 ff) gewidmet.

IV. Sonstige Rechtswirkungen des Eltern-Kind-Verhältnisses

1. Der Kindesname

269 Zu differenzieren ist zwischen Vor- und Familiennamen des Kindes. Der **Vorname** unterliegt der Bestimmungsbefugnis der Eltern. Der **Familienname** (Nachname) richtet sich nach dem Familiennamen der Eltern. Da insoweit verschiedene Varianten denkbar sind, ist auch für den Familiennamen des Kindes zu differenzieren.

270 Sind die **Eltern miteinander verheiratet**, gilt für den Familiennamen des Kindes:
- Gemeinsamer Ehename der Eltern: Der Ehename der Eltern wird Familienname der Kinder (§ 1616 BGB).
- Kein gemeinsamer Ehename der Eltern: Die Eltern müssen innerhalb eines Monats nach der Geburt des Kindes einen Nachnamen durch Erklärung gegenüber dem Standesbeamten bestimmen (§ 1617 BGB). Treffen die Eltern keine Namensbestimmung, etwa weil sie sich nicht auf einen Namen einigen können, wird das Familiengericht das Bestimmungsrecht unter Fristsetzung einem Elternteil übertragen. Nimmt dieser keine Namensbestimmung vor, erhält das Kind nach Ablauf der Frist automatisch den Namen des bestimmungsbefugten Elternteils. Dieser Name gilt dann auch für alle weiteren Kinder (§ 1617 Abs. 2 S. 2, Abs. 1 BGB). Von der fehlenden Namenswahl erfährt das Gericht automatisch durch eine Mitteilung des Standesbeamten darüber, dass eine Namensbestimmung für das Kind noch nicht erfolgt ist (§ 168a Abs. 2 FamFG).

271 Sind die **Eltern nicht miteinander verheiratet**, gilt für den Familiennamen des Kindes:
- Besteht gemeinsame Sorge, wird verfahren wie bei ehelichen Eltern, die keinen gemeinsamen Ehenamen haben (§ 1617 BGB).
- Besitzt die Mutter die Alleinsorge, erhält das Kind automatisch ihren Namen (§ 1617a Abs. 1 BGB). Die Mutter kann dem Kind jedoch durch Erklärung gegenüber dem Standesbeamten den Familiennamen des nicht sorgeberechtigten Vaters erteilen (§ 1617a Abs. 2 BGB). Die Namensänderung setzt weiter voraus,

---

39 OLG Brandenburg, NJW-RR 2015, 581.

dass der andere Elternteil zustimmt. Ist das Kind älter als 5 Jahre, muss es ebenfalls zustimmen. Ab 14 Jahren kann das Kind die Zustimmung nur selber abgeben. Wird später eine gemeinsame Sorge begründet, kann innerhalb von drei Monaten der Name des Kindes neu bestimmt werden (§ 1617b Abs. 1 BGB).

2. Der Wohnsitz des Kindes

„Wohnsitz" ist der Ort, an dem sich der räumliche Schwerpunkt der Lebensinteressen eines Menschen befindet. Der Wohnsitz muss nicht notwendig mit dem Aufenthaltsort übereinstimmen. Er ist insbesondere nicht identisch mit dem Wohnsitz im öffentlichen Recht (die Meldeadresse), die etwa für die Steuerpflicht, die Schulpflicht oder das Wahlrecht von Bedeutung ist. **272**

Der **Wohnsitz** wird an dem Ort begründet, an dem sich jemand ständig niederlässt mit einem entsprechenden Willen, einen Wohnsitz zu begründen (§ 7 Abs. 1 BGB). Voraussetzung ist Geschäftsfähigkeit (§ 8 BGB). Einen eigenen Wohnsitz können Minderjährige nur begründen, wenn die Eltern zustimmen (§ 8 BGB). Im Übrigen teilen Minderjährige den Wohnsitz ihrer sorgeberechtigten Eltern (§ 11 S. 1 BGB). Halten sich diese – zB nach einer Trennung – an unterschiedlichen Aufenthaltsorten auf, hat das Kind einen doppelten Wohnsitz bei beiden Eltern.

3. Allgemeine Rechtswirkungen des Eltern-Kind-Verhältnisses

Eine gegenseitige **Beistands- und Rücksichtnahmepflicht** ist in § 1618a BGB festgeschrieben. Die Norm hat vor allem Leitbildfunktion. Sie soll den partnerschaftlichen Charakter des Eltern-Kind-Verhältnisses sowie die gegenseitige Solidarität verdeutlichen. **273**

Eine einseitige **Dienstleistungspflicht** der Kinder ist in § 1619 BGB festgeschrieben. Danach sind (auch volljährige) Kinder, die dem Haushalt der Eltern angehören, verpflichtet, in einer ihren Kräften und Lebensstellung entsprechenden Weise den Eltern in ihrem Hauswesen und Geschäft Dienste zu leisten. § 1619 BGB begründet eine rein familienrechtliche Pflicht. Eine Vergütung kann das Kind für seine Dienste nicht verlangen. Eine **Durchsetzung** der Pflicht gegenüber dem Kind ist nur schwer realisierbar. In der Praxis können sich Abgrenzungsschwierigkeiten zu vertraglichen Pflichten stellen. So können Eltern mit ihren Kindern auch einen Vertrag – etwa über die Mithilfe im elterlichen Betrieb – schließen, der dann die Pflicht aus § 1619 BGB verdrängen würde.

Haben Eltern ihren Kindern durch pflichtwidriges Handeln Schaden zugefügt, so sind sie ihnen zum Ersatz verpflichtet (§ 1664 Abs. 1 BGB). Denkbarer Anwendungsfall ist etwa eine nachlässige Ausübung der Vermögenssorge mit dem Ergebnis, dass ein vorhandenes Vermögen des Kindes bei Erreichen der Volljährigkeit verschleudert wurde. Dabei haben sie nur nach dem Haftungsmaßstab des § 1664 Abs. 1 BGB (übliche Sorgfalt in eigenen Angelegenheiten) einzustehen. **274**

V. Die Inhaber der elterlichen Sorge

275 Die Zuweisung der Sorge an „die" Eltern bedingt im Grundsatz Doppelsorge beider Eltern. Eine solche ist allerdings einfachgesetzlich nicht in dieser umfassenden Automatik vorgesehen. Vielmehr ist zu differenzieren:

- Miteinander verheiratete Eltern besitzen automatisch beide die umfassende elterliche Sorge. Dies wird vom Gesetzgeber als derart selbstverständlich vorausgesetzt, dass es nicht einmal in einer Vorschrift erwähnt wird. Eine Trennung oder Scheidung der Eltern ist nicht automatisch oder gar zwingend mit dem Verlust der Sorge verbunden, wirkt sich aber auf die Ausgestaltung der Sorge aus.
- Bei nicht miteinander verheirateten Eltern ist die Mutter a priori Alleininhaberin der Sorge. Eine sorgerechtliche Beteiligung des Vaters muss mithin erst etabliert werden.

1. Gemeinsame Sorge – Das Problem der Koordination zweier Sorgerechte

a) Übungsfall 10

276 Die miteinander verheirateten Eltern der mittlerweile 16-jährigen Marina leben seit 2 Jahren getrennt. Marina lebt im Einverständnis der Eltern bei ihrer Mutter. Marina möchte in den Ferien allein mit ihrem Freund nach Paris verreisen und hat bereits – mit Einverständnis der Mutter – den Flug gebucht. Als Marinas Vater davon erfährt, verbietet er ihr die Reise, weil er Angst vor einem Terroranschlag hat. Wie ist die Rechtslage (Lösungshinweise Rn 291)?

277 Soweit sich – miteinander verheiratete oder unverheiratete – Eltern die Sorge teilen, stellt sich die Notwendigkeit der Koordinierung zweier Sorgerechte. Das Gesetz differenziert dabei danach, ob die Eltern zusammenleben oder nicht.

b) Zusammenlebende Eltern

278 Die doppelte Zuständigkeit der Eltern hat notwendig Auswirkungen auf die Wahrnehmung der Sorge. Zu unterscheiden ist zwischen der Ausübung der tatsächlichen Sorge und der Wahrnehmung der gesetzlichen Vertretung.

aa) Tatsächliche Sorge

279 Die Sorgerechte beider Eltern sind völlig gleichwertig. Dies bedingt die Notwendigkeit ihrer gemeinschaftlichen und übereinstimmenden Wahrnehmung (§ 1627 BGB): Elterliche Sorge ist einvernehmlich auszuüben. Natürlich können Eltern intern eine Entscheidungsbefugnis eines Elternteils in gewissen Angelegenheiten schaffen. Diese ist jedoch jederzeit widerruflich. Bei Meinungsverschiedenheiten müssen die Eltern versuchen, sich zu einigen. Können sie sich nicht einigen, bleibt die Angelegenheit in der Konsequenz unentschieden.

Soweit die von § 1627 BGB geforderte Einigung nicht erzielt werden kann, erlaubt § 1628 BGB eine „Lösung" bestimmter Konflikte mit Hilfe des Familiengerichts. Angerufen werden kann das Familiengericht bei Streit über einzelne Angelegenheiten, die von erheblicher Bedeutung für das Kindeswohl sind.

Das Erfordernis der *„einzelnen Angelegenheit"* (Wahl des Vornamens, Einschulung) bzw *„einer bestimmten Art von Angelegenheiten"* beschränkt die Anrufung des Gerichts auf punktuelle Unstimmigkeiten. Bei über den Einzelfall hinausgehenden grundlegenden Differenzen scheidet ein Vorgehen nach § 1628 BGB aus. Weiter kann das Gericht nur angerufen werden, wenn die Angelegenheit erheblich ist. Das bestimmt sich nach den Auswirkungen auf das Kind. Erhebliche Bedeutung haben Grundsatzfragen („ob" oder „ob nicht"), Angelegenheiten, die im Interesse des Kindeswohles nicht unentschieden bleiben können (etwa wegen der Schulpflicht) und Angelegenheiten, die für das Kind ein konkretes Gefahrenpotenzial bergen. Über „unwichtige" Fragen kann ein Gerichtsverfahren hingegen nicht geführt werden. In der Konsequenz bleiben diese unentschieden. Faktisch setzt sich in diesen Fällen der Elternteil durch, der eine vom anderen Elternteil gewünschte Entscheidung ablehnt.

Das Familiengericht wird im Rahmen des § 1628 BGB die Entscheidungsbefugnis **280** einem Elternteil zur Alleinentscheidung zuweisen. Hingegen wird es nicht selber in der Sache entscheiden. Die Entscheidung verbleibt damit inhaltlich in der Familie. Es steht dem begünstigten Elternteil frei, im Sinne des anderen Elternteils oder gar nicht zu entscheiden. Die Entscheidungsbefugnis wird demjenigen Elternteil zugewiesen werden, bei dem das Familiengericht die für das Kindeswohl „bessere" Entscheidung erwartet (§ 1697a Abs. 1 BGB). Vor diesem Hintergrund erfolgt eine inhaltliche „Vorbewertung" des Streits. In diesem Rahmen kommen die gesetzlich nicht sanktionierten Erziehungsvorgaben der §§ 1626 f BGB zum Tragen.

bb) Gesetzliche Vertretung

Der Grundsatz der Gemeinschaftlichkeit der Sorge schlägt sich notwendig auch im **281** Bereich der gesetzlichen Sorge nieder: Grundsätzlich **vertreten die Eltern das Kind gemeinschaftlich** (§ 1629 Abs. 1 BGB):

Willenserklärungen im Namen des Kindes müssen von beiden Eltern abgegeben werden (beide Unterschriften unter einen Vertrag!). Handelt nur einer der Elternteile, ist das Geschäft schwebend unwirksam bis zur Genehmigung durch den anderen Elternteil. Ein Elternteil kann jedoch den anderen bevollmächtigen, in bestimmten Angelegenheiten zugleich als sein Unterbevollmächtigter aufzutreten. Die Beauftragung kann auch schlüssig erfolgen. Dies wird häufig bei einer bestimmten Aufgabenteilung in Angelegenheiten des täglichen Lebens der Fall sein.

In folgenden Ausnahmefällen kann **ein Elternteil allein handeln:** **282**

- Hat das Familiengericht nach § 1628 BGB das Entscheidungsrecht auf einen Elternteil übertragen, so besitzt dieser Elternteil in diesem Bereich auch die alleinige Vertretungsbefugnis und kann mithin wirksam allein für das Kind handeln (§ 1629 Abs. 1 S. 3 BGB).
- Bei Gefahr im Verzug ist jeder Elternteil berechtigt, die notwendigen Rechtshandlungen allein vorzunehmen (§ 1629 Abs. 1 S. 4 BGB). Gefahr ist immer dann im Verzug, wenn wichtige Rechtsgüter des Kindes bedroht sind, und diese Gefahr unverzügliches Handeln erfordert, so dass eine Rücksprache mit dem anderen Elternteil nicht abgewartet werden kann. Allerdings muss der andere Elternteil unverzüglich informiert werden.

Anwendungsbereich: Kurzfristiges und dringend notwendiges ärztliches Handeln, zB bei einem Unfall des Kindes.

- Erklärungen gegenüber dem Kind sind wirksam, wenn sie bereits einem Elternteil zugehen (§ 1629 Abs. 1 S. 2 BGB).

c) Getrennt lebende Eltern

283

aa) Das gesplittete Sorgerecht

Trennung und Scheidung sind sorgerechtlich betrachtet neutral. Beide Eltern bleiben Inhaber der Sorge. Dies ist nicht unproblematisch. Ist doch die Situation getrennt lebender Eltern uU konfliktträchtig, so dass es schwierig sein könnte, in sämtlichen, das Kind betreffenden Angelegenheiten den von § 1627 BGB geforderten Konsens zu finden. Mit Blick darauf ist die gemeinsame Sorge getrennter Eltern modifiziert (§ 1687 BGB).

284

Gemeinsame Sorge nach Trennung	
Gemeinsame Zuständigkeit: Angelegenheiten von erheblicher Bedeutung.	Alleinzuständigkeit des betreuenden Elternteils: Angelegenheiten des täglichen Lebens.

Leben Eltern, die sich die Sorge teilen, getrennt, so besteht die gemeinsame Zuständigkeit nur noch für Fragen, die für das Kind von erheblicher Bedeutung sind (§ 1687 Abs. 1 S. 1 BGB). Konflikte über derartige Angelegenheiten können gerichtlich (§ 1628 BGB) gelöst werden. In Angelegenheiten des täglichen Lebens hingegen hat der betreuende Elternteil das umfassende **Alleinentscheidungsrecht** einschließlich der gesetzlichen Vertretung (§ 1687 Abs. 1 S. 2 BGB). Dies gilt auch dann, wenn die Eltern nie zusammengelebt haben. Das ist etwa bei nicht miteinander verheirateten Eltern denkbar.

285 Der Begriff der „Angelegenheiten des täglichen Lebens" ist in § 1687 Abs. 1 S. 3 BGB gesetzlich definiert (sog Legaldefinition): Alltagsentscheidungen sind danach Angelegenheiten, die häufig vorkommen und keine schwer abzuändernden Auswirkungen auf die Entwicklung des Kindes haben. Diese Definition erlaubt nicht in allen Fällen eine trennscharfe Einordnung der Angelegenheit. Hilfsweise kann auf das Unterscheidungskriterium aus § 1628 BGB zurückgegriffen werden. Häufig ist die Einordnung das Ergebnis einer (nicht immer zwingenden) Wertung. Die folgende Tabelle gibt einen Überblick über die Behandlung häufiger Streitpunkte:

Erhebliche Bedeutung	Alltagsangelegenheit
▪ Entscheidung über „Ob" des Umgangs. ▪ Wahl der Erziehungsmaximen. ▪ Namensgebung. ▪ Besuch einer Regelschule oder zB einer Waldorfschule. ▪ Schulfindung und Schulwechsel. ▪ Wechsel auf eine weiterführende Schule. ▪ Beginn einer Berufsausbildung. ▪ Internatsaufenthalt. ▪ Gravierende ärztliche Behandlungen. ▪ Schutzimpfungen (auch Standard- bzw Routineimpfungen)[40]. ▪ Auswanderung. ▪ Änderung des Familiennamens. ▪ Umzugsbedingter Schulwechsel des Kindes. ▪ Längere oder gefahrenträchtige Reisen, etwa bei der Gefahr von Terroranschlägen oder in Pandemiegebiete[41]. ▪ Inanspruchnahme von Hilfen zur Erziehung. ▪ Besuch einer Kita oder Tagesmutter. ▪ Entscheidung über die Veröffentlichung von Kindesfotos auf der Website eines Dritten[42].	▪ Aufenthalt bei Umzug um die Ecke. ▪ Bestimmung des Umgangs mit Dritten im Einzelnen. ▪ Gewöhnliche medizinische und zahnmedizinische Versorgung. ▪ Verwaltung kleinerer Geldgeschenke. ▪ Auswahl der Grundschule. ▪ Aufnahme von Hobbies und Eintritt in Sportvereine. ▪ Wahl oder Abwahl eines Unterrichtsfachs. ▪ Nachhilfeunterricht. ▪ Gestaltung von Urlaubsreisen in die nähere Umgebung.

Im Übrigen besitzt jeder Elternteil das Notvertretungsrecht für das Kind (§§ 1629 Abs. 1 S. 4, 1687 Abs. 1 S. 5 BGB). Und natürlich kann der lediglich umgangsberechtigte Elternteil für die Dauer des Umgangs die Entscheidungen über die Betreuung des Kindes treffen (§ 1687 Abs. 1 S. 4 BGB).

Will der betreuende Elternteil über die Alltagsbefugnisse hinaus weitere Befugnisse, so muss er sich Teile der Sorge übertragen lassen, etwa punktuell gem § 1628 BGB oder grundsätzlich § 1671 Abs. 1 BGB.

286 Das Sorgemodell des § 1687 BGB kann aus Kindeswohlgründen gerichtlich eingeschränkt oder ausgeschlossen werden (§ 1687 Abs. 2 BGB). Hingegen ist eine Erweiterung der Alleinzuständigkeit grundsätzlich nicht möglich. Eine solche kann nur durch die gerichtliche Aufhebung der gemeinsamen Sorge erfolgen (§ 1671 BGB).

bb) Voraussetzungen des gesplitteten Sorgerechts

287 Das „gesplittete" Sorgerecht entsteht automatisch, wenn folgende Voraussetzungen erfüllt sind:

▪ Nicht nur vorübergehende **Trennung** der Eltern. Erforderlich ist eine Trennung iS von § 1567 Abs. 1 BGB (Rn 555). Ein versöhnungsbedingtes Zusammenleben hebt die Trennung auf, mit der Folge, dass das umfassende Konsensprinzip wieder auflebt. Nicht nur vorübergehend ist eine Trennung immer dann, wenn sie auf Dauer oder zumindest unabsehbare Zeit angelegt ist.

---

40 BGH, NJW 2017, 2826.
41 OLG Braunschweig, BeckRS 2020, 1819
42 OLG Oldenburg, NZFam 2018, 614.

- **„Grundkonsens"** über **Aufenthalt des Kindes**: Die Alleinentscheidungsbefugnis des betreuenden Elternteils nach § 1687 BGB setzt voraus, dass die Grundsatzfrage, wo das Kind lebt, geklärt ist. Dies kann etwa dadurch erfolgen, dass die Eltern sich einig darüber sind, bei welchem Elternteil das Kind leben soll. Ausreichend ist aber auch, dass ein Elternteil das Aufenthaltsbestimmungsrecht nach § 1628 oder § 1671 BGB gerichtlich zugesprochen erhalten hat. Solange diese Frage nicht geklärt ist, bleibt es bei der umfassenden gemeinsamen sorgerechtlichen Zuständigkeit beider Eltern.

288 Das Sorgemodell des § 1687 BGB ist zugeschnitten auf das sog Residenzmodell. Dieses ist dadurch gekennzeichnet, dass das Kind bei einem Elternteil lebt, der das Kind faktisch allein betreut und erzieht und nur „punktuell" Kontakt zum anderen Elternteil hat. Teilen sich hingegen die Eltern die Betreuung des Kindes (**Wechselmodell**), so passt die Logik des § 1687 BGB nicht. Die Rechtsprechung differenziert in derartigen Fällen:

- Solange ein betreuungsmäßiges Übergewicht bei einem Elternteil festgemacht werden kann, wird die Aufteilung der Entscheidungsbefugnisse nach § 1687 BGB beibehalten: Derjenige Elternteil mit dem größeren Betreuungsanteil besitzt die alleinige Entscheidungsmacht in Alltagsangelegenheiten. Wird etwa das Kind zu 70 % vom Vater und zu 30 % von der Mutter betreut, so würde der Vater umfänglich die sorgerechtlichen Befugnisse in allen Alltagsangelegenheiten haben und zwar auch in den Alltagsangelegenheiten, die sich während der Betreuung bei der Mutter stellen.
- Bei gleichen Betreuungsanteilen (Kind lebt von Montag-Mittwoch beim Vater, von Donnerstag – Samstag, bei der Mutter und verbringt jeden zweiten Sonntag bei einem anderen Elternteil) hingegen passt § 1687 BGB gar nicht mehr. Es ist unklar wie damit umzugehen ist: Ein Teil der Literatur wendet die Norm nicht mehr an, mit der Folge, dass das umfassende Konsensprinzip des § 1627 BGB nunmehr in allen Angelegenheiten, auch den Alltagsangelegenheiten gilt. Ein anderer Teil wendet § 1687 BGB periodisch wechselnd an und lässt die Alltagsbefugnisse jeweils zu dem betreuenden Elternteil wandern.

289 Noch nicht abschließend geklärt ist, ob (und wie) ein Wechselmodell gerichtlich angeordnet oder – sofern es bereits praktiziert wird – gerichtlich geschützt werden kann. Das BVerfG geht insoweit zwar (derzeit noch) davon aus, dass der Gesetzgeber nicht aus Art. 6 Abs. 2 GG verpflichtet ist, das Wechselmodell als Regelfall vorzusehen[43]. Allerdings mehren sich die Konstellationen, in denen die Gerichte das Wechselmodell etablieren. Dazu gibt es im Wesentlichen zwei Möglichkeiten:

- Umgangsrechtliche Lösung: Das Gericht räumt dem „nicht betreuenden" Elternteil ein Umgangsrecht in einem Umfang (von 50 %) ein, der eine paritätische Betreuung durch beide Elternteile impliziert[44].
- Sorgerechtliche Lösung: Das Gericht spricht das Aufenthaltsbestimmungsrecht demjenigen Elternteil zu, der das Wechselmodell befürwortet[45].

290 Die Praktizierung des Wechselmodells setzt allerdings hohe Kommunikations- und Kooperationsfähigkeit der Eltern voraus. Es scheidet aus, wenn das Kindeswohl entgegensteht. Gewichtige Kriterien des Kindeswohles sind daher die Kooperations- und Kommunikationsfähigkeit der Eltern, aber auch deren Erziehungseignung sowie die Prinzipien der (bestmöglichen) Förderung und Kontinuität sowie der Beachtung

---

43 BVerfG, FamRZ 2015, 1585; FamRZ 2018, 593.
44 BGH, NZFam 2017, 206.
45 OLG Frankfurt a.M., NJW 2021, 2442.

des Kindeswillens. Bei erheblichem Konfliktpotenzial zwischen den Eltern lehnen die Gerichte es in aller Regel ab[46].

d) Lösungshinweise zum Übungsfall 10 (Rn 276)

Die Frage, ob Marina mit ihrem Freund verreisen kann ist – gleichermaßen wie die Zustimmung zu dem von ihr geschlossenen Reisevertrag – eine Angelegenheit der tatsächlichen Personensorge. Diese steht beiden Eltern gemeinsam zu, allerdings, da sie getrennt leben und Marina in beiderseitigem Einverständnis bei der Mutter wohnt, nach dem Modus des § 1687 BGB. Danach steht der Mutter die alleinige tatsächliche und gesetzliche Sorge zu, soweit es sich um eine Alltagsangelegenheit handelt.

291

Es stellt sich mithin die Frage, ob die Erlaubnis zu der Reise und die Zustimmung zu dem Vertrag als Alltagsangelegenheit eingeordnet werden können. Denn nur dann hätte die Mutter die Entscheidungsbefugnis darüber. Andernfalls müssten die Eltern sich darüber einigen, so dass der Vater tatsächlich ein „Vetorecht" hätte, das nur durch eine gerichtliche Entscheidung überwunden werden kann: Marinas Mutter müsste dann versuchen, sich die Alleinentscheidungsbefugnis in dieser Angelegenheit gerichtlich übertragen zu lassen (§ 1628 BGB).

Alltagsangelegenheiten sind nach der Legaldefinition des § 1687 Abs. 1 S. 3 BGB solche, die häufig vorkommen und keine schwer abzuändernden Wirkungen auf die Entwicklung des Kindes entfalten. Soweit die Norm keine trennscharfe Abgrenzung erlaubt, kann auch als Kriterium herangezogen werden, welche Auswirkungen die Entscheidung auf das Kindeswohl hat (also, ob es besondere Gefahren gibt oder eine Entscheidung getroffen werden muss).

Der Sachverhalt ist im vorliegenden Fall (argumentativ) zu würdigen: (Flug-)Reisen sind eigentlich per se irreversibel und nicht unbedingt häufig und könnten bereits deswegen nach der Legaldefinition eine Angelegenheit von erheblicher Bedeutung darstellen, müssten also von beiden Eltern getragen werden (mit Blick auf die weite Verbreitung und Üblichkeit derartiger Reisen vor allem im EU-Inland ist es jedoch denkbar, sie wertungsmäßig gleichwohl den Alltagsangelegenheiten „zuzuschlagen"). Unabhängig davon gilt: Bestehen konkrete Gefahren für das Kind, so ist die Sache aus diesem Grund als erheblich einzustufen. In diesem Rahmen käme es darauf an, wie konkret die Terrorgefahr ist. Gibt es konkrete Hinweise auf Anschläge, Reisewarnungen des Auswärtigen Amtes oder wurde gar im Reiseland deswegen der Ausnahmezustand verhängt, so spricht vieles dafür, die Angelegenheit unter dem Aspekt einer konkreten Gefahr für das Kind als erheblich einzustufen. Die allgemeine Angst vor Gefahren für das Kind reicht hingegen nicht aus, eine Angelegenheit als erheblich einzustufen. Nachdem der Sachverhalt insoweit unklar ist, muss in diesem Bereich das Ergebnis offen gelassen werden.

2. Die Aufhebung der gemeinsamen Sorge

a) Übungsfall 11

Fallfortführung von Fall 10:
Um weitere Streitigkeiten zu vermeiden, würde Marinas Mutter gerne das alleinige Sorgerecht erlangen. Es ist davon auszugehen, dass Marinas Vater dies nicht wünscht. Wie schätzen Sie ihre Möglichkeiten ein, ihren Wunsch zu realisieren (Lösungshinweise Rn 306)?

292

---

46 BGH, NZFam 2020, 116.

b) Überblick

293 Mit der dauerhaften Trennung der Eltern besteht die Möglichkeit, die gemeinsame Sorge gerichtlich aufheben und einem Elternteil zuweisen zu lassen (§ 1671 BGB). Die Aufhebung der gemeinsamen Sorge muss sich nicht notwendig auf alle Bestandteile der Sorge beziehen. Denkbar ist auch, dass nur Teile der elterlichen Sorge (etwa das Aufenthaltsbestimmungsrecht) aufgehoben und einem Elternteil allein zugewiesen werden, während es im Übrigen bei der gemeinsamen Sorge verbleibt.

Soweit die gemeinsame Sorge aufgehoben wird, konzentriert sich die (tatsächliche und gesetzliche) elterliche Sorge unter Ausschluss des anderen Teils nur noch bei einem Elternteil. Diesem verbleibt uU lediglich das Umgangsrecht.

294

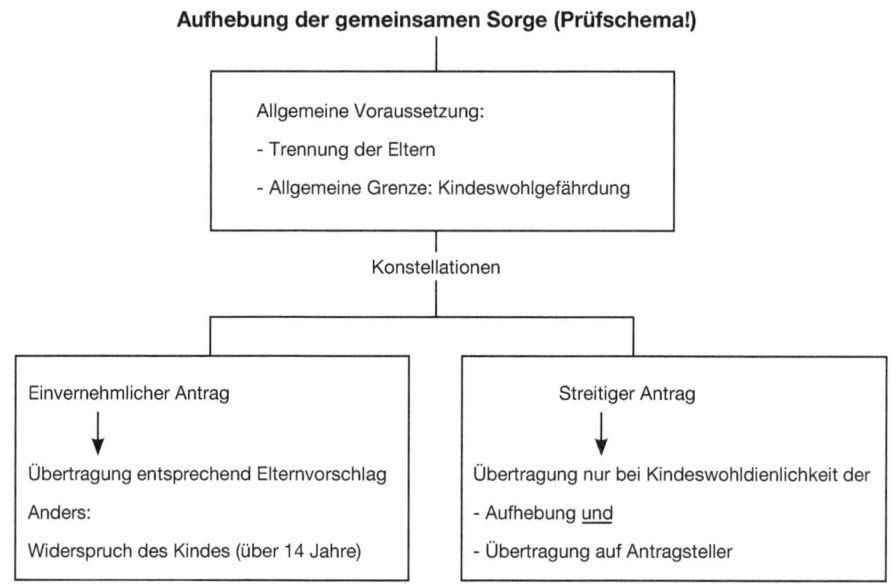

Aufhebung der gemeinsamen Sorge (Prüfschema!)

295 Eine einmal ergangene gerichtliche Sorgerechtsentscheidung ist relativ stabil. Sie kann gerichtlich abgeändert werden, allerdings nur, wenn triftige, das Kindeswohl nachhaltig berührende Gründe vorliegen (§ 1696 Abs. 1 BGB). Das Familiengericht wird auch diese Entscheidung unter Abwägung aller Interessen am Kindeswohl ausrichten (§ 1697a Abs. 1 BGB).

c) Allgemeine Voraussetzungen der Aufhebung der gemeinsamen Sorge

296 Die Aufhebung der gemeinsamen Sorge setzt eine nicht nur vorübergehende Trennung der Eltern voraus (§ 1567 Abs. 1 BGB; Rn 555).

Die Übertragung der Alleinsorge stößt weiter an die Grenze der Kindeswohlgefährdung (§ 1671 Abs. 4 BGB): Einem Antrag auf Übertragung der Alleinsorge ist danach nicht stattzugeben, wenn die Sorge anderweitig geregelt werden muss. Davon ist auszugehen, wenn eine Kindeswohlgefährdung vorliegt. In diesem Fall haben die Gerichte eine Entscheidung am Maßstab des § 1666 BGB zu treffen.

Teil III: Grundlagen des Familienrechts 151

Beispiel: Arrangement der Eltern zulasten des Kindes: Erziehungsungeeignete Mutter soll die Sorge für das Kind bekommen und verzichtet dafür auf eigenen Unterhalt.

d) Besondere Voraussetzungen der Sorgerechtsübertragung

Bei der Sorgerechtsübertragung sind zwei Konstellationen denkbar: 297
- Einverständliche Sorgerechtsübertragung (§ 1671 Abs. 1 Nr. 1 BGB).
- Streitige Sorgerechtsübertragung (§ 1671 Abs. 1 Nr. 2 BGB).

aa) Einverständliche Sorgerechtsübertragung

Sind sich die Eltern einig über die Übertragung der Sorge, so ist das Gericht an die 298 einvernehmliche Entscheidung der Eltern gebunden. Beantragt ein Elternteil die Übertragung der Sorge auf sich und stimmt der andere dem zu, ist die Sorge – ohne inhaltliche Prüfung des Vorschlags – wie beantragt, zu übertragen (§ 1671 Abs. 1 Nr. 1 BGB). Dies ist Ausdruck der – auch insoweit den Eltern zustehenden und verfassungsrechtlich garantierten – Erziehungshoheit.

Die elterliche Entscheidungsbefugnis ist in folgenden Fällen nicht maßgeblich:
- Kindeswohlgefährdender Vorschlag (§ 1671 Abs. 4 BGB).
- Widerspruch des über 14 Jahre alten Kindes. Dieser verhindert allerdings nicht als solcher eine gerichtliche Entscheidung. Vielmehr ist das Gericht jetzt nicht mehr an den Elternvorschlag gebunden, sondern hat in eine inhaltliche Prüfung einzutreten, ob der Vorschlag der Eltern dem Kindeswohl entspricht sowie die vom Kindeswohl geforderte Entscheidung zu treffen.

bb) Streitige Sorgerechtsübertragung

Sind sich die Eltern *nicht* darüber einig, dass die Sorge aufgehoben und/oder auf 299 wen sie übertragen werden soll, muss über die Sorge streitig entschieden werden. In diesem Fall wird die Alleinsorge nur nach einer **doppelten Kindeswohlprüfung** übertragen (§ 1671 Abs. 1 Nr. 2 BGB): Sowohl die Aufhebung der gemeinsamen Sorge *als auch* die Übertragung auf den Antragsteller müssen dem Wohl des Kindes am besten entsprechen. Ist einer der beiden Punkte zu verneinen, ist der Antrag auf Aufhebung der Sorge zurückzuweisen, so dass es – trotz der Konflikte zwischen den Eltern – bei der gemeinsamen Sorge (nach dem Modell des § 1687 BGB) verbleibt. Erforderlich ist mithin eine doppelte Prüfung.

An erster Stelle ist zu prüfen, ob die **Aufhebung der gemeinsamen Sorge kindes-** 300 **wohldienlich** ist. Davon ist immer dann auszugehen, wenn sie vom Kindeswohl aus betrachtet besser für das Kind ist als die Beibehaltung der gemeinsamen Sorge. In folgenden Fällen bejaht das die Rechtsprechung:
- Ein Elternteil hat sich als erziehungsungeeignet erwiesen oder ist nicht zur Erziehung bereit.

Beispiele: Misshandlungen des Kindes durch einen Elternteil; fehlende Bindungstoleranz (Vereitelung des Umgangsrechts des anderen Elternteils); eigenmächtige Mitnahme des Kindes ohne Rücksprache mit dem anderen Elternteil; Gleichgültigkeit gegenüber dem Kind; Verhältnis zwischen den Eltern ist durch Gewalt geprägt.

301 ■ Die für die Ausübung der gemeinsamen Sorge denknotwendig erforderliche objektive Kooperationsfähigkeit und/oder subjektive Kooperationsbereitschaft der Eltern ist nicht vorhanden, so dass ein kindeswohldienliches Zusammenwirken der Eltern nicht zu erwarten ist. Zwar lässt sich Kooperation nicht „verordnen". Auch besteht kein verfassungsrechtlich geforderter Vorrang gemeinsamer Sorge vor Alleinsorge[47]. Gleichwohl legen die Gerichte zT durchaus hohe Maßstäbe an den Grad der gestörten Kommunikation an und heben erst bei gravierenden Kommunikationsdefiziten in wichtigen Kindeswohlbelangen die gemeinsame Sorge auf.

Besteht ein Grundkonsens und bezieht sich der Streit nur auf bestimmte Fragen der elterlichen Sorge, kommt eine **Teilaufhebung der Sorge** in Betracht. Hauptanwendungsfall ist die Zuweisung lediglich des Aufenthaltsbestimmungsrechts zu einem Elternteil unter Beibehaltung der gemeinsamen elterlichen Sorge im Übrigen.

302 **Beispiele:** Aufhebung abgelehnt:
- Bloße Zerstrittenheit der Eltern ohne ersichtliche negative Auswirkungen auf die Entwicklung des Kindes.
- Alltägliche Schwierigkeiten hinsichtlich der Erreichbarkeit eines Elternteils bei großer räumlicher Distanz zwischen beiden.
- Eltern kommunizieren ausschließlich schriftlich miteinander, sofern sich daraus keine Belastungen für das Kind ergeben.
- 9jähriger Kontaktabbruch durch die Mutter und aktuelle Kommunikationsverweigerung durch den Vater[48].

Aufhebung bejaht:
- Fehlen jeglicher Kommunikationsfähigkeit zwischen den Eltern, beruhend auf einem hasserfüllten Verhalten des Vaters.
- Starke psychische Belastung der Mutter durch die Kommunikation mit dem Vater bei schwerwiegender Partnergewalt.
- Wechselseitige Strafanzeigen; völliges Auseinandergehen von Erziehungsvorstellungen wobei auch im Ansatz keine Einigungsmöglichkeit in einer wichtigen Frage bestand.
- Objektiv und subjektiv schwer gestörte Kommunikation.

Uneinheitlich: Auswanderungsabsicht des das Kind betreuenden Elternteils.

303 ■ Andere Gründe erfordern die Aufhebung der gemeinsamen Sorge.

Beispiele: Eltern waren bereits in der Vergangenheit nicht fähig, für das Kindeswohl zusammenzuarbeiten; tiefverwurzelte Abneigung des Kindes gegenüber einem Elternteil; Kind hatte keinen Kontakt zum anderen Elternteil und lehnt diesen auch ab.

304 Erst an zweiter Stelle stellt sich die Frage, ob die **Übertragung der Sorge** auf den Antragsteller **kindeswohldienlich** ist. Haben beide Eltern einen Antrag auf Übertragung der Sorge auf sich gestellt, so muss – bei gleicher Erziehungseignung der Eltern – eine Abwägung erfolgen. Ist ein Elternteil hingegen erziehungsungeeignet, so wird er die Sorge bereits deswegen nicht übertragen erhalten.

Bei der Abwägung, welcher Elternteil der „Bessere" ist, zieht die Rechtsprechung folgende Kriterien heran:

■ **Förderprinzip**: In diesem Rahmen ist zu prüfen, welcher Elternteil dem Kind bessere Entwicklungsmöglichkeiten eröffnet bzw besser zur Erziehung des Kindes befähigt ist.

Beispiele: Positiv: Unterbringung des Kindes; Möglichkeit und Bereitschaft zur persönlichen Betreuung.

---

[47] BVerfG, ZKJ 2018, 373.
[48] OLG Brandenburg, BeckRS 2020, 9479.

Negativ: Alkohol-, Drogensucht; neuer Partner, der das Kind ablehnt; unüberwindliche feindselige Haltung des Kindes.

Neutral: Schuld an Scheidung (soweit sich darin nicht Rücksichtslosigkeit gegenüber dem Kind ausdrückte); Existenz eines neuen Partners; Transsexualität oder Homosexualität eines Elternteils.

- **Bindungen** des Kindes an Eltern und Geschwister: In diesem Rahmen wird darauf abgestellt, zu welchem Elternteil das Kind die engere Bindung aufweist. In diesem Rahmen kann es auch von Bedeutung sein, ob bei diesem Geschwister verbleiben, zu denen das Kind ebenfalls Bindungen besitzt.
- **Kontinuitätsprinzip**: In diesem Rahmen kommt es darauf an, bei welchem Elternteil die gewachsenen Beziehungen des Kindes besser aufrechterhalten bleiben. Dies spricht häufig für denjenigen Elternteil, bei dem das Kind seine gewohnte Umgebung (Freunde, Schule, Kindertagesstätte) behalten kann.
- **Wille** des Kindes, soweit er mit seinem Wohl kompatibel ist[49].

Zwischen den genannten Prinzipien besteht kein Rangverhältnis. Vielmehr ist im Einzelfall unter Heranziehung aller Umstände eine Gewichtung der unterschiedlichen Interessen vorzunehmen. Häufig wird die Sorge demjenigen Elternteil übertragen, der in der Vergangenheit die größeren Erziehungsanteile wahrgenommen hat. Je älter das Kind ist, umso größere Bedeutung kommt seinem Willen zu. Hingegen wird der Wille des – im Regelfall kleinen – Kindes tendenziell vernachlässigt, wenn es sich in einem massiven Loyalitätskonflikt zwischen den Eltern befindet und nicht in der Lage ist, seine Wünsche losgelöst von diesem Konflikt zu äußern.

305

e) Lösungshinweise zum Übungsfall 11 (Rn 292)

Grundlage einer Sorgerechtsübertragung ist § 1671 Abs. 1 BGB. Das allgemeine Kriterium des § 1671 Abs. 1 BGB (nicht nur vorübergehende Trennung der Eltern) ist nach den Sachverhaltsangaben als erfüllt anzusehen. Anhaltspunkte für ein anderweitiges Regelungsbedürfnis fehlen (§ 1671 Abs. 4 BGB).

306

Da die Eltern sich nicht einig sind, kann eine Sorgerechtsübertragung nur nach Maßgabe des § 1671 Abs. 1 Nr. 2 BGB erfolgen. Sie setzt daher weiter voraus, dass sowohl die Aufhebung der gemeinsamen Sorge als auch die Übertragung der Alleinsorge auf die Mutter kindeswohldienlich ist.

Problematisch wird im vorliegenden Fall das erste Kriterium sein: Eine Aufhebung der gemeinsamen Sorge kommt nur dann in Betracht, wenn ein Elternteil erziehungsungeeignet ist oder den Eltern die notwendige Basis für die Kommunikation über die Belange des Kindes fehlt, weil sie nicht in der Lage oder nicht willens hierzu sind. Dafür genügen allerdings Meinungsverschiedenheiten in einzelnen Angelegenheiten (die sich über § 1628 BGB regeln lassen) nicht. Im vorliegenden Fall haben die Eltern die gemeinsame Sorge offenbar über 2 Jahre problemlos ausgeübt. Anhaltspunkte für eine tiefgreifend gestörte Kommunikation fehlen. Damit fehlt es an der Kindeswohldienlichkeit der Aufhebung der gemeinsamen Sorge. Ein Sorgerechtsantrag wird nicht erfolgreich sein.

---

49 BVerfG, ZKJ 2018, 373 (374).

3. Nicht miteinander verheiratete Eltern

a) Überblick

307 Ausgangspunkt ist zunächst die unbeschränkte **Alleinsorge** der mit dem Vater nicht verheirateten Mutter unter primärem Ausschluss des Vaters (§ 1626a Abs. 3 BGB). Väterliche Sorge muss also erst begründet werden. Eine Partizipation an der Sorge ist dabei nur dem rechtlichen Vater des Kindes eröffnet. Es sind also immer zwei Akte nötig: Die abstammungsrechtliche Zuordnung des Kindes zu dem Mann – im Regelfall durch eine Vaterschaftsanerkennung – und die Begründung der sorgerechtlichen Beteiligung des Vaters.

Mit der Begründung gemeinsamer Sorge gelten auch für unverheiratete Eltern die oben dargestellten Regeln: Leben sie zusammen, müssen sie in allen Bereichen elterlicher Sorge einen Konsens erzielen. Dissense in erheblichen Angelegenheiten sind gerichtlich lösbar (§§ 1627, 1628 BGB). Leben die Eltern getrennt, folgt die Sorge dem Modell des § 1687 BGB. Eine Aufhebung der gemeinsamen Sorge ist nur durch gerichtliche Entscheidung (§ 1671 Abs. 1 BGB) möglich.

Folgende Möglichkeiten der Sorgerechtspartizipation eröffnet das Gesetz.

308

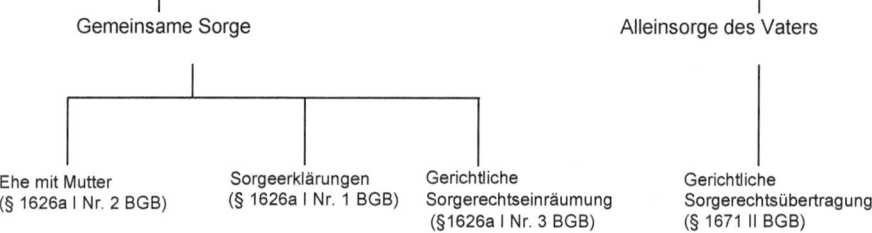

b) Sorgeerklärungen

309 Gemeinsame Sorge nicht miteinander verheirateter Eltern kann zunächst einverständlich durch die Abgabe von Sorgeerklärungen begründet werden (§ 1626a Abs. 1 Nr. 1 BGB).

Dafür müssen zwei übereinstimmende Erklärungen, sog **Sorgeerklärungen,** abgegeben werden, die den Inhalt haben, gemeinsam die Sorge für ein bestimmtes Kind übernehmen zu wollen. Die Erklärungen müssen nicht zeitgleich abgegeben werden. Vielmehr ist denkbar, dass zB zunächst der Vater die Erklärung abgibt und die Mutter – nach einer Bedenkzeit – ebenfalls eine Sorgeerklärung abgibt.

Weitere formale Vorgaben sind:
- Bedingungslosigkeit: Eine Sorgeerklärung kann nicht unter einer **Bedingung** oder **Zeitbestimmung** abgegeben werden (§ 1626b Abs. 1 BGB).

    Beispiel: Abgabe der Sorgeerklärung unter der Bedingung, dass sich der Vater auch um das Kind kümmert, Unterhalt bezahlt oder sich nicht von der Mutter trennt.

Zeitlich kann die Erklärung bereits vor der Geburt, nicht jedoch vor der Zeugung des Kindes erfolgen (§ 1626b Abs. 2 BGB). Nach „hinten" sind keine Grenzen gesetzt. Eine Sorgeerklärung kann mithin jederzeit bis zur Volljährigkeit des Kindes abgegeben werden.
- **Höchstpersönlichkeit** der Erklärungen (§ 1626c Abs. 1 BGB): Damit ist eine Stellvertretung ausgeschlossen.

Besonderheiten gelten für minderjährige Eltern: Diese können die Sorgeerklärung zwar nur selber abgeben, benötigen hierfür jedoch die Zustimmung ihrer gesetzlichen Vertreter (§ 1626c Abs. 2 BGB). Verweigern die Eltern des minderjährigen Elternteils ihre Zustimmung, so kann sie durch das Familiengericht ersetzt werden, wenn die Sorgeerklärung dem Wohl des Kindes nicht widerspricht. **310**
- **Form**: Öffentliche Beurkundung (§ 1626d Abs. 1 BGB, Rn 58). Zuständig zur Vornahme der Beurkundung sind der Notar (§ 20 Abs. 1 BNotO), das Jugendamt (§ 59 Abs. 1 Nr. 8 SGB VIII – kostenfrei) und das Standesamt (§ 29a PStG). Die Sorgeerklärungen (bzw etwa erforderliche Zustimmungen) können daneben im Rahmen eines gerichtlichen Verfahrens in einem gerichtlichen Erörterungstermin abgegeben werden (§ 155a Abs. 5 FamFG).

Weitere – ungeschriebene – Voraussetzung ist, dass die Mutter auch tatsächlich Sorgerechtsinhaberin ist. Ist sie nicht sorgeberechtigt – etwa, weil ihr die Sorge ganz oder teilweise entzogen wurde – so kann sie auch nicht über die „Hereinnahme" des Vaters in die Sorge durch einfache Sorgeerklärung verfügen[50]. Zulässig ist jedoch die Abgabe einer Sorgeerklärung durch eine minderjährige Mutter. **311**

Die Begründung gemeinsamer Sorge allein durch Erklärung der Eltern ist ausschließlich für die Konstellation der primär alleinsorgeberechtigten und nicht mit dem Vater verheirateten Mutter, die sich mit dem Vater die Sorge teilen möchte, vorgesehen. Beruht die Alleinsorge hingegen auf einer gerichtlichen Entscheidung – insbesondere auf einer Sorgerechtsübertragung gem. § 1671 BGB – so können die Eltern sich die Sorge nicht mehr durch einfache Erklärung teilen. In diesem Fall steht vielmehr eine gerichtliche Entscheidung im Raum, die nur – im Rahmen eines weiteren Gerichtsverfahrens – abgeändert werden kann (§ 1626b Abs. 3 BGB).

Weitere Voraussetzungen für die Begründung gemeinsamer Sorge durch Sorgeerklärungen sind nicht vorgesehen. Dementsprechend findet keine inhaltliche Prüfung der Erklärungen statt, etwa auf ihre Kindeswohldienlichkeit oder Realisierbarkeit. **312**

In gleicher Weise wie bei der Anerkennung der Vaterschaft, wirken sich lediglich Verstöße gegen die formalen Vorgaben aus: Sie führen zur Unwirksamkeit der Erklärungen (§ 1626e BGB). Sonstige Mängel der Willenserklärung sind hingegen irrelevant.

Beispiel: Die Mutter gibt auf die Drohung des Vaters, ihr „könnte etwas passieren", wenn er keine Sorge erhält, eine Sorgeerklärung ab.

Insoweit verdrängen die familienrechtlichen Bestimmungen die allgemeinen rechtsgeschäftlichen Regeln. Leidet also die Sorgeerklärung der Mutter an einem **Willensmangel**, kann sich die Mutter nicht durch einfache Anfechtung nach den §§ 119 ff BGB von ihr lösen, sondern nur dadurch, dass sie ein gerichtliches Verfahren zur Aufhebung der gemeinsamen Sorge und Übertragung der Alleinsorge nach § 1671 BGB anstrengt, mit allen damit verbundenen Risiken, uU auch dem Verlust des Sorgerechts. **313**

---

50 BGH, NJW 2005, 2456.

Einen Widerruf der Sorgeerklärung hält die herrschende Meinung jedoch für zulässig, solange die gemeinsame Sorge noch nicht wirksam begründet wurde[51].

Beispiele: Die Mutter will ihre Sorgeerklärung widerrufen, der Vater hat seine Sorgeerklärung noch nicht abgegeben.

Mutter und Vater haben Sorgeerklärungen abgegeben, die Mutter ist aber noch verheiratet, es läuft aber eine Scheidung, über die noch nicht rechtskräftig entschieden wurde, und die Eltern streben einen „fliegenden Vaterwechsel" nach § 1599 Abs. 2 BGB an[52].

c) Eheschließung der Eltern

314 Die nachträgliche **Eheschließung** der Eltern eines Kindes vermittelt dem Vater automatisch die volle Sorge neben der Mutter (§ 1626a Abs. 1 Nr. 2 BGB), vorausgesetzt, er hat zuvor die Vaterschaft anerkannt.

d) Gerichtliche Sorgerechtsübertragung

315 § 1626a Abs. 1 Nr. 3 BGB ermöglicht daneben die Begründung gemeinsamer Sorge durch gerichtliche **Sorgerechtsübertragung.** Anders als bei der Sorgeerklärung, kann sich eine gerichtliche Sorgeübertragung auch nur auf Teilbereiche der Sorge, zB das Aufenthaltsbestimmungsrecht oder die Gesundheitsfürsorge beziehen. Formal wird das gerichtliche Verfahren durch einen Antrag eingeleitet. Im Regelfall wird der Vater diesen Antrag stellen. Er kann aber auch von der Mutter ausgehen, die einen nicht „interessierten" Vater in die gemeinsame Sorge „zwingen" möchte.

316 Maßstab für die richterliche Entscheidung ist das Kindeswohl. Das Gesetz geht dabei von der Vermutung aus, dass die Sorge durch beide Eltern dem Kindeswohl am besten entspricht. So formuliert § 1626a Abs. 2 BGB ausdrücklich: „Trägt der andere Elternteil keine Gründe vor, die der Übertragung widersprechen und sind solche Gründe auch nicht ersichtlich, so wird vermutet, dass die gemeinsame Sorge dem Kindeswohl nicht widerspricht." Im Umkehrschluss ist gemeinsame Sorge erst dann zu versagen, wenn sie unvereinbar mit dem Kindeswohl ist. Das Gericht prüft daher lediglich, ob Gründe gegen die gemeinsame Sorge sprechen (negative Kindeswohlprüfung). Hingegen prüft es nicht, ob die gemeinsame Sorge die für das Kind bessere Sorgeform gegenüber der Alleinsorge darstellt (also keine positive Kindeswohlprüfung).

317 Vor allem die Ablehnung der gemeinsamen Sorge durch einen Elternteil wirft Zweifel an der Kindeswohldienlichkeit der gemeinsamen Sorge auf und führt zu einer inhaltlichen Prüfung der Gerichte, ob gemeinsame Sorge mit dem Kindeswohl vereinbar ist. Die Gerichte orientieren sich dabei an den Grundsätzen für die Aufhebung der gemeinsamen Sorge nach § 1671 Abs. 1 S. 2 Nr. 2 BGB (Rn 299): Im Zentrum der Prüfung steht daher zunächst die Frage nach der Erziehungseignung der Eltern und das Vorliegen einer tragfähigen **kommunikativen Grundlage** für ein kindeswohlgedeihliches Zusammenwirken. Grundvoraussetzung ist also ein Mindestmaß an Übereinstimmung in wesentlichen Bereichen der elterlichen Sorge und insgesamt eine tragfähige soziale Beziehung zwischen den Eltern[53]. Weitere gewichtige Aspekte des Kindeswohles sind das Förder- und Kontinuitätsprinzip sowie der Kindeswillen.

---

51 Knittel, JAmt 2018, 486 (489 f).
52 BGH, NJW 2004, 1595.
53 BGH, NJW 2016, 2497.

Allein die Ablehnung der gemeinsamen Sorge durch zB die Mutter genügt also nicht, **318**
um eine gemeinsame Sorge zu verhindern, ebenso wenig das Bestehen von Differenzen zwischen den Eltern. Gemeinsame Sorge ist hingegen dann zu versagen, wenn zwischen den Eltern ein hohes Konfliktniveau besteht, vor allem, soweit sich die Streitigkeiten ungünstig auf das Kindeswohl auswirken bzw bereits die begründete Befürchtung besteht, dass es zu einer erheblichen Belastung des Kindes durch den Elternkonflikt kommt.

Beispiele: Gemeinsame Sorge begründet: **319**
- Mutter lehnt gemeinsame Sorge ab, weil der Vater dominant und fordernd auftritt.
- Eltern sind heillos zerstritten, aber noch keine ungünstigen Auswirkungen auf das Kindeswohl erkennbar.
- Streitigkeiten zwischen Eltern über Einzelheiten und Kosten des Umgangs sowie Umfang und Pünktlichkeit des Unterhalts.

Gemeinsame Sorge abgelehnt:
- Fortwährender Streit zwischen den Eltern, derbe Beleidigungen der Mutter durch den Vater, Kind bekommt mit, dass sich die Eltern nicht ohne Auseinandersetzung begegnen können.
- Unterschiedliche Lebenswelten der Eltern (Vater als prononciert bekennender Aussteiger, dem Geld, Wohlstand und Arbeit nichts bedeuten und der aus früherer Strafhaft und von dem zeitweise gegen ihn gerichteten Verdacht schwerer und grausamer Sexual- und Tötungsdelikte berichtete versus Mutter, die regelmäßiger Teilzeittätigkeit im Schichtbetrieb nachging).
- Wunsch eines älteren Kindes nach sorgerechtlicher Beteiligung des Vaters.

e) Der Wechsel von mütterlicher Alleinsorge zu väterlicher Alleinsorge

§ 1671 Abs. 2 BGB räumt dem nicht mit der Mutter verheirateten Vater die Möglich- **320**
keit der gerichtlichen **Übertragung der Alleinsorge** auf ihn ein, ermöglicht also einen Wechsel von mütterlicher Alleinsorge zu väterlicher Alleinsorge. Inhaltlich ähneln die Voraussetzungen denen der Aufhebung der gemeinsamen Sorge.

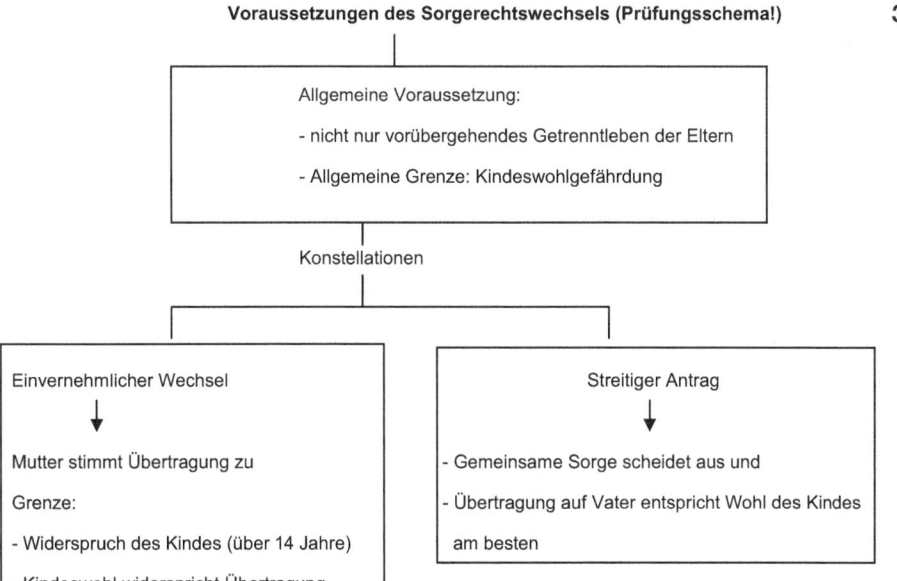

322 Eine Besonderheit gegenüber der Aufhebung der gemeinsamen Sorge gibt es bei der einvernehmlichen Sorgeübertragung: Anders als bei der einverständlichen *Aufhebung* gemeinsamer Sorge ist beim einvernehmlichen Wechsel von Alleinsorge zu Alleinsorge eine Kindeswohlprüfung vorgesehen. Es gilt allerdings ein niedrigschwelliger Prüfungsmodus. Nur entgegenstehende Kindeswohlbelange (negative Kindeswohlprüfung) hindern die Übertragung.

Nach einer gerichtlichen Entscheidung sind weitere sorgerechtliche Veränderungen nur durch gerichtliche Entscheidung gem. § 1696 Abs. 1 S. 1 BGB möglich.

Beispiele: Die Sorge soll der Mutter zurückübertragen werden; die Eltern möchten nunmehr doch eine gemeinsame Sorge begründen.

4. Die „neue" Familie

a) Überblick

323 Trennung bzw Scheidung der Eltern sind häufig nur eine Zwischenetappe auf dem Weg zu einer neuen Partnerschaft der Eltern. Das Gesetz hat nur punktuelle Regelungen für den Fall getroffen, dass ein kindbetreuender Elternteil eine neue Ehe eingeht (Stieffamilie). Keine rechtlichen Auswirkungen hat demgegenüber das bloße Zusammenleben eines Elternteils mit einem neuen Lebensgefährten.

Für die Stieffamilie existieren in folgenden Bereichen Regelungen:
- Das äußere Erscheinungsbild der Stieffamilie: Einbenennung.
- Die innere Konstitution der neuen Familie: Sorgerechtliche Befugnisse.
- Das Auseinanderbrechen der Stieffamilie: Umgangsrechte.

b) Das äußere Erscheinungsbild der Stieffamilie – Die Einbenennung

324 Die **Einbenennung** ermöglicht bei einer (erneuten) Eheschließung eines Elternteils mit Kind ein namensmäßig einheitliches Auftreten der neuen Familie. Der verheiratete Elternteil kann den Namen des neuen Ehegatten annehmen (§ 1355 Abs. 1, Abs. 2 BGB). Durch die Einbenennung kann auch das Kind, das in die neue Familie aufgenommen wird, den Namen des Stiefelternteils erhalten (§ 1618 BGB).

Sorgerechtliche Folgen sind mit der Einbenennung nicht verbunden. Vielmehr bleiben die bisher Beteiligten wie zuvor Inhaber der Sorge. Insbesondere ist mit der Einbenennung keine Adoption des Kindes verbunden.

325 Die Einbenennung erfolgt durch öffentlich beglaubigte Erklärungen des betreuenden Elternteils und des Stiefelternteils gegenüber dem Standesbeamten.

Die Einwilligung auch des anderen Elternteils ist erforderlich, wenn er noch an der Sorge beteiligt ist oder das Kind seinen Namen führt. Verweigert er die Einwilligung, kann das Familiengericht sie ersetzen, wenn die Namensänderung zum Wohl des Kindes erforderlich ist.

Hat das Kind das 5. Lebensjahr vollendet, ist seine Zustimmung ebenfalls erforderlich.

c) Die interne Gestaltung der Stieffamilie – Sorgerechtliche Befugnisse des Stiefelternteils

Der Stiefelternteil ist grundsätzlich nicht Sorgerechtsinhaber. Der Gesetzgeber hat allerdings dem „nur" sozialen Elternteil das sog **kleine Sorgerecht** eingeräumt. Dabei handelt es sich um eine Mitentscheidungsbefugnis in Angelegenheiten des täglichen Lebens. Begünstigt sind ausschließlich Ehepartner (§ 1687b Abs. 1 BGB), nicht hingegen nichteheliche Lebensgefährten des Elternteils. Diese bleiben sorgerechtlich aus der Familie ausgeschlossen. **326**

Vom Umfang her sind die sorgerechtlichen Befugnisse auf eine Mitentscheidungsbefugnis in täglichen Angelegenheiten beschränkt. In diesem Rahmen ist der Stiefelternteil sowohl an der tatsächlichen, als auch an der gesetzlichen Sorge mitbeteiligt. Daneben besitzt er ein Notvertretungsrecht bei Gefahr im Verzug (§ 1687b Abs. 2 BGB).

Beispiel: Das Kind ist bei einem Unfall verletzt worden. Der Stiefelternteil kann es ins Krankenhaus bringen und eine notwendige Operation genehmigen.

Entscheidungen mit erheblicher Bedeutung für das Kind trifft der Elternteil hingegen allein.

Das kleine Sorgerecht entsteht nicht automatisch, sondern nur im Einvernehmen mit dem alleinsorgeberechtigten Elternteil. Das erforderliche Einvernehmen ist keine Sorgerechtsübertragung, sondern vielmehr Ausdruck des Willens, den Stiefelternteil an der Sorge zu beteiligen. Dieses Einvernehmen kann auch konkludent hergestellt werden, etwa dadurch, dass der Elternteil ihn in Entscheidungen einbindet. Fehlt das erforderliche Einvernehmen, etwa weil eine sorgerechtliche Beteiligung nicht gewünscht ist, entsteht das kleine Sorgerecht nicht. **327**

Die Befugnis zur Einräumung des kleinen Sorgerechts besitzt dabei nur ein alleinsorgeberechtigter Elternteil. Steht die Sorge für das Kind beiden Elternteilen gemeinsam zu (§ 1687 BGB), ist kein Raum für sorgerechtliche Befugnisse des Stiefelternteils. Es gibt also immer nur maximal zwei sorgeberechtigte Personen.

Die Befugnisse des Stiefelternteils können familiengerichtlich eingeschränkt oder ausgeschlossen werden, wenn dies zum Wohl des Kindes erforderlich ist (§ 1687b Abs. 3 BGB). Sie enden automatisch mit einer nicht nur vorübergehenden Trennung der Ehegatten (§ 1687b Abs. 4 BGB).

5. Prüfhinweise

Prüfungen im familienrechtlichen Kontext sind sehr komplex. Es empfiehlt sich, wie folgt vorzugehen: **328**

Falls Notwendig: Vorab Klärung der abstammungsrechtlichen Situation.
1. Analyse der sorgerechtlichen Situation. Ggf. chronologisch beginnen:
   a) Wer hatte die Sorge bei Geburt des Kindes (verheiratete Eltern oder unverheiratete Eltern?)
   b) Gab es dann Änderungen und – wenn ja – welche:
      – Bei unverheirateten Eltern: Ist gemeinsame Sorge (und wie: Durch Sorgeerklärungen oder gerichtliche Sorgerechtsübertragung?) wirksam begründet worden?
      – Bei gemeinsamer Sorge: Haben die Eltern sich getrennt? Wurde die gemeinsame Sorge aufgehoben?

2. Ist der sorgerechtliche Status Quo geklärt, lassen sich aufgeworfene Fragen bedeutend einfacher einordnen:
   a) Um was für eine Angelegenheit handelt es sich: Tatsächliche Sorge oder gesetzliche Vertretung, Alltags- oder bedeutsame Angelegenheit?
   b) Wer darf die anstehende Frage entscheiden? Wird § 1628 BGB benötigt? Konsequenzen?

VI. Das Umgangsrecht

1. Übungsfall 12

329 Die miteinander verheirateten Eltern der 16-jährigen Marina leben seit 2 Jahren getrennt. Marina lebt im Einverständnis der Eltern bei ihrer Mutter. Marinas Vater lebt seit kurzem mit seiner neuen Freundin zusammen. Marinas Mutter möchte weitere Kontakte zwischen ihrem Ehemann und Marina vermeiden. Sie lehnt vor allem Kontakte zwischen Marina und der neuen Freundin des Vaters ab. Wie ist die Rechtslage (Lösungshinweise Rn 347)?

2. Überblick

330 **Umgangsrechte Dritter** bilden eine Schranke für das Umgangsbestimmungsrecht der Eltern. Ihnen gegenüber ist ein Umgangsverbot auf der Basis des § 1632 Abs. 2 BGB nicht zulässig. Zugleich besitzen die Umgangsberechtigten die Möglichkeit, ihren Anspruch auf Umgang gerichtlich zu verfolgen und durchzusetzen.

Folgende Personen besitzen ein Umgangsrecht:
- Elternteile mit ihrem Kind (§ 1684 Abs. 1 BGB).
- Kinder mit ihren Eltern (§ 1684 Abs. 1 BGB).
- Großeltern und Geschwister mit dem Kind (§ 1685 Abs. 1 BGB).
- Bezugspersonen des Kindes mit dem Kind (§ 1685 Abs. 2 BGB).
- Der leibliche Vater des Kindes mit dem Kind (§ 1686a BGB).

3. Das Umgangsrecht zwischen Eltern und Kindern

a) Voraussetzungen des Umgangsrechts

331 **Eltern** haben ein voraussetzungsloses **Umgangsrecht** mit ihrem Kind (§ 1684 Abs. 1 BGB). Das Recht steht jedem Elternteil, ungeachtet der sorgerechtlichen Situation, zu. Ein Umgangsrecht besteht daher insbesondere in folgenden Konstellationen:
- Ein Elternteil besitzt die Alleinsorge bzw das alleinige Aufenthaltsbestimmungsrecht, der andere Elternteil wünscht Umgang.
- Das Kind lebt nach einem Sorgerechtsentzug bei Pflegeeltern. Die Eltern möchten es besuchen.

§ 1684 Abs. 1 BGB formuliert den Umgang aus kindlicher Perspektive auch als **Recht des Kindes auf Umgang** mit jedem Elternteil. Damit kann auch ein Kind seine Eltern gerichtlich auf Umgang in Anspruch nehmen[54].

---

54 BVerfG, FPR 2008, 845; OLG Frankfurt a.M., NZFam 2021, 124.

b) Gerichtliche Entscheidungen über den Umgang

Gerichtliche Entscheidungen im Rahmen des Umgangsrechts sind auf verschiedenen Ebenen möglich. Zu unterscheiden sind Regelungen des Umgangs einerseits sowie Einschränkungen bzw der Ausschluss des Umgangs andererseits. **332**

Regelungen: Bei einer Regelung steht das Umgangsrecht als solches nicht in Frage, sondern es geht allein darum, die konkrete Ausgestaltung des Umgangs festzulegen (§ 1684 Abs. 3 BGB). In diesem Rahmen kann das Gericht etwa anordnen, zu welchen Zeiten (insbesondere also auch während der Ferien und Feiertage) und in welcher Form (durch Besuche, einschließlich Übernachtungen oder auch Telefonate in der Zwischenzeit) der Umgang stattfindet. In diese Regelungen können auch Dritte einbezogen werden und etwa die Frage entschieden werden, dass bei den Umgangskontakten auch der neue Partner des umgangsbegehrenden Elternteils präsent sein darf.

Die Gerichte orientieren ihre Regelungen an den jeweiligen Umständen des Einzelfalls. Dabei sind die Gegebenheiten vor Ort, insbesondere das Alter und die Wünsche des Kindes nach Möglichkeit zu berücksichtigen. In diesem Rahmen ist es denkbar, dass das Gericht die Betreuung des Kindes zwischen den Eltern hälftig aufteilt und so ein Wechselmodell (Rn 288 f) etabliert[55].

Einschränkungen/Ausschluss: Von einer gerichtlichen Regelung des Umgangs zu unterscheiden ist eine gerichtliche Einschränkung des Umgangs bzw sein Ausschluss. Im Gegensatz zu einer gerichtlichen Regelung (§ 1684 Abs. 3 BGB) wird bei einer Einschränkung (§ 1684 Abs. 4 BGB) der Umgang deutlich unterhalb der üblichen Standards zugemessen. Anwendungsfall ist etwa die Anordnung eines begleiteten oder beschützten Umgangs unter Anwesenheit eines Dritten bei den Umgangskontakten (§ 1684 Abs. 4 S. 3 BGB). Die Differenzierung zwischen einer Einschränkung sowie einer regelnden Anordnung ist nicht immer einfach, da auch eine Regelung des Umgangs mit einer Beeinträchtigung des Umgangswunsches verbunden ist. Bei einem Umgangsausschluss schließlich entfällt der Kontakt vollends. **333**

Eine Einschränkung oder ein Ausschluss des Umgangsrechts kommen immer dann in Betracht, wenn sie für das Wohl des Kindes erforderlich sind. Maßstab ist, ob der Schutz des Kindes die Maßnahme erfordert, um eine Gefährdung seiner seelischen oder körperlichen Entwicklung abzuwehren. Längerfristige Beschränkungen sind nur zulässig, wenn eine Kindeswohlgefährdung vorliegt.

Anwendungsfälle für eine Einschränkung (nur im Ausnahmefall Ausschluss) des Umgangs: **334**

- Konkrete Gefährdungssituation für das Kind; vorausgegangene/drohende Entführung des Kindes; bei dringendem Verdacht auf sexuellen Missbrauch sind zumindest Gefahrensituationen zu vermeiden; bei festgestellten pädophilen Neigungen des umgangsberechtigten Elternteils kommt ein kontrolliertes Umgangsrecht in Betracht; Gefahr von Drogendelikten; geistig retardierte oder psychisch kranke Elternteile; jahrelang unterbrochene Umgangskontakte.
- Gewalt zwischen den Eltern: Kontaktausschluss denkbar bei einer nachhaltigen Bedrohung des betreuenden Elternteils im Zusammenhang mit dem Umgang[56].

Ausschluss denkbar:
- Psychische Auffälligkeiten des Kindes im Zusammenhang mit Elternbesuchen.
- Ablehnung des Umgangs durch das Kind: Ist der Kindeswille autonom, intensiv, stabil und zielorientiert, ist er grundsätzlich beachtlich. Davon ist auszugehen, wenn das Kind durch

---

55 BGH, NZFam 2017, 206.
56 BVerfG, FamRZ 2013, 433; KG, NZFam 2021, 218.

den Streit der Eltern in einen belastenden Konflikt gerät und diesen dadurch zu lösen versucht, dass es den Kontakt zum anderen Elternteil ablehnt. Hingegen kann er unbeachtlich sein, wenn er manipuliert wurde und daher nicht den wahren Bindungsverhältnissen des Kindes entspricht. Letzteres kommt vor allem bei jüngeren Kindern in Betracht.
- Angst des Kindes vor dem anderen Elternteil, selbst dann, wenn diese auf einer starken Beeinflussung durch den betreuenden Elternteil beruht.
- Das Kind nimmt seinen Vater auf Umgang in Anspruch, dieser trägt vor, er werde das Kind bei dem Kontakt ignorieren.

Keine Gründe für eine Einschränkung des Umgangsrechts:

Unzuverlässigkeit des umgangsbegehrenden Elternteils; Streit zwischen den Eltern; Wunsch eines Elternteils zur „störungsfreien" Integration des Kindes in eine neue Familie; Inhaftierung des Vaters ua wegen Körperverletzung gegenüber der Mutter in der Vergangenheit; erfolgter Kontaktverlust.

335 Häufig wird bei Zweifeln **begleiteter Umgang** angeordnet. Diese Möglichkeit ist ausdrücklich in § 1684 Abs. 4 S. 3 BGB aufgeführt. Danach kann das Familiengericht insbesondere anordnen, dass der Umgang nur stattfinden darf, wenn ein mitwirkungsbereiter Dritter anwesend ist. Geeignete Dritte sind insbesondere die Jugendämter. Denkbar ist aber auch eine Delegation an einen Verein, häufig der Kinderschutzbund.

c) Die Wohlverhaltenspflicht

336 Das Umgangsrecht ist flankiert durch eine sog **Wohlverhaltenspflicht**, die für beide Eltern gilt (§ 1684 Abs. 2 BGB). Die Wohlverhaltenspflicht verlangt von den Eltern, alles zu unterlassen, was das Verhältnis des Kindes zum jeweils anderen Elternteil beeinträchtigt oder die Erziehung erschwert. Dahinter steht die Idee, dass jeder Elternteil sich gegenüber dem anderen loyal und fair verhalten soll.

Anwendungsfelder für die Verletzung der Wohlverhaltenspflicht:
- Der umgangsberechtigte Elternteil „wiegelt" das Kind gegen den betreuenden Elternteil auf oder stellt dessen Erziehungsautorität in Frage.
- Der umgangsberechtigte Elternteil hält sich nicht an die gerichtlich festgelegten Umgangszeiten, sondern sucht auch außerhalb dieser den Kontakt zum Kind.
- Der betreuende Elternteil macht den umgangsberechtigten Elternteil schlecht.
- Der betreuende Elternteil verhindert Umgangskontakte.
- Anlässlich der Umgangskontakte kommt es zu Auseinandersetzungen zwischen den Eltern.
- Der betreuende Elternteil „leidet" jedes Mal wenn der andere das Kind abholen will, weint etwa vor den Kontakten oder macht dem Kind ein schlechtes Gewissen, weil es ihn „alleine lässt".

337 Die Wohlverhaltenspflicht fordert von den Eltern auch ein aktives Verhalten, um den Umgang kindeswohldienlich zu gestalten. Hierzu gehört etwa die Pflicht, den Umgangskontakt so spannungsfrei wie möglich durchzuführen. Eltern trifft im Rahmen ihrer Erziehungsaufgabe zudem die Pflicht, dem Kind die Kontakte positiv zu vermitteln. Lehnt das (insoweit unbeeinflusste) Kind von sich aus Kontakte ab, so verlangt die Wohlverhaltenspflicht von dem betreuenden Elternteil, auf das Kind einzuwirken, um dessen psychischen Widerstände abzubauen[57].

Die Wohlverhaltenspflicht ist gerichtlich durch Anordnungen konkretisier- und auch erzwingbar. Unzulässig sind in diesem Rahmen allerdings Anordnungen, die in das Persönlichkeitsrecht der Eltern eingreifen. Aus diesem Grund kann weder die Inanspruchnahme einer Mediation, noch einer Familientherapie oder einer psychologisch-pädagogischen Beratung angeordnet werden.

---

57 OLG Brandenburg, BeckRS 2020, 40061.

In der Praxis bereitet die Ausübung des Umgangs in hochstreitigen Fällen Schwierigkeiten, wenn derjenige Elternteil, bei dem das Kind lebt, den **Umgang vereitelt**. Das Spektrum möglicher Reaktionen auf die Verletzung der Wohlverhaltenspflicht ist weit: Es reicht von der „Kapitulation" vor der elterlichen Entscheidung, über die Abänderung der Sorgeentscheidung bis hin zu einem Sorgerechtsentzug. § 1684 Abs. 3 S. 3 BGB führt eine weitere konkrete gerichtliche Maßnahme zum Schutz des umgangsberechtigten Elternteils auf: Die Anordnung einer Umgangspflegschaft. Die Einsetzung eines Umgangspflegers ist ein Sorgerechtseingriff. Der Umgangspfleger erhält das Recht, die Herausgabe des Kindes zur Durchführung des Umgangs zu verlangen und auch für die Dauer des Umgangs den Aufenthalt des Kindes zu bestimmen. Eine Umgangspflegschaft kommt in Betracht bei dauerhafter oder wiederholter erheblicher Verletzung der Wohlverhaltenspflicht. 338

d) Der Auskunftsanspruch

Ergänzend zum Umgangsrecht gibt § 1686 BGB demjenigen Elternteil, bei dem das Kind nicht lebt, einen Anspruch gegenüber dem anderen Elternteil auf **Auskunft über die Belange des Kindes**. Der Auskunftsanspruch bezieht sich auf die persönlichen Verhältnisse des Kindes. Er setzt ein berechtigtes Interesse des auskunftsbegehrenden Elternteils voraus und ist durch das Wohl des Kindes begrenzt. Denkbar ist ein Ausschluss des Anspruchs etwa bei lebensbedrohlichen Misshandlungen des Kindes durch den Kindesvater[58]. 339

e) Befugnisse des anderen Elternteils während des Umgangs

Für die Dauer des Umgangs besitzt der andere Elternteil die notwendigen Entscheidungsbefugnisse in Bezug auf die tatsächliche Betreuung des Kindes[59]. Daneben hat er auch das Notvertretungsrecht (§ 1687 Abs. 1 S. 5 BGB bzw § 1687a BGB iV mit § 1687 Abs. 1 S. 5 BGB). Diese Befugnisse können durch das Familiengericht eingeschränkt oder ausgeschlossen werden, wenn das Kindeswohl dies erfordert (§§ 1687a, 1687 Abs. 2 BGB). 340

4. Das Umgangsrecht naher Verwandter und von Bezugspersonen des Kindes

Umgangsrechte für nahe Verwandte und sonstige Bezugspersonen werden in § 1685 BGB geregelt. Diese Rechte gelten allerdings nur einseitig für die begünstigten Dritten, ohne dem Kind ein Recht auf Umgang mit diesen Personen einzuräumen. Folgende Personen können ein Umgangsrecht besitzen: 341
- Geschwister und Großeltern des Kindes (§ 1685 Abs. 1 BGB).
- **Bezugspersonen** des Kindes, wenn sie für das Kind tatsächlich Verantwortung getragen haben oder tragen (sozial-familiäre Beziehung, § 1685 Abs. 2 BGB). Eine tatsächliche Verantwortungsübernahme ist in der Regel anzunehmen, wenn die Person mit dem Kind längere Zeit (mindestens 6 Monate) in häuslicher Gemein-

---

58 OLG Düsseldorf, BeckRS 2019, 19328.
59 Für mitsorgeberechtigte Elternteile: § 1687 Abs. 1 S. 4 BGB; für nicht sorgeberechtigte Elternteile: § 1687a BGB iV mit § 1687 Abs. 1 S. 4 BGB.

schaft zusammengelebt hat. Das trifft bei Stiefeltern, Pflegeeltern oder etwa (vormaligen) nichtehelichen Lebensgefährten der Elternteile zu. Auch der leibliche Vater des Kindes, der nicht in die Stellung als rechtlicher Vater eingerückt ist, kommt grundsätzlich als Umgangsberechtigter in Betracht, wenn er für das Kind tatsächlich Verantwortung trägt oder getragen hat.

342 Das Umgangsrecht der genannten Verwandten und Bezugspersonen besteht – anders als das Umgangsrecht der Eltern – nicht voraussetzungslos, sondern nur, wenn der Umgang dem Kindeswohl dient. Für die Frage, ob das der Fall ist, hat der oder die Erziehungsberechtigte eine Einschätzungsprärogative unter Beachtung der Vermutungen des § 1626 Abs. 3 BGB. Daher gilt nicht per se die Vermutung, dass der Umgang mit den genannten Personen dem Kindeswohl dient. Dies muss im konkreten Fall positiv festgestellt werden. Ist das nicht möglich (etwa, weil Zweifel an der Kindeswohldienlichkeit des Umgangs verbleiben), besteht das Umgangsrecht nicht. Stützt der Elternteil die Ablehnung des Umgangs auf nachvollziehbare Gründe, scheidet ein Umgangsrecht im Regelfall aus.

Beispiele für die fehlende Kindeswohldienlichkeit des Umgangs: Die Mutter wünscht den Kontakt zu den Großeltern des Kindes nicht, weil sich diese gegenüber dem Kind permanent negativ über sie und ihre Erziehung äußern; die Eltern und die Großeltern sind so zerstritten, dass das Kind in einen Loyalitätskonflikt geriete.

343 Was die Modalitäten des Umgangs anbetrifft, gelten im Grundsatz die gleichen Regeln wie beim Umgang zwischen Eltern und Kind: Das Gericht kann einen zugesprochenen Umgang (so seine Voraussetzungen vorliegen) regeln (§ 1685 Abs. 3 iV mit § 1684 Abs. 3 BGB) oder einschränken (§ 1685 Abs. 3 iV mit § 1684 Abs. 4 BGB). Auch die Eltern und die umgangsberechtigten Personen trifft eine Wohlverhaltenspflicht (§ 1685 Abs. 3 iV mit § 1684 Abs. 2 BGB).

5. Das Umgangsrecht des leiblichen Vaters

344 Rechtliche und biologische Vaterschaft können auseinanderfallen. Der „bloß" biologische Vater hat aus § 1684 Abs. 1 BGB kein Umgangsrecht. Seine umgangsrechtliche Position ist aber in § 1686a BGB geregelt. Das **Umgangsrecht des leiblichen Vaters** hat folgende Voraussetzungen:

- Das Bestehen einer anderweitigen rechtlichen Vaterschaft. Begünstigt ist der bloß biologische Vater also nur dann, wenn das Kind bereits einen rechtlichen Vater hat.

  Beispiel: Die verheiratete Mutter bekommt von einem anderen Mann ein Kind. Das Kind hat insoweit, salopp gesagt, zwingend zwei „Väter". Unmaßgeblich ist, ob eine Korrektur der Zuweisung möglich ist.

345 Hat das Kind hingegen keinen rechtlichen Vater, so soll der bloß biologische Vater sich nicht auf das Umgangsrecht mit dem Kind zurückziehen dürfen. In diesem Fall kann er nämlich ohne Weiteres über eine Vaterschaftsanerkennung oder eine gerichtliche Feststellung (§ 1592 Nrn. 2 und 3 BGB) in die Stellung als rechtlicher Vater einrücken und in der Folge das voraussetzungslose Umgangsrecht des § 1684 BGB erlangen.

- Der leibliche Vater hat ernsthaftes Interesse an dem Kind gezeigt. Dieses muss sich in irgendeiner Weise greifbar manifestiert haben.

  Beispiele: Begleitung der Mutter zu den Vorsorgeuntersuchungen; Wunsch, die Mutter zur Entbindung zu begleiten; Interesse am Ergebnis der ärztlichen Untersuchung; Wunsch, das

Kind zügig kennenzulernen; Bemühungen um weiteren Kontakt mit dem Kind; nachhaltiger Umgangswunsch; Bekenntnis zum Kind vor und nach der Geburt; Bereitschaft, Verantwortung für das Kind – ggf. auch finanziell – zu übernehmen.

- Die biologische Verwandtschaft zwischen leiblichem Vater und Kind steht fest. Das Recht auf Umgang steht nur dem Erzeuger des Kindes zu. Aus diesem Grunde ist im Rahmen des Umgangsverfahrens inzidenter (bei Gelegenheit) die Abstammung zu prüfen (§ 167a FamFG). Auch wenn die biologische Verwandtschaft Voraussetzung des Umgangsrechts ist, hat sie keine weiteren Konsequenzen. Will der biologische Vater über das Umgangsrecht hinaus, auch rechtlich in die Vaterstellung einrücken, so ist dies nur nach den allgemeinen Regeln durch eine Anfechtung der Vaterschaft des rechtlichen Vaters möglich.

  Unerheblich ist, wie das Kind gezeugt wurde. Zumindest bei einer „privaten" (ärztlich nicht assistierten) Samenspender (Becherspende) kann auch der Samenspender den Anspruch geltend machen[60].

- Der Umgang selber muss dem **Kindeswohl** dienen. In diesem Rahmen ist zu prüfen, ob und ggf. inwieweit Umgangskontakte mit einem „zweiten" Vater für das Kind eine seelische Belastung darstellen, ob das Kind dadurch relevant verunsichert wird, inwieweit die Kindesmutter und der biologische Vater etwaige Konflikte begrenzen können und wie der Umgang im Interesse einer gesunden Persönlichkeitsentwicklung und Identitätsfindung des Kindes zu bewerten ist. Abgelehnt wird ein Umgang etwa dann, wenn das Kind in seiner rechtlichen Familie verankert ist und das Begehren des biologischen Vaters zu einer Destabilisierung des familiären Rahmens führen würde. Nicht ausreichend hingegen ist die reine Ablehnung des Umgangs durch die rechtlichen Eltern.

Daneben hat der biologische Vater ein Recht auf Auskunft von jedem Elternteil über die persönlichen Verhältnisse des Kindes. Er muss dafür ein persönliches Interesse darlegen. Zudem darf die Auskunft dem Wohl des Kindes nicht widersprechen. **346**

Was Einschränkung des Umgangsrechts und die Anordnung der Umgangspflegschaft betrifft, gelten die gleichen Regeln wie beim Umgangsrecht von Bezugspersonen (§ 1686a Abs. 2 BGB).

6. Lösungshinweise zum Übungsfall 12 (Rn 329)

Ein Kontaktverbot in Bezug auf den Vater steht vor dem Problem, dass diesem ein voraussetzungsloses Umgangsrecht mit seiner Tochter zusteht (§ 1684 Abs. 1 BGB). Besteht Streit über die Ausübung (wann, wo, wie lange, wie, wie oft), so kann eine gerichtliche Regelung hierüber erfolgen, die die Modalitäten des Umgangs festlegt (§ 1684 Abs. 3 BGB). Hingegen wäre eine Einschränkung oder gar ein Ausschluss des Umgangs – wie hier beabsichtigt – nur denkbar, wenn dies aus Gründen des Kindeswohles erforderlich ist (§ 1684 Abs. 4 BGB). Da derartige Gründe nicht ersichtlich sind (insbesondere eine ablehnende Haltung von Marina könnte einen solchen Grund darstellen), kommt ein Ausschluss des Umgangs nicht in Betracht. **347**

Für die Frage, ob Marinas Mutter die neue Lebensgefährtin ihres Mannes von ihrer Tochter fernhalten kann, gilt: Die Lebensgefährtin hat kein eigenes Umgangsrecht mit dem Kind. Sie ist vor allem derzeit noch nicht soziale Bezugsperson von Marina (§ 1685 Abs. 2 BGB). Marinas Mutter kann ihr allerdings gleichwohl nicht den Umgang mit ihrer Tochter (auf der Basis des § 1632 Abs. 2 BGB) verbieten. Auch insoweit gilt: Sie teilt sich die Sorge mit ihrem Ehe-

---

60 OLG Frankfurt a.M., FamRZ 2019, 37.

mann. Die Frage nach Umgangskontakten mit Dritten ist eine Angelegenheit von erheblicher Bedeutung und kann nicht von ihr alleine entschieden werden (§ 1687 BGB). Anderes gälte, wenn der Mutter die Alleinsorge zustünde. In diesem Fall müsste die Problematik unter dem Aspekt der Beeinträchtigung des Umgangsrechts des Vaters gesehen werden: Die Anwesenheit eines Dritten bei Kontakten zwischen Vater und Tochter ist nämlich eine Frage des „Wie" des Umgangs. Daher kann – im Rahmen einer Entscheidung über die Ausgestaltung des Umgangs von Vater und Tochter – ausdrücklich gerichtlich festgehalten werden, dass die neue Lebensgefährtin von Marinas Vater während der Kontakte anwesend sein darf (§ 1684 Abs. 3 S. 1 BGB). Soweit keine Anhaltspunkte dafür vorliegen, dass die Anwesenheit der Lebensgefährtin mit einer Einschränkung oder gar Gefahr für das Kindeswohl verbunden ist, wird deren Präsenz zugelassen.

VII. Exkurs: Die Rolle der Kinder- und Jugendhilfe

348 Das Aufziehen eines Kindes, vor allem aber auch eine Trennung bzw Scheidung, stellt die Eltern uU vor große persönliche und emotionale Herausforderungen. Gelingt es ihnen nicht, die Situation zum Wohl des Kindes zu gestalten, belastet das die kindliche Entwicklung. Darauf antwortend hält das Kinder- und Jugendhilferecht ein Leistungsangebot vor, das Unterstützungsangebote für die Eltern bereithält. Die folgende Tabelle gibt einen Überblick über die jugendhilferechtlichen Antworten auf die oben dargestellten familienrechtlichen Konfliktlagen:

349

Problem	Familienrechtliche Lösung	Jugendhilferechtliche Lösung
Elternstreit während Zusammenleben	■ Zwang zur Einigkeit (§ 1627 BGB) ■ Gerichtliche Zuweisung der Alleinentscheidungsbefugnis an einen Elternteil (§ 1628 BGB)	Anspruch auf Unterstützung der Eltern im Paarkonflikt (§ 17 Abs. 1 SGB VIII)
Elternstreit nach Trennung	■ Alleinentscheidungsbefugnis des betreuenden Elternteils in alltäglichen Angelegenheiten (§ 1687 BGB). ■ Bei Konflikten in Angelegenheiten von erheblicher Bedeutung: Gerichtliche Zuweisung der Alleinentscheidungsbefugnis an einen Elternteil (§ 1628 BGB)	Anspruch auf Unterstützung des tatsächlich allein betreuenden Elternteils in allen Angelegenheiten des Kindes (§ 18 Abs. 1 Nr. 1 SGB VIII)
Differenzen getrennter Eltern über gemeinsame Sorge	Aufhebung der gemeinsamen Sorge (§ 1671 Abs. 1 BGB)	Anspruch auf Unterstützung der Eltern bei der Suche nach einvernehmlichen Konzepten (§ 17 Abs. 2 SGB VIII)

Teil III: Grundlagen des Familienrechts 167

Problem	Familienrechtliche Lösung	Jugendhilferechtliche Lösung
Außereheliche Geburt	Feststellung der Vaterschaft (§ 1592 Nrn. 2, 3 BGB)	Unterstützung bei Vaterschaftsfeststellung: ■ Beratung der Mutter (§ 52a SGB VIII) ■ Beistandschaft (§ 55 Abs. 1 SGB VIII, § 1712 BGB, Rn 607 ff)
Nicht miteinander verheiratete Eltern	Partizipation des Vaters an Sorge: ■ Ehe/Sorgeerklärungen/ gerichtliche Begründung gemeinsamer Sorge (§ 1626a Abs. 1 BGB) ■ Alleinsorge des Vaters (§ 1671 Abs. 2 BGB)	Beratung der Beteiligten (§ 18 Abs. 2 SGB VIII)
Umgang	Umgangsrechte (§§ 1684, 1685, 1686a BGB)	Beratung und Unterstützung der Umgangsberechtigten (§ 18 Abs. 3 SGB VIII)

Die Leistungen und anderen Aufgaben der Jugendhilfe bewegen sich auf dem Boden des öffentlichen Rechts, nämlich des SGB VIII. Die Frage, ob das Jugendamt die Leistung gewähren wird, also die begehrte Beratung oder Unterstützung vornehmen wird, folgt der Prüflogik des öffentlichen Rechts mit all seinen Regeln. Für eine rechtmäßige Entscheidung über die Leistung ist somit dreierlei erforderlich: **350**

1. Das Jugendamt benötigt eine Ermächtigungsgrundlage für das Begehren (§ 31 SGB I). **351**
2. Die Voraussetzungen der Ermächtigungsgrundlage müssen vorliegen (materielle Rechtmäßigkeit). In diesem Rahmen sind die Voraussetzungen, die die Ermächtigungsgrundlage aufstellt, zu prüfen.
3. Zuletzt ist das Verfahren über die Leistungsgewährung zu beachten, insbesondere, ob es ein Antragserfordernis gibt und wer konkret für die Leistung zuständig ist (formelle Rechtmäßigkeit).

Die Entscheidung über die Leistungsgewährung selber ist ein Verwaltungsakt, so dass hiergegen – etwa bei Ablehnung der Leistung durch das Jugendamt – der Widerspruch statthaft ist (§ 62 SGB X).

Inhaltlich dreht sich die Beratung (neben etwaigen pädagogischen oder psychologischen Aspekten) in diesem Bereich auch um familienrechtliche Fragen. In diesem Bereich „blickt" die öffentliche Jugendhilfe bei der Beratung auf die familienrechtlichen Regeln und bewertet den Konflikt nach diesen.

Beispiel: Die verheirateten Eltern leben getrennt, der gemeinsame Sohn lebt bei der Mutter, **352**
und es gibt Streitigkeiten über Angelegenheiten der Erziehung des Sohnes und das Umgangsrecht. Die Mutter sucht das Jugendamt auf, um sich beraten zu lassen.
I. Die öffentlich-rechtliche Seite: Das Jugendamt selber muss sich verorten, um zu prüfen, ob und worüber es eine Leistung erbringen darf.

1. Als Ermächtigungsgrundlage für die Beratung kommt § 18 Abs. 1 Nr. 1 SGB VIII in Betracht.
2. Materielle Rechtmäßigkeit (Voraussetzungen der Leistung): Die Beratung richtet sich nur an Elternteile, die zumindest faktisch für ein Kind oder einen Jugendlichen allein sorgen und bezieht alle Fragen der Personensorge ein. Damit ist die Mutter anspruchsberechtigt (nicht hingegen der Vater, der nicht mit dem Kind zusammenlebt. Dieser hätte allenfalls einen Beratungsanspruch hinsichtlich seines Umgangsrechts aus § 18 Abs. 3 S. 3 SGB VIII).
3. Formelle Rechtmäßigkeit: Als Leistung benötigt die Beratung einen zumindest konkludenten Antrag. Dieser wäre hier in dem Beratungsbegehren der Mutter zu sehen.

Zuständig für die Beratung ist der örtliche Träger, in dessen Bereich die Eltern ihren gewöhnlichen Aufenthalt haben (§ 86 Abs. 1 SGB VIII). Haben die Eltern unterschiedliche gewöhnliche Aufenthalte, so richtet sich die Zuständigkeit des Jugendamts nach dem Aufenthaltsort des sorgeberechtigten Elternteils. Besitzen beide die Sorge, kommt es auf den gewöhnlichen Aufenthalt desjenigen Elternteils an, bei dem das Kind seinen letzten gewöhnlichen Aufenthalt hatte (§ 86 Abs. 2 SGB VIII). Damit ist das Jugendamt am gewöhnlichen Aufenthaltsort der Mutter zuständig.

II. Die familienrechtliche Seite:

Inhaltlich wird die Beratung sich um das Sorge- und das Umgangsrecht drehen.
1. Im Bereich der Sorge wird das Jugendamt der Mutter die einschlägige Sorgeform für den Konflikt darlegen (§ 1687 BGB), die streitige Angelegenheit zuordnen – entweder als Alltagssorge (über die die Mutter allein entscheidet) oder als Angelegenheit von erheblicher Bedeutung (über die die Eltern sich einigen müssen und notfalls durch ein familiengerichtliches Verfahren nach § 1628 BGB das Alleinentscheidungsrecht übertragen lassen können) – und auf dieser Basis sodann eine konkreten Rechtsrat zur (hier nicht näher geschilderten Situation) erteilen.
2. Im Bereich des Umgangsrechts wird das Jugendamt der Mutter die Systematik des Umgangsrechts (§ 1684 BGB) erläutern (keine inhaltlichen Voraussetzungen des Umgangsrechts des Vaters, aber gerichtliche Einschränkung bzw Ausschluss des Umgangsrechts möglich soweit das Kindeswohl dies erfordert) und auf dieser Basis sodann den konkreten (und hier nicht näher beschriebenen) Sachverhalt einschätzen. Weiter wird das Jugendamt die Mutter auf die Wohlverhaltenspflicht (§ 1684 Abs. 2 BGB) hinweisen und das in diesem Rahmen von ihr geforderte Verhalten konkretisieren.

VIII. Die Beteiligung Dritter an der elterlichen Sorge

1. Übungsfall 13

353 Marina (17 Jahre) lebt im Einvernehmen mit ihren (nach wie vor getrenntlebenden) Eltern bei ihrer Großtante Tanja. Um sich größere Wünsche zu erfüllen, möchte Marina einen Job aufnehmen. Außerdem plant sie eine Bewerbung bei einer Casting-Show im Fernsehen. Da das Verhältnis zwischen Marina und ihren Eltern weiterhin sehr belastet ist, möchte Marina nicht, dass ihre Eltern davon erfahren.

Vor allem das Verhältnis zu Marinas Mutter hat sich weiter verschlechtert. Marina möchte mit ihrer Mutter keinen Kontakt mehr halten. Diese hat Marina daraufhin gedroht, die Unterhaltszahlungen einzustellen.

Fragen:
1. Muss das Jugendamt wissen, dass Marina bei ihrer Großtante lebt?

Unterstellen Sie bei der Beantwortung der folgenden Fragen, dass das Jugendamt die erforderliche Kenntnis hat:
2. Darf Tanja Marina bei der Realisierung ihrer Pläne unter Ausschluss der Eltern unterstützen?
3. Kann Tanja Marinas Unterhaltsansprüche gegen deren Eltern geltend machen?
4. Kann Tanja den Eltern den Umgang mit Marina untersagen? Würde sich daran etwas ändern, wenn Marinas Eltern die Sorge entzogen wäre?
5. Unterstellen Sie, Marinas Eltern möchten, dass Marina in den mütterlichen Haushalt zurückkehrt. Kann Tanja das verhindern?

(Lösungshinweise Rn 381)

2. Überblick

Kinder können (und werden zumeist), müssen aber nicht bei ihren Eltern aufwachsen. Elterliche Sorge ist auch insoweit delegierbar, als Kinder vorübergehend oder auf Dauer bei anderen Personen oder in einer Einrichtung leben – etwa bei nahen Verwandten oder in einem Internat. In der Praxis der Sozialen Arbeit steht eine außerfamiliäre Unterbringung des Kindes häufig im Kontext einer Kindeswohlgefährdung: Die Kinder werden (mit Einwilligung der Eltern zum Schutz des Kindes oder nach einem Sorgerechtseingriff) außerhalb des Elternhauses untergebracht. 354

In diesen Konstellationen stellen sich Fragen auf verschiedenen Ebenen:
- Mit Blick auf die „Ersatzfamilie" stellt sich die Frage nach deren Kompetenzen: Was für Befugnisse besitzen sie gegenüber dem Kind und welche gegenüber den Eltern? Die Antworten hierauf finden sich im Bürgerlichen Recht.
- Mit Blick auf das Kind stellt sich die Frage nach seinem Schutz in einem außerfamiliären Kontext. Das ist (öffentlich-rechtliche) Angelegenheit der Jugendhilfe.

Dadurch ist in diesem Bereich das private Familienrecht sehr eng verwoben mit dem öffentlich-rechtlichen Kinder- und Jugendhilferecht.

3. Pflegeeltern

a) Rechtliche Grundlagen für die Erziehung eines fremden Kindes

Die regelmäßige Betreuung oder Unterkunftgewährung außerhalb des Elternhauses bei einer anderen Person wird als **Pflege** bezeichnet. Lebt das Kind nur unter Tags bei jemand anderem spricht man von Tagespflege. Lebt das Kind Tag und Nacht dort, liegt eine sog Vollzeitpflege vor. Die Definition stammt aus dem öffentlich-rechtlichen Bereich des Kinder- und Jugendhilferechts (§ 44 Abs. 1 SGB VIII). Nur die Vollzeitpflege wird im Folgenden in den Blick genommen. 355

Das (auch nur zeitweilige) Leben des Kindes in einer anderen Familie ist ein Anwendungsfall der Delegation elterlicher Sorge. Gegenüber dem Kind machen die Eltern von ihrem Bestimmungsrecht Gebrauch, indem sie seinen Aufenthalt bestimmen (§ 1631 Abs. 1 BGB). Mit den Pflegeeltern wird ein bürgerlich-rechtlicher Vertrag geschlossen, in dem die Eltern den Pflegeeltern die erforderlichen Befugnisse einräumen. Dies gilt auch, wenn das Kind nach einem Sorgerechtsentzug bei Pflegeeltern untergebracht ist. In diesem Fall können zwar nicht mehr die Eltern den Vertrag schließen, da ihnen insoweit die Sorge nicht mehr zusteht. Der Vertrag wird aber durch den zuständigen Vormund bzw Pfleger geschlossen werden. 356

Beendet wird das Pflegeverhältnis durch die Kündigung des Vertrags seitens der Pflegeeltern oder der sorgeberechtigten Eltern oder des Pflegers bzw Vormunds.

Leben Kinder außerhalb des Elternhauses, so stellt sich noch einmal in ganz anderer Weise die Notwendigkeit, sicher zu stellen, dass ihr Wohl gewahrt ist. Der Schutz des außerhalb des Elternhauses aufwachsenden Kindes ist Aufgabe der Jugendhilfe. Er erfolgt vor allem durch eine Kontrolle der betreuenden Person: Die Vollzeitpflege ist erlaubnispflichtig (§ 44 SGB VIII). Pflegeeltern benötigen für die Aufnahme des Kindes eine sog Pflegeerlaubnis, dürfen also einen Pflegevertrag grundsätzlich nur schließen, wenn sie auch die Pflegeerlaubnis besitzen. Damit ist die Pflegeerlaubnis eine öffentlich-rechtliche Genehmigung des privatrechtlichen Pflegevertrags. Fehlt die Erlaubnis, so ist der Pflegevertrag unwirksam (Rn 65). Gleiches gilt, wenn die Pflegeerlaubnis zurückgenommen oder widerrufen wird. 357

358

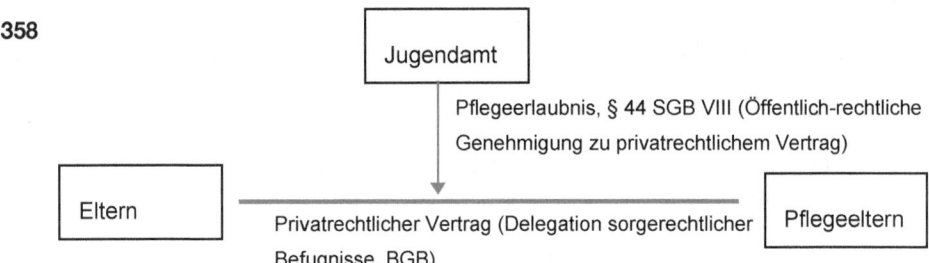

359 Maßstab für die Erteilung der Pflegeerlaubnis ist, dass das Wohl des betroffenen Kindes in der Pflegestelle gewährleistet ist (§ 44 Abs. 2 SGB VIII). Dies wird im Rahmen einer Einzelfallprüfung entschieden.

Keine Pflegeerlaubnis ist in folgenden Konstellationen erforderlich:
- Die Vollzeitpflege wird als Hilfe zur Erziehung oder Eingliederungshilfe (§§ 27, 33, 35a SGB VIII) gewährt und die Pflegeperson wurde vom Jugendamt vermittelt (§ 44 Abs. 1 S. 2 Nr. 1 SGB VIII).
- Die Pflegeperson ist der Vormund oder Pfleger des Kindes im Rahmen seines Wirkungskreises (§ 44 Abs. 1 S. 2 Nr. 2 SGB VIII).
- Die Pflegeperson ist mit dem Kind bis zum 3. Grad verwandt oder verschwägert (§ 44 Abs. 1 S. 2 Nr. 3 SGB VIII).
- Kurzzeitpflege: Die Pflege dauert maximal 8 Wochen (§ 44 Abs. 1 S. 2 Nr. 4 SGB VIII).
- Schüler- oder Jugendaustausche (§ 44 Abs. 1 S. 2 Nr. 5 SGB VIII).
- Adoptionspflege (§ 44 Abs. 1 S. 2 Nr. 6 SGB VIII).

360 Das Jugendamt ist in den genannten Konstellationen entweder gar nicht einbezogen (weil der Schutz des Kindes es nicht erfordert), oder aber es ist ohnehin bereits in den Fall involviert, (zB im Rahmen einer Hilfe zur Erziehung [§§ 27, 33 SGB VIII]), so dass der Schutz des Kindes auf andere Art gewährleistet ist.

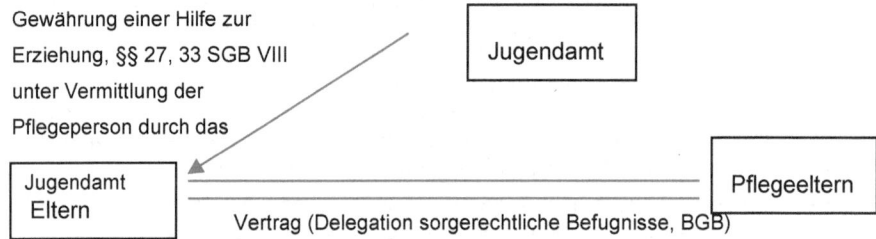

Auf diese Weise entsteht ein sog Dreiecksverhältnis zwischen Eltern, Pflegeeltern und Jugendamt, bei dem sowohl Familienrecht, als auch öffentliches Recht eine Rolle spielen.

b) Befugnisse der Pflegeeltern

Die Befugnisse der Pflegeeltern gegenüber dem Kind richten sich zunächst nach dem zwischen ihnen und den Sorgeberechtigten geschlossenen **Vertrag**. In diesem sind – schriftlich, mündlich oder konkludent – sorgerechtliche Befugnisse delegiert. **361**

Folgende weitere **Befugnisse außerhalb des Pflegevertrags** stehen den Pflegepersonen automatisch kraft Gesetzes zu, wenn es sich um eine längerdauernde Familienpflege handelt (§ 1688 Abs. 1 BGB):

- Entscheidungen in Angelegenheiten des täglichen Lebens sowie die *Vertretung des Sorgeberechtigten* in diesen Angelegenheiten. Der Begriff der Angelegenheiten des täglichen Lebens ist identisch mit dem Verständnis des § 1687 Abs. 1 S. 3 BGB. Dazu gehören etwa der Abschluss von Kaufverträgen, Unterrichtsverträgen oder die Teilnahme an Elternabenden.
- Die Verwaltung des Arbeitsverdienstes des Kindes sowie die Geltendmachung von Unterhalts-, Versorgungs-, Versicherungs- und sonstigen Sozialleistungen. Pflegeeltern können auf dieser Basis etwa die Unterhaltsansprüche des Kindes gegen Dritte geltend machen. Praktischer Anwendungsfall ist der Unterhaltsanspruch des Kindes gegen das Jugendamt im Rahmen der Hilfe zur Erziehung (§§ 27, 39 SGB VIII). Hingegen können nicht die leiblichen Eltern auf Unterhalt verklagt werden, da § 1688 Abs. 1 BGB den Pflegeeltern das Recht zur Vertretung der Eltern einräumt und sich naturgemäß nicht gegen diese richten kann.
- Notvertretungsrecht: Bei Gefahr im Verzug besitzen Pflegepersonen die Berechtigung zur Vornahme der im Kindeswohl erforderlichen Rechtshandlungen. Die Eltern sind unverzüglich zu benachrichtigen (§§ 1688 Abs. 1 S. 3, 1629 Abs. 1 S. 4 BGB).

Voraussetzung dieser Befugnisse ist eine „längere Familienpflege". Der Begriff der Familienpflege im Sinne dieser Norm ist dabei identisch mit dem Begriffsverständnis der Kinder- und Jugendhilfe: Familienpflege iS von § 1688 BGB ist die Unterbringung des Kindes außer Haus bei einer anderen Person oder Familie. Erfasst ist sowohl die Vollzeitpflege als Hilfe zur Erziehung (§ 33 SGB VIII) als auch eine sonstige erlaubnispflichtige Pflege. Hingegen gilt die Privilegierung nicht für die Tagespflege sowie eine erlaubnisfreie Vollzeitpflege außerhalb einer Hilfe zur Erziehung. **362**

Beispiel: Ein Kind wird bei seinen Großeltern untergebracht.

Wann von einer **„längeren Zeit"** gesprochen werden kann, hängt von den Umständen des Einzelfalles ab: **363**

- Grundsätzlich ist auf die Zielvorstellungen der Eltern abzustellen. Von einer längeren Dauer ist jedenfalls dann auszugehen, wenn das Pflegeverhältnis zeitlich auf unbestimmte Dauer angelegt ist. Nicht ausreichend ist ein Pflegeverhältnis bis 8 Wochen (sog Kurzzeitpflege).
- Auch eine zunächst nicht auf Dauer angelegte Unterbringung kann aufgrund des tatsächlichen Zeitablaufs in eine „längerdauernde" Pflege umschlagen. Maßstab ist, ob aus Sicht des Kindes eine gewachsene Beziehung anzunehmen ist. Dies richtet sich nach dem Alter des Kindes. Für ein Kleinkind lässt sich das bereits bei einer Unterbringung von 7 ½ Monaten annehmen. Bei einer 16-jährigen Jugendlichen wurde eine 14 Monate dauernde Pflege als länger angesehen.

Die Befugnisse aus § 1688 Abs. 1 BGB verleihen der Pflegepersonen keine sorgerechtliche Stellung. Die Sorge verbleibt bei den Eltern, wurde den Eltern die Sorge entzogen, bei dem Vormund oder Pfleger. Eltern bzw Vormund oder Pfleger können daher jederzeit die Entscheidungshoheit wieder an sich ziehen, etwa indem sie den **364**

Pflegeeltern erzieherische Vorgaben machen oder ihre Befugnisse aus § 1688 Abs. 1 BGB einschränken (§ 1688 Abs. 3 BGB).

Daneben kann das Familiengericht die Befugnisse der Pflegeperson einschränken oder ausschließen, wenn das Wohl des Kindes dies erfordert (§ 1688 Abs. 3 S. 2 BGB). Eine Erweiterung der Befugnisse der Pflegepersonen ist hingegen – auch familiengerichtlich – nicht möglich. Eine solche kann sich nur aus dem Pflegevertrag oder einer gerichtlichen Übertragung des Sorgerechts an die Pflegeeltern (§ 1630 Abs. 3 BGB) ergeben.

Ungeachtet der Frage, ob die Eltern das Sorgerecht noch besitzen, steht ihnen das voraussetzungslose Umgangsrecht mit ihrem Kind zu (§ 1684 Abs. 1 BGB). Dieses kann nur gerichtlich zum Wohl des Kindes eingeschränkt werden (§ 1684 Abs. 4 BGB). Die Pflegeeltern besitzen hingegen keine Befugnis, den Eltern den Umgang zu gestatten oder zu versagen.

c) Sorgerecht für Pflegeeltern

365 Eigene sorgerechtliche Befugnisse können Pflegeeltern durch eine gerichtliche **Sorgerechtsübertragung** erhalten (§ 1630 Abs. 3 BGB). Dadurch erlangen die Pflegeeltern die gleiche Stellung wie ein Ergänzungspfleger (§ 1630 Abs. 3 S. 3 BGB). Sie besitzen – soweit die Sorgerechtsübertragung reicht – echte sorgerechtliche Befugnisse unter Ausschluss der Eltern. Die Eltern sind insoweit nicht mehr zuständig und haben auch keine Befugnisse mehr. In der Praxis hat die freiwillige Sorgerechtsübertragung kaum Relevanz.

d) Der Schutz des Pflegeverhältnisses – Die Verbleibensanordnung

366 Solange Eltern die Sorge besitzen, können sie das Pflegeverhältnis jederzeit beenden und die **Herausgabe des Kindes** verlangen (§ 1632 Abs. 1 BGB). Das gleiche kann – so den Eltern die Sorge entzogen wurde – der Vormund bzw Pfleger machen. Das Herausgabeverlangen bewirkt die – konkludente – Kündigung des Pflegevertrags.

Für das Kind kann diese Logik Schwierigkeiten aufwerfen: Wurde es etwa im „Dunstkreis" einer Kindeswohlgefährdung von den Eltern – auf „Druck des Jugendamtes" - noch freiwillig in Pflege gegeben, um einen Eingriff in die Sorge nach § 1666 BGB zu vermeiden, so kann sich mit dem Herausgabeverlangen die Kindeswohlgefahr erneut aktualisieren. Zum anderen kann das (vor allem kleine) Kind Bindungen zu seinen Pflegeeltern entwickelt und sich von seinen leiblichen Eltern weitgehend entfremdet haben, so dass sein Interesse auf eine Stabilität seiner jetzigen Lebensverhältnisse gerichtet ist.

Zum Schutz des Kindes ist es daher möglich, seinen Verbleib bei der Pflegefamilie gerichtlich anzuordnen (sog **Verbleibensanordnung**, § 1632 Abs. 4 BGB). Gegenüber einem Eingriff in die elterliche Sorge nach § 1666 BGB ist § 1632 Abs. 4 BGB eine verfahrensrechtliche Sonderregel. Sie ermöglicht einen Eingriff in das Elternrecht, ohne dass ein Sorgerechtsentzug erforderlich ist und stellt so ein milderes Mittel gegenüber einem Eingriff nach § 1666 BGB dar.

367 Eine Verbleibensanordnung kann ergehen, wenn das Kind seit längerer Zeit in Familienpflege gelebt hat, die Eltern das Kind nun den Pflegeeltern wegnehmen möchten und dies zum jetzigen Zeitpunkt das Kindeswohl gefährdet (§ 1632 Abs. 4 BGB). Für die Annahme des erforderlichen längeren Zeitraums gelten die gleichen Maßstäbe wie bei § 1688 BGB: Es kommt auch hier vor allem auf die Zeitvorstellungen des betroffenen Kindes oder Jugendlichen an.

Eine Verbleibensanordnung bedeutet einen schweren Eingriff in das Elternrecht. Sie ist daher nur zulässig bei dringenden Kindeswohlgründen. Der an die Gefährdung des Kindeswohles anzulegende Maßstab entspricht dem des § 1666 BGB. Ob das Kindeswohl gefährdet ist, ist im Rahmen einer Gesamtabwägung zwischen Kindesinteressen und Elternrecht festzustellen. Eine Gefährdung des Kindeswohles durch seine Rückführung in seine Herkunftsfamilie kann sich vor allem aus zwei Aspekten ergeben:

- Aus den bei den Eltern herrschenden erzieherischen Bedingungen sowie
- aus den Folgen für das Kind durch den Abbruch seiner Bindungen zur Pflegeperson.

368 Im Vordergrund steht dabei eine Gewichtung der trennungsbedingten Belastungen für das Kind. Die Dauer der Familienpflege sowie – damit einhergehend – der Grad der Verwurzelung des Kindes in dieser ist mithin abzuwägen mit der Entfremdung zu den eigenen Eltern. Die Bindung des Kindes zu den Pflegeeltern hat zB dann ein geringeres Gewicht, wenn ohnehin ein Wechsel der Bezugspersonen ansteht.

Beispiel: Das Kind hat bislang in einer Bereitschaftspflege gelebt und soll zum Zeitpunkt, in dem die Eltern das Kind wieder zu sich nehmen wollen, in eine andere (jetzt: Dauer-)Pflegestelle wechseln.

Demgegenüber kommen den sozialen Bindungen des Kindes bei einem mehrjährigen Pflegeverhältnis grundsätzlich hohes Gewicht zu. Allerdings ist auch in diesem Fall eine Rückführung zu den Eltern nicht grundsätzlich ausgeschlossen. Dies vor allem dann, wenn sich die Erziehungsbedingungen in der Herkunftsfamilie wesentlich gebessert haben. Allein der Wille – insbesondere eines älteren (15jährigen) – Kindes reicht auch dann nicht für das Ergehen oder die Aufrechterhaltung einer Verbleibensanordnung aus, wenn es bereits viele Jahre in der Pflegefamilie gelebt hat.

369 Auf der anderen Seite ist das elterliche Interesse an der Beendigung des Pflegeverhältnisses zu würdigen. Möchten sie die Erziehung wieder selber übernehmen, so hat ihr Interesse höheres Gewicht, als wenn sie das Kind lediglich in eine andere Pflegestelle geben wollen. War ein erzieherisches Versagen Anlass der Familienpflege, so kommt es maßgeblich darauf an, ob sich die Bedingungen in der Herkunftsfamilie deutlich gebessert haben (§ 1697a Abs. 2 BGB). Die fehlende Erziehungseignung der Eltern als solche zieht jedoch nicht zwingend eine Verbleibensanordnung nach sich. Vielmehr sind die leiblichen Eltern in diesem Fall in ihrer Erziehungskompetenz zu stärken, indem ihnen Hilfen nach dem SGB VIII angeboten werden.

370 Das Familiengericht richtet seine Entscheidung am Wohl des Kindes aus (§ 1697a Abs. 1 BGB). Dabei ist der Grundsatz der Verhältnismäßigkeit zu beachten. Insoweit ist zu berücksichtigen, dass die Verbleibensanordnung selber eine weitere Entfremdung zu den Eltern sowie eine zunehmende Verwurzelung des Kindes bei den Pflegeeltern mit sich bringen und damit eine endgültige Trennung des Kindes von seinen Eltern befördern kann. Mit Blick auf die besondere Bedeutung des Elternrechts soll eine Verbleibensanordnung aber grundsätzlich keine dauerhafte Zuordnung des Kindes zu den Pflegeeltern beinhalten. Sie intendiert vielmehr den Schutz des Kindes vor der Beendigung der Pflege „zur Unzeit". Ziel ist es, das Kind wieder – in kindeswohlgerechter Weise – seinen Eltern zuzuführen. Typischerweise wird daher jetzt eine schrittweise Rückführung zu den Eltern vorbereitet, bei der zunächst die Besuchsrechte der Eltern ausgedehnt werden, um das Kind allmählich wieder an seine Ursprungsfamilie zu gewöhnen.

371 Die Entwicklung der Dinge kann aber auch die Notwendigkeit mit sich bringen, das Kind dauerhaft in der Pflegefamilie zu belassen: Ist nämlich – auch nach Ausschöpfung aller Unterstützungs-, Hilfs- und Beratungsleistungen an die Eltern – nicht damit zu rechnen, dass sich die erzieherischen Verhältnisse bei diesen ändern, so kann das Familiengericht anordnen, dass das Kind auf Dauer bei der Pflegeperson bleibt (**Dauerverbleibensanordnung**, § 1632 Abs. 4 S. 2 BGB). Eine Dauerverbleibensanordnung setzt allerdings weiter voraus, dass sie für das Kindeswohl erforderlich ist. In diese Kindeswohlprüfung sind alle Umstände des Einzelfalls einzubeziehen: Die psychische Verfassung des Kindes, seine anstehende Identitätsfindung unter Einbeziehung der Herkunftseltern, seine Resilienz und nicht zuletzt sein Bedürfnis nach kontinuierlichen und stabilen Lebensverhältnissen[61].

372 Eine Dauerverbleibensanordnung sichert das Interesse des Kindes an stabilen und kontinuierlichen Lebensverhältnissen deutlich stärker ab, als eine einfache Verbleibensanordnung. Dementsprechend ist sie „stabiler" als eine einfache Verbleibensanordnung und kann nur unter erhöhten Voraussetzungen aufgehoben werden.

Die Aufhebung einer Dauerverbleibensanordnung setzt einen Antrag der Eltern voraus. Sie kommt in Betracht, wenn die Wegnahme des Kindes sein Wohl nicht gefährdet (§ 1696 Abs. 3 BGB). Im Umkehrschluss bedeutet das, dass auch eine Dauerverbleibensanordnung keine Garantie für das Kind bedeutet, in der Pflegefamilie bleiben zu dürfen. Das ist aus verfassungsrechtlichen Gründen auch nicht möglich: Käme eine Entscheidung mit dieser Wirkung doch einer Zwangsadoption – allerdings mit deutlich niedrigeren Hürden als das Adoptionsrecht sie aufstellt – gleich.

373 In zeitlicher Hinsicht muss das Verfahren auf Erlass einer Verbleibensanordnung in engem Zusammenhang mit der Herausnahme des Kindes aus der Pflegefamilie geführt werden, am besten noch, bevor das Kind aus der Familie genommen wird. Aber auch nach der Herausnahme des Kindes aus der Pflegefamilie kann eine Verbleibensanordnung beantragt werden, solange das Kind noch nicht endgültig seinen Lebensmittelpunkt an einer anderen Stelle eingerichtet hat[62].

374 Mit Erlass einer Verbleibensanordnung erhält die Pflegeperson die **Entscheidungsbefugnis und Vertretungsmacht** in allen Angelegenheiten des täglichen Lebens für das Kind (§ 1688 Abs. 4 BGB). Einschränkungen ihrer Befugnisse können nicht mehr durch die Eltern bzw des Vormundes oder Pflegers, sondern nur durch das Familiengericht erfolgen. Dies schützt die Pflegeeltern davor, dass die Eltern die Verbleibensanordnung durch gegengerichtete Entscheidungen torpedieren.

4. Exkurs: Die Rolle der Kinder- und Jugendhilfe

a) Leistungen der Kinder- und Jugendhilfe

375 Im Bereich der Leistungen kann die öffentliche Jugendhilfe die außerhäusige Unterbringung von Kindern und Jugendlichen in bestimmten Konstellationen durch Leistungen unterstützen. Im Vordergrund wird die Gewährung einer **Hilfe zur Erziehung** in Form einer Vollzeitpflege stehen (§§ 27, 33 SGB VIII). Auf eine Hilfe zur Erziehung

---

61 BT-Dr 19/26107, S. 129.
62 BGH, NJW 2017, 472 (473): Das (korrekte) Verfahren wurde durch die Pflegeeltern erst 5 Monate nach der Herausnahme angestrengt. Das war nach Auffassung des BGH zu spät.

besteht Anspruch, wenn eine sog erzieherische Mängellage vorliegt und öffentliche Jugendhilfe geeignet und erforderlich ist. Der Anspruch richtet sich auf die „geeignete" Hilfe, also diejenige Leistung, die das erzieherische Defizit zu kompensieren vermag. Im Bereich der formellen Rechtmäßigkeit ist neben der Zuständigkeit zu sehen, dass die Leistung sich an „den" Sorgeberechtigten (das können je nach sorgerechtlicher Konstellation auch beide Eltern sein) richtet, so dass bei gemeinsamer Sorge beide Eltern den Antrag stellen müssen.

b) Öffentlich-rechtlicher Kindesschutz

Unabhängig (bzw außerhalb) von der Gewährung einer Hilfe zur Erziehung trifft das **Jugendamt** folgende andere Aufgaben, um das Wohlergehen des Kindes in der Pflegefamilie sicherzustellen: 376

- UU Sicherung des Kindes durch Erteilung einer **Pflegeerlaubnis** (vgl Rn 357).
- **Kontrollbefugnisse**: Das Schwergewicht liegt zwar auf der Unterstützung und Beratung der Pflegeeltern. Bei Anhaltspunkten für eine Gefährdung des Kindeswohles kann aber auch eine Überprüfung der Pflegeeltern erfolgen (§ 44 Abs. 3 SGB VIII). Im Regelfall wird es dafür erforderlich sein, dass sich das Jugendamt im Rahmen eines Hausbesuchs einen Eindruck verschafft.
- Unmittelbarer Schutz des Kindes: **Inobhutnahme** durch das Jugendamt bei einer akuten Gefahrenlage (§§ 8a Abs. 2, 42 SGB VIII).
- Die Pflegeeltern unterliegen ihrerseits einer **Meldepflicht** über wichtige Ereignisse, die sie dem Jugendamt anzuzeigen haben (§ 44 Abs. 4 SGB VIII iV mit den Landesausführungsgesetzen). Weitere Auskunftspflichten folgen aus den Landesgesetzen.

5. Heim

Die Erziehung in einem **Heim** oder Internat richtet sich im Grundsatz nach den gleichen Maßstäben wie die Unterbringung in einer Pflegefamilie. Grundlage ist ein Vertrag zwischen Eltern (bei Sorgerechtsentzug des Vormunds bzw Pflegers) mit dem Träger der Institution. Beendet wird das Verhältnis durch die Kündigung des Vertrags. 377

Die **erzieherischen Befugnisse** von Pflegepersonen in einem Heim richten sich grundsätzlich nach dem mit den Sorgeberechtigten geschlossenen Vertrag. Die besonderen Befugnisse des § 1688 BGB außerhalb des Vertrages kommen nur für Einrichtungen in Betracht, in denen eine Hilfe zur Erziehung nach §§ 27 f SGB VIII (§§ 34, 35 oder 35a SGB VIII) geleistet wird (§ 1688 Abs. 2 BGB). Lebt das Kind hingegen in einem Internat, finden die Befugnisse des § 1688 BGB nur dann Anwendung, wenn das Kind im Rahmen einer Hilfe zur Erziehung dort untergebracht ist. Im Übrigen können sich erzieherische Befugnisse ausschließlich auf den Vertrag mit den Eltern stützen.

Pflegeperson in einem Heim ist, wer die Betreuung und Erziehung des Minderjährigen übernommen hat. Ausreichend ist die faktische Erfüllung von Erziehungsaufgaben aufgrund eines Auftrags. 378

Beispiele: Gruppenerzieher; Nachtwache in Notfällen; nicht: Jahrespraktikant.

Für **Einschränkungen** gelten die gleichen Maßstäbe wie bei einer Pflegefamilie: Sowohl Eltern (bzw Vormund oder Pfleger) als auch Familiengericht können die Befugnisse des § 1688 BGB beschränken (§ 1688 Abs. 3 BGB). Anders als bei der Unterbringung in einer Pflegefamilie allerdings besteht keine Möglichkeit, sorgerechtliche Befugnisse gem. § 1630 Abs. 3 BGB auf die Einrichtung zu übertragen. Ebenso wenig kann eine Verbleibensanordnung nach § 1632 Abs. 4 BGB ergehen.

379 Auch die Unterbringung in einem Heim erfordert besondere Sicherungsmaßnahmen hinsichtlich des Kindeswohles. Ähnlich wie bei der Pflegeerlaubnis, gibt das SGB VIII auch in diesem Bereich öffentlich-rechtliche Vorgaben: So ist der Betrieb eines Heimes nur mit **Erlaubnis** zulässig (sog Betriebserlaubnis, § 45 Abs. 1 SGB VIII). Ähnlich wie bei der Pflegeerlaubnis richtet sich die Erteilung der Erlaubnis danach, ob das Wohl der Kinder und Jugendlichen in der Einrichtung gewährleistet ist (§ 45 Abs. 2 SGB VIII).

380 Zum Schutz des Kindes oder Jugendlichen besitzen die zuständigen öffentlichen Träger der Jugendhilfe folgende Kompetenzen:
- **Kontrollen** (§ 46 SGB VIII): Dabei besteht im Grundsatz keine generelle Heimaufsicht mehr.
- Als weitere Möglichkeit kann ein **Tätigkeitsverbot** für Leiter oder Mitarbeiter ausgesprochen werden, wenn ihnen die für die jeweilige Funktion vorausgesetzte Eignung fehlt (§ 48 SGB VIII).

Der Heimträger ist seinerseits **meldepflichtig** über wesentliche Ereignisse (§ 47 SGB VIII).

6. Lösungshinweise zum Übungsfall 13 (Rn 353)

381 Frage 1: Die dauernde Unterbringung von Marina bei ihrer Großtante ist eine Pflege. Diese ist gemäß § 44 Abs. 1 SGB VIII erlaubnispflichtig. Denn Marina ist mit ihrer Großtante im 4. Grad (Seitenlinie) verwandt. Das Privileg des § 44 Abs. 1 Nr. 3 SGB VIII greift nicht. Daher muss das Jugendamt von der Inpflegegabe von Marina unterrichtet werden. Nach herrschender Meinung ist ein ohne die erforderliche Pflegeerlaubnis geschlossener Pflegevertrag gem. § 134 BGB nichtig.

Frage 2: Die Frage zielt auf die Befugnisse von Tanja. Diese können ihre Grundlage in zweierlei haben:
- Dem mit Marinas Eltern geschlossenen Vertrag. Angaben hierzu fehlen im Sachverhalt.
- § 1688 Abs. 1 BGB. Diese Norm ist nur anwendbar, wenn eine erlaubnispflichtige Pflege, die auf längere Dauer angelegt ist, vorliegt. Die Pflege ist erlaubnispflichtig (§ 44 Abs. 1 Nr. 3 SGB VIII). Damit kommt es darauf an, ob sie auf längere Dauer angelegt ist. Dies anzunehmen liegt nahe, da die Pflege zumindest auf unbestimmte Zeit hin angelegt ist.

In der Konsequenz besitzt Tanja die Befugnisse aus § 1688 Abs. 1 BGB. Diese beinhalten insbesondere eine Entscheidungsbefugnis im Bereich von Alltagsangelegenheiten inklusive eines Vertretungsrechts der sorgeberechtigten Eltern. Soweit die von Marina angedachten Geschäfte von § 1688 BGB erfasst sind, dürfte Tanja den von Marina geschlossenen Verträgen die Zustimmung erteilen bzw entsprechende Verträge für Marina schließen, ohne mit Marinas Eltern Rücksprache zu halten. Für Angelegenheiten von erheblicher Bedeutung bleiben die Eltern zuständig. Damit ist zu klären, ob die von Marina beabsichtigten Aktionen als alltägliche Angelegenheiten anzusehen sind.

Teil III: Grundlagen des Familienrechts 177

Zur Abgrenzung lässt sich der Maßstab des § 1687 Abs. 1 S. 3 BGB heranziehen. Häufige und reversible Entscheidungen können danach von Tanja getroffen werden. Es spricht viel dafür, die Aufnahme eines kleineren Jobs als Alltagsangelegenheit (weil nicht mit irreversiblen Auswirkungen auf die Entwicklung von Marina) zu qualifizieren, hingegen die Teilnahme an der Castingshow mit Blick auf die damit verbundenen grundlegenden Veränderungen für Marinas Leben als erhebliche Angelegenheit einzuordnen. In der Konsequenz kann Tanja dem Arbeitsvertrag zustimmen, hingegen müsste die Teilnahme an der Casting-Show mit den Eltern abgestimmt werden. Die Befugnisse greifen allerdings dann nicht mehr, wenn Marinas Eltern etwas anderes erklären und insoweit die Befugnisse von Tanja einschränken (§ 1688 Abs. 3 BGB).

Frage 3: Die bloßen zivilrechtlichen Unterhaltsansprüche des Kindes können nicht gegen die Eltern geltend gemacht werden. § 1688 Abs. 1 BGB verleiht der Pflegeperson ein Recht zur Vertretung der Eltern und kann sich naturgemäß nicht gegen diese richten.

Frage 4: Zur Untersagung des Umgangs ist Tanja nicht befugt. Das Umgangsrecht ist ein voraussetzungsloses Recht der Eltern, das nicht an deren Sorge geknüpft ist (§ 1684 Abs. 1 BGB). Entscheidungsbefugnisse, die den Umgang der Eltern mit Marina betreffen, sind nicht von § 1688 BGB erfasst. Einschränkungen des Umgangs kann allein das Familiengericht vornehmen (§ 1684 Abs. 4 BGB). Da nach den Angaben des Sachverhaltes Anhaltspunkte für eine derartige Entscheidung fehlen, ist davon auszugehen, dass auch keine gerichtliche Einschränkung erfolgt ist. Marinas Mutter besitzt daher ein uneingeschränktes Recht auf Umgang mit Marina.

Frage 5: Solange die Eltern die Sorge besitzen, haben sie das Recht, Marina jederzeit wieder heraus zu verlangen (§ 1632 Abs. 1 BGB). Nur, wenn die Herausgabe – zum jetzigen Zeitpunkt – kindeswohlgefährdend wäre, käme ein Vorgehen nach § 1632 Abs. 4 BGB (Antrag auf Verbleibensanordnung) in Betracht. Hierfür fehlen allerdings Anhaltspunkte im Sachverhalt. Ein Vorgehen nach § 1632 Abs. 4 BGB scheidet daher vorliegend aus.

Was die Voraussetzungen des Herausgabeanspruchs angeht: So hat die Großtante grundsätzlich kein Recht, Marina ihren Eltern vorzuenthalten. Ein Vorenthalten liegt allerdings nur dann vor, wenn die Großtante in irgendeiner Weise auf Marina dahingehend einwirkt (bzw es unterlässt, auf Marina einzuwirken) und dadurch das Aufenthaltsbestimmungsrecht der Eltern missachtet. Hier kann sich das Problem stellen, dass es Marina ist, die nicht zu ihren Eltern zurück möchte, die Rückkehrproblematik uU ihr und nicht der Großtante zuzurechnen ist. Dies wäre zu klären. Es käme dafür darauf an, ob Marina die erforderliche Einsichtsfähigkeit besitzt. Besitzt sie diese und beschränkt sich das Verhalten der Großtante auf ein bloßes passives Unterkunftgewähren, ist es denkbar, dass ein Vorgehen der Eltern gegen die Großtante erfolglos bleibt, weil sie Marina ihren Eltern nicht vorenthält (vgl dazu Rn 265).

IX. Die „schlechten" Eltern – Eingriffe in die elterliche Sorge

1. Überblick

Der Schutz des Kindes *vor* seinen Eltern erfolgt durch einen **gerichtlichen Eingriff in die elterliche Sorge**. Zentralnorm des zivilrechtlichen Kindesschutzes ist § 1666 BGB. Dieser stellt zwei Erfordernisse für gerichtliche Eingriffe auf, die kumulativ vorliegen müssen, um einen Eingriff zu erlauben: 382

- Eine Kindeswohlgefährdung und
- die Nichtabwendung durch die Eltern.

Beide Voraussetzungen implizieren eine hohe Hürde für ein gerichtliches Eingreifen. Der Schutz des Kindes greift damit zwingend erst spät. Er ist dadurch Randkorrektur einer nicht mehr tragbaren Erziehung, nicht hingegen Schutz des Kindes in seinem Interesse an einer bestmöglichen Erziehung.

2. Voraussetzungen des Eingriffs

a) Kindeswohlgefährdung

383 Eine **Kindeswohlgefährdung** erfordert eine gegenwärtige, konkrete Gefährdung des körperlichen, geistigen oder seelischen Wohls des Kindes. Nicht jeder Verstoß gegen das Kindeswohl begründet bereits eine Kindeswohlgefährdung im Sinne von § 1666 Abs. 1 BGB.

Erforderlich ist dafür zunächst eine gewisse Qualität der Verletzung des Kindeswohls. Diese ist nicht schon dann erreicht, wenn die Erziehung das Kindeswohl nicht (optimal) verwirklicht[63]. Gerade in diesem Bereich kommt das Erziehungsprimat der Eltern zum Tragen: Es obliegt den Eltern, das Kindeswohl zu konkretisieren und die Mittel zu seiner Verwirklichung festzulegen. Irrtümer und Fehleinschätzungen der Eltern sind grundsätzlich hinzunehmen. Damit kann ein Eingriff erst dann erfolgen, wenn die gesetzlich vorgegebenen Entwicklungsziele oder auch nur eines davon völlig verfehlt wird, oder das Kind als Mensch mit seiner eigenständigen Würde grob missachtet wird.

384 Die erforderliche nachhaltige Gefährdung liegt vor, wenn bereits erhebliche Schäden beim Kind eingetreten sind, etwa in Form von Bindungsstörungen oder bei schweren körperlichen Misshandlungen. Ausreichend ist aber auch, dass sich ein Schaden zwar noch nicht realisiert hat, bei weiterer Entwicklung jedoch mit ziemlicher Sicherheit absehbar ist.

Beispiel: Rückführung eines zweijährigen Kindes zu seinen Eltern, die es kurz nach seiner Geburt schwer misshandelt haben und bei denen ein wesentliches Wiederholungsrisiko besteht.

385 Das erforderliche Maß der Gefahr kann dabei nicht abstrakt-generell festgelegt werden, sondern ist im Einzelfall durch eine Abwägung aller Umstände zu konkretisieren. Je schwerer der drohende Schaden dabei wiegt, um so geringere Anforderungen sind an die Wahrscheinlichkeit des Schadenseintritts zu stellen. In jedem Fall müssen konkrete Verdachtsmomente eine hinreichende Wahrscheinlichkeit, dass es zu einem schweren Schaden kommen wird, begründen[64].

Beispiel: Die allein sorgeberechtigte Mutter zieht mit ihrem Kind zu einem Partner, der wegen sexuellen Missbrauchs von Kindern eine mehrjährige Haftstrafe abgesessen hat.

386 Unmaßgeblich ist, wo die Gefährdung herrührt. Sie kann sich aus der sozialen, psychosozialen oder individuellen Lebenssituation des Kindes ergeben und muss nicht auf einem elterlichen Erziehungsverhalten oder gar -versagen beruhen.

Gleichermaßen hohe Anforderungen werden an die Aktualität der Gefahrenlage gestellt. Nicht ausreichend ist, dass die Erziehung auf eine Gefahrenlage zusteuert, solange diese nicht zumindest unmittelbar bevorsteht. Eine abstrakte Gefährlichkeit für das Kind genügt nicht für einen Eingriff.

---

63 BVerfG, NJW 2014, 2937; NJW 2015, 223; FamRZ 2017, 1577.
64 BGH, NJW 2017, 1032; NZFam 2019, 342.

Teil III: Grundlagen des Familienrechts

Beispiel: Ein geistig behindertes Kind wächst bei seiner schizophrenen Mutter in einer absolut sexualisierten Welt auf. Das lässt Aggressionssteigerungen in der Pubertät erwarten. Da diese jetzt aber noch nicht zu erkennen sind, können nur Hilfen zur Erziehung angeboten werden, gerichtliche Eingriffe sind hingegen jetzt noch nicht möglich.

In der Praxis dominieren zumeist eindeutige Fälle: **387**

- Gesundheitsgefährdung: Körperliche Misshandlungen; Vernachlässigung (Hungernlassen, völlig unter- oder fehlernährte Kinder).
- Verwahrlosung: Alleinlassen; Einsperren; Windeln seit Wochen nicht gewechselt; Kinder sind kaum bzw nicht jahreszeitengerecht bekleidet.
- Seelische Misshandlung: Das Kind erfährt Ablehnung, wird terrorisiert oder isoliert und in der Entwicklung des Selbstwertgefühls beeinträchtigt oder eingeschüchtert.
- Sexueller Missbrauch.

Eine Kindeswohlgefährdung kann sich daneben auch daraus ergeben, dass die gesetzgeberisch vorgegebenen Ziele grob verfehlt werden (§§ 1626 ff BGB) oder daraus, dass das Kind in seinem Persönlichkeitsrecht grob missachtet wird. **388**

Beispiele: Anleitung zu Kriminalität und Prostitution; Kinder werden zum Betteln geschickt; Eltern sorgen nicht für die Einhaltung der Schulpflicht bzw lehnen den Schulbesuch des Kindes ab.

Missachtung des Kindes in seinen wachsenden Autonomiebedürfnissen, etwa durch extreme Überbehütung oder symbiotische Fesselung der Kinder an einen Elternteil.

Verweigerung des Umgangs mit dem anderen Elternteil; dauerhafte Auswanderung eines Elternteils mit dem Kind unter Missachtung des Sorgerechts des anderen (Kindesentführung).

b) Untätigkeit der Eltern

Als zweites Erfordernis muss zu der Kindeswohlgefährdung eine **Untätigkeit** der Eltern hinzutreten. Hierdurch wird dem – verfassungsrechtlich vorgegebenen – Vorrang des Elternrechts Rechnung getragen und deutlich gemacht, dass die Zuständigkeit des Staates lediglich eine subsidiäre ist. Diese aktualisiert sich nämlich erst und nur dann, wenn die Eltern die drohende Gefahr nicht abwenden, weil sie dazu nicht willens oder nicht fähig sind. **389**

Auf diese Weise ist sichergestellt, dass eine Gefährdung des Kindes durch Dritte (Stiefelternteil misshandelt das Kind, Dritter gefährdet das Kind durch Drogengabe) nicht unmittelbar einen Eingriff in das Elternrecht nach sich zieht. Vielmehr aktualisiert sich jetzt zunächst die Verantwortlichkeit der Eltern für die Sicherung des Kindeswohles. Erst wenn sie die Chance nicht nutzen, kommt – als ultima ratio – ein Sorgerechtseingriff in Betracht. Umgekehrt gewendet bedeutet dies, dass der Staat vor einem Eingriff zuerst – quasi als „Recht des ersten Zugriffs" – den Eltern die Möglichkeit geben muss, die Gefahr ihrerseits zu bannen. In der Praxis können die Eltern oftmals durch die Inanspruchnahme einer Hilfe zur Erziehung gem. §§ 27 ff SGB VIII die Gefahr selber abwenden und dadurch einen Eingriff in ihre Sorge vermeiden.

Unerheblich ist hingegen, ob den Eltern die mangelnde Abwendung der Gefahr vorgeworfen werden kann: Ein Entzug der Sorge kommt daher auch dann in Betracht, wenn die Eltern, etwa auf Grund einer Krankheit oder von Abhängigkeiten, unverschuldet nicht in der Lage sind, das Kind zu schützen. **390**

3. Folgen einer Kindeswohlgefährdung

a) Die Entscheidung des Familiengerichts

391 Als Antwort auf eine Kindeswohlgefährdung ergreift das Familiengericht die „zur Abwendung der Gefahr erforderlichen Maßnahmen" (§ 1666 Abs. 1 BGB). Diese Formulierung eröffnet den Familiengerichten einen weiten Spielraum, flexibel auf die Erfordernisse des Einzelfalles zu reagieren. § 1666 Abs. 3 BGB konkretisiert – ohne abschließende Aufzählung – denkbare gerichtliche Maßnahmen zur Abwendung der Kindeswohlgefährdung. Die wichtigsten Maßnahmen sind:

392

Nichttrennende Maßnahmen	Trennende Maßnahmen
■ Rat, eine Erziehungsstelle aufzusuchen. ■ Weisungen. ■ Ermahnungen, Verwarnungen. ■ Auflagen: Eltern werden verpflichtet, Maßnahmen der Jugendhilfe oder Gesundheitsfürsorge in Anspruch zu nehmen (§ 1666 Abs. 3 Nr. 1 BGB). ■ Gebot, für die Einhaltung der Schulpflicht zu sorgen (§ 1666 Abs. 3 Nr. 2 BGB). ■ Ersetzung von elterlichen Erklärungen (§ 1666 Abs. 3 Nr. 5 BGB).	■ Verbot, die Familienwohnung zu nutzen bzw sich an einem bestimmten Ort/Umkreis zu der Wohnung aufzuhalten (§ 1666 Abs. 3 Nr. 3 BGB). ■ Kontaktverbot mit dem Kind (§ 1666 Abs. 3 Nr. 4 BGB). ■ Entzug der Sorge oder von Teilen davon (§ 1666 Abs. 3 Nr. 6 BGB).

393 Die angeordnete Maßnahme muss sich dabei nicht notwendig gegen die Eltern wenden, sondern kann sich auch gegen Dritte richten (§ 1666 Abs. 4 BGB).

Beispiel: Der Lebensgefährte der Mutter misshandelt das Kind. Das Gericht könnte den Lebensgefährten der Wohnung verweisen (sog Go-Order).

Nicht befugt ist das Familiengericht allerdings, den Träger der Jugendhilfe zur Durchführung bestimmter Maßnahmen zu verpflichten. Insbesondere wird dieser Fall nicht von § 1666 Abs. 4 BGB erfasst. Hält das Familiengericht daher eine jugendhilferechtliche Maßnahme für erforderlich, können nur die Eltern verpflichtet werden, mit dem Jugendamt Kontakt herzustellen. Ebenfalls nicht von § 1666 BGB gedeckt sind Maßnahmen, die in das Persönlichkeitsrecht der Eltern eingreifen. Daher ist eine familiengerichtliche Anordnung an die Eltern, eine Psychotherapie zu beginnen oder fortzusetzen, unzulässig[65].

394 Die **Auswahl der konkreten Maßnahme** richtet sich nach dem Grundsatz der Verhältnismäßigkeit. Dieser Grundsatz ist ein allgemeines rechtsstaatliches Erfordernis, das von den Gerichten zu beachten ist. Er erfordert dreierlei:

■ Geeignetheit: Die Maßnahme muss geeignet sein, um das Kindeswohl zu sichern. Ungeeignete Maßnahmen dürfen nicht angeordnet werden und sind rechtswidrig.

395 **Beispiele:** Ungeeignet ist die Verhängung einer Auflage an die Eltern, Hilfen zur Erziehung in Anspruch zu nehmen, wenn in der Vergangenheit die Hilfeplangespräche immer wieder von den Eltern abgebrochen wurden.

---

65 BVerfG, FamRZ 2011, 179.

Teil III: Grundlagen des Familienrechts

Die Mutter der Kinder lebt mit diesen bei ihrem Lebensgefährten, der wegen sexuellen Missbrauchs eine mehrjährige Haftstrafe abgesessen hat. Ungeeignet zum Schutz der Kinder ist die Weisung an die Mutter, den Aufenthalt der Kinder nachts nicht in der Wohnung des Lebensgefährten zuzulassen.

- **Erforderlichkeit:** Unter mehreren geeigneten Maßnahmen ist diejenige auszuwählen, die das Elternrecht am wenigsten beeinträchtigt.

Beispiele: Wird das Kindeswohl dadurch gefährdet, dass die Mutter den Umgang des Vaters vereitelt (etwa durch massive Beeinflussung des Kindes), ist der Entzug der gesamten Sorge nicht erforderlich, wenn die Anordnung einer Umgangspflegschaft in Betracht kommt.

Gegenüber einem Teilentzug der elterlichen Sorge zur Ermöglichung einer Heimunterbringung des Kindes stellt das Gebot an die Eltern, Hilfe zur Erziehung in Form von Heimerziehung zu beantragen und anzunehmen, ein milderes Mittel dar.

Die mögliche Unterbringung des Kindes bei Verwandten kann – falls diese betreuungsbereit und auch –geeignet sind – gegenüber einer Heimunterbringung ein milderes Mittel darstellen.

396 Ausdrücklich ist der Grundsatz der Erforderlichkeit für Maßnahmen, die eine Trennung von Eltern und Kind implizieren, geregelt: Die Wegnahme des Kindes und die Wegweisung eines Elternteils aus der Wohnung kommen nur in Betracht, wenn andere Maßnahmen, insbesondere öffentliche Hilfen, versagen (§ 1666a Abs. 1 BGB). Bevor das Familiengericht eine derart weitgehende Maßnahme treffen darf, muss es daher der Familie Gelegenheit geben, unter Einbeziehung des Jugendamtes mögliche Alternativen, insbesondere Hilfen zur Erziehung, abzuklären und zu beantragen. Erst wenn diese nicht greifen oder die Eltern sie nicht annehmen bzw abbrechen, ist die Anordnung einer trennenden Maßnahme durch das Familiengericht zulässig.

Eine Trennung des Kindes von seinen Eltern ist dabei erst bei einer nachhaltigen Gefährdung seines körperlichen, geistigen oder seelischen Wohles zulässig.

397 Der Entzug der gesamten Personensorge schließlich ist nur dann zulässig, wenn andere Maßnahmen erfolglos geblieben sind oder anzunehmen ist, dass sie nicht ausreichen, um das Kind zu schützen (§ 1666a Abs. 2 BGB). Zur Durchführung einer Hilfe zur Erziehung genügt es etwa, das Recht, die Hilfe zu beantragen zu entziehen; soll das Kind fremduntergebracht werden, ist zudem das Aufenthaltsbestimmungsrecht zu entziehen. Weitergehende Eingriffe sind – da nicht erforderlich – unzulässig. Überwiegend werden daher in der Praxis nur Teile der Personensorge entzogen.

- **Verhältnismäßigkeit im engeren Sinne:** Eine (geeignete und erforderliche) Maßnahme ist immer dann unverhältnismäßig, wenn der mit ihr beabsichtigte Erfolg außer Verhältnis zu dem Eingriff steht (es wird gewissermaßen mit Kanonen auf Spatzen geschossen). In diesem Rahmen muss – erneut – eine Abwägung erfolgen zwischen dem drohenden Schaden und der Wahrscheinlichkeit, dass er eintritt einerseits, und den Folgen des Eingriffs in die elterliche Sorge andererseits.

398 **Beispiel:** Unverhältnismäßig wäre es, den Eltern, die sich nicht über den Aufenthalt des gemeinsamen Kindes und ein Erziehungskonzept einigen können, das Aufenthaltsbestimmungsrecht zu entziehen und auf das Jugendamt als Pfleger zu übertragen, der das Kind in einem Heim unterbringt. Auch wenn diese Maßnahme geeignet und erforderlich zum Schutz des Kindeswohles sein mag, ist sie doch unverhältnismäßig, da sie anderweitige Beeinträchtigungen des Kindeswohles mit sich bringt und nicht zu einer Verbesserung der Gesamtsituation des Kindes führt.

b) Sorgerechtliche Konsequenzen eines Eingriffs

399 Die Konsequenzen eines Sorgerechtseingriffs hängen von der Art der gerichtlich angeordneten Maßnahme ab. Soweit das Gericht Teile der elterlichen Sorge entzieht, stellt sich die Notwendigkeit, an Stelle der Eltern eine Ersatzzuständigkeit zu schaffen. Insoweit ist zu differenzieren:

- Wird die komplette Personensorge entzogen, so ist an Stelle der Eltern ein **Vormund** zu bestellen (§ 1773 Abs. 1 Nr. 1 BGB [bis 31.12.2022: § 1773 Abs. 1 BGB]), der die Aufgabe hat, für die Person und das Vermögen des Kindes (genannt: Mündel) zu sorgen (§ 1789 Abs. 1 BGB [bis 31.12.2022: § 1793 Abs. 1 BGB]).
- Werden nur Teile der Personensorge entzogen, so muss nur für die betroffenen Teile eine Ersatzzuständigkeit geschaffen werden. Man spricht in diesem Fall von einem **Pfleger** oder auch Ergänzungspfleger (§ 1809 Abs. 1 BGB [bis 31.12.2022: § 1909 Abs. 1 BGB]). Der Ergänzungspfleger nimmt nur diejenigen Teile der elterlichen Sorge wahr, die den Eltern nicht mehr zustehen (§ 1630 Abs. 1 BGB). Er besitzt also sorgerechtliche Befugnisse neben den Eltern.

Soweit das Familiengericht nur punktuell eingreift, etwa indem es Erklärungen der Eltern ersetzt oder diesen nur Auflagen erteilt, bleibt die Sorge der Eltern im Übrigen unberührt.

c) Und dann? – Die nachgehende Überprüfung gerichtlicher Entscheidungen

400 Wird eine Maßnahme nach den §§ 1666 f BGB getroffen, so hat das Gericht seine Anordnung in regelmäßigen Abständen auf ihre Aktualität zu überprüfen. Anlass zu einer Überprüfung ist zum einen das Vorliegen triftiger, das Kindeswohl nachhaltig berührender Gründe (§ 1696 Abs. 1 BGB, § 166 Abs. 1 FamFG). Ohne Anhaltspunkte hat das Familiengericht bei längerfristigen Maßnahmen von sich aus eine **Überprüfung seiner Entscheidung** in angemessenen Abständen vorzunehmen (§ 166 Abs. 2 FamFG). Bei Bedarf kann eine spätere oder frühere Überprüfung erfolgen. Besteht die Gefahr für das Kindeswohl nicht mehr oder ist der Eingriff nicht mehr erforderlich, ist die gerichtliche Anordnung aufzuheben (§ 1696 Abs. 2 BGB). Dies ist vor allem dann der Fall, wenn sich die Erziehungssituation in der Herkunftsfamilie wesentlich gebessert hat. Lebt das Kind in der Folge eines sorgerechtlichen Eingriffs bei einer anderen Familie, so stellt sich uU die Problematik der kindeswohlgerechten Rückführung des Kindes in seine Herkunftsfamilie (vgl Rn 366 f).

401 Auch die Ablehnung eines Eingriffs muss regelmäßig in angemessenen Zeitabständen (in der Regel 3 Monate) überprüft werden (§ 166 Abs. 3 FamFG). Dadurch soll der Gefahr begegnet werden, dass sich das Kindeswohl verschlechtert, weil die Eltern – „bestärkt" durch das Familiengericht – ihre Kooperation mit dem Jugendamt einstellen. Sinnhaft ist eine Überprüfung der Situation durch das Familiengericht, wenn die Schwelle der Kindeswohlgefährdung zum Zeitpunkt der gerichtlichen Entscheidung noch nicht überschritten wurde, oder aber das Verfahren ohne Entscheidung auf konkrete Zusagen der Eltern hin eingestellt wurde. Das Familiengericht kann in diesem Fall etwa das Jugendamt um Mitteilung der Ergebnisse der Hilfeplangespräche bitten, oder aber Eltern und Kind erneut anhören. An der Schwelle der Kindeswohlgefährdung kann es so zu einer gerichtlichen Dauerkontrolle der Familie kommen.

4. Exkurs: Die Rolle der Kinder- und Jugendhilfe

Dem Jugendamt kommt eine Schlüsselrolle beim Schutz des Kindes zu. Folgende **402**
Befugnisse fließen zusammen:

- **Schutzauftrag** (§ 8a Abs. 1 SGB VIII): Hat das Jugendamt gewichtige Anhaltspunkte für das Vorliegen einer Kindeswohlgefährdung, so hat es die Lage im Zusammenwirken mehrerer Fachkräfte abzuschätzen und in diese **Gefährdungseinschätzung** nach Möglichkeit auch die Eltern und das Kind miteinzubeziehen.
- **Hilfen zur Erziehung** als Maßnahmen zur Abwendung einer Kindeswohlgefährdung (§§ 27 ff SGB VIII): Die Hilfen zur Erziehung enthalten Leistungen (etwa eine sozialpädagogische Familienhilfe oder eine Unterbringung des Kindes in einer Pflegefamilie), die eine Kindeswohlgefährdung abwenden können. Nehmen die Eltern sie in Anspruch, treffen sie auf diese Weise die geeignete Schutzmaßnahme, um einen gerichtlichen Eingriff nach § 1666 BGB zu vermeiden.
- **Initiierung eines Gerichtsverfahrens** (§ 1666 BGB, § 8a Abs. 2 SGB VIII): Hält das **403**
Jugendamt zur Abwendung einer Gefährdung des Kindeswohls das Tätigwerden des Gerichts für erforderlich, so hat es das Gericht anzurufen. Davon ist insbesondere auszugehen, wenn die Eltern bei einer Gefahrenabschätzung nicht mitwirken oder angebotene Hilfen zur Erziehung, die das Jugendamt für notwendig hält, um eine Kindeswohlgefahr abzuwenden, nicht annehmen.
- **Beteiligung am Verfahren** (§ 50 Abs. 1 Nr. 1 SGB VIII): Das Jugendamt unterstützt das Familiengericht bei allen Maßnahmen, die die Sorge von Minderjährigen betreffen. Es hat in den Verfahren vor dem Familiengericht mitzuwirken. Diese Pflicht besteht unabhängig von und neben seinem Anhörungsrecht (§ 162 FamFG) im Verfahren. In diesem Rahmen unterrichtet das Jugendamt das Familiengericht über die von ihm angebotenen und erbrachten Leistungen, es bringt erzieherische und soziale Gesichtspunkte zur Entwicklung des Minderjährigen ein und weist auf weitere Möglichkeiten der Hilfe hin (§ 50 Abs. 2 SGB VIII). Durch diese fachpädagogische Stellungnahme nimmt das Jugendamt inhaltlich Einfluss auf die Entscheidung des Gerichts.
- Unmittelbarer Schutz des Kindes: **Inobhutnahme** (§§ 8a Abs. 2, 42 SGB VIII): Be- **404**
rechtigt (und verpflichtet) zur Inobhutnahme ist das Jugendamt in folgenden Konstellationen:
  - Das Kind bittet darum (§ 42 Abs. 1 Nr. 1 SGB VIII).
  - Ein unbegleiteter ausländischer Minderjähriger kommt in Deutschland an und hat keine personensorgeberechtigten Eltern in Deutschland (§ 42 Abs. 1 Nr. 3 SGB VIII).
  - Es liegt eine dringende Gefahr für das Wohl des Kindes vor. Allerdings ist die Inobhutnahme in diesem Fall weiter davon abhängig, dass die personensorgeberechtigten Eltern die Maßnahme zumindest „akzeptieren": Sie dürfen ihr nicht widersprechen. Widersprechen die Eltern der Inobhutnahme oder sind sie nicht greifbar, so hat das Jugendamt das Familiengericht einzuschalten, das dann (auf der Basis des § 1666 BGB) in die elterliche Sorge eingreifen und so anstelle der Eltern die Inobhutnahme genehmigen kann. Lediglich, wenn die Situation zu dringlich ist, als dass eine Entscheidung des Familiengerichts eingeholt werden kann, darf das Jugendamt das Kind in Obhut nehmen, muss dann aber im Nachgang das Familiengericht einbeziehen.

Die Inobhutnahme beginnt mit ihrer wirksamen Bekanntgabe an das Kind und die **405**
Eltern. Sie endet entweder mit der Übergabe des Kindes an die Eltern oder aber

mit der Einleitung einer Hilfe zur Erziehung (§ 42 Abs. 4 SGB VIII). Für ihre Dauer hat das Jugendamt alle erforderlichen sorgerechtlichen Befugnisse (§ 42 Abs. 2 S. 4 SGB VIII). Dies erlaubt es dem Jugendamt insbesondere, den Eltern in dieser Zeit die Herausgabe des Kindes zu verweigern und sich dadurch – notfalls für die Dauer des familiengerichtlichen Verfahrens – schützend vor das Kind zu stellen.

- Jugendamt als potenzieller **Pfleger/Vormund**: Soweit das Familiengericht den Eltern sorgerechtliche Befugnisse entzieht, sind diese auf einen Pfleger bzw Vormund zu übertragen, der anstelle der Eltern die Sorge erhält. Im Regelfall wird das Jugendamt als Pfleger bzw Vormund ausgewählt.

406 Der Zusammenhang zwischen Kindeswohlgefährdung und Hilfen zur Erziehung in Verbindung mit der Pflicht des Jugendamtes, notfalls ein gerichtliches Verfahren gem. § 1666 BGB zu initiieren und in der Folge sogar sorgerechtliche Befugnisse als Vormund bzw Pfleger an sich zu ziehen, verleiht dem Jugendamt ein nicht unerhebliches „Drohpotenzial" gegenüber Eltern, um diese zur Inanspruchnahme einer Hilfe zur Erziehung zu „motivieren". Das Jugendamt befindet sich insoweit in einer Doppelrolle, als Helfer einerseits sowie Kontrollorgan andererseits:

407 Nehmen die Eltern im „Dunstkreis" einer Kindeswohlgefährdung die vom Jugendamt angebotene Hilfe zur Erziehung in Anspruch, so ergreifen sie dadurch zugleich die notwendigen Maßnahmen zur Abwendung der Kindeswohlgefahr, mit der Folge, dass ein gerichtlicher Eingriff in ihre Sorge nach § 1666 BGB ausscheidet. Lehnen die Eltern hingegen die Leistung des Jugendamtes ab, so wird das Jugendamt das Familiengericht gem. § 8a Abs. 2 SGB VIII einschalten, damit dieses in die elterliche Sorge nach § 1666 BGB eingreift, und so die Leistung auch gegen den Willen der Eltern durchgeführt werden kann. Ob es in diesem Fall tatsächlich zu einem gerichtlichen Eingriff in die Sorge kommt, hängt vor allem davon ab, ob das Familiengericht die Kindeswohlgefährdung genauso einschätzt wie das Jugendamt und – falls ja – ob das Familiengericht die vom Jugendamt für erforderlich gehaltene Maßnahme ergreift. Es ist also auch denkbar, dass das Jugendamt das Familiengericht ohne Erfolg einschaltet.

Auch hier gilt: In der Sache handelt das Jugendamt zwar auf der Basis des im SGB VIII fundierten Schutzauftrages der Jugendhilfe (§ 8a SGB VIII), blickt aber immer bei der Bewertung des Falles auf die Vorgaben des Familienrechts (§ 1666 BGB), weil es einschätzen können muss, wann das Familiengericht voraussichtlich „mitgehen" wird und wann nicht.

408

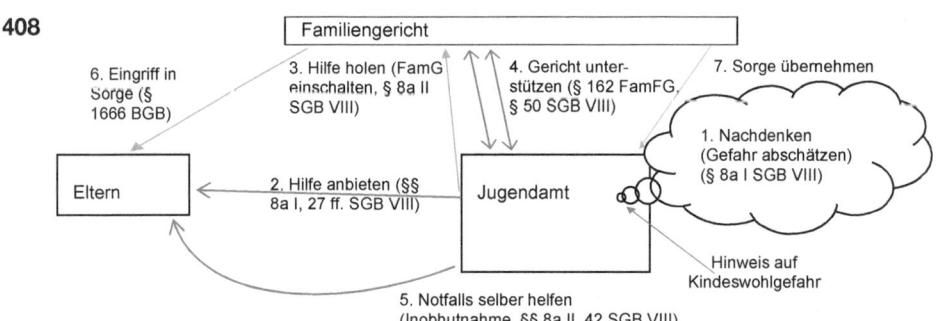

X. Der Ausfall eines Elternteils

1. Übungsfall 14

Marina (17 Jahre alt, unverheiratet) hat kürzlich das Kind Ferdinand auf die Welt gebracht. Erzeuger des Kindes ist Marinas Freund, der 18jährige Fred. 409
1. Bitte stellen Sie die sorgerechtliche Situation für Ferdinand dar.
2. Unterstellen Sie, das Jugendamt möchte Ferdinand in eine Pflegefamilie geben. Marina möchte das Kind hingegen bei sich behalten.
3. Können Fred und Marina sich die Sorge teilen?

(Lösungshinweise Rn 433)

2. Ausfallgründe

a) Überblick

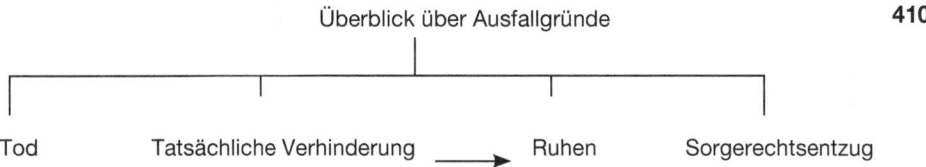

Überblick über Ausfallgründe 410

Tod — Tatsächliche Verhinderung ⟶ Ruhen — Sorgerechtsentzug

b) Tod

Mit dem **Tod** endet die elterliche Sorge. Gleiches gilt für die Sorge des für tot erklärten Elternteils (§ 1677 BGB). 411

c) Tatsächliche Verhinderung

Eine **tatsächliche Verhinderung** liegt vor, wenn ein Elternteil aus Gründen, die seine Person betreffen, tatsächlich nicht in der Lage ist, die Sorge oder auch nur Bestandteile auszuüben. 412

Denkbare Anwendungsfälle: Krankheit; Haft; Auslandsreise (wobei es auf die Verbindungsmöglichkeit ankommt); Kriegsgefangenschaft; gesperrte Grenzen; Auswanderung. Bei Elternteilen mit einer geistigen oder psychischen Behinderung ist eine tatsächliche Verhinderung (auch ohne Vorliegen einer Geschäftsunfähigkeit) denkbar, wenn die Behinderung derart erheblich ist, dass der Elternteil zumindest in Teilbereichen Elternfunktionen nicht mehr wahrnehmen kann; Eltern minderjähriger unbegleiteter Ausländer befinden sich in einem anderen Land.

Die tatsächliche Verhinderung wirkt sich sorgerechtlich nicht aus: Solange der Elternteil verhindert ist, ist er faktisch nicht zur Ausübung in der Lage; bei Wegfall des Hindernisses ist er uneingeschränkt entscheidungsbefugt.

Beispiel: Der Vater ist inhaftiert. Es ist eine eilige Entscheidung über eine medizinische Behandlung des Kindes zu treffen. Der Vater kann kurzfristig nicht kontaktiert werden. Er ist insoweit tatsächlich verhindert. Langfristig planbare Entscheidungen, etwa ein Schulwechsel oder eine Heimunterbringung des Kindes, können mit ihm besprochen werden. Insoweit wirkt sich die Inhaftierung nicht aus. Sorgerechtlich ist er uneingeschränkt entscheidungsbefugt.

d) Ruhen der elterlichen Sorge

413 Das **Ruhen** ist ein rechtlicher Verhinderungsgrund zur Ausübung der Sorge. Im Gegensatz zur tatsächlichen Verhinderung (hier kann der Elternteil faktisch die Sorge nicht ausüben), *darf* der Elternteil dessen Sorge ruht, seine Sorge nicht ausüben. Die Sorge ist suspendiert (§ 1675 BGB). Das Ruhen der Sorge kann unterschiedliche Ursachen haben:
- Gerichtliche Anordnung des Ruhens (§ 1674 Abs. 1 BGB).
- Gesetzliche Ruhensgründe: Geschäftsunfähigkeit (§ 1673 Abs. 1 BGB), beschränkte Geschäftsfähigkeit (§ 1673 Abs. 2 BGB) und vertrauliche Geburt (§ 1674a BGB).

aa) Gerichtlich angeordnetes Ruhen

414 Die **Ruhensanordnung** ist eine gerichtliche Entscheidung. In dieser stellt das Familiengericht fest, dass die elterliche Sorge tatsächlich für längere Zeit nicht ausgeübt werden kann. Sie kommt bei einer tatsächlichen Verhinderung, die länger als 6 Monate dauert, in Betracht.

Durch die Ruhensanordnung schlägt das zunächst lediglich tatsächliche Hindernis in ein rechtliches um: Der verhinderte Elternteil kann nicht nur die Sorge nicht ausüben, er darf es jetzt auch nicht mehr. Sorgerechtliche Entscheidungen des Elternteils sind ab diesem Zeitpunkt nicht mehr wirksam (seine Sorge ist suspendiert).

Die Ruhensanordnung schafft dadurch Rechtssicherheit für die Dauer der Abwesenheit des verhinderten Elternteils: Sie erlaubt es, eine Ersatzzuständigkeit für das Kind in dieser Zeit zu schaffen.

Beispiel: So ist bei minderjährigen Geflüchteten, die ohne Eltern im Bundesgebiet aufgegriffen werden (unbegleitete minderjährige Ausländer) grundsätzlich das Ruhen der elterlichen Sorge anzuordnen. Auf dieser Basis kann dann ein Dritter – im Regelfall das Jugendamt – als Vormund bestellt werden.

415 Im Gegensatz zur tatsächlichen Verhinderung lebt die Sorge nicht automatisch mit dem Wegfall des Hindernisses wieder auf: Die Suspension der Sorge ist unabhängig von dem tatsächlichen Hindernis.

Beispiele: Eine alleinsorgeberechtigte Mutter befindet sich in Strafhaft (tatsächliche Verhinderung). Soweit ein Kontakt möglich ist, kann und darf sie sorgerechtliche Entscheidungen treffen. Allerdings sind die Kontakte sehr punktuell. Mit Blick darauf besteht die Notwendigkeit, eine dauerhafte Entscheidungsbefugnis für die gesamte Dauer der Abwesenheit der Mutter zu schaffen. Dafür kann das Ruhen der Sorge angeordnet werden. Ergeht die Ruhensanordnung – und erst dann – darf die Mutter ihre Sorge nicht mehr ausüben, solange sie existiert. Wird jetzt wieder Kontakt hergestellt, lebt die Sorge der Mutter nicht mehr automatisch auf. Sie ist nicht entscheidungsbefugt.

Tauchen Eltern eines unbegleitet eingereisten Minderjährigen im Bundesgebiet auf, sind sie rechtlich nicht befugt, das Kind mit sich zu nehmen und zB von einer Jugendhilfeeinrichtung, in der das Kind lebt, die Herausgabe des Kindes zu verlangen.

416 Damit die Sorge wieder im ursprünglichen Umfang auflebt, muss die gerichtliche Ruhensanordnung aufgehoben werden (§ 1674 Abs. 2 BGB). Auch dies erfolgt durch das Familiengericht: Ist der Ruhensgrund weggefallen, stellt das Familiengericht fest, dass die tatsächliche Verhinderung nicht mehr besteht und hebt die Ruhensanordnung auf. Mit dieser Entscheidung lebt die Sorge wieder auf. Erst jetzt ist der „ausgefallene" Elternteil wieder zur Ausübung der Sorge befugt.

bb) Gesetzlich angeordnetes Ruhen

Ist ein **Elternteil geschäftsunfähig**, so ruht seine elterliche Sorge automatisch kraft Gesetzes (§ 1673 Abs. 1 BGB). Hingegen berührt die Anordnung einer Betreuung die Sorge nicht, wenn der Betreute geschäftsfähig ist. **417**

Für **minderjährige Eltern** ordnet § 1673 Abs. 2 S. 1 BGB ein sog partielles Ruhen der elterlichen Sorge an. Dies bedeutet:
- Die tatsächliche Personensorge bleibt dem minderjährigen Elternteil uneingeschränkt erhalten (§ 1673 Abs. 2 S. 2 BGB). Vorenthalten wird ihm aber die tatsächliche Vermögenssorge.
- Die gesetzliche Vertretung steht dem minderjährigen Elternteil generell nicht zu. Er ist nicht vertretungsberechtigt, hat also keinerlei Handlungsbefugnis für sein Kind nach außen.

Mit Erreichen der Volljährigkeit rückt der Elternteil automatisch und umfassend in alle Bestandteile der Sorge ein. Eine gerichtliche Entscheidung ist nicht notwendig. **418**

Zuletzt führt eine vertrauliche Geburt automatisch zu einem Ruhen der Sorge (§ 1674a BGB). **419**

Hinweis:

Eine **vertrauliche Geburt** ist eine Entbindung, bei der eine schwangere Frau ihre Identität zunächst nicht offenlegt (§ 25 Abs. 1 S. 2 SchKG). Sie setzt voraus, dass die werdende Mutter an einem Beratungsgespräch nach § 2 Abs. 4 SchKG teilgenommen und ihre wahre Identität gegenüber der Beratungsstelle preisgegeben hat. Die Beratungsstelle wird unter einem Pseudonym der werdenden Mutter eine anonyme Entbindung organisieren. Die quasi amtliche Etikettierung der Geburt als vertraulich führt dazu, dass alle Beteiligten von ihren Auskunfts- und Nachweispflichten befreit sind (§ 10 Abs. 4 PStG). Arzt und Hebammen können damit die Anonymität der Mutter gegenüber dem Standesamt wahren, das seinerseits die Angaben nicht mehr in das Geburtsregister eintragen muss. Die Beratungsstelle wird weiter das Jugendamt informieren (§ 26 Abs. 5 SchKG) und auch dort lediglich das Pseudonym, den voraussichtlichen Geburtstermin und die entbindende Stelle bekannt geben.

Das Kind gilt durch die vertrauliche Geburt als „Findelkind". Die Sorge für es liegt beim Jugendamt, das mit Geburt des Kindes dessen **Amtsvormund** wird (§§ 1773 Abs. 1, 1787 BGB [bis 31.12.2022: § 1791c BGB]). Die vertrauliche Geburt wird häufig in eine Adoption des Kindes münden, muss es aber nicht. Bekennt sich zumindest ein Elternteil – im Regelfall wird das die Mutter sein – zur Elternschaft und ermöglicht gegenüber dem Standesamt durch entsprechende Angaben einen Geburtseintrag, kann das Familiengericht dies feststellen. Mit dieser Feststellung lebt die Sorge auf.

3. Konsequenzen eines Sorgeausfalls

a) Grundsatz

Für die Folgen eines Sorgerechtsausfalls, ist danach zu differenzieren, ob es noch einen anderen Elternteil gibt oder nicht: Grundsätzlich kann der andere Elternteil den Sorgeausfall kompensieren. Die Frage, wie er in die „vakante" Sorge des ausgefallenen Elternteils einrückt, hängt davon ab, ob die Eltern sich die Sorge teilen oder nicht: **420**

421

Sorgeform	Gemeinsame Sorge	Alleinsorge
Konsequenzen eines Sorgeausfalls	Automatische Alleinsorge des anderen Elternteils.	Übertragung der Sorge durch gerichtliche Entscheidung möglich (negative Kindeswohlprüfung).
Anwendungsfelder		
Tod	§ 1680 Abs. 1 BGB	§ 1680 Abs. 2 BGB
Sorgerechtsentzug	§ 1680 Abs. 3 BGB	§ 1680 Abs. 3 BGB
Tatsächliche Verhinderung	§ 1678 Abs. 1 BGB	Bei triftigen Gründen Abänderung einer vorangegangenen Sorgerechtsentscheidung, § 1696 Abs. 1 BGB
Ruhen	§ 1678 Abs. 1 BGB	Nur bei „dauerhaftem" Ruhen, § 1678 Abs. 2 BGB

422 Soweit die Eltern sich die Sorge teilen, erhält – mit dem Ausfall eines Elternteils – der andere Elternteil automatisch die Sorge allein.

Besitzt hingegen ein Elternteil die Alleinsorge, scheidet ein automatischer Sorgerechtswechsel aus. Der andere Elternteil kann jedoch die Sorge gerichtlich übertragen erhalten.

Eine Sorgeübertragung ist nicht in jedem Fall möglich. Dies gilt vor allem für lediglich vorübergehende Sorgerechtsausfälle, dem Ruhen der elterlichen Sorge und der tatsächlichen Verhinderung: Beim Ruhen der Sorge kommt eine Sorgerechtsübertragung nur dann in Betracht, wenn keine Aussicht besteht, dass der Ruhensgrund wieder wegfällt (§ 1678 Abs. 2 BGB), bei einer tatsächlichen Verhinderung ist überhaupt keine Sorgeübertragung vorgesehen.

423 Soweit eine Sorgerechtsübertragung in Betracht kommt, wird das Gericht die Sorge dem anderen Elternteil übertragen, wenn dies mit dem Kindeswohl vereinbar ist. Dass dem so ist, wird grundsätzlich vermutet. Eine Übertragung der Sorge auf den anderen Elternteil scheidet daher nur dann aus, wenn ihr konkrete Kindeswohlbelange entgegenstehen (**negative Kindeswohlprüfung**). Das ist etwas denkbar, wenn die Sorgerechtsübertragung auf den anderen Elternteil für das Kind mit gewichtigen Nachteilen einhergeht, auch wenn diese unterhalb der Schwelle einer Kindeswohlgefährdung liegen[66].

424 Scheidet eine Sorgerechtsübertragung auf den anderen Elternteil aus, so hat das Familiengericht dem Kind einen Vormund zu bestellen (§ 1773 Abs. 1 Nr. 1 BGB [bis 31.12.2022: § 1773 Abs. 1 BGB]).

Beispiele: Der andere Elternteil ist bereits verstorben.
Ein minderjähriger Ausländer wird ohne Begleitung im Bundesgebiet aufgegriffen.

---

66 OLG Bremen, BeckRS 2020, 35086.

Der alleinsorgeberechtigten Mutter ist die elterliche Sorge entzogen worden. Dem Vater wird die Sorge nicht übertragen mit Blick auf seine vorhandenen pädophilen Neigungen und seine Neigung zu Macht- und Gewaltunterwerfungen.

Stellt sich bis zu diesem Zeitpunkt Handlungsbedarf, so trifft das Familiengericht die erforderlichen Maßnahmen (§ 1693 BGB).

b) Besonderheiten bei minderjährigen Eltern(teilen)

Das **partielle Ruhen** der Sorge minderjähriger Eltern impliziert eine doppelte Schwierigkeit: Einmal die Notwendigkeit der Schaffung einer Zuständigkeit für die dem minderjährigen Elternteil nicht zustehenden sorgerechtlichen Elemente (Vermögenssorge und Vertretung bei der Personensorge). Nachdem der minderjährige Elternteil die tatsächliche Sorge – neben dem gesetzlichen Vertreter des Kindes – besitzt, muss weiter die Koordinierung des Sorgerechts des minderjährigen Elternteils mit der Sorge des gesetzlichen Vertreters des Kindes geklärt werden. 425

Unproblematisch sind die Fälle, in denen sich der minderjährige Elternteil die Sorge mit einem volljährigen Elternteil teilt. In diesem Fall gehen die dem minderjährigen Elternteil nicht zustehenden sorgerechtlichen Elemente automatisch auf den anderen Elternteil über (§ 1678 Abs. 1 BGB). Der volljährige Elternteil besitzt die alleinige gesetzliche Sorge sowie die umfängliche Vermögenssorge. Im Übrigen (tatsächliche Personensorge) ist auch der Minderjährige sorgeberechtigt (§ 1673 Abs. 2 S. 2 BGB), so dass in diesem Bereich Doppelsorge besteht. Deren Ausübung richtet sich nach den allgemeinen Grundsätzen: Die Eltern müssen sich nach § 1627 BGB einigen. Können sie das nicht, kann in Angelegenheiten von erheblicher Bedeutung eine Übertragung der Alleinentscheidungsbefugnis gem. § 1628 BGB beantragt werden. 426

Schwieriger sind die Fälle, in denen der andere Elternteil nicht umfänglich an der Sorge beteiligt ist. 427

Anwendungsfelder: Die minderjährigen Eltern teilen sich die Sorge.

Die minderjährige Mutter ist alleinsorgeberechtigt.

Im ersten Fall ruht die Sorge beider Eltern partiell, so dass nach wie vor die Vermögenssorge und die gesetzliche Vertretung im Bereich der Personensorge nicht sichergestellt sind. Im zweiten Fall stellt sich das Problem, dass eine Sorgeübertragung für den Fall des vorübergehenden Ruhens nicht möglich ist (§ 1678 Abs. 2 BGB). Aus diesem Grund benötigt das Kind in beiden Fällen einen Vormund (§ 1773 Abs. 1 Nr. 2 BGB [bis 31.12.2022: § 1773 Abs. 1 BGB]).

Da das sorgerechtliche „Loch" in beiden Fällen ab der Geburt vorhersehbar ist, ordnet das Gesetz für diese Fälle ein automatisches Eintreten der Vormundschaft mit der Geburt des Kindes an. Vormund ist zwingend das Jugendamt (**Amtsvormund**, § 1786 BGB [bis 31.12.2022: § 1791c BGB]). Eine gerichtliche Entscheidung ist nicht notwendig. 428

Auch bei der Beteiligung des Jugendamtes besteht im Bereich der tatsächlichen Personensorge Doppelsorge. Allerdings werden etwaige Konflikte zwischen Eltern und Jugendamt anders gelöst als Konflikte zwischen Eltern: Gegenüber einem Vormund besitzt die Entscheidung des minderjährigen Elternteils Vorrang (§ 1673 Abs. 2 S. 3 BGB).

Beispiel: Die minderjährige alleinsorgeberechtigte Mutter möchte ihr Kind bei sich aufwachsen lassen. Der Amtsvormund (Jugendamt) ist der Meinung, dass das Kind bei einer Pflegefamilie aufwachsen solle. In dieser Angelegenheit kommt der mütterlichen Entscheidung Vorrang vor dem Vormund zu. Das Jugendamt ist daher nicht berechtigt, das Kind in Pflege zu geben und einen entsprechenden Vertrag zu schließen.

4. Der Schutz des Kindes in seinen sozialen Beziehungen – Die Verbleibensanordnung

429 Hat nach einem Sorgeausfall der andere Elternteil nunmehr das Alleinsorgerecht erlangt, besitzt er das Recht, das Kind an sich heraus zu verlangen (§ 1632 Abs. 1 BGB). Das kann mit dem Kindeswohl kollidieren, wenn das Kind in einem anderen sozialen Kontext verwurzelt ist.

Beispiel: Die alleinsorgeberechtigte Mutter hat jahrelang mit dem Kind und einem neuen Ehemann zusammengelebt. Sie ist nunmehr verstorben. Der Vater des Kindes hat die Sorge übertragen erhalten und verlangt nun das Kind vom Stiefvater an sich heraus.

In einem solchen Fall kann das Familiengericht in bestimmten Konstellationen den Verbleib des Kindes anordnen, wenn und solange das Kindeswohl durch die Herausnahme gefährdet würde (§ 1682 BGB, **Verbleibensanordnung**).

Schutzfähig sind folgende Lebenskontexte des Kindes:
- Zusammenleben mit einem Stiefelternteil.
- Zusammenleben mit Geschwistern oder Großeltern.

Nicht schutzfähig ist hingegen das Zusammenleben mit anderen Umgangsberechtigten, also sozialen Bezugspersonen (der nichteheliche Lebensgefährte der Mutter) oder auch ein Zusammenleben mit dem leiblichen (aber nicht rechtlichen) Vater. Eine Verbleibensanordnung zugunsten von Pflegeeltern ist auf der Basis des § 1632 Abs. 4 BGB möglich.

430 Die Verbleibensanordnung setzt voraus, dass das Kind seit längerer Zeit (ab 6 Monaten) mit einem Elternteil und der begünstigten Bezugsperson in einem Haushalt gelebt hat und der andere Elternteil nunmehr das alleinige Sorge- bzw Aufenthaltsbestimmungsrecht erlangt.

Die Verbleibensanordnung setzt weiter voraus, dass das Kindeswohl durch die Herausnahme gefährdet wird. Insoweit sind ähnliche Maßstäbe anzulegen wie bei der Verbleibensanordnung zugunsten einer Pflegefamilie: Es kommt maßgeblich auf die Verwurzelung des Kindes in seiner sozialen Familie und dessen körperliche und seelische Verfassung an, die mit den Interessen des nunmehr alleinsorgeberechtigten Elternteils in Abwägung zu bringen sind.

431 Ergeht die Verbleibensanordnung, so erhält die Person, bei der das Kind bleibt die Entscheidungsbefugnis und Vertretungsmacht in allen Angelegenheiten des täglichen Lebens (§ 1688 Abs. 4 BGB), ohne dass der Sorgerechtsinhaber dem widersprechen könnte.

5. Lösungshinweise zum Übungsfall 14

432 Allgemeine Hinweise:
1. Auch bei Fragen im Rahmen eines Sorgerechtsausfalls empfiehlt es sich, an erster Stelle die sorgerechtliche Situation zu klären. Und auch hier ist es sinnvoll, chronologisch vorzugehen: Wer hatte die Sorge bei Geburt des Kindes? Welche Veränderungen gab es?
2. Auf dieser Basis kann dann der Sorgerechtsausfall qualifiziert werden und die sorgerechtliche Situation eingeordnet werden.

Teil III: Grundlagen des Familienrechts

3. Soweit ein „sorgerechtliches Loch" entsteht (alleinsorgeberechtigte Mutter ist zB ausgefallen), ist es notwendig zu prüfen, ob eine Sorgerechtsübertragung auf den anderen Elternteil möglich ist und, falls nein, wie damit umzugehen ist.
4. An letzter Stelle können uU auftretende Folgeüberlegungen (Verbleibensanordnung) angestellt werden.

Lösungshinweise zum Übungsfall 14 (Fall Rn 409) 433

Frage 1: Marina ist in der Geschäftsfähigkeit beschränkt (§§ 106, 2 BGB). Ihre Sorge ruht daher partiell (§ 1673 Abs. 2 BGB). Nachdem sich Marina die Sorge mit dem Vater bei Geburt nicht teilt, ist für ihr Kind bei dessen Geburt automatisch das Jugendamt Amtsvormund geworden (§ 1786 BGB [bis 31.12.2022: § 1791c Abs. 1 BGB]). Mit diesem teilt sich Marina die tatsächliche Sorge, wobei ihrer Meinung allerdings Vorrang zukommt. Die Vertretung von Ferdinand in diesem Bereich steht dem Jugendamt allein zu, ebenso die Vermögenssorge. Mit Erreichen der Volljährigkeit endet die Amtsvormundschaft automatisch (§ 1807 BGB [bis 31.12.2022: § 1882 BGB]). Marina steht dann die Sorge umfänglich allein zu (§ 1626a Abs. 3 BGB).

Frage 2: Es stellt sich die Frage, wer über die Frage, ob Ferdinand in eine Pflegefamilie gegeben wird, entscheidungsbefugt ist. Die Entscheidung darüber, wo das Kind aufwächst, ist zunächst eine Angelegenheit der tatsächlichen Personensorge. Bedarf es eines Umsetzungsaktes für diese Entscheidung – etwa, weil ein Vertrag geschlossen werden muss – ist zudem auch die gesetzliche Personensorge betroffen.

Das Jugendamt besitzt als Amtsvormund alle Bestandteile der Sorge und ist daher grundsätzlich in der Lage, die Entscheidung über das Aufwachsen von Ferdinand zu treffen und auch umzusetzen, also eine Hilfe zur Erziehung zu beantragen und einen entsprechenden Pflegevertrag zu schließen. Allerdings besitzt Marina ebenfalls die tatsächliche Personensorge, so dass sie ebenfalls in der Grundsatzentscheidung über das Aufwachsen von Ferdinand entscheidungsbefugt ist. Den Konflikt zwischen dem Jugendamt – als gesetzlichem Vertreter von Ferdinand – und Marina löst das Gesetz zu Gunsten von Marina: Gem. § 1673 Abs. 2 BGB geht ihre Meinung der Meinung des Jugendamtes vor. In der Konsequenz setzt sich Marina mit ihrer Entscheidung durch, Ferdinand selber zu erziehen. Das Jugendamt darf das Kind daher nicht in Pflege geben.

Der Wunsch des Jugendamtes ist nur durchsetzbar, wenn Marina auf der Basis von § 1666 BGB gerichtlich insoweit die Sorge entzogen worden wäre. Dies setzt allerdings voraus, dass das Aufwachsen von Ferdinand bei Marina eine konkrete und nicht anders abwendbare Kindeswohlgefährdung impliziert.

Frage 3: Ferdinands Vater stehen die Optionen des § 1626a Abs. 1 BGB offen, um sich die Sorge mit Marina zu teilen.

Eine Ehe (§ 1626a Abs. 1 Nr. 2 BGB) scheidet allerdings aus, nachdem Marina noch minderjährig und deswegen nicht ehefähig ist (§ 1303 BGB). Eine Sorgeerklärung (§ 1626a Abs. 1 Nr. 1 BGB) kann sie hingegen – mit Zustimmung ihrer Eltern – trotz ihrer Minderjährigkeit abgeben (§ 1626c Abs. 2 BGB).

Diese setzt allerdings voraus, dass Fred auch der rechtliche Vater des Kindes ist. Daher ist weiter eine wirksame Vaterschaftsanerkennung erforderlich (§ 1592 Nr. 2 BGB), die neben der Erklärung von Fred auch die Zustimmung von Marina (§ 1595 Abs. 1 BGB) und – weil Marina nicht die volle Sorge besitzt – auch die Zustimmung des Kindes (§ 1595 Abs. 2 BGB) benötigt. Marina kann – mit Zustimmung ihrer Eltern – ihre Zustimmung trotz ihrer Minderjährigkeit selber erteilen (§ 1596 Abs. 1 BGB). Für Ferdinand müsste hingegen – nachdem Marina die Sorge in diesem Bereich nicht zusteht – das Jugendamt zustimmen.

XI. Das Kindschaftsverfahren

1. Die Durchführung des Verfahrens

a) Verfahrensordnung

434 Das gerichtliche **Verfahren** über Angelegenheiten der elterlichen Sorge (Kindschaftssachen) ist im Gesetz über das Verfahren in Familiensachen und in den Angelegenheiten der freiwilligen Gerichtsbarkeit (FamFG) geregelt. Kindschaftssachen sind folgende Verfahren: Elterliche Sorge bei Trennung und Scheidung sowie Eingriffe in die elterliche Sorge, Umgangsrecht, Kindesherausgabe, Vormundschaft, Pflegschaft, freiheitsentziehende Unterbringung und Aufgaben nach dem JGG (§§ 111 Nr. 2, 151 FamFG).

b) Einleitung des Verfahrens und zuständiges Gericht

435 Es gibt zwei Möglichkeiten der **Verfahrenseinleitung**: Auf Antrag oder ohne, dass ein Antrag nötig ist (von Amts wegen). Welches Verfahren wie eingeleitet wird, folgt aus den einschlägigen Normen im BGB. Sofern sich in einer Norm keine Aussagen hinsichtlich der Verfahrenseinleitung finden (so etwa für das Umgangsverfahren oder das Verfahren wegen Kindeswohlgefährdung), kann das Verfahren auch ohne Vorliegen eines Antrags von Amts wegen eingeleitet werden.

Antragsverfahren: Herausgabeanspruch (§ 1632 Abs. 3 BGB); Sorgerechtseinräumung und -übertragung §§ 1626a Abs. 2; 1671 Abs. 1, Abs. 2 BGB); Übertragung einzelner sorgerechtlicher Entscheidungsbefugnisse (§ 1628 BGB).

Amtswegige Verfahren:

Umgangsrecht (§ 1684 Abs. 1, Abs. 4 BGB); Kindeswohlgefährdung (§ 1666 BGB); Verbleibensanordnung (§§ 1632 Abs. 4, 1682 BGB).

436 **Örtlich zuständig** ist das Familiengericht am gewöhnlichen Aufenthaltsort des Kindes (§ 152 Abs. 2 FamFG). Ist eine Ehesache (Scheidung) anhängig, ist das zuständige Ehegericht auch für die Kindschaftssache zuständig (§ 152 Abs. 1 FamFG). Ist die Kindschaftssache bereits anderweitig anhängig, ist mit Anhängigkeit der Ehesache die Kindschaftssache an das Ehegericht abzugeben (§ 153 FamFG).

c) Verfahrensmaximen

437 Für das Verfahren gelten folgenden Grundsätze:

- **Amtsermittlungsgrundsatz**: Das Gericht hat von Amts wegen die zur Feststellung der entscheidungserheblichen Tatsachen erforderlichen Ermittlungen durchzuführen (§ 26 FamFG). Dies weist dem Gericht die Verantwortlichkeit für die Ermittlung des Sachverhaltes und die Auswahl der Beweismittel zu. Es ist nicht an den Vortrag der Beteiligten gebunden, sondern agiert unabhängig davon.
- **Mitwirkungsobliegenheiten**: Es bestehen Mitwirkungsobliegenheiten der Beteiligten (§ 27 FamFG). Diese sollen bei der Ermittlung des Sachverhaltes mitwirken und ihre Erklärungen über tatsächliche Umstände vollständig und wahrheitsgemäß abgeben.

- **Anhörungsvorschriften:** Folgende Beteiligte und Akteure sind anzuhören:
  - **Eltern** (§ 160 FamFG): Grundsätzlich sollen die Eltern persönlich angehört werden. Von der Anhörung darf nur aus schwerwiegenden Gründen abgesehen werden.
  - **Kind:** Altersunabhängig hat das Gericht das Kind anzuhören und sich einen persönlichen Eindruck von ihm zu verschaffen (§ 159 Abs. 1 FamFG). Lediglich in besonderen Fällen kann das Gericht hiervon absehen. Das ist denkbar, wenn schwerwiegende Gründe – zB die Belastung durch die Anhörung[67] – gegen sie sprechen oder aber das Kind nicht in der Lage ist, seine Neigungen und seinen Willen kundzutun (§ 159 Abs. 2 FamFG).
  - **Jugendamt:** Das Jugendamt ist zwingend anzuhören (§ 162 Abs. 1 FamFG).

d) Die Entscheidung

Entschieden wird durch **Beschluss** (§§ 38 Abs. 1, 116 FamFG). Wirksam wird er mit Bekanntgabe an die Beteiligten (§ 40 Abs. 1 FamFG). Soweit der Minderjährige beschwerdeberechtigt ist, ist die Entscheidung auch ihm bekannt zu geben (§ 164 FamFG). Mit Ablauf der Rechtsmittelfrist wird der Beschluss rechtskräftig. **438**

e) Die Durchsetzung der Entscheidung

Die Vollstreckung eines gerichtlichen Vergleichs oder Beschlusses richtet sich nach den §§ 88–94 FamFG. Welche Vollstreckungsmaßnahme für den Fall der Zuwiderhandlung gegen den Vollstreckungstitel zu ergreifen ist, bestimmt das Familiengericht. **439**

Vollstreckungsmittel sind Ordnungsgeld (§ 89 Abs. 1 FamFG), Ordnungshaft (§ 89 Abs. 1 FamFG) und unmittelbarer Zwang (§ 90 FamFG). Bei der Anordnung von **unmittelbarem Zwang** gegen das Kind, ist zu differenzieren: Das Umgangsrecht darf grundsätzlich nicht mit gegen das Kind gerichteter Gewalt durchgesetzt werden (§ 90 Abs. 2 FamFG), die Herausgabe des Kindes in anderen Fällen hingegen schon. Wurde also eine Umgangspflegschaft angeordnet (Rn 338), so ist die Herausgabe des Kindes an einen Umgangspfleger mittels Gewalt durchsetzbar.

f) Vorläufige Regelungen

Besteht ein akutes Handlungsbedürfnis, so kann – noch während des Verfahrens – eine sog **einstweilige Anordnung** erlassen werden (§§ 49 f FamFG). Diese regelt die Rechtsverhältnisse vorläufig bzw sichert einen bereits bestehenden Zustand. Dadurch wird verhindert, dass während des (uU länger dauernden Verfahrens) Gefahren bestehen bleiben oder Fakten geschaffen werden, die die Rechte eines der Beteiligten aushebeln. **440**

Die **Einleitung** eines Verfahrens zum vorläufigen Rechtsschutz folgt den Regeln für das Hauptsacheverfahren: Kann das Hauptsacheverfahren nur durch Antrag in Gang gesetzt werden, so kann eine einstweilige Anordnung ebenfalls nur auf Antrag erlassen werden (§ 51 Abs. 1 FamFG). In amtswegigen Verfahren hingegen prüft das Gericht von sich aus den Erlass einer einstweiligen Anordnung. **441**

---

67 BGH, NJW 2019, 432 (433).

Auch im Übrigen richtet sich das Verfahren nach den Regeln, die für das Hauptsacheverfahren gelten. Besonderheiten gelten für die Gewissheit, die sich das Gericht verschaffen muss: Gegenüber dem Hauptsacheverfahren ist das einstweilige Rechtsschutzverfahren ein summarisches Verfahren, so dass geringere Anforderungen an die Beweisführung gestellt werden: Es genügt, dass der Sachverhalt glaubwürdig ist.

Aufgrund der Eilbedürftigkeit kann insbesondere auch eine Entscheidung ohne vorherige mündliche Anhörung der Beteiligten ergehen. Jedoch ist eine mündliche Verhandlung – im Nachgang – erzwingbar (§ 54 Abs. 2 FamFG).

2. Schutzmechanismen für das Kind

442 Die besondere Verletzlichkeit des Kindes im Verfahren erfordert besondere Schutzmechanismen. Hierzu gehören Mechanismen zur Konfliktentschärfung, zügig durchgeführte Verfahren und die Einschaltung besonderer Sachwalter des Kindeswohles.

a) Besondere Sachwalter des Kindeswohles

443 Regelmäßig sind die Eltern (§ 7 Abs. 1 oder 2 FamFG) **Verfahrensbeteiligte**. Das Kind ist gem. § 7 Abs. 2 Nr. 1 FamFG zwingend als Beteiligter hinzuzuziehen[68]. Allerdings ist es im Regelfall aufgrund seines Alters besonders schutzbedürftig, was die Wahrung seiner Interessen anbetrifft. Häufig wird das Kind zudem nicht verfahrensfähig sein (§ 9 FamFG) und dadurch nicht in der Lage, seine Rechte eigenständig zur Geltung zu bringen. Aus diesem Grunde sind weitere Akteure in das Verfahren involviert. Diese besitzen eine wichtige Schutzfunktion für das Kind und sollen verhindern, dass das Kind zum Verfahrensgegenstand der – nicht unbedingt immer am Kindeswohl ausgerichteten – Auseinandersetzung der Eltern wird. Zu nennen sind:

444 ■ Das **Jugendamt**, das ein Anhörungsrecht in allen Kindschaftsverfahren besitzt (§ 162 FamFG). Eine Pflicht zur Mitwirkung im gerichtlichen Verfahren resultiert hieraus jedoch nicht. Eine solche ergibt sich allerdings aus den Vorschriften des SGB VIII. Dort statuiert § 50 Abs. 1 S. 2 Nr. 1 SGB VIII eine Mitwirkungspflicht uA in Kindschaftssachen.

Eine – mit weitergehenden Rechten verbundene – Stellung als Beteiligter hat das Jugendamt bei Verfahren wegen Kindeswohlgefährdung, in allen anderen Verfahren ist es zu beteiligen, wenn es einen dahingehenden Antrag stellt (§ 162 Abs. 2 FamFG).

■ Soweit eine Begutachtung erforderlich ist, kann ein **Sachverständiger** eingeschaltet werden (§ 163 FamFG).

445 ■ Der **Verfahrensbeistand** (§§ 158 ff FamFG): Er hat die Aufgabe, die Interessen des Kindes festzustellen und im gerichtlichen Verfahren zur Geltung zu bringen, sowie das Kind über das Verfahren zu informieren (§ 158b Abs. 1 FamFG). Ein Verfahrensbeistand nimmt nicht automatisch am Verfahren teil, sondern wird vom Gericht eingeschaltet, wenn und soweit dies zur Wahrnehmung der Interessen des Kindes erforderlich ist (§ 158 Abs. 1 FamFG). In folgenden Verfahren ist seine Einschaltung zwingend:

---

68 BGH, FamRZ 2011, 1789.

Teil III: Grundlagen des Familienrechts

– Verfahren zur teilweisen oder vollständigen Entziehung der Personensorge nach §§ 1666 f BGB,
– Verfahren über den Ausschluss des Umgangsrechts nach § 1684 BGB oder
– Verfahren über den Erlass einer Verbleibensanordnung nach § 1632 Abs. 4 oder § 1682 BGB.

In den folgenden Fällen ist er zumindest im Regelfall einzuschalten: 446
– Erheblicher Interessengegensatz zwischen Kind und gesetzlichem Vertreter,
– Verfahren, die mit einem Obhutswechsel des Kindes verbunden sind,
– Verfahren über die Herausgabe des Kindes oder
– Verfahren mit dem Ziel einer wesentlichen Beschränkung des Umgangsrechts.

Mit seiner Bestellung ist der Verfahrensbeistand Verfahrensbeteiligter, jedoch ohne, dass er gesetzlicher Vertreter des Kindes wird (§ 158b Abs. 3 FamFG).

b) Streitschlichtung

Verschiedene Mechanismen im FamFG sollen dazu beitragen, einvernehmliche Lö- 447
sungen zu fördern. Hintergrund ist die Überlegung, dass Streit zwischen den Eltern, in dessen Mittelpunkt regelmäßig das Kind steht, die besondere Gefahr birgt, dass das Kind in Loyalitätskonflikte gestürzt und sein Wohl dadurch nachhaltig beeinträchtigt wird.

■ Zunächst hat das Gericht einen Auftrag, in Kindschaftssachen, die die elterliche 448
Sorge bei Trennung und Scheidung, den Aufenthalt des Kindes, das Umgangsrecht oder die Herausgabe des Kindes betreffen, in jeder Lage des Verfahrens auf ein **Einvernehmen** der Beteiligten hinzuwirken (§ 156 Abs. 1 FamFG). In diesem Rahmen weist es auch auf die Möglichkeiten der Beratung durch die Beratungsstellen der Kinder- und Jugendhilfe hin.
■ In Verfahren über das Umgangsrecht und die Herausgabe des Kindes können die Eltern einen Vergleich schließen, der Grundlage einer Vollstreckung sein kann. Das Gericht billigt den Vergleich, wenn er nicht dem Kindeswohl widerspricht (§ 156 Abs. 2 FamFG).
■ Wird ein Sachverständigengutachten angeordnet, so kann dieser Auftrag auch die Pflicht des Sachverständigen beinhalten, auf ein Einvernehmen zwischen den Beteiligten hinzuwirken (§ 163 Abs. 2 FamFG).
■ Auch dem Verfahrensbeistand kann ein dahingehender Auftrag erteilt werden (§ 158b Abs. 2 FamFG).

c) Beschleunigung und Schutz vor Verfahrensverzögerungen

Ein wichtiger Baustein des Kindeswohles ist die **Beschleunigung** des Verfahrens. 449
Das Verfahren ist zum einen selber belastend. Zum anderen besteht die Gefahr, dass aufgrund der Dauer des Verfahrens Fakten geschaffen werden. Es gilt daher das Gebot vorrangiger und beschleunigter Bearbeitung und Entscheidung in Angelegenheiten, die den Aufenthalt, das Umgangsrecht, die Herausgabe des Kindes oder eine Kindeswohlgefährdung betreffen (§ 155 Abs. 1 FamFG). Folgende Mechanismen dienen der Beschleunigung:

- Spätestens einen Monat nach Beginn des Verfahrens hat das Gericht einen Erörterungstermin mit sämtlichen Beteiligten sowie dem Jugendamt festzusetzen (§ 155 Abs. 2 FamFG). Ziel ist es, uA eine einvernehmliche Lösung herzustellen.
- Lässt sich eine solche nicht erzielen, hat das Gericht mit den Beteiligten und dem Jugendamt den Erlass einer einstweiligen Anordnung zu erörtern (§ 156 Abs. 3 FamFG).
- Wird ein Sachverständigengutachten erforderlich, ist eine Frist zur Anfertigung des Gutachtens zu setzen (§ 163 Abs. 1 FamFG).

3. Besonderheiten in einzelnen Verfahren

a) Freiheitsentziehende Unterbringung und freiheitsentziehende Maßnahmen

450 Das Verfahren zur Genehmigung einer freiheitsentziehenden Unterbringung und freiheitsentziehenden Maßnahmen gegenüber Minderjährigen richtet sich nach dem für Erwachsene geltenden **Unterbringungsverfahren** und wird ergänzt durch weitere spezifische Vorschriften (§§ 151 Nr. 6, 167 Abs. 1, 312 ff FamFG):

- Minderjährige sind mit Vollendung des 14. Lebensjahres **verfahrensfähig** (§ 167 Abs. 3 FamFG).
- Das Gericht hat den Minderjährigen persönlich anzuhören, um sich einen persönlichen Eindruck von ihm zu verschaffen (§ 319 FamFG). Weigert sich der Minderjährige, an der Anhörung teilzunehmen, so kann das Gericht ihn durch die zuständige Behörde (Polizei) vorführen lassen (§ 319 Abs. 5 FamFG).
- Für die Genehmigung der Unterbringung ist ein Sachverständiger einzuschalten (§ 167 Abs. 6 FamFG). Weigert sich der Minderjährige, an der Untersuchung mitzuwirken, kann das Gericht seine zwangsweise Vorführung (§ 322 iV mit § 283 FamFG) sowie – zur Vorbereitung des Sachverständigengutachtens – seine vorläufige Unterbringung anordnen (§ 322 iV mit § 284 FamFG). Die maximale Dauer der vorläufigen Unterbringung beträgt 6 Wochen (§ 284 Abs. 2 FamFG). Sowohl Vorführung, als auch vorläufige Unterbringung des Minderjährigen sind mit Gewalt durchsetzbar. In diesem Rahmen hat das Jugendamt das Recht, den Minderjährigen (uU mithilfe der Polizei) festzunehmen, um ihn zur Untersuchung zu bringen.
- Die Eltern sind persönlich anzuhören (§ 167 Abs. 4 FamFG). Diese müssen konkrete Tatsachen vortragen, aus denen sich ergibt, dass die Voraussetzungen der Unterbringung vorliegen.
- Unterbringung und unterbringungsähnliche Maßnahmen dürfen für maximal sechs Monate angeordnet werden, bei offensichtlich langer Sicherungsbedürftigkeit für ein Jahr, wenn nicht zuvor über eine Verlängerung entschieden wurde (§ 167 Abs. 7 FamFG).
- Ist die Genehmigung voraussichtlich zu erteilen und besteht ein dringendes Bedürfnis für ein sofortiges Tätigwerden, kann die vorläufige Unterbringung im Wege der einstweiligen Anordnung geregelt werden (§ 331 FamFG). Die einstweilige Anordnung darf maximal für 6 Wochen eine Regelung treffen und danach für maximal 3 Monate verlängert werden (§ 333 FamFG).

b) Begründung gemeinsamer Sorge bei unverheirateten Eltern

Grundsätzliche Abweichungen gegenüber dem regulären Verfahren gelten für das Verfahren zur Einräumung der gemeinsamen Sorge bei nicht miteinander verheirateten Eltern nach § 1626a Abs. 1 Nr. 3, Abs. 2 BGB. Die Vermutung, dass die gemeinsame Sorge die kindeswohldienliche Variante ist, findet einen besonderen verfahrensrechtlichen Niederschlag: Hat das Gericht keine Anhaltspunkte dafür, dass die Sorge dem Kindeswohl widerspricht, so ist über den Antrag im schriftlichen Verfahren zu entscheiden (§ 155a Abs. 3 FamFG). Eine persönliche Anhörung der Eltern, insbesondere des die gemeinsame Sorge ablehnenden Elternteils entfällt; das Jugendamt wird überhaupt nicht gehört.

451

c) Umgangsrechtsverfahren

Neben dem gerichtlich gebilligten Umgangsvergleich ist in Umgangsstreitsachen als Besonderheit zwischen Entscheidung und Vollstreckung das nachgehende **Vermittlungsverfahren** vorgesehen (§ 165 FamFG):

452

Hält sich ein Elternteil nicht an die gerichtliche Umgangsregelung bzw den Umgangsvergleich, wird die gerichtliche Entscheidung nicht unmittelbar vollstreckt, sondern (auf Antrag oder von Amts wegen) zunächst ein gerichtliches Vermittlungsverfahren zwischen den Eltern durchgeführt. In diesem unternimmt das Gericht den Versuch, Einvernehmen zwischen den Eltern herzustellen (§ 165 Abs. 1, Abs. 4 FamFG), in geeigneten Fällen unter Beteiligung des Jugendamtes (§ 165 Abs. 2 FamFG). Bleibt das Vermittlungsverfahren erfolglos, stellt das Gericht das durch Beschluss fest und prüft die Verhängung von Ordnungsmitteln bzw sonstige Maßnahmen, etwa eine Änderung der Umgangsregelung oder sorgerechtliche Maßnahmen.

d) Kindeswohlgefährdung

Neben der ohnehin vorgesehenen Anhörung der Eltern (§ 160 Abs. 1 FamFG) wird zudem die **Kindeswohlgefährdung erörtert** (§ 157 Abs. 1 FamFG). Durch diesen verfahrensrechtlichen Mechanismus sollen alle Beteiligten gemeinsam an einen Tisch gebracht werden, um eine effektive Sicherung des Kindeswohles sicherzustellen.

453

Dies sind vor allem die Eltern, deren Erscheinen auch persönlich angeordnet werden soll, sowie das Kind (§ 157 Abs. 1, Abs. 2 FamFG). Besteht die Gefahr eines Gewaltverhältnisses zwischen den Eltern, ist eine getrennte Anhörung zum Schutz des Gewaltopfers möglich (§ 157 Abs. 2 S. 2 FamFG). Zu den Eltern gehört auch ein nichtsorgeberechtigter Elternteil, also auch zB der nichtsorgeberechtigte Vater eines nichtehelichen Kindes.

Die Anwesenheit des Kindes bei dem Termin kann sinnvoll sein bei Drogensucht oder wiederholter Straffälligkeit des Kindes. Das Jugendamt – als sozialpädagogische Fachbehörde und Leistungsträger etwaiger Jugendhilfemaßnahmen – ist ebenfalls zu diesem Termin zu laden (§ 157 Abs. 1 S. 2 FamFG). Die Mitwirkung des Jugendamtes ist von wesentlicher Bedeutung, um die Möglichkeiten einer effektiven Gefahrenabwehr zu erörtern, den Hilfebedarf abzuschätzen und die Geeignetheit und Erforderlichkeit einer Hilfe zu beurteilen.

Vor allem aber hat das Gericht das Kind persönlich anzuhören bzw sich einen persönlichen Eindruck von ihm zu verschaffen, und zwar auch dann, wenn das Kind nicht in der Lage ist, seine Neigungen und seinen Willen kundzutun (§ 159 Abs. 2 FamFG).

Der Erlass einer einstweiligen Anordnung ist immer zu prüfen (§ 157 Abs. 3 FamFG).

4. Rechtsmittel

454 **Rechtsmittel** gegen die Beschlüsse des Familiengerichts sind die Beschwerde und die Rechtsbeschwerde. Sondervorschriften gelten für einstweilige Anordnungen.

455 Die **Beschwerde** ist das statthafte Rechtsmittel gegen die erstinstanzlichen Endentscheidungen der Familiengerichte (§ 58 Abs. 1 FamFG).

Beschwerdeberechtigt ist:
- Wer in seinen Rechten beeinträchtigt ist (§ 59 Abs. 1 FamFG). Darauf gründet das Beschwerderecht der Eltern sowie – in allen Angelegenheiten der elterlichen Sorge – des Kindes. Für Minderjährige gilt: Sie können – soweit sie unter elterlicher Sorge stehen – ihr Beschwerderecht in allen ihre Person betreffenden Angelegenheiten ab 14 Jahren allein ausüben (§ 60 FamFG).
- Bei Zurückweisung eines Antrags der Antragsteller (§ 59 Abs. 2 FamFG).
- Der Verfahrensbeistand im Interesse des Kindes (§ 158b Abs. 3 FamFG).
- Das Jugendamt in Verfahren, in denen es ein Anhörungsrecht besitzt und zwar unabhängig davon, ob es auch Verfahrensbeteiligter ist (§ 162 Abs. 1, Abs. 3 FamFG).

Die Beschwerde ist innerhalb einer Frist von 1 Monat nach schriftlicher Bekanntgabe beim Gericht, dessen Beschluss angefochten ist, einzulegen (§§ 63 Abs. 1, 64 Abs. 1 FamFG). Zuständig zur Entscheidung über die Beschwerde ist in Familiensachen das OLG (§ 119 GVG).

456 Gegen die zweitinstanzliche Entscheidung des OLG ist die **Rechtsbeschwerde** das statthafte Rechtsmittel. Die Rechtsbeschwerde muss allerdings vom Beschwerdegericht zugelassen werden (§ 71 Abs. 2 FamFG).

Die Rechtsbeschwerde ist ebenfalls innerhalb einer Frist von einem Monat (§ 71 Abs. 1 FamFG) durch Einreichung einer schriftlichen Beschwerdeschrift beim Rechtsbeschwerdegericht (in Familiensachen: BGH, § 133 GVG) einzureichen (§ 71 Abs. 1 FamFG).

457 Grundsätzlich sind einstweilige Anordnungen in Familiensachen nicht anfechtbar. Ausnahmsweise anfechtbar sind nur Entscheidungen der 1. Instanz in bestimmten Angelegenheiten und auch nur dann, wenn das Gericht aufgrund einer mündlichen Anhörung entschieden hat. Anfechtbar sind: Entscheidungen über die elterliche Sorge (§ 57 Nr. 1 FamFG) sowie die Herausgabe eines Kindes an den anderen Elternteil (§ 57 Nr. 2 FamFG), daneben die Verbleibensanordnung (§ 57 Nr. 3 FamFG). Nicht anfechtbar sind einstweilige Anordnungen in Umgangsverfahren.

Soweit eine einstweilige Anordnung angefochten werden kann, ist die sofortige Beschwerde (2-Wochen-Frist) das statthafte Rechtsmittel (§ 63 Abs. 2 FamFG).

Teil III: Grundlagen des Familienrechts

5. Überblick über Ablauf eines kindschaftsrechtlichen Verfahrens

458

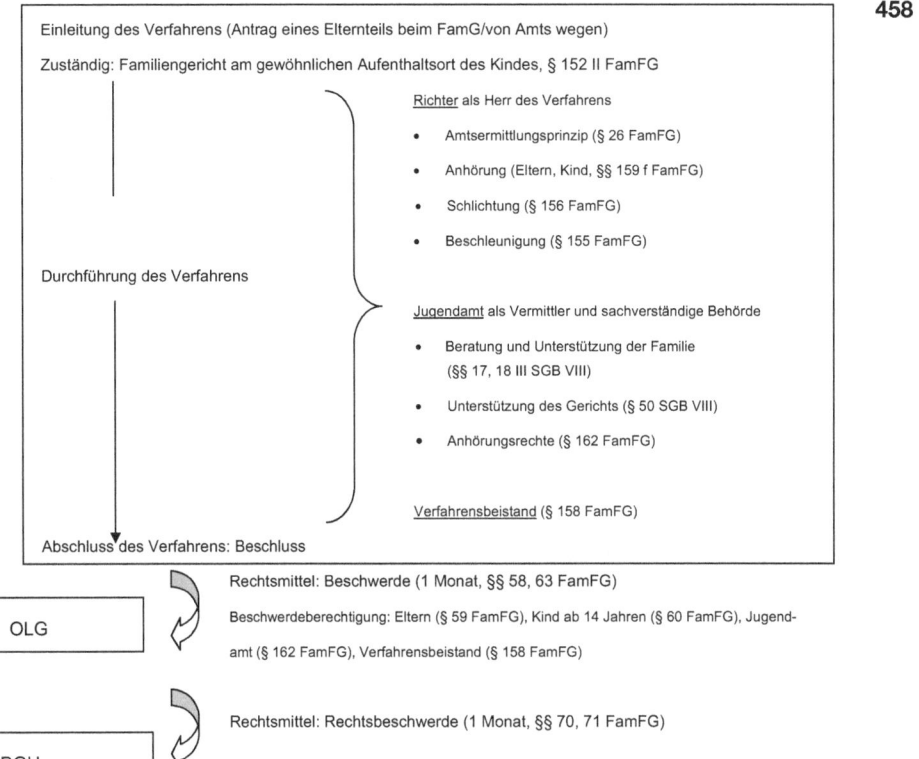

Kapitel 3: Vormundschaft und Pflegschaft

Soweit Eltern ihre Sorge rechtlich nicht ausüben können, stellt sich die Notwendigkeit, eine Ersatzzuständigkeit für das Kind zu schaffen. Zu unterscheiden ist zwischen einem Pfleger, der nur Teile der Sorge wahrnimmt, und dem Vormund, der alle sorgerechtlichen Befugnisse besitzt. 459

Begriffliche Abgrenzung zu weiteren Sachwaltern des Kindeswohles:

Beistand: Der Beistand nimmt Teile der elterlichen Sorge wahr. Insoweit kommt ihm eine dem Pfleger vergleichbare Stellung zu. Im Gegensatz zum Pfleger erhält er aber nicht die Befugnisse *anstelle* eines Elternteils, sondern *neben* diesem. Die elterliche Sorge wird nicht beeinträchtigt (§§ 1712 ff BGB, Rn 607 ff).

Verfahrensbeistand: Der Verfahrensbeistand ist ein Instrument zur Sicherung kindlicher Interessen in Verfahren, die seine Person betreffen. Er ist kein gesetzlicher Vertreter des Kindes (§ 158b Abs. 3 S. 2 FamFG, Rn 445).

I. Vormundschaft

1. Das Entstehen einer Vormundschaft - .... Wann es dazu kommt...

460 Die Vormundschaft beinhaltet umfassende sorgerechtliche Befugnisse für einen Minderjährigen (Mündel). Eine Vormundschaft ist zwingend anzuordnen, wenn sich die Notwendigkeit stellt, eine umfassende sorgerechtliche Zuständigkeit – zumindest im Bereich der Vertretung – für das Kind sicherzustellen. Drei Anwendungsfälle kennt das BGB (§ 1773 BGB):

- Der Minderjährige steht nicht unter elterlicher Sorge.

    Beispiele: Die Eltern sind verstorben; den Eltern wurde die komplette Sorge (was in der Praxis kaum vorkommt) entzogen.

- Die Eltern des Minderjährigen sind nicht berechtigt, ihr Kind zu vertreten.

    Beispiele: Die Eltern des Kindes sind selber noch minderjährig (Ruhen der Sorge kraft Gesetzes, § 1673 Abs. 2 BGB). Unbegleitete minderjährige Flüchtlinge (Ruhensanordnung, § 1674 Abs. 1 BGB).

- Der Familienstand des Kindes ist nicht zu ermitteln.

    Beispiele: Ausgesetzte Kinder; in eine Babyklappe abgelegte Kinder; vertraulich geborene Kinder.

Die Vormundschaft kann bereits vor der Geburt des Kindes angeordnet werden, wenn absehbar ist, dass mit der Geburt ein Vormund erforderlich ist (§ 1773 Abs. 2 BGB [bis 31.12.2022: § 1774 BGB]).

461 Eine Vormundschaft kann auf unterschiedliche Weise eintreten. Im Regelfall ordnet das Familiengericht eine Vormundschaft an und bestellt einen Vormund (§ 1773 Abs. 1 BGB). In bestimmten Fällen wird automatisch das Jugendamt Vormund **(Gesetzliche Amtsvormundschaft).**

2. Die Person des Vormundes – Wer es macht ....

a) Die gesetzliche Amtsvormundschaft des Jugendamtes

462 Das Jugendamt wird in folgenden Fällen automatisch kraft Gesetzes Amtsvormund eines Kindes, ohne dass es zuvor einer familiengerichtlichen Entscheidung bedürfte:

- Unverheiratete minderjährige Eltern ohne Sorge (§ 1786 BGB [bis 31.12.2022: § 1791c BGB]).
- Vertraulich geborenes Kind (§ 1787 BGB, Rn 419).

b) Die bestellte Vormundschaft

463 In den übrigen Fällen bestellt das Familiengericht den Vormund (§ 1773 Abs. 1 BGB [bis 31.12.2022: § 1774 BGB]).

Zur Auswahl stehen folgende Akteure (§ 1774 BGB [bis 31.12.2022: §§ 1775, 1791a-c BGB]):

- Eine natürliche Person, die die Vormundschaft ehrenamtlich oder beruflich führt (ehrenamtlicher bzw beruflicher Vormund).
- Ein Vereinsvormund. Der **Vereinsvormund** ist ein Mitarbeiter eines vom überörtlichen Träger der Jugendhilfe anerkannten Vormundschaftsvereins. Die Vormund-

schaft führt der Mitarbeiter und nicht der Verein. Lediglich im Rahmen einer vorläufigen Vormundschaftsbestellung kann auch ein vom Landesjugendamt anerkannter Vormundschaftsverein selber zum vorläufigen Vormund bestellt werden (§ 1774 Abs. 2 Nr. 1 BGB).
- Das Jugendamt als Amtsvormund.

Zwischen diesen Optionen besteht ein Rangverhältnis: Die Vormundschaft soll nach Möglichkeit eine natürliche Person führen und zwar eine, die ehrenamtlich tätig wird. Steht also ein geeigneter ehrenamtlicher Vormund zur Verfügung, so ist er vorrangig vor einem Berufs- oder Vereinsvormund sowie dem Jugendamt als Amtsvormund zu bestellen (§ 1779 Abs. 2 BGB [bis 31.12.2022: § 1887 BGB]). Wurde zunächst ein eigentlich nachrangiger Vormund eingesetzt, so ist dieser in der Konsequenz zu entlassen, wenn ein geeigneter ehrenamtlicher Vormund zur Verfügung steht (§ 1804 Abs. 1 Nr. 2 BGB [bis 31.12.2022: § 1887 BGB]). **464**

Was die Anzahl möglicher Vormünder angeht, so gilt: Grundsätzlich kann nur eine einzelne Person die Vormundschaft übernehmen (Einzelvormund). Lediglich Ehepaare können die Vormundschaft gemeinschaftlich ausüben (§ 1775 Abs. 1 BGB).

Ausgeschlossen sind (§ 1784 BGB [bis 31.12.2022: §§ 1780, 1781, 1782 BGB]): **465**
- Geschäftsunfähige,
- Minderjährige,
- unter Betreuung stehende Personen,
- Personen, die die Eltern von der Vormundschaft ausgeschlossen haben und
- Personen, die in einem Abhängigkeitsverhältnis oder einer anderen engen Beziehung zu einer Einrichtung stehen, in der der Mündel lebt.

Die Eltern können die Auswahl durch das Familiengericht in bestimmten Fällen steuern. Sie besitzen nämlich für den Fall ihres Todes ein **Benennungsrecht**. Dadurch können sie bestimmte Personen als Vormund benennen, aber auch bestimmte Personen von der Vormundschaft ausschließen (§ 1782 Abs. 1 BGB [bis 31.12.2022: §§ 1776, 1777, 1782 BGB]). Die Benennung erfolgt durch letztwillige Verfügung, im Regelfall ein Testament. Das Benennungsrecht bezieht sich dabei nur auf eine natürliche Person. Deswegen können die Eltern weder das Jugendamt wirksam benennen noch von der Vormundschaft ausschließen. Eine vorsorgliche Benennung für den Fall des Ruhens der Sorge oder einen Sorgerechtsentzug ist gesetzlich hingegen nicht vorgesehen. **466**

Für die Auswahlentscheidung des Familiengerichts kommt es dementsprechend darauf an, ob die Eltern einen Vormund benannt haben oder nicht: **467**
- Haben die Eltern von ihrem Benennungsrecht Gebrauch gemacht, so ist dem Benannten grundsätzlich die Vormundschaft zu übertragen. Dem Benennungsrecht der Eltern korreliert auf Seiten des Vormunds ein subjektives **Recht auf Bestellung**. Er ist zugleich verpflichtet, die Vormundschaft zu übernehmen, soweit ihm dies nach seinen persönlichen, familiären, beruflichen und sonstigen Verhältnissen zugemutet werden kann (§ 1785 Abs. 1 BGB).
  Die benannte Person kann also gegen ihre Zustimmung nur ausnahmsweise übergangen werden, etwa wenn ein Ausschlussgrund vorliegt, seine Bestellung dem Wohl des Mündels widersprechen würde oder aber ein Mündel, der das 14. Lebensjahr vollendet hat, der Bestellung widerspricht (§ 1783 Abs. 1 BGB [bis 31.12.2022: § 1778 BGB]).
- Haben die Eltern hingegen niemanden benannt oder scheidet die benannte Person als Vormund aus, so hat das Familiengericht diejenige Person als Vormund

auszuwählen, die am besten geeignet ist, für die Person und das Vermögen des Mündels zu sorgen (§ 1778 Abs. 1 BGB [bis 31.12.2022: § 1779 BGB]). Die Eignung richtet sich nach den Kenntnissen, Erfahrungen, persönlichen Eigenschaften und Verhältnissen sowie der Kooperationsfähigkeit und -bereitschaft mit anderen in die Erziehung des Kindes involvierten Personen und Institutionen (§ 1779 Abs. 1 BGB[69]). Zu berücksichtigen sind aber auch der Wille des Mündels, seine familiären Beziehungen, Bindungen und Lebensumstände sowie der (mutmaßliche) Wille der Eltern – etwa, dass sie eine bestimmte Person ausgeschlossen haben (§ 1778 Abs. 2 BGB [bis 31.12.2022: § 1779 Abs. 2 BGB]).

468 Das Jugendamt ist in diesem Rahmen grundsätzlich als geeignet anzusehen.

Hinweis:

Probleme wirft die Eignung des Jugendamtes in der Praxis etwa bei der Vormundschaft über minderjährige unbegleitete Ausländer auf. Im Regelfall sind komplexe asyl- und aufenthaltsrechtliche Fragestellungen zu klären, die spezifische juristische Fachkunde erfordern. Die Notwendigkeit, weitere (hier juristische) Fachkunde beiziehen zu müssen, nimmt dem Jugendamt jedoch nicht seine Eignung als Elternersatz[70].

3. Die Führung der Vormundschaft

a) Rechte des Mündels

469 Bei den Eltern konnte sich der Gesetzgeber noch auf die verfassungsrechtliche Vermutung des Art. 6 Abs. 2 GG stützen, dass das Wohl des Kindes in ihren Händen am besten aufgehoben ist, und sich dementsprechend auf punktuelle Vorgaben für die Ausübung der Sorge beschränken. Dies gilt für den Vormund nicht. Ihm gegenüber besitzt der Mündel insbesondere folgende Rechte (§ 1788 BGB):

- Förderung seiner Entwicklung und Erziehung zu einer eigenverantwortlichen und gemeinschaftsfähigen Persönlichkeit.
- Pflege und Erziehung unter Ausschluss von Gewalt, körperlichen Bestrafungen, seelischen Verletzungen und anderen entwürdigenden Maßnahmen.
- Persönlichen Kontakt zum Vormund.
- Achtung – im Sinne von Beachtung und Respekt vor – seines Willens, seiner persönlichen Bindungen sowie seines religiösen und kulturellen Hintergrundes.
- Beteiligung an ihn betreffenden Angelegenheiten im Rahmen seines Entwicklungsstandes.

470 In gleicher Weise wie gegenüber Eltern, handelt es sich bei diesen Rechten nicht um Rechtsansprüche, die der Mündel gegenüber dem Vormund gerichtlich geltend machen könnte. Sie haben vor allem mittelbare Bedeutung und finden etwa Berücksichtigung bei familiengerichtlichen Genehmigungen bestimmter Handlungen des Vormunds (§ 1795 Abs. 3 BGB) sowie im Rahmen der gerichtlichen Kontrolle seiner Tätigkeit (§ 1802 Abs. 2 BGB).

---

[69] Bis 31.12.2022: § 1779 Abs. 2 BGB, der noch deutlich unkonkreter auf die persönlichen Verhältnisse, die Vermögenslage und sonstige Umstände abgestellt hat.
[70] BGH, NZFam 2017, 1099.

b) Die Rechtsstellung des Vormundes gegenüber dem Mündel

Der Vormund übernimmt mit seiner Bestellung die Sorge für den Mündel. Er hat die Pflicht und das Recht, für die Person und das Vermögen des Mündels zu sorgen und ist sein gesetzlicher Vertreter (§ 1789 Abs. 1 und Abs. 2 BGB[71]). Er nimmt diese Aufgabe unabhängig wahr und ist ausschließlich an das Interesse des Mündels gebunden (§ 1790 Abs. 1 BGB). Es ist sein Auftrag, die Rechte des Mündels zu verwirklichen, aber auch, persönlichen Kontakt mit dem Mündel zu halten (§ 1790 Abs. 3 BGB [bis 31.12.2022: § 1793 Abs. 1a BGB]).

471

aa) Personensorge

Die Personensorge umfasst insbesondere die Bestimmung des Aufenthaltes sowie die Pflege, Erziehung und Beaufsichtigung des Mündels (§ 1795 Abs. 1 BGB).

472

Im Vergleich mit den Eltern unterliegt der Vormund einer deutlich weitergehenderen gerichtlichen Kontrolle bei der Ausübung seines Amtes. Neben den auch für Eltern geltenden Genehmigungspflichten – etwa bei einer beabsichtigten freiheitsentziehenden Unterbringung des Mündels (§ 1795 Abs. 1 S. 3 i.V. mit § 1631a ff BGB[72]), benötigt er etwa auch die Genehmigung des Familiengerichts für den Abschluss eines Ausbildungsvertrages des Mündels (§ 1795 Abs. 2 Nr. 1 BGB [bis 31.12.2022: § 1822 BGB]).

Ansonsten treffen ihn die gleichen Einschränkungen wie Eltern (Rn 251 ff): Insbesondere gelten die gleichen Vertretungsverbote, denen auch Eltern unterworfen sind (§§ 1789 Abs. 2, 1824 BGB [bis 31.12.2022: § 1795 BGB]). Bei sonstigen Interessenkollisionen zwischen Vormund und Mündel kann das Familiengericht dem Vormund für einzelne Angelegenheiten die Vertretung entziehen (§ 1789 Abs. 2 S. 3 BGB [bis 31.12.2022: § 1796 BGB]).

bb) Vermögenssorge

Im Rahmen der Vermögenssorge hat der Vormund das Vermögen zum Wohl seines Mündels zu schützen und zu erhalten. Er ist dabei sowohl an die Grundsätze einer wirtschaftlichen Vermögensverwaltung als auch die wachsende Autonomie des Mündels gebunden (§ 1798 Abs. 1 BGB).

473

Konkret treffen den Vormund etwa folgende Pflichten:
- Erstellung eines Vermögensverzeichnisses über das Vermögen des Mündels (§ 1798 Abs. 2 iV mit § 1835 BGB [bis 31.12.2022: § 1802 BGB]).
- Geld des Mündels, das der Vormund für dessen Ausgaben benötigt (Verfügungsgeld) ist auf einem separaten Girokonto bereitzuhalten (§ 1798 Abs. 2 i.V. mit § 1839 BGB). Geld das nicht für Ausgaben des Mündels benötigt wird (Anlagegeld), hat der Vormund auf einem zur verzinslichen Anlage geeigneten Konto eines Kreditinstituts, das einer für die jeweilige Anlage ausreichenden Sicherungseinrichtung angehört, anzulegen (Anlagekonto, §§ 1798 Abs. 2 iV mit § 1841 BGB [bis 31.12.2022: § 1806 BGB]). Bei der Anlage ist eine Sperrvereinbarung zu treffen, die vorsieht, dass der Vormund über das Vermögen nur mit Genehmigung

---

71 Bis 31.12.2022: § 1800 BGB iV mit §§ 1631-1633 BGB, und § 1793 Abs. 1 BGB.
72 Bis 31.12.2022: § 1800 BGB iV mit §§ 1631 -1633 BGB.

des Familiengerichts verfügen darf (§ 1798 Abs. 2 iV mit § 1845 BGB [bis 31.12.2022: § 1809 BGB]).
- Schenkungen aus dem Vermögen des Mündels sind grundsätzlich unzulässig (§ 1798 Abs. 3 BGB [bis 31.12.2022: § 1804 BGB]).

c) Die gerichtliche Kontrolle und Unterstützung des Vormunds

474 Folgende Mechanismen dienen der **Kontrolle** des Vormunds:
- Bestimmte Rechtsgeschäfte dürfen Vormünder nicht tätigen (§§ 1789, 1824 BGB, Rn 472, 251), andere sind von der Genehmigung durch das Familiengericht abhängig (§ 1799 iV mit §§ 1848-1854 Nrn. 1-7 BGB).
- Die gesamte Tätigkeit eines Vormunds untersteht der **Aufsicht des Familiengerichts**, das diesem gegenüber Eingriffsmöglichkeiten besitzt und bei Pflichtwidrigkeiten konkrete Ge- und Verbote aussprechen und diese auch zwangsweise durchsetzen kann (§ 1802 i.V. mit § 1862 Abs. 3 BGB [bis 31.12.2022: § 1837 Abs. 2 BGB]).
- Der Vormund ist dem Familiengericht rechenschaftspflichtig und hat über die persönlichen Verhältnisse des Mündels mindestens einmal jährlich zu berichten (§ 1802 Abs. 2 iV mit § 1863 BGB [bis 31.12.2022: § 1840 Abs. 1 BGB]). Über die Vermögensverwaltung hat der Vormund jährlich Rechnung zu legen (§ 1802 Abs. 2 iV mit § 1865 BGB [bis 31.12.2022: §§ 1840 Abs. 2, 1841 BGB]).
- Im Übrigen besteht die Möglichkeit, einen Vormund zu entlassen, etwa weil er untauglich ist, Mündelinteressen gefährdet oder ein sonstiger wichtiger Grund vorliegt (§ 1804 Abs. 1 BGB [bis 31.12.2022: § 1886 BGB]).

4. Beendigung der Vormundschaft

475 Die Vormundschaft endet automatisch, wenn sie nicht mehr erforderlich ist. Eine besondere Aufhebung der Vormundschaft durch gerichtliche Entscheidung ist nicht erforderlich (§ 1806 BGB [bis 31.12.2022: § 1882 BGB]).

Beispiele: Der Mündel wird volljährig; ein Ruhensbeschluss wird aufgehoben.

II. Pflegschaft

1. Begriff und Arten

476 Wie die Vormundschaft, ist auch die Pflegschaft eine Fürsorgetätigkeit. Anders als die Vormundschaft, die grundsätzlich alle Angelegenheiten umfasst, ist die Pflegschaft jedoch auf bestimmte Angelegenheiten begrenzt.

Das BGB unterscheidet die Minderjährigenpflegschaft (§§ 1809 – 1813 BGB) und sonstige Pflegschaften (§§ 1882 – 1884 BGB). Die Minderjährigenpflegschaft ersetzt bzw ergänzt die elterliche Sorge, ist aber – anders als die Vormundschaft – nicht umfassend, sondern nur auf einzelne Angelegenheiten beschränkt. Sie ist in Anlehnung an das Vormundschaftsrecht ausgestaltet und wird nachfolgend behandelt.

Die sonstigen Pflegschaften werden durch das Betreuungsgericht eingerichtet und beendet (§§ 1885 f BGB). Sie folgen auch im Übrigen grundsätzlich den Regeln des Betreuungsrechts (§ 1888 BGB).

Teil III: Grundlagen des Familienrechts

Daneben sieht das Vormundschaftsrecht eine weitere Möglichkeit vor, neben einem Vormund zum Wohl des Mündels einen zusätzlichen Pfleger zu bestellen (§ 1776 BGB), bzw. einzelne Sorgeangelegenheiten auf die Pflegeperson als Pfleger zu übertragen (§ 1777 BGB).

2. Die Minderjährigenpflegschaften

a) Überblick

Für Minderjährige kennt das Gesetz drei Formen einer Pflegschaft: 477
- Die Ergänzungspflegschaft (§ 1809 BGB [bis 31.12.2022: § 1909 BGB]): Bei der Ergänzungspflegschaft tritt der Pfleger – punktuell – für ausgewählte Angelegenheiten an die Stelle der sorgeberechtigten Eltern bzw des Vormunds.
- Die Pflegschaft für ein ungeborenes Kind (§ 1810 BGB [bis 31.12.2022: § 1912 BGB]). Die Pflegschaft hat ein bereits gezeugtes, aber noch nicht geborenes Kind im Blick, dessen Rechte bereits jetzt gewahrt werden sollen. Sie kommt in Betracht, wenn die Eltern – bei einer unterstellten Geburt – aus tatsächlichen oder rechtlichen Gründen die Sorge nicht ausüben können. In diesem Rahmen etwa wird diskutiert, ob mithilfe einer Pflegerbestellung ein geplanter Schwangerschaftsabbruch verhindert werden kann[73].
- Die Zuwendungspflegschaft (§ 1811 BGB [bis 31.12.2022: §§ 1909, 1917 BGB]). Ein Zuwendungspfleger wird eingesetzt, wenn ein Minderjähriger erbt oder Vermögen geschenkt bekommt und der Erblasser bzw der Schenker bestimmt hat, dass die Eltern bzw der Vormund das Vermögen nicht verwalten sollen.

b) Die Ergänzungspflegschaft

Eine Ergänzungspflegschaft ist für Angelegenheiten anzuordnen, an deren Wahrnehmung die Eltern oder der Vormund aus rechtlichen oder tatsächlichen Gründen verhindert sind. Häufigster Anwendungsfall der Ergänzungspflegschaft bei Eltern ist ein Eingriff in die elterliche Sorge, die nur zum Entzug von Teilen der Sorge führt. Im Übrigen erfordern vor allem Vertretungsverbote die Einsetzung eines Ergänzungspflegers. Daneben können auch Interessenkollisionen zwischen Eltern bzw Vormund und Kind eine Pflegerbestellung nötig machen. 478

Die den Eltern bzw dem Vormund sorgerechtlich entzogenen Bereiche werden an deren Stelle einem Pfleger übertragen (Ergänzungspfleger). Die Eltern bzw der Vormund bleiben im Übrigen sorgeberechtigt.

Entstehung, Führung, Auswahl und Beendigung der Ergänzungspflegschaft richten sich im Grundsatz nach den gleichen Regeln wie im Vormundschaftsrecht (§ 1813 Abs. 1 BGB [bis 31.12.2022: § 1915 BGB]).

Da das Gesetz keine Amtspflegschaft kennt, entsteht die Ergänzungspflegschaft ausschließlich auf Grund gerichtlicher Anordnung. Zuständig ist das Familiengericht. Die Notwendigkeit, einen Ergänzungspfleger zu bestellen, haben die Eltern bzw der Vormund dem Familiengericht anzuzeigen (§ 1809 Abs. 2 BGB).

Dieses hat nicht nur die Aufgabe, eine Pflegschaft anzuordnen, sondern auch, einen geeigneten Pfleger auszuwählen (§§ 1813 Abs. 1 iV mit § 1778 BGB). Zur Auswahl

---

73 Heitmann/Recknagel, in Kaiser/Schnitzler/Schilling/Sanders (Hrsg.), § 1911 (aF) Rn 4 m.w.N Nachw.

stehen – wie im Vormundschaftsrecht auch – eine natürliche ehrenamtliche oder berufsmäßig tätig werdende – natürliche Person, ein Mitarbeiter eines anerkannten Vormundschaftsvereins oder das Jugendamt (§ 1813 Abs. 1 iV mit § 1774 Abs. 1 BGB), wobei auch hier ein Vorrang des ehrenamtlichen Pflegers gilt (§ 1813 Abs. 1 iV mit § 1779 Abs. 2 BGB). Anders als im Vormundschaftsrecht haben die Eltern kein Benennungsrecht (§ 1813 Abs. 2 BGB).

479 Was die Führung der Ergänzungspflegschaft angeht, so kann auf die Ausführungen im Vormundschaftsrecht (Rn 469 ff) verwiesen werden. Insbesondere unterliegt der Ergänzungspfleger den gleichen Pflichten, Genehmigungserfordernissen sowie der gerichtlichen Aufsicht wie ein Vormund.

Was die Abgrenzung zu anderen Sorgeberechtigten angeht, so sind Überschneidungen im Bereich der Personen- und Vermögenssorge denkbar (gemischte Angelegenheiten). Bei Meinungsverschiedenheiten in diesen Bereichen, die nicht beigelegt werden können, entscheidet das Familiengericht (§ 1630 Abs. 2 BGB).

480 Hinsichtlich der Beendigung der Pflegschaft ist zu differenzieren:
- Die Pflegschaft endet automatisch mit dem Ende der elterlichen Sorge oder der Vormundschaft (§ 1812 Abs. 2 1. Alt. BGB). Das ist insbesondere der Fall, wenn das Kind, für das die Pflegschaft eingerichtet wird, volljährig wird. Eine gesonderte gerichtliche Entscheidung ist nicht erforderlich.
- Soweit die Pflegschaft lediglich einzelne Angelegenheiten betrifft, endet sie mit deren Erledigung (§ 1812 Abs. 2 2. Alt. BGB). Auch in diesem Fall ist eine gesonderte gerichtliche Anordnung nicht erforderlich. Bestehen Zweifel oder Uneinigkeit darüber, stellt das Familiengericht die Beendigung der Pflegschaft durch Beschluss fest (§ 168f iV mit § 168e FamFG).
- Im Übrigen ist die Pflegschaft aufzuheben, wenn der Grund für ihre Anordnung weggefallen ist (§ 1812 Abs. 1 BGB).

c) Pflegschaften zum Wohl des Kindes

481 Bei den Pflegschaften zum Wohl des Kindes geht es in der Sache um eine ausnahmsweise Verteilung bzw Splittung der Aufgaben auf Mehrere im Rahmen des Vormundschaftsrechts. Die Pflegschaften sind daher im Vormundschaftsrecht geregelt. Zwei Fälle gibt es:
- Zum einen kann das Familiengericht aus Gründen des Kindeswohles einem ehrenamtlichen Vormund mit dessen Einverständnis einen Pfleger für einzelne Sorgeangelegenheiten oder eine bestimmte Art von Sorgeangelegenheiten an die Seite stellen (§ 1776 BGB). Das ist zB bei komplexen oder konfliktträchtigen Aufgaben denkbar[74].

    Beispiele: Geltendmachung von Sozialleistungen; Vertretung in sonstigen Verwaltungsverfahren; Führung eines Prozesses gegen einen nahen Verwandten des Vormundes.

    Diese „Unterstützung" ist ausschließlich für den ehrenamtlichen Einzelvormund möglich, nicht hingegen, wenn ein Berufsvormund oder das Jugendamt die Vormundschaft führt, und zwar auch dann nicht, wenn es um komplexe Aufgaben geht[75].

---

74 BT-Dr 19/24445, S. 188.
75 BGH, NZFam 2017, 1099.

Beispiel: Die Problematik stellt sich bei minderjährigen unbegleiteten Ausländern, bei denen wegen der komplexen Fragen der Sicherung ihres Aufenthaltes regelmäßig anwaltlicher Rat und Hilfe beigezogen wird. Der BGH hält die Bestellung eines Rechtsanwaltes als Mitvormund nach der bis zum 31.12.2022 geltenden Rechtslage neben dem Jugendamt für unzulässig.

- Zum anderen kann das Familiengericht bei längeren Pflegeverhältnissen einzelne Sorgeangelegenheiten bzw eine bestimmte Art von Sorgeangelegenheiten auf die Pflegeperson übertragen. Auch dies setzt voraus, dass die Übertragung dem Wohl des Mündels dient (§ 1777 BGB). Sorgeangelegenheiten von erheblicher Bedeutung für den Mündel werden der Pflegeperson nur zur gemeinsamen Wahrnehmung mit dem Vormund übertragen (§ 1777 Abs. 2 BGB), so dass sich in diesem Bereich Vormund und Pflegeperson die Sorge teilen.

Soweit Vormund und Pfleger sich die Sorge teilen, verpflichtet der Gesetzgeber sie, miteinander zu kooperieren, sich gegenseitig zu informieren und einvernehmlich zu entscheiden (§ 1792 Abs. 2-4 BGB). Kommt es zu Meinungsverschiedenheiten, entscheidet das Familiengericht auf Antrag des Vormunds, Pflegers oder – soweit dieser das 14. Lebensjahr vollendet hat – des Mündels (§ 1793 BGB).

Kapitel 4: Adoption

Die **Adoption** ist ein Fall „künstlicher" Elternschaft durch gerichtliche Entscheidung (§ 1752 Abs. 1 BGB). Das Recht der Adoption ist in den Normen §§ 1741–1772 BGB geregelt. Zu unterscheiden ist zwischen der Adoption Minderjähriger und der Adoption Volljähriger. Beides ist grundsätzlich möglich. Allerdings bestehen zT Unterschiede in Voraussetzung und Wirkung. **482**

I. Die Minderjährigenadoption

1. Die rechtliche Bedeutung der Adoption – Was passiert bei der Adoption?

Die Adoption ist auf eine komplette Ersetzung der rechtlichen Zuweisung eines Kindes gerichtet. Mit der Adoption „wird" das Kind zum Kind seiner Adoptiveltern, erlangt also die Stellung eines leiblichen Kindes des oder der Annehmenden (§ 1754 Abs. 1, Abs. 2 BGB): Der Annehmende bzw die Annehmenden besitzen die volle elterliche Sorge (§ 1754 Abs. 3 BGB), das Verwandtschaftsverhältnis des Kindes und seiner Abkömmlinge zu den bisherigen Verwandten erlischt (§ 1755 Abs. 1 BGB). **483**

Diese rechtliche völlige Loslösung des Kindes aus seiner biologischen Familie hat zwei **Ausnahmen**. In beiden bestehen noch ausreichend enge Bande zwischen dem Kind und seiner Herkunftsfamilie. **484**

- Verwandtschaft oder Schwägerschaft des Kindes mit dem Annehmenden im 2. oder 3. Grad.

    Beispiel: Das Kind wird von seiner Tante und deren Ehemann adoptiert.

    In diesem Fall erlischt nur das Verwandtschaftsverhältnis zwischen Kind nebst Abkömmlingen zu seinen Eltern (§ 1756 Abs. 1 BGB). Die übrigen Verwandtschaftsverhältnisse (etwa zu den Geschwistern oder Großeltern) bleiben erhalten.

- Adoption des Kindes durch den Ehegatten bzw nichtehelichen Lebensgefährten des leiblichen Elternteils (Stiefkindadoption). In diesem Fall erlöschen grundsätzlich nur die Verwandtschaftsverhältnisse zu dem anderen Elternteil (§ 1755 Abs. 2 BGB).

   Beispiel: Die Mutter lebt nach der Scheidung von dem Vater des Kindes seit 5 Jahren mit ihrem Kind und ihrem neuen Ehemann zusammen. Der Stiefvater adoptiert das Kind. Das Verwandtschaftsverhältnis zur Mutter und zu deren Verwandten erlischt nicht. Wohl aber das Verwandtschaftsverhältnis zu seinem Vater und dessen Verwandten. Das Kind behält mithin die Mutter und die Großeltern mütterlicherseits und verliert den Vater und dessen Verwandte. An die Stelle des Vaters treten jetzt der Stiefvater und dessen Verwandte.

   Anderes gilt nur, wenn der leibliche Elternteil verstorben ist. Bei der Annahme des verwaisten Stiefkindes bleibt das Verwandtschaftsverhältnis zu dem anderen (verstorbenen) Elternteil bestehen, wenn er vorher Sorgerechtsinhaber war (§ 1756 Abs. 2 BGB).

485 Die Adoption eines Kindes ist als einmalige Angelegenheit gedacht. Eine Adoption eines adoptierten Kindes (sog **Ketten- oder Sukzessivadoption**) ist daher im Grundsatz nicht möglich (§ 1742 BGB iV mit § 1766a BGB). Das Kind soll nicht von Eltern zu Eltern weitergereicht werden. Zwei Ausnahmen gibt es:
- Die Adoptiveltern sind verstorben.
- Adoption durch den (Ehe-)Partner des Adoptivelternteils. Hat nur ein Elternteil das Kind adoptiert, so kann sein (späterer) Ehegatte oder uU auch der nichteheliche Lebensgefährte das Kind adoptieren. Das Adoptivkind erhält dadurch zwei Eltern und wird zu deren gemeinsamen Kind.

2. Die Adoptiveltern – Wer kann ein Kind adoptieren?

486 Sowohl unverheiratete als auch verheiratete Personen können ein Kind adoptieren. Eine gemeinschaftliche Adoption eines Kindes ist dabei Ehepaaren vorbehalten. Im Übrigen gibt es **Altersgrenzen**:
- Verheiratete können ein Kind grundsätzlich nur gemeinsam annehmen (§ 1741 Abs. 2 S. 2 BGB). Für das Alter gilt: Ein Ehegatte muss mindestens 25, der andere mindestens 21 Jahre alt sein (§ 1743 S. 2 BGB). Ist der andere Ehegatte jünger als 21 Jahre oder geschäftsunfähig, so kann nur der über 25-jährige Ehegatte das Kind (und zwar alleine) annehmen, der andere Ehepartner muss jedoch zustimmen (§§ 1741 Abs. 2 S. 4, 1749 Abs. 1 BGB).
- Zulässig ist daneben die Stiefkindadoption (§ 1741 Abs. 2 S. 3 BGB). In diesem Fall nimmt der Ehegatte das Kind des anderen Ehegatten an. Er muss dafür mindestens 21 Jahre alt sein (§ 1743 S. 1 BGB).
- Unverheiratete können ein Kind hingegen grundsätzlich nur allein annehmen (§ 1741 Abs. 2 S. 1 BGB). Es gilt ein Mindestalter von 25 Jahren (§ 1743 BGB).

487
- Auch unverheirateten Paaren ist jedoch eine Stiefkindadoption möglich, also die Adoption des Kindes des Partners, vorausgesetzt, sie leben in einem gemeinsamen Haushalt und ihre Lebensgemeinschaft ist verfestigt (§ 1766a Abs. 1 BGB). Eine verfestigte Lebensgemeinschaft kann in aller Regel angenommen werden, wenn die Partner seit mindestens 4 Jahren zusammenleben oder aber mit einem gemeinsamen Kind eheähnlich zusammenleben (§ 1766a Abs. 2 BGB). Ist einer der Partner (oder sogar beide) mit einem Dritten verheiratet, scheidet die Annahme einer verfestigten Lebensgemeinschaft im Regelfall aus.

- Verschlossen bleibt nichtehelichen Lebensgefährten hingegen die gemeinsame **488** Fremdkindadoption. Wollen sie ein fremdes Kind adoptieren, so ist dies über eine Sukzessivadoption möglich: Zuerst adoptiert einer der beiden das Kind allein, sodann nimmt der andere das Kind im Wege der „Stiefkindadoption" an.

3. Voraussetzungen der Adoption

a) Inhaltliche Anforderungen

In inhaltlicher Hinsicht setzt eine Adoption voraus, dass sie dem **Kindeswohl** dient **489** und ein **Eltern-Kind-Verhältnis** zwischen Adoptivkind und –eltern erwartet werden kann (§ 1741 Abs. 1 BGB).

Sie ist ausgeschlossen, wenn die Interessen der Kinder von Adoptiveltern oder des Adoptivkindes entgegenstehen. Es soll dafür eigentlich zwar nicht auf vermögensrechtliche Interessen ankommen (§ 1745 BGB). Ist der Annehmende allerdings wirtschaftlich nicht in der Lage, den angemessenen Lebensbedarf (also Wohnung und Unterhalt) des Adoptivkindes und der eigenen Kinder zu decken, ist die Kindeswohldienlichkeit der Adoption fraglich[76]. Die Adoption ist ebenfalls ausgeschlossen, wenn die künftigen Adoptivgeschwister die Interessen des Adoptivkindes gefährden.

Zuletzt soll ein **„Handel" mit Adoptivkindern** verhindert werden: Grundsätzlich werden Adoptiveltern und -kinder über die zuständige Adoptionsvermittlungsstelle vermittelt. Gesetzeswidriges Verhalten unter Umgehung des regulären Mechanismus soll daher nicht durch die Aussprache der Adoption „belohnt" werden. Bei einer nicht rechtskonformen (im Regelfall Auslands-)Adoption ist die Adoption daher nur unter der erhöhten Voraussetzung möglich, dass sie im Kindesinteresse erforderlich ist (§ 1741 Abs. 1 S. 2 BGB).

b) Probepflege

Im Zentrum der Adoption steht die Prüfung, ob zwischen Adoptiveltern und -kind **490** ein Eltern-Kind-Verhältnis entstehen wird. Um dies abschätzen zu können, ist eine **Probezeit** vor der Adoption vorgesehen: Die Adoption soll erst ausgesprochen werden, wenn der Annehmende das Kind eine angemessene Zeit in Pflege gehabt hat (§ 1744 BGB).

Für die Angemessenheit der Pflegedauer gelten keine starren Grenzen. Ausschlaggebend sind die Umstände des Einzelfalls. Im Zentrum steht die Frage, welche Zeit notwendig ist, um die Schwierigkeiten bei der Entwicklung eines Eltern-Kind-Verhältnisses zu überbrücken. Das kann gerade bei Kleinkindern zu kürzeren Probepflegezeiten führen.

Die Probepflege ist eine „Sollens-Vorgabe". Wird die Norm verletzt, bleibt eine gleichwohl ausgesprochene Adoption wirksam. Sie kann auch nicht allein wegen dieses Verstoßes aufgehoben werden.

---

76 OLG Nürnberg, BeckRS 2018, 29484 (angenommen bei Unterhaltsschulden von mehr als 11.500 €).

c) Adoptionsantrag

491 Formal wird das Verfahren durch einen **Antrag** des oder der Annehmenden beim Familiengericht in Gang gesetzt (§ 1752 Abs. 1 BGB). Der Antrag ist formbedürftig: Er bedarf der notariellen Beurkundung (§§ 1752 Abs. 2 S. 2, 128 BGB, Rn 58) und ist bedingungs- und befristungsfeindlich (§ 1752 Abs. 2 S. 1 BGB). Fehlt der Antrag oder ist er unwirksam, so ist eine gleichwohl ausgesprochene Adoption wirksam. Sie kann jedoch auf Antrag des oder der Annehmenden aufgehoben werden (§ 1760 Abs. 1 BGB).

d) „Freigabe" des Kindes durch die Eltern

aa) Bedeutung

492 Die Adoption des Kindes ist der wohl tiefste denkbare Einschnitt in die rechtliche Position der Eltern. Daher ist sie grundsätzlich davon abhängig, dass die leiblichen Eltern ihr Einverständnis mit ihr erklären, indem sie das Kind zur Adoption freigeben (§ 1747 BGB).

Die Einwilligung eines Elternteils ist nur dann nicht erforderlich, wenn er zur Abgabe der Erklärung dauerhaft außerstande ist (zB bei einem dauerhaft geschäftsunfähigen Elternteil) oder sein Aufenthalt dauerhaft unbekannt ist (zB bei einem vertraulich geborenen Kind oder einem Findelkind, § 1747 Abs. 4 BGB).

493 Eine trotz einer fehlerhaften oder sogar ohne die erforderliche Einwilligung der Eltern ausgesprochene Adoption ist wirksam. Sie kann jedoch auf Antrag des Betroffenen aufgehoben werden (§ 1760 Abs. 1 BGB). Allerdings kann der betroffene Elternteil die Einwilligung nachträglich erteilen oder auch durch sein Verhalten zu erkennen geben, dass das Annahmeverhältnis aufrechterhalten bleiben soll (§ 1760 Abs. 5 BGB).

Die Einwilligung der Eltern in die Adoption ihres Kindes ist unwiderruflich (§ 1750 Abs. 2 S. 2 BGB). Sie verliert aber ihre Kraft beim „Scheitern" der Adoption. Das betrifft folgende Fälle (§ 1750 Abs. 4 BGB):
- Der Adoptionsantrag wird zurückgenommen.
- Die Adoption wird abgelehnt.
- Die Adoption ist nicht innerhalb von drei Jahren nach Wirksamwerden der Einwilligungen durchgeführt worden.

494 Erforderlich ist die **Einwilligung** beider Eltern. Die sorgerechtliche Situation ist unerheblich. Einwilligen müssen zB also auch Elternteile, denen die Sorge nach § 1666 BGB entzogen wurde. Das macht die Einwilligung des Kindesvaters in jedem Fall erforderlich, auch dann, wenn er bloß rechtlicher Vater ohne sorgerechtliche Befugnisse ist (§ 1747 Abs. 1 BGB). Besonderheiten gelten für die Einwilligung des nicht sorgeberechtigten Vaters eines nichtehelichen Kindes (§ 1747 Abs. 3 BGB). Problematisch ist insoweit die Konstellation, dass sich der Vater um die Sorge bemüht, die Mutter aber das Kind zur Adoption freigeben will. In diesem Fall konkurrierender Verfahren, gilt ein Vorrang zugunsten des Vaters: Über die Adoption kann erst nach einer Entscheidung über den Antrag des Vaters auf Übertragung der Sorge entschieden wurde (§ 1747 Abs. 3 Nr. 3 BGB).

Das **Einwilligungserfordernis des Vaters** setzt im Regelfall voraus, dass er auch rechtlicher Vater des Kindes ist. Gibt es keinen rechtlichen Vater, so besitzt der nur mögliche Vater das Einwilligungsrecht. Er muss dafür glaubhaft machen, dass er der Mutter während der Empfängniszeit beigewohnt hat (§ 1747 Abs. 1 BGB).

Die Einwilligung richtet sich im Grundsatz auf die Adoption durch bestimmte Adoptiveltern. Sie ist gleichwohl auch dann wirksam, wenn die Adoptiveltern schon feststehen, aber den leiblichen Eltern nicht bekannt sind (**Inkognito-Adoption**, § 1747 Abs. 2 S. 2 BGB). Unzulässig wäre hingegen eine Blanko-Einwilligung in eine Adoption, wenn die Adoptiveltern noch nicht feststehen.

bb) Folgen der Einwilligung

Die Einwilligung der Eltern in die Adoption ist der entscheidende Schritt zum im Grundsatz irreversiblen Verlust ihrer einfachrechtlichen Elternstellung. Sie ist zugleich „Brücke" zur neuen Familie. Dementsprechend entfernt sich das Kind rechtlich von seinen Eltern. Die Adoptiveltern begeben sich langsam in deren Rechtsstellung hinein, konkret: 495

- Die Sorge der Eltern ruht, ein Umgangsrecht ist suspendiert (§ 1751 Abs. 1 S. 1 BGB). Scheitert die Adoption, hat das Familiengericht den Eltern die Sorge wieder zu übertragen, soweit dies mit dem Kindeswohl vereinbar ist (§ 1751 Abs. 3 BGB). Die elterliche Sorge lebt also nicht automatisch wieder auf. Ob das für das Umgangsrecht auch gilt, wird uneinheitlich beurteilt.
- Das Jugendamt wird Vormund des Kindes (§ 1751 Abs. 1 S. 2 BGB).
- Die avisierten Adoptiveltern erhalten während der Zeit der Adoptionspflege die Befugnisse aus § 1688 BGB (§ 1751 Abs. 1 S. 4 BGB).
- Sobald alle Einwilligungen vorliegen und der oder die Annehmende das Kind tatsächlich in die Familie aufgenommen hat, ist er oder sie dem Kind unterhaltsverpflichtet. Die Unterhaltpflicht der Eltern ist zwar noch nicht erloschen, tritt jedoch bereits jetzt im Rang hinter die Pflicht der Adoptiveltern zurück (§ 1751 Abs. 4 S. 1 BGB). Fällt die Einwilligung weg, so erlischt auch automatisch mit Wirkung für die Zukunft die Unterhaltspflicht der oder des Annehmenden.

Anderes gilt für die Stiefkindadoption. Da hier das Kind nicht endgültig aus seinem Familienverband gelöst, sondern – im Gegenteil – noch fester in den sozialen Familienverband integriert werden soll, ist die Einwilligungserklärung des leiblichen Elternteils, dessen Ehegatte oder nichtehelicher Lebensgefährte das Kind adoptiert, mit keinerlei Einschränkungen seiner Sorge verbunden (§ 1751 Abs. 2 BGB). Aber auch derjenige Elternteil, der seine Elternstellung aufgibt, verliert bei der Adoption nicht zwingend jegliche Rechtsstellung. Denkbar ist, dass er das Umgangsrecht aus § 1686a BGB behält[77]. 496

cc) Formale Anforderungen an die Einwilligung

Für die Einwilligung der Eltern gelten die gleichen formalen Anforderungen wie für den Adoptionsantrag: Sie ist höchstpersönlich, bedingungslos und unbefristet in notariell beurkundeter Form dem Familiengericht gegenüber zu erklären (§ 1750 BGB). In zeitlicher Hinsicht kann die Freigabe frühestens erteilt werden, wenn das Kind acht Wochen alt ist (§ 1747 Abs. 2 S. 1 BGB). Dadurch sollen übereilte Adoptionsfreigaben verhindert werden. 497

---

77 BGH, NZFam 2021, 775.

dd) Zwangsadoption

498 Eine Adoption gegen den Willen der Eltern (oder auch nur eines Elternteils – **Zwangsadoption)** ist möglich. Mit Blick darauf, dass sie zu einem faktisch unwiderruflichen Verlust der einfachrechtlichen Elternstellung, insbesondere des Umgangsrechts, führt, ist sie natürlich problematisch. Gleichwohl erlaubt das Gesetz sie in Konstellationen, in denen sie im Interesse und zum Schutz des Kindes für unvermeidbar gehalten wird. Formal wird dabei die Einwilligung eines Elternteils durch das Familiengericht ersetzt. Dies ist in folgenden Konstellationen möglich:

- Ein Elternteil hat seine Pflichten gegenüber dem Kind anhaltend gröblich verletzt und das Unterbleiben der Annahme würde dem Kind zu unverhältnismäßigem Nachteil gereichen (§ 1748 Abs. 1 S. 1 BGB).
- Ein Elternteil hat durch sein Verhalten gezeigt, dass ihm das Kind gleichgültig ist und das Unterbleiben der Annahme würde dem Kind zu unverhältnismäßigem Nachteil gereichen (§ 1748 Abs. 1 S. 1 BGB).

499 Das Übergehen der elterlichen Einwilligung ist ein schwerwiegender Eingriff in das Elternrecht. Die Ersetzung ist daher an weitere verfahrenstechnische Voraussetzungen geknüpft. So ist etwa der betroffene Elternteil grundsätzlich vom Jugendamt zu belehren und zu beraten, insbesondere über Möglichkeiten der Erziehung des Kindes außerhalb der eigenen Familie (§ 1748 Abs. 2 S. 1 BGB, § 51 Abs. 2 SGB VIII). Erst drei Monate nach dieser Belehrung ist die Ersetzung der Einwilligung zulässig (§ 1748 Abs. 2 S. 1 BGB).

- Weiter ermöglichen besonders schwerwiegende Pflichtverletzungen die Ersetzung der elterlichen Einwilligung, selbst wenn diese nicht anhaltend sind. Allerdings ist hier weiter erforderlich, dass das Kind voraussichtlich dauerhaft nicht mehr der Obhut dieses Elternteils anvertraut werden kann (§ 1748 Abs. 1 S. 2 BGB). In dieser Konstellation kommt es dann nicht mehr darauf an, ob das Unterbleiben der Adoption für das Kind nachteilhaft wäre.
- Eine Ersetzung der Einwilligung ist zudem für den Fall vorgesehen, dass der Elternteil wegen einer besonders schweren psychischen Krankheit oder einer besonders schweren geistigen oder seelischen Behinderung zur Pflege und Erziehung des Kindes unfähig ist. Auch hier darf die Ersetzung der elterlichen Einwilligung nicht die Antwort auf die Erziehungsunfähigkeit der Eltern sein. Vielmehr ist der Eingriff nur gerechtfertigt um des Kindes willen. Daher kommt eine Ersetzung nur dann in Betracht, wenn das Kind durch das Unterlassen der Adoption keine Möglichkeit hätte, in einer Familie aufzuwachsen und hierdurch in seiner Entwicklung schwer gefährdet wäre (§ 1748 Abs. 3 BGB).
- Der letzte Anwendungsfall ist die Adoptionsfreigabe des nichtehelichen Kindes, für das der Mutter die originäre (§ 1626a Abs. 3 BGB) Alleinsorge zusteht (§ 1748 Abs. 4 BGB): Die fehlende oder verweigerte Einwilligung des Vaters ist vom Familiengericht zu ersetzen, wenn das Unterbleiben der Annahme dem Kind zu unverhältnismäßigem Nachteil gereichen würde. Diese Formulierung erweckt zwar den Eindruck, als gälte in dieser Konstellation eine geringere Schwelle für die Ersetzung der Einwilligung. Jedoch werden faktisch hohe Anforderungen an das Vorliegen eines unverhältnismäßigen Nachteils gestellt. In diesem Rahmen kommt es vor allem darauf an, ob ein gelebtes Vater-Kind-Verhältnis besteht und – falls nicht – aus welchen Gründen. In der Konsequenz wird das Verhalten des Vaters einer

eingehenden Prüfung unterzogen, so dass faktisch die gleichen Anforderungen gelten wie in den übrigen Fällen elterlichen Erziehungsversagens[78].

Die Ersetzung der elterlichen Einwilligung muss beantragt werden. Den Antrag stellt das Kind (§ 1748 Abs. 1 BGB).

e) Einwilligung des Kindes

Noch schwerer als für die Eltern wiegt vielleicht der rechtliche Schnitt für das Kind. Dementsprechend ist die Adoption grundsätzlich auch von seiner Einwilligung abhängig (§ 1746 Abs. 1 BGB). **500**

In formaler Hinsicht gelten die gleichen **Anforderungen für die Einwilligung des Kindes** wie für die Einwilligungserklärung der Eltern (§ 1750 Abs. 1 BGB): Sie ist formbedürftig (notarielle Beurkundung) und gegenüber dem Familiengericht zu erklären. Für die Frage, wer – auch diese höchstpersönliche – Erklärung abgibt, ist zu differenzieren:

- Für geschäftsunfähige Kinder sowie Kinder bis zum 14. Lebensjahr erteilt der gesetzliche Vertreter die Einwilligung (§ 1746 Abs. 1 S. 2 BGB). Steht den Eltern das Sorgerecht zu, so geben sie die Erklärung für das Kind ab. Steht das Kind unter Vormund- oder Pflegschaft, ist der Vormund bzw Pfleger hierfür zuständig. Verweigert der Vormund oder Pfleger die Einwilligung ohne triftigen Grund, kann das Familiengericht sie ersetzen.
- Ab 14 Jahren kann das Kind die Einwilligung nur persönlich erteilen. Es benötigt nicht die Zustimmung seines gesetzlichen Vertreters (§ 1746 Abs. 1 S. 3 BGB). Die Einwilligung ist bis zur rechtskräftigen Adoption frei widerruflich. Der Widerruf muss gegenüber dem Familiengericht erfolgen und bedarf der öffentlichen Beurkundung (§ 1746 Abs. 2 BGB). Fehlt die Einwilligung des Kindes, ist die Adoption unzulässig. Eine Adoption gegen den Willen eines über 14 Jahre alten Kindes ist damit nicht möglich, auch dann nicht, wenn das Kind keine triftigen Gründe für seine Entscheidung hat.

f) Einwilligung des Ehegatten

Eine **Einwilligung der Ehegatten** des oder der Annehmenden ist etwa dann erforderlich, wenn auf Grund der Altersgrenzen nur ein Ehegatte das Kind allein annehmen kann (§ 1749 Abs. 1 BGB) oder aber bei der Stiefkindadoption durch miteinander nicht verheiratete Partner, wenn der oder die Annehmende noch mit einem oder einer Dritten verheiratet ist (§ 1766a Abs. 3 BGB). Das Zustimmungserfordernis des Ehegatten entfällt, wenn er zur Abgabe der Erklärung dauerhaft außerstande oder sein Aufenthalt unbekannt ist (§ 1749 Abs. 2 BGB). **501**

4. Die Aufhebung der Adoption

Eine einmal erfolgte Adoption kann nur ausnahmsweise rückgängig gemacht werden (§ 1759 BGB). **502**

---

78 KG, FamRZ 2016, 2019.

Zu unterscheiden ist dabei zwischen Fehlern der Adoption sowie Gründen des Kindeswohls. Die Adoption endet daneben automatisch, wenn ein Adoptivelternteil mit dem Adoptivkind eine Ehe eingeht (§ 1766 BGB).

Mit der Aufhebung der Adoption erlischt das Verwandtschaftsverhältnis zwischen Adoptivkind und Adoptiveltern bzw –verwandten (§ 1764 Abs. 2 BGB). Zugleich lebt die Verwandtschaft zwischen Kind und seinen leiblichen Verwandten wieder auf (§ 1764 Abs. 3 BGB). Das Familiengericht hat den Eltern die Sorge wieder zurückzuübertragen. Ist dies nicht möglich, etwa weil dies kindeswohlgefährdend wäre, hat es einen Vormund oder Pfleger zu bestellen (§ 1764 Abs. 4 BGB).

a) Fehler im Adoptionsverfahren

503 **Fehler im Adoptionsverfahren** erlauben nur ausnahmsweise die Aufhebung der Adoption (§ 1760 Abs. 1 BGB). Schädlich sind allein das Fehlen eines Adoptionsantrags sowie das Fehlen der Einwilligung eines Elternteils oder des Kindes.

Das Fehlen einer Einwilligung ist unschädlich, wenn sie nachholbar ist oder ersetzt werden kann (§ 1761 Abs. 1 BGB). Wurde ein einwilligungsberechtigter Elternteil zu Unrecht übergangen, weil er fälschlicherweise für nicht auffindbar oder nicht einwilligungsfähig angesehen wurde (§ 1747 Abs. 4 BGB), scheidet die Aufhebung der Adoption aus, wenn dieser Elternteil seine Einwilligung noch nachträglich erteilt oder zu erkennen gibt, dass die Adoption aufrecht erhalten bleiben soll (§ 1760 Abs. 5 BGB).

504 Unwirksam ist eine Einwilligung oder der Adoptionsantrag nur in folgenden Fällen (§ 1760 Abs. 2 BGB):

- Störungen der Geistestätigkeit: Schädlich ist Geschäftsunfähigkeit oder eine vorübergehende Störung der Geistestätigkeit im Zeitpunkt der Abgabe der Erklärung (§ 1760 Abs. 2 lit a BGB). Unwirksam ist die persönlich abgegebene Einwilligung eines noch nicht 14 Jahre alten oder geschäftsunfähigen Kindes (§ 1760 Abs. 2 lit a BGB).
- Irrtümer: Relevant ist der Irrtum über den Vorgang der Adoption. Unwirksam ist eine Erklärung auch, wenn ein Adoptionsantrag nicht gestellt bzw die Einwilligung gar nicht abgegeben werden sollte sowie ein Irrtum der Adoptiveltern über das Adoptivkind und umgekehrt (§ 1760 Abs. 2 lit b BGB).
- Arglistige Täuschung (§ 1760 Abs. 2 lit c BGB) und widerrechtliche Drohung (§ 1760 Abs. 2 lit d BGB): Unerheblich sind Täuschungen, die die Vermögensverhältnisse des Adoptivkindes betreffen (§ 1760 Abs. 4 BGB).
- Freigabe unterhalb der Karenzzeit von 8 Wochen nach Geburt des Kindes (§ 1760 Abs. 2 lit e BGB).

505 Die genannten Mängel sind grundsätzlich heilbar: Hat der Betroffene nach Wegfall des Fehlers (der Drohung, des Irrtums oder nach Ablauf der 8-Wochen-Frist) seine Entscheidung bestätigt, indem er zu erkennen gegeben hat, dass er die Annahme trotz des Fehlers aufrechterhalten will, so ist eine Aufhebung der Adoption ausgeschlossen (§ 1760 Abs. 3 BGB).

Das Vorliegen eines Aufhebungsgrundes führt dabei nicht zwingend zur Aufhebung der Adoption: Würde die Aufhebung das Wohl des Kindes erheblich gefährden, so ist sie im Grundsatz ausgeschlossen. Anderes gilt nur, wenn erhebliche Interessen des Annehmenden die Aufhebung erfordern (§ 1761 Abs. 2 BGB).

506 Die Aufhebung der Adoption wegen der genannten Fehler erfolgt nur auf Antrag. Antragsbefugt ist derjenige, dessen Willenserklärung an einem Mangel leidet bzw der übergangen wurde (§ 1762 Abs. 1 BGB). Der Aufhebungsantrag ist formbedürftig und bedarf – wie die meisten Erklärungen im Bereich der Adoption – der notariellen Beurkundung (§ 1762 Abs. 3 BGB). Der Antrag kann dabei nur innerhalb enger Fristen gestellt werden. Es gilt zunächst eine Jahresfrist für die Geltendmachung des Fehlers. Sie beginnt zu laufen, wenn das Hindernis bekannt wird. Die Aufhebung ist weiter zeitlich begrenzt: 3 Jahre nach der Adoption ist sie ausgeschlossen (§ 1762 Abs. 2 BGB).

b) Gründe des Kindeswohles

Eine formal korrekte Adoption kann während der Minderjährigkeit des Kindes nur aus schwerwiegenden **Kindeswohlgründen** aufgehoben werden (§ 1763 BGB). Hingegen kann die Adoption nicht aufgehoben werden, wenn das Kind volljährig geworden ist. Dies gilt auch bei schwersten Verfehlungen der Adoptiveltern, etwa bei sexuellem Missbrauch der Adoptivtochter durch den Adoptivvater. Die Aufhebung erfolgt durch das Familiengericht. Dieses hat bei entsprechenden Anhaltspunkten das Verfahren von Amts wegen einzuleiten. **507**

II. Die Volljährigenadoption

1. Die rechtliche Bedeutung der Adoption – Was passiert bei der Adoption?

Die **Volljährigenadoption** unterscheidet sich in ihren Wirkungen von der Minderjährigenadoption. Zwar wird der oder die Volljährige grundsätzlich ebenfalls Kind des oder der Annehmenden (§§ 1767 Abs. 2, 1754 BGB). Auch die Abkömmlinge des „Adoptivkindes" werden mit den Adoptiveltern verwandt. Allerdings beschränkt sich die Verwandtschaft auf die Adoptiveltern. Hingegen entsteht keine Verwandtschaft zwischen dem erwachsenen Adoptivkind und den Verwandten des Adoptivelternteils (§ 1770 Abs. 1 BGB) oder zu dessen Ehegatten. **508**

Dementsprechend tastet die Adoption die leiblichen Verwandtschaftsverhältnisse des erwachsenen Adoptivkindes und seiner Abkömmlinge nicht an (§ 1770 Abs. 2 BGB). Konkret bedeutet das: Sowohl die Adoptiv- als auch die leiblichen Eltern bleiben dem volljährigen „Adoptivkind" zu Unterhalt verpflichtet. Im Rang haften dabei die Adoptiveltern vor den leiblichen Eltern (§ 1770 Abs. 3 BGB).

Anders als bei Minderjährigen gilt auch das Verbot der Mehrfachadoption nicht (§§ 1768 Abs. 1 S. 2, 1742 BGB). Dadurch kann es zur Co-Elternschaft mehrerer Mütter bzw Väter kommen. Aus diesem Grund ist eine Adoption auch nicht dadurch ausgeschlossen, dass das Adoptivkind noch normale oder sogar gute Beziehungen zu einem Elternteil besitzt[79].

Es ist möglich, der Adoption eines Volljährigen die gleichen Wirkungen wie der Minderjährigenadoption zu verleihen (§ 1772 BGB). Diese Wirkung kann vom Familiengericht beim Adoptionsausspruch angeordnet werden. Die Anordnung erfolgt nur auf Antrag von Adoptiveltern und –kind. Die Gleichstellung ist in folgenden Fällen möglich (§ 1772 Abs. 1 S. 1 BGB): **509**

---

79 OLG Hamburg, FamRZ 2019, 45 (46).

- Gleichzeitige oder bereits erfolgte Annahme eines minderjährigen Geschwisters des Adoptivkindes.
- Das Adoptivkind ist bereits als Minderjähriger in die Familie aufgenommen worden.
- Stiefkindadoption.
- Das Adoptivkind ist erst im Laufe des Adoptionsverfahrens volljährig geworden.

Die Gleichstellung mit der Minderjährigenadoption ist ausgeschlossen, wenn überwiegende Interessen der leiblichen Eltern entgegenstehen (§ 1772 Abs. 1 S. 2 BGB).

Beispiel: Der Vater, der dem Kind Unterhalt gewährt hat, würde seine potenziellen eigenen Unterhaltsansprüche gegenüber seinem Kind verlieren[80].

2. Voraussetzungen der Adoption

510 Was die möglichen Adoptiveltern betrifft, gelten keine Besonderheiten gegenüber Minderjährigen (§ 1767 Abs. 2 S. 1 BGB). Vor allem muss die Identität des Anzunehmenden feststehen[81].

In inhaltlicher Hinsicht erfordert die Adoption eines Volljährigen eine **sittliche Rechtfertigung**. In diesem Rahmen steht das Motiv für die Adoption zur Überprüfung. Eine Adoption darf insbesondere nicht durch familienfremde Gründe motiviert sein. Zweifel an der sittlichen Rechtfertigung führen zur Ablehnung der Adoption[82]. Relevant ist dieser Aspekt zB bei **Auslandsadoptionen** bzw der Adoption abgelehnter Schutzsuchender wenn der Verdacht im Raum steht, die Adoption diene dem Zweck, dem Ausländer ein Aufenthaltsrecht zu verschaffen.

Sittlich gerechtfertigt ist die Adoption, wenn ein Eltern-Kind-Verhältnis zwischen beiden Seiten besteht (§ 1767 Abs. 1 BGB). Maßstab dafür ist, ob eine starke und dauerhafte geistig-seelische innere Verbundenheit zwischen Adoptivkind und -eltern besteht, die eine Verfestigung zur rechtlichen „Wahlverwandtschaft" rechtfertigt. Ein Zusammenleben ist dafür nicht zwingend, wohl aber im Regelfall eine langjährige soziale Beziehung[83]. Erst kürzlich angebahnte Bindungen benötigen daher besondere Umstände, um als sittlich gerechtfertigt eingestuft zu werden.

511 Im Übrigen gelten die Vorschriften für Minderjährige (§ 1767 Abs. 2 S. 1 BGB). Entgegenstehende Interessen der Kinder sowohl des Adoptivkindes als auch der Adoptiveltern führen zur Unzulässigkeit der Adoption (§ 1769 BGB).

Formal muss die Adoption von Adoptivkind und Adoptivelternteil beantragt werden (§ 1768 Abs. 1 S. 1 BGB). Ist das Adoptivkind geschäftsunfähig, so kann der Antrag nur von seinem gesetzlichen Vertreter gestellt werden (§ 1768 Abs. 2 BGB).

Auch sonst sind die meisten Erfordernisse der Minderjährigenadoption entbehrlich: Das Erfordernis einer Probepflege entfällt. Auch die Einwilligungen der leiblichen Eltern des Adoptivkindes entfallen naturgemäß. Demgegenüber gilt ein zusätzliches Einwilligungserfordernis für ein verheiratetes Adoptivkind: In diesem Fall ist die Einwilligung seines Ehepartners erforderlich (§ 1767 Abs. 2 S. 2 BGB).

---

80 OLG Brandenburg, BeckRS 2019, 7608.
81 BGH, NZFam 2021, 964 (965).
82 BGH, NJW 2020, 3026.
83 BGH, NZFam 2021, 964 (968).

3. Die Aufhebung der Adoption

Eine **Aufhebung** der Volljährigenadoption ist auf Antrag möglich. Der Antrag muss sowohl von den Adoptiveltern als auch dem Adoptivkind gestellt werden. Der Aufhebungsantrag ist höchstpersönlich und bedarf der notariellen Beurkundung (§ 1762 Abs. 1 S. 3 und Abs. 3 BGB). Fehlt ein Antrag, scheidet die Aufhebung demzufolge aus. **512**

Das Familiengericht wird die Adoption aufheben, wenn ein wichtiger Grund vorliegt. Der Grund muss so bedeutsam sein, dass der Fortbestand des Annahmeverhältnisses für einen der Beteiligten unzumutbar ist. Nicht ausreichend ist der Umstand, dass sich die Familienbeziehungen nicht nach den Vorstellungen der Beteiligten entwickelt haben[84]. Im Übrigen kann eine Aufhebung nur erfolgen, wenn gravierende Verfahrensfehler, die auch die Aufhebung einer Minderjährigenadoption rechtfertigen würden, vorliegen (§ 1771 BGB).

Kapitel 5: Eherecht

Gegenstand des Eherechts ist das Zustandekommen, die Führung und die Aufhebung der Ehe und der damit jeweils verbundenen Rechtsfolgen.

I. Verlöbnis

Der Eheschließung vorgeschaltet ist das Eheversprechen, das sog **Verlöbnis** (§§ 1297–1302 BGB). Inhalt des Verlöbnisses ist das gegenseitige Versprechen zur späteren Eingehung der Ehe. **513**

Das Verlöbnis ist ein Vertrag zweier Personen. Damit gelten die allgemeinen Regeln über Rechtsgeschäfte, die allerdings in einigen Bereichen modifiziert werden.

Die wichtigste Abweichung ist seine **fehlende Rechtsverbindlichkeit**: Aus einem Verlöbnis kann weder auf die Eingehung der Ehe geklagt werden (§ 1297 Abs. 1 BGB), noch wäre eine derartige Verpflichtung vollstreckbar (§ 120 Abs. 3 FamFG). Hingegen kann die Verlobungsauflösung Schadensersatzansprüche des anderen Verlobten begründen (§§ 1289, 1299 BGB). **Geschenke**, die während des Verlöbnisses gemacht wurden, können im Fall der Verlobungsauflösung nach Bereicherungsrecht heraus verlangt werden (§ 1301 BGB).

II. Eheschließung

1. Überblick

Nach herrschender Auffassung ist auch die Ehe ein gegenseitiger Vertrag zwischen zwei Personen. Die allgemeinen rechtsgeschäftlichen Regeln werden in einigen Bereichen modifiziert. Dies betrifft etwa: **514**

---

[84] OLG Brandenburg, BeckRS 2019, 4960.

- Formvorschriften für Ehekonsens.
- Minderjährige und Geschäftsunfähige.
- Eheverbote.
- Willensmängel.

Sonderregeln gelten auch für die Folgen möglicher Fehler bei der Eheschließung. Es ist zwischen drei möglichen Fehlerfolgen zu unterscheiden.

515

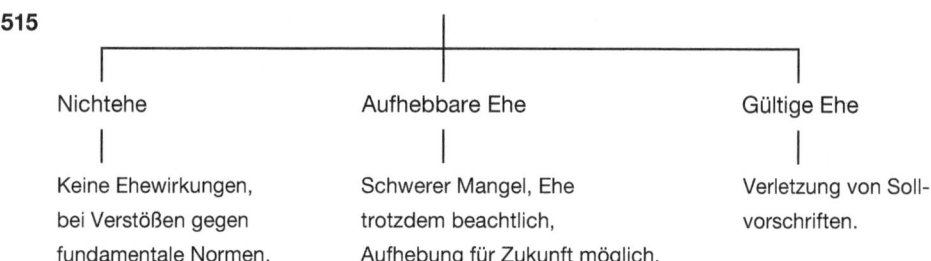

Nichtehe	Aufhebbare Ehe	Gültige Ehe
Keine Ehewirkungen, bei Verstößen gegen fundamentale Normen.	Schwerer Mangel, Ehe trotzdem beachtlich, Aufhebung für Zukunft möglich.	Verletzung von Sollvorschriften.

Hinweis: Eine Aufhebung der Ehe erfolgt durch gerichtliches Urteil (§ 1313 BGB). Zuständig ist das Familiengericht.

In bestimmten Fällen, vor allem soweit aus der Ehe Kinder hervorgegangen sind, bleibt auch nach Aufhebung der Ehe ein sog nacheheliches Rechtsverhältnis bestehen (§ 1318 BGB), in dessen Gefolge uU Unterhaltsansprüche wie nach einer Scheidung bestehen sowie ein Versorgungs- und ein Zugewinnausgleich durchgeführt werden kann.

2. Formale Vorgaben für die Eheschließung

a) Obligatorische Zivilehe

516 Es gilt der Grundsatz der **obligatorischen Zivilehe**. Zwingende Gültigkeitsvoraussetzung einer Eheschließung ist die Einhaltung einer bestimmten öffentlichen Form: Eine Ehe kann nur vor dem zuständigen Standesbeamten geschlossen werden (§ 1310 Abs. 1 BGB). Eine rein kirchliche Trauung, ohne dass zuvor eine zivilrechtliche Ehe geschlossen wurde, ist zwar kirchenrechtlich zulässig, entfaltet jedoch keine zivilrechtlichen Wirkungen.

Die Mitwirkung des Standesbeamten ist zwingend: Wurde die Ehe nicht vor dem zuständigen Standesbeamten geschlossen, so liegt keine Ehe vor.

Hinweis: Hauptaufgabe des Standesbeamten ist die Prüfung, ob eine Ehe zulässig geschlossen werden darf (§ 13 PStG). Liegen Eheverbote vor, so kann – in gravierenden Fällen muss – er seine Mitwirkung verweigern und so die Eheschließung verhindern.

b) Formale Anforderungen an den Ehekonsens

517 Die formalen Anforderungen an den Ehekonsens sind in § 1311 BGB geregelt: Danach müssen die Erklärungen der Verlobten persönlich und bei gleichzeitiger Anwesenheit abgegeben werden. Die Erklärungen können weder an eine **Bedingung** noch an eine **Zeitbestimmung** geknüpft werden.

Verstöße gegen diese Anforderungen stehen der Wirksamkeit der Ehe nicht entgegen. Die Eheleute sind also auch dann wirksam verheiratet, wenn etwa einer der Ehepartner vertreten wurde. Mit Blick auf die Schwere des Verfahrensfehlers, ist die Ehe jedoch aufhebbar (§ 1314 Abs. 1 Nr. 2 BGB).

Für den äußeren Ablauf des Verfahrens sind ebenfalls Regelungen getroffen (§ 1312 BGB). Danach soll der Standesbeamte die Eheschließenden einzeln befragen, ob sie die Ehe miteinander eingehen wollen und im Anschluss an deren Bejahung die Eheschließung aussprechen. Die Herbeiziehung von Trauzeugen kann erfolgen. Verstöße gegen diese Vorgaben sind nicht sanktioniert und wirken sich nicht aus.

3. Ehefähigkeit

Die Ehefähigkeit ist – für den Bereich der Eheschließung – das Korrelat zur Geschäftsfähigkeit im Bereich der Rechtsgeschäfte. Ehefähig sind volljährige geschäftsfähige Personen. Sonderregeln gelten dementsprechend für zwei Gruppen: 518
- Geschäftsunfähige Volljährige.
- Minderjährige.

Geschäftsunfähige Personen können eine Ehe nicht eingehen (§ 1304 BGB). Auch 519 unter Betreuung stehenden Personen ist eine Ehe im Grundsatz zugänglich. Die Anordnung einer Betreuung kann zwar ein Indiz für das Fehlen der Geschäftsfähigkeit sein. Da sie jedoch als solche keine Einschränkung der Geschäftsfähigkeit bewirkt, muss in diesem Fall die Geschäftsfähigkeit geprüft werden. Die Eheschließung einer geschäftsfähigen geistig oder seelisch behinderten Person kann dann insbesondere auch nicht durch die Anordnung eines Einwilligungsvorbehalts in Frage gestellt werden (§ 1825 Abs. 2 Nr. 1 BGB [bis 31.12.2022: § 1903 Abs. 2 Nr. 1 BGB]).

Die Eheschließung einer geschäftsunfähigen Person ist wirksam, aber aufhebbar (§ 1314 Abs. 1 Nr. 2 BGB). Der geschäftsunfähige Ehegatte kann nach Wegfall seiner Geschäftsunfähigkeit durch sein Verhalten zu erkennen geben, dass er an der Ehe festhalten möchte (Bestätigung, § 1315 Abs. 1 Nr. 2 BGB), mit der Folge, dass eine Aufhebung dann ausgeschlossen ist. Ein Geschäftsunfähiger kann die Ehe nicht bestätigen (§ 1315 Abs. 1 S. 2 BGB).

Auch für Minderjährige gilt ein Eheverbot (§ 1303 BGB). Hinsichtlich der Folgen eines 520 Verstoßes ist zu differenzieren: Ist der oder die Minderjährige jünger als 16 Jahre, so kann eine Ehe nicht wirksam begründet werden, die Ehe ist in diesem Fall nicht zustande gekommen (§ 1303 S. 2 BGB). Der oder die Minderjährige ist in der Konsequenz nicht verheiratet.

Ist der oder die Minderjährige älter als 16 Jahre, so ist eine entgegen dem Eheverbot geschlossene Ehe aufhebbar (§ 1314 Abs. 1 Nr. 1 BGB). Eine Aufhebung scheidet aus, wenn der minderjährige Ehegatte sie nach Eintritt seiner oder ihrer Volljährigkeit bestätigt (§ 1315 Abs. 1 S. 1 Nr. 1 lit. a BGB) oder wenn die Aufhebung auf Grund außergewöhnlicher Umstände eine so schwere Härte für den minderjährigen Ehegatten darstellen würde, dass die Aufrechterhaltung der Ehe ausnahmsweise geboten erscheint (§ 1315 Abs. 1 S. 1 Nr. 1 lit. b BGB).

Hinweis: In der Rechtspraxis haben Minderjährigenehen durchweg einen Auslandsbezug: Im Regelfall ist die betroffene Minderjährige Ausländerin und die Ehe wurde im Ausland geschlossen. Für die deutschen Behörden und dann vor allem auch Gerichte stellt sich bei einem Zuzug ins Bundesgebiet die Frage, ob diese Ehe anerkannt werden kann.

4. Eheverbote

Das Familienrecht kennt zwei Eheverbote:
- Doppelehe.
- Nahe Verwandtschaft.

a) Doppelehe

521 Eine Ehe darf nicht geschlossen werden, wenn einer der Eheschließenden bereits wirksam mit einer dritten Person verheiratet ist oder eine Lebenspartnerschaft besteht (§ 1306 BGB). Ob die Erstehe ihrerseits mit Mängeln behaftet ist, ist unerheblich.

Ein Verstoß führt nicht zur Unwirksamkeit der Ehe, sondern begründet lediglich einen Aufhebungsgrund (§ 1314 Abs. 1 Nr. 2 BGB). Die Aufhebung ist nur ausgeschlossen, wenn die Erstehe zum Zeitpunkt der Zweitehe geschieden oder aufgehoben (wenn auch noch nicht rechtskräftig) wurde (§ 1315 Abs. 2 Nr. 1 BGB).

b) Verwandtenehe

522 Ein **Eheverbot** besteht für Verwandte in gerader Linie sowie voll- und halbbürtige Geschwister (§ 1307 BGB). Das Eheverbot gilt auch, wenn das Verwandtschaftsverhältnis durch Adoption aufgelöst wurde. Zulässig hingegen ist eine Ehe zwischen entfernteren Verwandten in der Seitenlinie sowie miteinander verschwägerten Personen.

Beispiele: Onkel und Nichte; Cousin und Cousine.

Auch ein Verstoß gegen dieses Verbot führt nicht zur Unwirksamkeit der Ehe, sondern begründet lediglich einen Aufhebungsgrund (§ 1314 Abs. 1 Nr. 2 BGB). Antragsbefugt sind jeder Ehegatte sowie die zuständige Verwaltungsbehörde (§ 1316 Abs. 1 Nr. 1 BGB).

Allerdings soll die Verwaltungsbehörde von einem Aufhebungsantrag absehen, wenn die Aufhebung für einen Ehegatten oder für die aus der Ehe hervorgegangenen Kinder eine schwere Härte darstellen würde (§ 1316 Abs. 3 BGB). Eine Antragsfrist ist nicht vorgesehen. Eine Bestätigung der Ehe durch die Beteiligten ist nicht möglich.

523 Besonderheiten gelten für Adoptivkinder: Eltern und Adoptivkinder sowie Adoptivgeschwister sollen nicht heiraten (§ 1308 Abs. 1 BGB). Für Adoptivgeschwister ist eine Befreiung durch das Familiengericht möglich. Für eine Ehe zwischen Adoptivelternteil und Adoptivkind ist eine Befreiung nicht vorgesehen. Verstöße gegen das Verbot sind auch nicht sanktioniert, so dass die Ehe wirksam und auch nicht aufhebbar ist. Der „Rechtsfrieden" wird durch das Adoptionsrecht hergestellt: Die Adoption erlischt automatisch, wenn ein Adoptivelternteil sein Adoptivkind heiratet (§ 1766 BGB).

5. Willensmängel

524 Anders als im Bereich der Rechtsgeschäfte sind **Willensmängel** ausnahmslos nicht relevant für die Wirksamkeit der Ehe. Eine Eheschließung, die unter einem Willensmangel leidet, ist immer gültig. Nur gravierende Willensmängel erlauben die Aufhebung der Ehe:

- Fehler in der Willensbildung:
  - Punktuelle Störung der Geistestätigkeit (§ 1314 Abs. 2 Nr. 1 BGB).
  - Irrtum über den Vorgang der Eheschließung (§ 1314 Abs. 2 Nr. 2 BGB).
  - Arglistige Täuschung über Umstände, die für den Eheentschluss bei richtiger Würdigung des Wesens der Ehe wesentlich sind (§ 1314 Abs. 2 Nr. 3 BGB). Eine Täuschung durch einen Dritten ist relevant, wenn der andere Ehegatte davon weiß.

    Eine Täuschung ist auch durch pflichtwidriges Verschweigen wichtiger Tatsachen möglich, wenn diese erkennbar und vernünftigerweise mit dem Heiratsentschluss in Zusammenhang stehen.

    Beispiele: Verlobter war schon einmal verheiratet; Unterhaltspflichten gegenüber erster Frau und Kind; Schwangerschaft; Vaterschaft hinsichtlich des Kindes der Verlobten; homosexuelle Veranlagung; Priesterberuf; Geisteskrankheit; Impotenz; außerehelich gezeugtes Kind in früherer Ehe.
  - Widerrechtliche Drohung (durch Partner oder Dritte, § 1314 Abs. 2 Nr. 4 BGB, **Zwangsehe**).

  Die Aufhebung kann von jedem Ehegatten, dessen Erklärung unter einem Willensmangel leidet, beantragt werden (§ 1316 Abs. 1 Nr. 2 BGB). Es ist eine Frist von einem Jahr zu wahren, gerechnet ab der Entdeckung des Irrtums oder der Täuschung (§ 1317 Abs. 1 BGB). Bei einer Zwangsehe gilt eine Frist von drei Jahren (§ 1317 Abs. 1 BGB). Die Bestätigung der Ehe ist möglich nach Wegfall des Willensmangels (§ 1315 Abs. 1 Nr. 4 BGB).

- Fehler bei der Willenserklärung: Die Ehegatten waren sich einig darüber, dass sie keine eheliche Lebensgemeinschaft begründen wollen (§ 1314 Abs. 2 Nr. 5 BGB, **Scheinehe**).

  Antragsberechtigt ist jeder Ehegatte sowie die zuständige Verwaltungsbehörde (diese soll den Antrag stellen, es sei denn, die Aufhebung stellt eine unzumutbare Härte für Ehegatten oder Kinder dar, § 1316 Abs. 1 Nr. 1, Abs. 3 BGB). Eine Frist ist nicht zu wahren. Eine Bestätigung (bei Scheinehe) durch Zusammenleben ist möglich (§ 1315 Abs. 1 Nr. 5 BGB.

Unerheblich sind hingegen Erklärungsirrtümer. Eine auf einem solchen Irrtum beruhende Ehe ist wirksam und kann nur durch eine Scheidung beendet werden.

Beispiele: Eheschließender weiß zwar, dass er auf einer Hochzeit ist, denkt aber, er sei Trauzeuge; Irrtum über Identität des Partners (Zwillingsbruder); Irrtum über persönliche Eigenschaften des anderen.

Unerheblich sind auch Irrtümer über Umstände, die den Sinn der eingegangenen Ehe nicht berühren, insbesondere die Vermögensverhältnisse (§ 1314 Abs. 2 Nr. 3 BGB) oder die gesellschaftliche Stellung.

6. Ehe mit Ausländer*in

Bei Ausländer*innenn stellt sich uU die Problematik, dass deren Heimatrecht einer Eheschließung entgegensteht. Um dies prüfen zu können, müssen Ausländer*innen vor der Eheschließung ein sog **Ehefähigkeitszeugnis** ihres Heimatstaates vorlegen (§ 1309 Abs. 1 BGB). In diesem bestätigt die zuständige Behörde des Heimatstaates, dass rechtliche Hindernisse der Eheschließung nicht entgegenstehen.

Von diesem Erfordernis kann der Präsident des OLG eine Befreiung erteilen. Eine Befreiung kommt vor allem in Betracht für Staatenlose und Ausländer*innen, deren Heimatstaaten keine Ehefähigkeitszeugnisse erstellen (§ 1309 Abs. 2 BGB). Eine ohne das notwendige Ehefähigkeitszeugnis geschlossene Ehe ist wirksam und kann nicht aufgehoben werden.

III. Eheführung

1. Die eheliche Lebensgemeinschaft

a) Pflicht zur ehelichen Lebensgemeinschaft

528 Das Wesen der Ehe und ihre Grundidee sind in § 1353 Abs. 1 BGB festgehalten. Es werden zwei Prinzipien festgeschrieben:

- Das **Lebenszeitprinzip**: Die Ehe wird auf Lebenszeit geschlossen (§ 1353 Abs. 1 S. 1 BGB). Das bedeutet allerdings nicht, dass sie unauflöslich ist, sondern, dass sie auf Dauer geschlossen wird. Ausfluss des Lebenszeitprinzips sind insbesondere die nachehelichen Folgen, darunter vor allem die nachehelichen Unterhaltspflichten.
- Die verpflichtende Festschreibung eines Minimums an ehelicher Solidarität und Gemeinsamkeit (§ 1353 Abs. 1 S. 2 BGB): Eheleute sind zur **ehelichen Lebensgemeinschaft** sowie gegenseitigen Verantwortungsübernahme verpflichtet. Mit dieser unbestimmten Formulierung wird den Ehegatten ein weiter Spielraum für die Ausgestaltung ihrer Ehe eröffnet. Grundlage ist das gleichberechtigte Miteinander der Ehegatten. In der Folge müssen Ehegatten sich über die ehelichen Belange einigen. Einen Entscheidungsmechanismus bei Streitigkeiten gibt es nicht. Die inhaltliche Ausgestaltung ist dabei nicht vorgegeben. Lediglich Mindestanforderungen an das eheliche Miteinander sind – und auch das in einer sehr weichen, generalklauselartigen – Umschreibung geregelt. Danach gehört zur ehelichen Lebensgemeinschaft:

529
- Ein Leben in Gemeinschaft, sofern nicht die gemeinsame Lebensplanung etwas anderes ergibt. Hierzu zählen etwa die Tisch- und Bettgemeinschaft inklusive ehelicher Treue, die Teilung eines gemeinsamen Wohnsitzes und der persönliche Einsatz für die Belange der ehelichen Gemeinschaft.
- Die Gestattung der Mitbenutzung der eigenen Hausratsgegenstände, unabhängig von der Eigentumslage.
- Die Sorge um gemeinsame Angelegenheiten (Kinderbetreuung und -erziehung, Haushaltsführung, Freizeitgestaltung).
- Der Beistand in persönlichen Angelegenheiten des Partners.

Beispiele: Sorge für ein in die Ehe mitgebrachtes minderjähriges Kind; Zusammenwirken in steuerlichen Angelegenheiten im Sinne der für beide günstigsten Lösung; Verhinderung von Straftaten des Ehepartners; Verhinderung eines Suizids des Ehepartners.

530
- Gegenseitige **Rücksichtnahme**: Die Belange der ehelichen Gemeinschaft werden dabei nicht absolut gesetzt. Denn die Ehegatten behalten auch in der Ehe ihre eigenständige Persönlichkeit und Individualität. Dementsprechend sind die konkreten Interessen der ehelichen Gemeinschaft immer in Abwägung mit den berechtigten Interessen an der eigenen individuellen Entfaltung des jeweiligen Ehepartners zu bringen.

Teil III: Grundlagen des Familienrechts

Beispiele: Vorrang des Gebots der Rücksichtnahme: Unterrichtung des Partners über wichtige Lebensumstände (berufliche Entscheidungen, Arbeitslosigkeit, Vermögensangelegenheiten); Verbot, den anderen zu drängen, sich für dessen Schulden zu verbürgen.

Vorrang des Persönlichkeitsrechts: Briefgeheimnis; Verbot persönlicher Beschattung; Verbot heimlicher Tonbandaufnahmen; Verbot körperlicher Gewalt.

Die Pflicht zur ehelichen Lebensgemeinschaft ist durch einen Missbrauchseinwand begrenzt (§ 1353 Abs. 2 BGB): Danach besteht keine Pflicht zur Herstellung der ehelichen Gemeinschaft, wenn sich das Verlangen als Missbrauch darstellt.

b) Die Bedeutung der ehelichen Lebensgemeinschaft

So vage der Inhalt der Eheführung auch vorgegeben ist, es handelt sich um echte Rechtspflichten, die auch gerichtlich geltend gemacht werden können. Relativiert wird die Bedeutung der ehelichen Lebensgemeinschaft allerdings dadurch, dass zumindest die personalen Ehepflichten nicht vollstreckbar sind (§ 120 Abs. 3 FamFG). Hintergrund ist die Überlegung, dass der personale Kern der Ehe frei von Rechtszwang zu halten ist. **531**

Beispiele: Nicht vollstreckbar ist der Anspruch auf Herstellung des ehelichen Lebens oder Unterlassen des Ehebruchs.

Vollstreckbar ist hingegen der Anspruch auf Mitwirkung an der Steuererklärung.

Dementsprechend gering ist die unmittelbare Bedeutung der ehelichen Pflichten. Mittelbar entfalten Verletzungen ehelicher Pflichten Bedeutung im Rahmen des Ehescheidungsrechts und dort konkret im Unterhaltsrecht.

Von einiger Praxisrelevanz ist hingegen die **deliktische Behandlung** der **Verletzung von Ehepflichten**. Insoweit gilt: Die Ehe ist ein absolutes Recht iS von § 823 Abs. 1 BGB. Jedoch schlägt sich auch hier die Überlegung durch, dass der personale Kern der Ehe frei von Zwang zu halten ist. Ehewidriges Verhalten kann daher nicht ohne Weiteres – auch nicht mittelbar über Schadensersatz- oder Unterlassungsansprüche – verhindert oder sanktioniert werden. Dies führt zu einer differenzierten deliktischen Behandlung von Ehewidrigkeiten. Schadensersatzansprüche aus § 823 Abs. 1 BGB werden in folgenden Fällen bejaht: **532**

- Verletzung absoluter Rechtsgüter des Ehegatten (Gewalt, Körperverletzungen).
- Verletzung des räumlich-gegenständlichen Bereichs der Ehewohnung dadurch, dass der oder die Geliebte in diese mitgebracht wird.

Beispiel: Der Ehemann verlässt die Ehewohnung und zieht für die Zeit, in der die Geliebte der Ehefrau in der Ehewohnung lebt, in ein Hotel (Hotelkosten als Schadensersatzanspruch aus § 823 Abs. 1 BGB).

Im Übrigen kann weder der untreue Ehepartner, noch der Dritte auf Unterlassung des ehewidrigen Verhaltens bzw Schmerzensgeld für das erlittene Leid auf der Basis von § 823 Abs. 1 BGB in Anspruch genommen werden.

2. Der Ehegattenunterhalt

Das wirtschaftliche Korrelat zu den im Wesentlichen personalen Ehepflichten des § 1353 BGB ist der gegenseitige **Unterhaltsanspruch** der Eheleute untereinander. Grundlage ist § 1360 BGB (vgl dazu eingehend Kapitel 6). **533**

3. Der Ehename

534 Für die Wahl eines Ehenamens gibt es unterschiedliche Optionen:
- Wahl eines **gemeinsamen Ehenamens** (§ 1355 Abs. 1 BGB). Als Ehename kann jeder Nachname der Ehegatten gewählt werden. Dabei steht sowohl der Geburtsname als auch ein vormaliger Ehename eines der beiden Ehegatten zur Verfügung (§ 1355 Abs. 2 BGB).
- **Ehename mit „Anhängsel":** Wird ein gemeinsamer Ehename gewählt, so kann der Ehegatte, der seinen Namen verliert, seinen früheren Namen dem Ehenamen beifügen, indem er ihn voranstellt oder anhängt (§ 1355 Abs. 4 S. 1 BGB).
  Es handelt sich dabei um keinen echten Doppelnamen. An die aus der Ehe stammenden Kinder wird daher nur der übereinstimmende Familienname, nicht der beigefügte frühere Name weitergegeben. Allerdings kann dieser – sog unechte Doppelname – bei einer weiteren Eheschließung als Ehename gewählt werden und wird damit zu einem echten Doppelnamen, der dann auch an die Kinder weitergegeben wird.
- **Kein Ehename:** Die Wahl eines Ehenamens ist nicht zwingend. Wählen die Ehegatten keinen Ehenamen, so führt jeder seinen bisherigen Namen weiter (§ 1355 Abs. 1 S. 3 BGB). Für den Namen der Kinder aus dieser Ehe vgl Rn 270.

4. Die Schlüsselgewalt

a) Übungsfall 15

535 Herr und Frau Witzig haben Schwierigkeiten mit ihrer Geldeinteilung. Um die ehelichen Kosten etwas günstiger zu gestalten, hat Frau Witzig kürzlich den Energielieferungsvertrag mit dem regionalen Versorger gekündigt und einen Vertrag mit einem anderen Versorger geschlossen. Kurze Zeit später kommt es zu einer Trennung der Eheleute. Muss Herr Witzig die Rechnung bezahlen (Lösungshinweise Rn 544)?

b) Bedeutung

536 Die sog **Schlüsselgewalt** berechtigt jeden Ehegatten, bestimmte Geschäfte mit Wirkung auch für den anderen Ehegatten zu tätigen (§ 1357 Abs. 1 BGB). In der Konsequenz hat das rechtsgeschäftliche Handeln nur eines Ehepartners unmittelbare rechtliche Wirkung für den anderen Ehepartner. Die vertraglichen Pflichten treffen nicht nur den vertragsschließenden Ehegatten, sondern grundsätzlich auch den Ehegatten, der nicht am Vertrag beteiligt ist. Der Vertragspartner besitzt damit einen weiteren Schuldner neben dem vertragsschließenden Ehegatten, unabhängig davon, ob der andere Ehegatte von dem Vertrag weiß. Ehegatten müssen damit – im Anwendungsbereich der Schlüsselgewalt – für die (fremden) Verpflichtungen und Schulden ihres Ehegatten einstehen.

Teil III: Grundlagen des Familienrechts

537

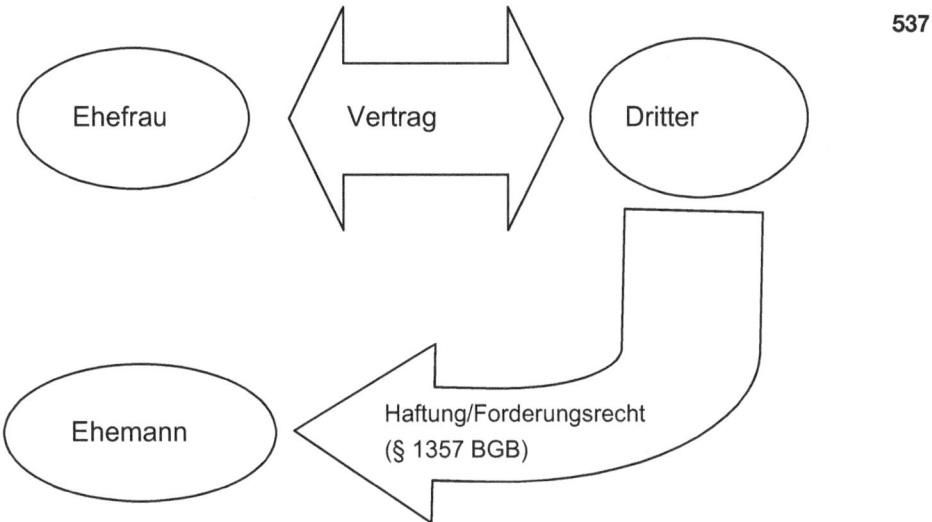

Außerhalb des Anwendungsbereichs der Schlüsselgewalt haftet ein Ehegatte grundsätzlich nicht für die Schulden seines Ehepartners. Von der Mithaftung für die fremde Schuld des Ehegatten zu unterscheiden ist jedoch die Konstellation, dass der Ehegatte – neben seinem Ehepartner – durch eigenes rechtsgeschäftliches oder deliktisches Handeln eine eigene Haftung begründet hat.

Beispiele: Gemeinsamer Vertragsabschluss; Bürgschaft.

c) Voraussetzungen der Schlüsselgewalt

Die Mithaftung des Ehepartners aus dem fremden Vertrag ist auf Geschäfte zur angemessenen Deckung des Lebensbedarfs beschränkt. Sie kann zudem ausgeschlossen werden. Im Einzelnen:

aa) Bedarfsdeckungsgeschäft

Zunächst muss das Geschäft den Unterhaltsbedarf der Familie berühren. Ist das Geschäft bereits kein **Bedarfsdeckungsgeschäft**, scheidet eine Mithaftung des anderen Partners bereits aus diesem Grunde aus. Zum Unterhaltsbedarf zählen alle Geschäfte, die dem Leben der Familie und dem familiären Konsum dienen bzw die familiären Bedürfnisse decken. **538**

Beispiele: Auto; Freizeit; Urlaub; Alterssicherung.

Folgende Bereiche beziehen sich hingegen nicht auf den Unterhaltsbedarf der Familie und sind daher nicht von der Schlüsselgewalt erfasst: **539**

- Geschäfte, die die Lebensbedingungen der Familienmitglieder grundlegend verändern oder bestimmen.

  Beispiele: Kauf eines Eigenheims; Anmietung einer Wohnung.

- Maßnahmen der Vermögensanlage und -verwaltung.

  Beispiele: Abschluss von Sparverträgen, Renten- oder Lebensversicherungen; Anschaffung von Wertpapieren.

- Maßnahmen, die den Berufs- und Erwerbsbereich oder ausschließlich die persönlichen Hobbies eines Familienmitglieds betreffen.

  Beispiele: Abschluss von Arbeitsverträgen; Buchung von Fortbildungskursen, Berufsausbildungskosten, berufliche Schulden.

bb) Angemessene Bedarfsdeckung

540 Weitere Voraussetzung – neben dem Vorliegen eines Bedarfsdeckungsgeschäftes – ist die **Angemessenheit** des Geschäfts. Hinter diesem Kriterium verbergen sich zwei Komponenten:

- Zum einen ist eine Mitverpflichtung des nicht vertragsschließenden Ehegatten auf Verträge beschränkt, die ein Ehegatte üblicherweise selbstständig, also ohne Rücksprache und Mitwirkung des anderen, zu tätigen pflegt.
- Zudem ist die Schlüsselgewalt wirtschaftlich auf den Lebenszuschnitt der konkreten Familie beschränkt. Ein Bedarfsdeckungsgeschäft ist daher nur dann angemessen, wenn es sich im Rahmen der üblichen Konsumgewohnheiten der konkreten Familie bewegt.

541 Beide Fragen lassen sich nicht allgemein, sondern nur im Rahmen einer Einzelfallwürdigung mit Blick auf die konkreten Verhältnisse der Familie beantworten.

Beispiele: Anwendungsfelder für eine Mitverpflichtung des Ehegatten:

Nahrung; Kleider für die Kinder; Kosmetika; Haushaltsgeräte; Kauf einzelner Einrichtungsgegenstände; Anschaffung von Heizmaterial; Arzt- und Krankenhausverträge; Reparatur eines Pkw; Abschluss einer Hausratsversicherung; stundenweise Beschäftigung einer Putzhilfe; Beauftragung eines Rechtsanwalts zur Abwehr einer Räumungsklage; Energielieferungsvertrag; Telefonfestnetzanschluss; Beauftragung einer Möbelspedition für einen Umzug; Tierarztkosten für ein in die Familie aufgenommenes Tier; Beauftragung eines Handwerkers für Vornahme einer kleineren Reparatur; Abschluss einer Vollkaskoversicherung für den Familien-Pkw[85].

Keine Mitverpflichtung des Ehegatten:

Urlaubsreisen; Luxuskäufe; Anschaffung eines Pkw; Befriedigung persönlicher Bedürfnisse, soweit sie den Anspruch auf ein angemessenes Taschengeld übersteigen.

542 Kreditgeschäfte können unter § 1357 BGB fallen, wenn damit ein Gegenstand zur familiären Bedarfsdeckung angeschafft werden soll. Anwendungsfelder sind vor allem Abzahlungs- oder Ratenkaufgeschäfte. Auch Dauerschuldverhältnisse fallen grundsätzlich in den Anwendungsbereich der Schlüsselgewalt.

cc) Ausschluss der Schlüsselgewalt

543 Die Wirkungen der Schlüsselgewalt sind in folgenden Fällen ausgeschlossen:

- **Entgegenstehende Umstände** (§ 1357 Abs. 1 S. 2 BGB): Die Wirkungen der Schlüsselgewalt treten bereits dann nicht ein, wenn sich aus den Umständen etwas anderes ergibt, etwa, wenn der vertragsschließende Ehegatte zu erkennen gibt, dass er nur für sich handeln möchte.

---

[85] BGH, NJW 2018, 1313.

- **Beschränkung/Ausschluss** der Geschäftsführungsbefugnis durch den anderen Ehepartner (§ 1357 Abs. 2 BGB): Jeder Ehegatte kann die Berechtigung zum Handeln mit Wirkung für den anderen durch einseitige Erklärung gegenüber dem Ehegatten ausschließen oder beschränken. Allerdings kann der Ausschluss bzw die Beschränkung Dritten nur entgegengehalten werden, wenn ihnen diese Erklärung bekannt war oder die Beschränkung bzw der Ausschluss ins Güterrechtsregister eingetragen wurde (§ 1357 Abs. 2 BGB).
- **Trennung** der Eheleute (§ 1357 Abs. 3 BGB, Rn 555). Mit der Trennung der Eheleute endet die Schlüsselgewalt. Aus einem *nach* einer Trennung geschlossenen Vertrag wird nur der vertragsschließende Ehepartner verpflichtet. Wurde der Vertrag hingegen noch vor der Trennung geschlossen, so führt die Trennung nicht zu einer nachträglichen Enthaftung des nicht vertragsschließenden Ehepartners.

d) Lösungshinweise zum Übungsfall 15 (Rn 535)

544

1. An erster Stelle ist festzuhalten, dass Frau Witzig mit dem Energieversorger einen Energielieferungsvertrag geschlossen hat. Anhaltspunkte dafür, dass auch Herr Witzig Vertragspartner ist, fehlen. Vertragspartnerin ist mithin nur Frau Witzig.
2. Herrn Witzigs Mithaftung kann sich daher nur aus § 1357 Abs. 1 BGB ergeben. Dies setzt ein angemessenes Bedarfsdeckungsgeschäft voraus. Das ist im Folgenden zu prüfen:
   a) Ein Bedarfsdeckungsgeschäft liegt immer dann vor, wenn es dem Konsum der Familie dient. Das lässt sich für einen Energieversorgungsvertrag ohne weiteres bejahen.
   b) Für die Angemessenheit des Geschäfts kommt es darauf an, ob es sich im üblichen Rahmen der finanziellen und „kompetenziellen" Verhältnisse dieser Familie bewegt. In finanzieller Hinsicht fehlen Anhaltspunkte dafür, dass der Energielieferungsvertrag besonders teuer ist. Die Annahme liegt daher nahe, dass er sich im Rahmen der in der Familie üblichen Kosten bewegt und damit wirtschaftlich angemessen ist. Weiter kommt es für die Angemessenheit darauf an, ob ein Ehepartner derartige Verträge üblicherweise allein und ohne Rücksprache mit dem anderen zu tätigen pflegt. Die Rechtsprechung bejaht das für einen Energieversorgungsvertrag. Damit ist der Vertrag angemessen.
   c) Anhaltspunkte für einen Ausschluss der Schlüsselgewalt fehlen. Insbesondere steht ihr die Trennung der Eheleute nicht entgegen (§ 1357 Abs. 3 BGB). Denn zum Zeitpunkt des Vertragsabschlusses lebten die Eheleute noch zusammen. Die spätere Trennung lässt die Mithaftung nicht nachträglich entfallen.

Ergebnis: Das Geschäft unterfällt der Schlüsselgewalt. Herr Witzig muss die Rechnung bezahlen.

5. Notvertretungsrecht in Gesundheitsangelegenheiten

Ehegatten haben ab dem 1.1.2023 ein zeitlich befristetes Recht, ihren Partner in akuten Fällen einer Gesundheitsbeeinträchtigung zu vertreten (§ 1358 BGB). Dieses sog **Notvertretungsrecht** aktualisiert sich, wenn ein Ehegatte bewusstlos oder so krank ist, dass er die jetzt notwendigen Entscheidungen in gesundheitlichen Angelegenheiten nicht mehr treffen kann. Das kann ein Unfall sein, aber auch eine andere akute Erkrankung, zB ein Schlaganfall.

545

Das Notvertretungsrecht befähigt den anderen Ehegatten, die jetzt erforderlichen Maßnahmen zu treffen und rechtlich umzusetzen. Der andere Ehegatte kann dadurch etwa in ärztliche Untersuchungen und Behandlungen einwilligen, Krankenhaus- und Behandlungsverträge schließen, zeitlich limitierte (bis zu 6 Wochen dauernde) freiheitsentziehende (und unterbringungsähnliche, § 1831 Abs. 4 BGB) Maßnahmen während dieser Zeit bewilligen oder aber Versicherungsansprüche des erkrankten Ehegatten geltend machen (§ 1358 Abs. 1 BGB). Die ärztliche Schweigepflicht gilt ihm gegenüber nicht (§ 1358 Abs. 2 BGB).

Für das Vertretungsrecht ist kein Raum, wenn die Vertretung des erkrankten Ehegatten bereits gesichert ist. Das ist etwa der Fall, wenn der erkrankte Ehegatte in dieser Angelegenheit bereits unter Betreuung steht (§ 1358 Abs. 3 Nr. 3 BGB) bzw im Gefolge seiner Erkrankung einen Betreuer erhält (§ 1358 Abs. 5 BGB). Gleiches gilt, wenn der Erkrankte bereits einem anderen eine Vorsorgevollmacht erteilt hat oder die Vertretung durch seinen Partner ablehnt (§ 1358 Abs. 3 Nr. 2 BGB). Allerdings greift dieser Ausschluss nur, wenn der Arzt oder der handelnde Ehepartner von der Ablehnung bzw anderweitigen Bevollmächtigung wissen. Im Übrigen ist das Notvertretungsrecht naheliegenderweise ausgeschlossen, wenn die Ehegatten sich getrennt haben (§ 1358 Abs. 3 Nr. 1 BGB, vgl. Rn 555).

546 Das Vertretungsrecht ist im Übrigen befristet und endet spätestens nach 6 Monaten (§ 1358 Abs. 3 Nr. 4 BGB). Besteht ein zeitlich darüber hinausgehender Behandlungsbedarf, so stellt sich perspektivisch die Notwendigkeit, nach spätestens 6 Monaten, eine Betreuung anzuordnen.

Was die inhaltliche Wahrnehmung des Vertretungsrechts angeht, so statuiert § 1358 BGB lediglich ein Vertretungsrecht, aber keine dahingehende Pflicht des anderen Ehepartners[86]. Nimmt er das Vertretungsrecht allerdings wahr, so obliegt es nun ihm, den (mutmaßlichen) Willen seines erkrankten Partners zu eruieren und ihm (bzw sogar einer etwa vorhandenen Patientenverfügung) Geltung zu verschaffen (§ 1358 Abs. 6 BGB).

547 Im Übrigen gelten für den vertretenden Ehegatten die gleichen gerichtlichen Genehmigungspflichten wie für einen Betreuer oder Vorsorgebevollmächtigten auch: Sowohl freiheitsentziehende Maßnahmen als auch schwerwiegende bzw gefahrenträchtige medizinische Eingriffe, Untersuchungen und Behandlungen bedürfen der Genehmigung des Betreuungsgerichts (§ 1358 Abs. 6 BGB). Entbehrlich ist die Genehmigung des Betreuungsgerichts uU, wenn der erkrankte Ehepartner eine wirksame Patientenverfügung erstellt hat (Rn 685 ff).

IV. Eheliches Güterrecht

1. Überblick über die Güterstände

548 Das eheliche Güterrecht behandelt die Frage nach den Konsequenzen der Eheschließung für das Vermögen, das die Ehepartner in die Ehe eingebracht haben bzw in der Ehe erwerben. Ausschlaggebend ist, in welchem Güterstand die Eheleute leben.

---

86 BT-Dr 19/24445, S. 177.

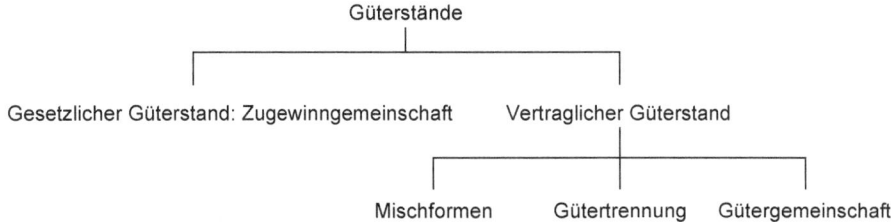

2. Die Zugewinngemeinschaft

Wird keine Vereinbarung getroffen, so gilt kraft Gesetzes der gesetzliche Güterstand der sog **Zugewinngemeinschaft** (§ 1363 Abs. 1 BGB). Diese hat sowohl während der Ehe als auch nach Auflösung der Ehe Wirkungen.

a) Wirkungen der Zugewinngemeinschaft während der Ehe

Die Eheschließung berührt die Vermögens- und Eigentumsverhältnisse der Ehegatten grundsätzlich nicht. Jeder Ehegatte bleibt nach Eintritt des gesetzlichen Güterstandes alleiniger Inhaber seines Vermögens (§ 1363 Abs. 2 BGB). Insoweit gilt während der Ehe grundsätzlich Gütertrennung. Gemeinsames Vermögen entsteht nur dadurch, dass die Eheleute gemeinsames Vermögen bilden, etwa ein Haus zum gemeinsamen Eigentum erwerben. Jeder Ehegatte bleibt damit für sein Vermögen allein verantwortlich und verwaltet es selbst (§ 1364 BGB). 549

Er darf jedoch nicht mehr alles mit seinem Vermögen machen. Die Zugewinngemeinschaft impliziert nämlich in zwei Bereichen eine **Verfügungsbeschränkung**:

- Geschäfte über das eigene Vermögen im Ganzen (§ 1365 BGB): Die Beschränkung greift bereits dann, wenn Einzelgegenstände betroffen sind, die nur nahezu, aber nicht das ganze Vermögen ausmachen. Bei kleineren Vermögen (bis etwa 50.000 €) ist das Vermögen im Ganzen betroffen, wenn weniger als 15 % des Vermögens verbleiben. Bei größeren Vermögen ist das Vermögen im Ganzen betroffen, wenn 10 % des Vermögens oder weniger verbleiben. Jedenfalls bei einem Restvermögen von 25.000 € ist das Vermögen im Ganzen noch nicht betroffen. Das Verbot greift überdies nur dann, wenn der Vertragspartner weiß, dass es sich um das Vermögen im Ganzen handelt. 550
- Geschäfte über eigene Hausratsgegenstände (§ 1369 BGB): Gegenstände des ehelichen Hausrats sind Sachen, die dem Ge- oder Verbrauch beider Ehegatten zu dienen bestimmt sind.

Für Rechtsgeschäfte, die einen der genannten Bereiche betreffen, benötigt der verfügende Ehegatte die Zustimmung des anderen Ehepartners, obgleich der betreffende Gegenstand in seinem Alleineigentum steht. Für die Folgen der fehlenden Zustimmung ist zu differenzieren:

Einseitige Geschäfte sind nichtig (§ 1367 BGB), **Verträge** schwebend unwirksam (§§ 1366, 1369 Abs. 3 BGB), können aber vom Ehegatten noch nachträglich genehmigt werden (§ 1366 Abs. 1 BGB).

b) Wirkungen der Zugewinngemeinschaft nach Eheauflösung

551 Nach Beendigung der Ehe erfolgt ein Ausgleich der uU unterschiedlichen Vermögensentwicklungen. Der Ausgleich wird unterschiedlich durchgeführt, je nachdem, ob die Ehe durch Scheidung oder durch Tod eines Ehepartners endet. Im Fall der Scheidung wird ein Zugewinnausgleich durchgeführt (Rn 564).

Wird die Ehe durch Tod eines Ehepartners beendet, so gilt folgendes:
- Wird der überlebende Ehegatte Erbe oder Vermächtnisnehmer, so erhöht sich sein Erbteil um ein weiteres Viertel, unabhängig davon, ob im konkreten Fall ein Zugewinn erwirtschaftet wurde oder nicht (Pauschallösung – großer Pflichtteil, § 1371 Abs. 1 BGB).
- Wird der überlebende Ehegatte nicht Erbe (Ausschlagung, Enterbung) und steht ihm auch kein Vermächtnis zu, so kann ein Zugewinnausgleich durchgeführt werden (§ 1371 Abs. 2 BGB). Daneben erhält der Ehegatte seinen regulären Pflichtteil (sog kleiner Pflichtteil). Entfällt der Pflichtteil, etwa weil der Ehegatte für erbunwürdig erklärt wurde, so wird nur der güterrechtliche Ausgleich durchgeführt.

3. Vertragliche Güterstände

552 Eheleute besitzen die grundsätzliche Freiheit, ihre güterrechtlichen Verhältnisse vertraglich zu regeln (**Ehevertrag**, § 1408 Abs. 1 BGB). Eheverträge können vor, aber auch während der Ehe geschlossen, aber auch wieder abgeändert werden. Güterrechtliche Eheverträge müssen notariell beurkundet werden, also bei gleichzeitiger Anwesenheit beider Teile zur Niederschrift durch einen Notar geschlossen werden (§ 1410 BGB). Unter Betreuung stehende Geschäftsfähige handeln selber. Wurde ein Einwilligungsvorbehalt angeordnet benötigen sie die Zustimmung des Betreuers (§ 1411 Abs. 1 BGB). Geschäfts*un*fähige Ehepartner handeln durch ihren Betreuer (§ 1411 Abs. 2 BGB). Die Vereinbarung einer Gütergemeinschaft darf in diesem Fall nicht erfolgen. Der Betreuer benötigt weiter die Genehmigung des Betreuungsgerichts.

Eheverträge sind nicht auf den Güterstand beschränkt. Häufig finden sich hier auch Vereinbarungen zum Unterhalt oder Versorgungsausgleich (sog Scheidungsfolgenvereinbarungen) meistens in Form eines Ausschlusses (Rn 571, 640).

553 Vereinbaren die Eheleute **Gütertrennung**, so lässt die Ehe die güterrechtlichen Verhältnisse unberührt. Die Ehe wirkt sich in keiner Weise auf die Vermögensverhältnisse aus. Konkret bedeutet dies:
- Jeder Ehegatte bleibt Eigentümer seiner in die Ehe mitgebrachten Sachen. Er verwaltet sie selber und kann frei über sie verfügen. Dies gilt auch für alles, was jeder Ehegatte während der Ehe erwirbt. Die Beschränkungen der Zugewinngemeinschaft gelten nicht.
- Eine gemeinsame Verwaltung bzw – nach Eheauflösung – ein Vermögensausgleich findet nur hinsichtlich des gemeinsamen Vermögens statt. Einen Zugewinnausgleich gibt es nicht.

Gütertrennung tritt dabei bereits dadurch ein, dass der Zugewinnausgleich vertraglich ausgeschlossen wird (§ 1414 S. 2 BGB).

554 Die Vereinbarung der **Gütergemeinschaft** bewirkt das Gegenteil einer Gütertrennung (§ 1415 BGB): Im Grundsatz verschmilzt das Vermögen beider Ehegatten zu einer einheitlichen Vermögensmasse (sog Gesamtgut, § 1416 Abs. 1 BGB). Die ein-

zelnen Gegenstände stehen dadurch automatisch im gemeinsamen Eigentum beider Ehegatten („Was mein ist, ist auch Dein und umgekehrt"). Gleiches gilt auch für jeden Erwerb während der Ehe: Auch dieser wird automatisch gemeinsames Vermögen beider Ehegatten. Beide Eheleute sind an diesem Vermögen gleichermaßen berechtigt. In der Konsequenz können die Ehegatten nur gemeinsam über das Vermögen bzw die jeweiligen Gegenstände des Gesamtgutes bestimmen und verfügen. Lediglich bestimmte Gegenstände bleiben den Ehegatten persönlich zugeordnet und werden von dem betreffenden Ehegatten allein verwaltet.

V. Trennung

1. Begriff

Der Begriff der **Trennung** ist gesetzlich definiert (§ 1567 Abs. 1 BGB). Er beinhaltet zwei Elemente: **555**

- Das Fehlen einer häuslichen Gemeinschaft <u>und</u>
- die fehlende Bereitschaft mindestens eines der Ehegatten zur Herstellung der ehelichen Gemeinschaft, weil er sie ablehnt.

Was das Fehlen der häuslichen Gemeinschaft angeht, so ist eine Trennung innerhalb der Wohnung ausreichend (§ 1567 Abs. 1 S. 2 BGB). Allerdings werden an diese hohe Anforderungen gestellt. Allein die Benutzung getrennter Schlafzimmer genügt nicht. Erforderlich ist vielmehr das Fehlen eines gemeinsamen Haushalts. Dies beinhaltet folgendes:

- Fehlen gegenseitiger Versorgungs- oder Fürsorgeleistungen. Zulässig sind allenfalls noch vereinzelte Sorgetätigkeiten oder vereinzelte Hilfeleistungen für einen erkrankten Partner. Werden hingegen noch gegenseitige Leistungen erbracht (Kochen; Einnahme gemeinsamer Mahlzeiten, etwa wegen der gemeinsamen Kinder; Haushaltsführung auch für den anderen Ehegatten), so ist eine Trennung iS des § 1567 Abs. 1 BGB noch nicht erfolgt, mögen die ehelichen Gefühle auch erloschen sein.
- Die vorhandenen Wohnräume sind – im Rahmen des Möglichen – unter den Eheleuten zur alleinigen Benutzung aufzuteilen. Unschädlich ist ein räumliches Aufeinandertreffen in den der Versorgung dienenden Räumen Küche, Bad, WC sowie dem Flur, wenn weiter keine persönlichen Beziehungen bestehen. Verfügt die Wohnung über mehrere gleichartige Versorgungsräume (etwa mehrere Bäder), müssen sie aufgeteilt werden.

Zu der räumlichen Trennung muss eine ehefeindliche Gesinnung hinzutreten: Die **556** Trennung muss darauf zurückzuführen sein, dass zumindest einer der Ehepartner die Fortführung der Ehe ablehnt. Eine bloß tatsächliche Aufhebung der häuslichen Gemeinschaft begründet also dann keine Trennung iS des § 1567 Abs. 1 BGB, wenn die Eheleute noch an der Ehe festhalten wollen.

Anwendungsfelder: Krankenhausaufenthalt; berufliche Abwesenheit; Gefängnisaufenthalt.

Eine bloß räumliche Trennung kann in eine Trennung iS des § 1567 Abs. 1 BGB umschlagen, wenn die ehefeindliche Gesinnung nachträglich hinzutritt.

Die (auch nachträgliche) Ablehnung der ehelichen Lebensgemeinschaft muss erkennbar sein, dh in irgendeiner Weise nach außen dokumentiert werden. Dies kann durch eine entsprechende Mitteilung an den anderen Ehepartner erfolgen, aber auch schlüssig, etwa dadurch, dass die Ehefrau die Sachen des Ehepartners wegräumt.

2. Bedeutung

557 Eine Trennung verändert das rechtliche Verhältnis der Ehegatten zueinander in verschiedenen Bereichen. So erlöschen die Schlüsselgewalt (§ 1357 Abs. 3 BGB) und das Notvertretungsrecht (§ 1358 Abs. 3 Nr. 1 BGB). Die Pflichten aus der ehelichen Lebensgemeinschaft hingegen wirken fort, etwa die eheliche Treuepflicht. Daneben entstehen mit der Trennung eigene Ansprüche:
- Überlassung der Ehewohnung (§ 1361b BGB, Rn 177 ff).
- Trennungsunterhalt (§ 1361 BGB): Dies ist die wohl in der Praxis bedeutsamste Trennungsfolge (Rn 614 ff).
- Aufteilung der Hausratsgegenstände (§ 1361a BGB): Mit der räumlichen Trennung stellt sich uU die Notwendigkeit, die ehelichen **Haushaltsgegenstände** zwischen den Ehegatten aufzuteilen. Im Grundsatz ist es Sache der Eheleute, sich darüber zu einigen. Können sie das nicht, entscheidet das zuständige Familiengericht.

VI. Scheidung

1. Begriff und Bedeutung

558 **Scheidung** ist die Auflösung der Ehe durch gerichtliches Urteil mit Wirkung für die Zukunft. Mit der Scheidung endet die eheliche Lebensgemeinschaft.

Wie die Trennung, verändert auch die Scheidung die Rechtsbeziehungen zwischen den vormaligen Eheleuten. Die nunmehr noch bestehenden Rechtsansprüche sind im Regelfall vorübergehend. Sie können ihren Grund in der notwendigen „Abwicklung" der gescheiterten Gemeinschaft haben sowie (ausnahmsweise) Ausdruck nachehelicher Solidarität sein (Unterhaltsansprüche). Folgende Scheidungsfolgen gibt es:
- Zugewinnausgleich (§§ 1372–1390 BGB).
- Versorgungsausgleich (§ 1587 BGB, VersAusglG).
- Zuweisung der Ehewohnung und der ehelichen Haushaltsgegenstände (§§ 1568a, 1568b BGB).
- Namensrecht (§ 1355 Abs. 5 BGB).
- Nacheheliche Unterhaltsansprüche (§§ 1569–1586b BGB, Rn 621 ff).

Die Sorge für gemeinsame Kinder und der Umgang mit ihnen ist hingegen nicht mit einer Scheidung verknüpft.

2. Scheidungsvoraussetzungen

559 Eine Scheidung kann unter folgenden Voraussetzungen erfolgen:
- Vorliegen eines Scheidungsgrundes (§ 1565 Abs. 1 BGB),
- Einhaltung einer Trennungsfrist (§ 1565 Abs. 2 BGB) und
- das Fehlen eines der Scheidung entgegenstehenden Härtefalls (§ 1568 BGB).

a) Scheidungsgrund

560 Der einzige Scheidungsgrund ist das Scheitern der Ehe (§ 1565 Abs. 1 BGB, sog **Zerrüttung**). Eine Zerrüttung liegt vor, wenn die Lebensgemeinschaft der Ehegatten nicht mehr besteht *und* ihre Wiederherstellung nicht zu erwarten ist (§ 1565 Abs. 1 S. 2 BGB).

Der Begriff der „Lebensgemeinschaft der Ehegatten" knüpft an die allgemein beschriebene Lebensgemeinschaft des § 1353 Abs. 1 BGB an (vgl Rn 528 f). Mit ihr ist in erster Linie eine geistig-seelische Verbundenheit der Eheleute gemeint. Ausschlaggebend ist, ob (noch) ein Mindestmaß an gegenseitiger Verbundenheit, einem Miteinander und Solidarität zwischen den Ehepartnern besteht. Als gescheitert ist eine Ehe immer dann anzusehen, wenn das innere Verhältnis der Ehegatten voraussichtlich unheilbar zerstört ist.

Beispiele: Unvereinbarkeit der Charaktere; anderweitige dauerhafte Partnerbindung; Ehebruch; Misshandlungen; Ablehnung der ehelichen Lebensgemeinschaft durch einen Ehepartner.

Die eheliche Lebensgemeinschaft ist dabei nicht mit der häuslichen Gemeinschaft gleichzusetzen. Das Fehlen der häuslichen Gemeinschaft mag ein Indiz für die Zerrüttung sein, kann sie jedoch nicht begründen. Insbesondere kann die eheliche Lebensgemeinschaft auch dann zerstört sein, wenn die Eheleute noch keine Trennung herbeigeführt haben. Umgekehrt ist auch denkbar, dass Eheleute nicht zusammenleben, aber gleichwohl die oben genannte eheliche Verbundenheit besteht.

Die Zerrüttung muss nicht übereinstimmend bei beiden Eheleuten vorliegen. Vielmehr genügt es, dass sich nur einer der Partner innerlich völlig von dem anderen abgewandt hat. Unerheblich sind die Gründe für die Zerrüttung, insbesondere ob einen der Ehepartner ein Verschulden an ihr trifft.

In folgenden Fällen wird eine Zerrüttung unwiderleglich vermutet (§ 1566 BGB): **561**
- Einjährige Trennung bei einverständlicher Scheidung (§ 1566 Abs. 1 BGB). Einverständlich ist die Scheidung, wenn entweder beide Ehepartner die Scheidung beantragen oder der andere Ehepartner dem Scheidungsantrag zustimmt.
- Dreijährige Trennung (§ 1566 Abs. 2 BGB).

b) Trennungsfristen

Die Scheidung kann grundsätzlich nur erfolgen, wenn die Eheleute bereits seit einem **562** Jahr getrennt leben (§ 1565 Abs. 2 BGB). Eine Scheidung vor Ablauf des **Trennungsjahres** ist nur ausnahmsweise möglich. Voraussetzung dafür ist, dass die Aufrechterhaltung des formalen Ehebandes für den Antragsteller eine besondere Härte bedeuten würde. Die besondere Härte muss sich dabei aus Gründen, die in der Person des anderen Ehegatten liegen, ergeben.

Beispiele: Härtefall: Grobe Ehewidrigkeiten (schwere körperliche Misshandlung, grobe Verletzung der Unterhaltspflicht); Alkoholmissbrauch; Schwangerschaft aus ehebrecherischem Verhältnis; ehebrecherische Beziehung mit Bruder des Ehemannes; Aufnahme einer Tätigkeit als Prostituierte nach Trennung.

Kein Härtefall: Nichtzahlung des geschuldeten Unterhalts; Ehebruch ohne besondere Begleitumstände; Unkenntnis vorehelicher Umstände (Vorstrafen); Lieblosigkeiten; Wunsch nach rascher neuer Eheschließung; auf einer psychischen Erkrankung beruhendes Fehlverhalten eines Ehegatten (Wahnvorstellungen, Zwangsstörung, Suiziddrohungen, Nachstellen und gegen den Ehemann gerichtete Morddrohungen) – anders aber, wenn das Fehlverhalten massive psychische Auswirkungen (Depressionen und Panikattacken) zur Folge hat[87].

---

87 KG, BeckRS 2017, 140687.

Versöhnungsversuche unterbrechen den Lauf der Trennungsfrist. Ein lediglich *kürzeres* Zusammenleben zur Versöhnung wirkt sich jedoch nicht auf den Fristenlauf aus (§ 1567 Abs. 2 BGB). Für die Einstufung eines Versöhnungsversuchs als kurzfristig gelten keine starren Fristen: Ein Zusammenleben von zwei bis vier Wochen ist grundsätzlich unschädlich. Bei einer längeren Trennung kann auch ein dreimonatiges Zusammenleben noch als „kürzer" zu werten sein.

c) Scheidungshindernis: Die Härteklausel

563 Ist eine Ehe gescheitert und auch das Trennungsjahr abgelaufen, so ist die Ehe grundsätzlich zu scheiden. Eine Ausnahme ist in Härtefällen zu machen (Also: Keine Scheidung trotz Vorliegen der Scheidungsvoraussetzungen, § 1568 BGB). Dies erlaubt es, die Ehe der Form halber, noch für eine gewisse Zeit aufrecht zu erhalten. Die **Härteklausel** findet in zwei Fällen Anwendung:

- Das Interesse der gemeinsamen minderjährigen Kinder fordert die Aufrechterhaltung der Ehe aus besonderen Gründen (Kinderschutzklausel).

    Beispiele: Ernsthafte Suizid-Gefahr eines minderjährigen Kindes, soweit diese nicht behandelbar ist; starke Beeinträchtigung des Kindeswohls bei starker Bindung zu beiden Elternteilen (Selbsttötungsgefahr nicht notwendig).

- Eine schwere Härte der Scheidung für den anderen Ehepartner aufgrund außergewöhnlicher Umstände steht der Scheidung entgegen: Die Härte muss sich aus dem Scheidungsausspruch ergeben. Härtegründe, die sich aus der Trennung ergeben, sind hingegen nicht berücksichtigungsfähig.

    Beispiele: Scheidung als zusätzliche Belastung eines bereits schwer erkrankten Ehegatten; Suizidgefahr des die Scheidung ablehnenden Ehegatten, wenn sie auf einer vom ihm nicht mehr steuerbaren psychischen Ausnahmesituation beruht.

Nur außergewöhnliche Umstände erlauben es überhaupt, eine Scheidung abzulehnen, deren Voraussetzungen im Übrigen vorliegen. Das Vorliegen eines Härtegrundes allein führt also nicht automatisch zur Ablehnung der Scheidung. Vielmehr sind die gegen die Scheidung sprechenden Härtegründe mit den Belangen des die Scheidung begehrenden Ehepartners abzuwägen. Die Härteklausel kann im Übrigen die Scheidung nie verhindern, sondern lediglich hinauszögern („wenn und solange die genannten Härtegründe vorliegen").

3. Scheidungsfolgen

a) Zugewinnausgleich

564 Leben die Eheleute im Güterstand der Zugewinngemeinschaft, so hat nach der Scheidung ein Ausgleich der uU unterschiedlichen Vermögensentwicklungen zu erfolgen. Dies geschieht im Rahmen des sog **Zugewinnausgleichs:** Dabei hat derjenige Ehepartner mit dem höheren Vermögenszuwachs während der Ehe dem anderen einen Ausgleich zu zahlen.

Dafür werden die Vermögensverhältnisse der Ehegatten zu Beginn und zum Ende der Ehe einander gegenübergestellt und die jeweiligen Zugewinne miteinander verglichen. Derjenige Ehepartner mit dem höheren Zugewinn hat die Hälfte seines Vermögensüberschusses dem anderen als Zugewinnausgleich zu zahlen (§§ 1363 Abs. 2 S. 2, 1373, 1378 ff BGB).

Beispiel:

	Mann	Frau
Anfangsvermögen	10.000 €	0 €
Endvermögen	100.000 €	10.000 €
Zugewinn	90.000 €	10.000 €

Der Zugewinn des Mannes übersteigt den Zugewinn der Frau um 80.000 €. In Höhe der Hälfte des Betrags (40.000 €) steht der Frau grundsätzlich eine Zugewinnausgleichsforderung zu.

b) Versorgungsausgleich

Grundgedanke und Mechanismus des **Versorgungsausgleichs** ähneln dem des Zugewinnausgleichs: Ziel ist, die in der Ehezeit erworbenen Versorgungsanrechte wegen Alters oder verminderter Erwerbsfähigkeit zwischen den Eheleuten zu gleichen Teilen aufzuteilen. In diesem Rahmen werden die während der Ehezeit erworbenen Anrechte auf Versorgung wegen Alters oder Erwerbsminderung miteinander verglichen. Derjenige Ehegatte mit den höheren Anwartschaften ist dem anderen Ehegatten ausgleichspflichtig. Er hat in diesem Rahmen die Hälfte des während der Ehe erworbenen Wertüberschusses an den anderen abzugeben (§ 1 VersAusglG). 565

Typische ausgleichspflichtige Versorgungsanrechte sind Anrechte aus der gesetzlichen Rentenversicherung, Beamtenpensionen, Betriebsrenten und private Lebensversicherungen auf Rentenbasis (zB die „Riester-Rente").

Besonderheiten gelten bei kurzer Ehedauer: Hat die Ehe nur 3 Jahre gedauert, so findet ein Versorgungsausgleich nur auf Antrag eines Ehegatten statt (§ 3 Abs. 3 VersAusglG).

c) Ehewohnung und Hausrat

Die **Zuweisung der Ehewohnung** für die Zeit nach der Scheidung kann in zwei Fällen verlangt werden (§ 1568a Abs. 1 BGB): 566
- Der die Überlassung begehrende Ehegatte ist auf deren Nutzung in stärkerem Maße angewiesen. Bei der Entscheidung sind insbesondere das Wohl der im Haushalt lebenden Kinder sowie die ehelichen Lebensverhältnisse zu berücksichtigen. Bedeutung kommt daneben den Einkommens- und Vermögensverhältnissen, Alter und Gesundheitszustand des betreffenden Gatten zu. Im Regelfall wird die Wohnung dem finanziell schwächeren Ehegatten zugewiesen.
- Die Überlassung an den Ehegatten entspricht aus anderen Gründen der Billigkeit, etwa weil der eine Ehegatte in ihr aufgewachsen ist.

Die Hürde für die Wohnungsüberlassung ist höher, wenn ein Ehegatte Alleineigentümer oder sonst ausschließlich dinglich an der Ehewohnung berechtigt ist. Von dem alleinberechtigten Ehepartner kann die Wohnung nur verlangt werden, wenn es erforderlich ist, um eine unbillige Härte zu vermeiden (§ 1568a BGB).

Die künftige Nutzung der Wohnung erfolgt in der Regel auf der Basis eines Mietvertrages. Dabei ist zu differenzieren: 567

Handelte es sich bei der Ehewohnung um eine Mietwohnung, so tritt der Ehegatte, dem die Wohnung überlassen wird, in das Mietverhältnis ein bzw setzt das Mietverhältnis allein fort (§ 1568a Abs. 3 BGB). Steht die Wohnung im Eigentum des anderen Ehegatten (bzw auch Miteigentum beider Ehegatten), so hat der Ehegatte, dem die Wohnung überlassen wird, einen Anspruch auf Begründung eines Mietverhältnisses (§ 1568a Abs. 5 BGB).

Der Anspruch auf Begründung bzw Fortsetzung eines Mietverhältnisses ist zeitlich begrenzt und kann nur bis zu einem Jahr nach Rechtskraft der Endentscheidung in der Scheidungssache geltend gemacht werden (§ 1568a Abs. 6 BGB).

568 Die Verteilung der ehelichen **Haushaltsgegenstände** richtet sich grundsätzlich nach den Eigentumsverhältnissen (§ 1568b BGB):

- Alleineigentum: Haushaltsgegenstände, die im Alleineigentum eines Ehegatten stehen, bleiben diesem zugeordnet. Der Nichteigentümer kann dessen Überlassung generell nicht verlangen[88].
- Gemeinsames Eigentum: Es wird grundsätzlich (widerleglich) vermutet, dass Haushaltsgegenstände, die während der Ehe für den gemeinsamen Haushalt angeschafft wurden, gemeinsames Eigentum der Eheleute sind (§ 1568b Abs. 2 BGB). Der Ehegatte, der auf die Nutzung in stärkerem Maße angewiesen ist als der andere Ehegatte, hat einen Anspruch auf Überlassung und Übereignung der Gegenstände. Auch insoweit bildet insbesondere das Wohl der im Haushalt lebenden gemeinsamen Kinder den Verteilungsmaßstab. Der Ehegatte, der seinen Eigentumsanteil zu übertragen hat, kann eine angemessene Ausgleichszahlung verlangen (§ 1568b Abs. 3 BGB).

d) Ehename

569 Die Scheidung ist namensrechtlich grundsätzlich neutral. Daher behält der geschiedene Ehegatte seinen Ehenamen (§ 1355 Abs. 5 BGB). Allerdings hat er verschiedene Möglichkeiten, das namensrechtliche Band zu seinem vormaligen Ehegatten zu modifizieren (§ 1355 Abs. 5 BGB):

- Annahme des Geburtsnamens.
- Annahme des Ehenamens, den er vor der Eheschließung geführt hat.
- Beifügung des Geburts- oder vormaligen Ehenamens zum Ehenamen.

Schwieriger ist die – in der Praxis häufige – Konstellation, dass ein Elternteil nach der Scheidung seinen Geburtsnamen wieder annimmt und ein gemeinsames Kind auch „namensmäßig mitnehmen" möchte. Eine Namensänderung des Kindes ist nur im Wege einer öffentlich-rechtlichen Namensänderung nach dem Namensänderungsgesetz möglich, die nur in Ausnahmefällen zu erhalten ist (dringende Kindeswohlgründe).

e) Unterhaltsansprüche

570 Die geschiedenen Eheleute tragen für sich die alleinige finanzielle Verantwortung. Dies impliziert auch die Verantwortlichkeit für den eigenen Lebensunterhalt (§ 1569 BGB; Rn 621 ff).

---

88 BGH, FamRZ 2011, 1039.

4. Scheidungs(-folgen)vereinbarungen

571 Vor allem für den Fall einer (befürchteten) Scheidung besteht ein Interesse (hauptsächlich des besserverdienenden Ehepartners), vertraglich Vorsorge zu treffen, um ihm nachteilige Entwicklungen abzumildern. Häufig werden Zugewinn- sowie Versorgungsausgleich, aber auch Unterhaltsansprüche beschränkt oder ausgeschlossen. **Scheidungsvereinbarungen** zwischen Eheleuten sind zulässig. Besondere Formerfordernisse gelten lediglich, wenn die Vereinbarung vor Rechtskraft der Scheidung getroffen wurde: Sie bedarf dann überwiegend der notariellen Beurkundung (Zugewinnausgleich: § 1410 BGB; Versorgungsausgleich: § 7 Abs. 1 VersAusglG; nachehelicher Unterhalt: § 1585c BGB).

VII. Die nichteheliche Lebensgemeinschaft

572 Unter einer **nichtehelichen Lebensgemeinschaft** versteht man eine auf Dauer angelegte Verantwortungs- und Einstehensgemeinschaft zwischen zwei Menschen, die sich durch innere Bindungen auszeichnet und damit über die Beziehungen einer reinen Haushalts- und Wirtschaftsgemeinschaft hinausgeht. Sie gleicht im alltäglichen Erscheinungsbild einer Ehe, lediglich das formale Band der Eheschließung fehlt.

Damit ist die Gemeinschaft zugleich auch rechtlich unverbindlich: Sie kann jederzeit form- und folgenlos aufgelöst werden. Gesetzliche Ansprüche zwischen den Partnern sind lediglich vorgesehen, soweit Kinder aus der Gemeinschaft hervorgegangen sind (Sorge: § 1626a Abs. 1 BGB; Umgangsrecht: § 1684 BGB). Daneben sind Unterhaltsansprüche zwischen nicht miteinander verheirateten Eltern denkbar (§ 1615 l BGB, Rn 641 ff). Unabhängig davon greift der Schutz des Gewaltschutzgesetzes (Rn 162 ff).

Im Übrigen fehlen Regelungen, was das Verhältnis zwischen den Partnern angeht. Aus diesem Grund gibt es grundsätzlich keine Ausgleichsansprüche nach Beendigung der Gemeinschaft. Es erfolgt weder ein Ausgleich des Zugewinns, noch der Rentenanwartschaften. Auch Unterhaltsansprüche nach Beendigung der nichtehelichen Lebensgemeinschaft werden, jenseits der kindbezogenen Unterhaltsansprüche des § 1615l BGB, nicht anerkannt. Die gesetzlichen Regelungen für Eheleute sind nicht, auch nicht analog, anwendbar.

Vorschriften aus anderen Rechtsbereichen können hingegen übertragen werden: So können die nichtehelichen Lebensgefährten sich zB wechselseitig vertraglich absichern oder auch testamentarisch bedenken, in rechtliche Beziehung zu Dritten treten und Verträge schließen. Auch darf etwa der Vermieter die Aufnahme des nichtehelichen Lebensgefährten in die Wohnung nicht verweigern.

573 Zudem zeichnet sich in der Rechtsprechung eine Tendenz zur Verrechtlichung auch dieser Gemeinschaft ab: So werden bei Leistungen von erheblicher Bedeutung **Ausgleichsansprüche** nach Beendigung der Lebensgemeinschaft nach den Grundsätzen des Wegfalls der Geschäftsgrundlage anerkannt. Auf diese Weise können uA Zuwendungen der Partner ausgeglichen werden, die in der Vorstellung erfolgten, die Gemeinschaft werde Bestand haben (§ 313 Abs. 1 BGB bzw § 812 Abs. 1 2. Alt. BGB)[89].

---

[89] BGH, FamRZ 2011, 1563.

Beispiel: Die Lebensgefährten erwerben eine Immobilie. Als Eigentümerin wird die Frau eingetragen. Der Mann finanziert die Immobilie durch ein von ihm aufgenommenes Darlehen nahezu allein und erbringt darüber hinaus erhebliche Eigenleistungen bei der Renovierung.

574 Nicht ausgeglichen werden können hingegen Leistungen im Rahmen des täglichen Zusammenlebens. Dadurch kann es beim Auseinandergehen zu Härten kommen. Dies gilt in besonderer Weise, wenn aus der Verbindung Kinder hervorgegangen sind und die Partner eine Rollenverteilung gewählt haben, die bei einem der Partner zu einem Verlust seiner wirtschaftlichen Eigenständigkeit geführt hat. Die Rechtsprechung akzeptiert das als Konsequenz der Lebensentscheidung der nicht miteinander verheirateten Partner, eben keine Ehe schließen zu wollen[90].

Kapitel 6: Unterhaltsrecht

I. Die Struktur eines Unterhaltsanspruchs

1. Überblick

575 Zur wohl wichtigsten Rechtspflicht von Familienangehörigen gehört die gegenseitige finanzielle Sicherung des Lebensunterhalts. Zum Kern des Familienrechts gehören dementsprechend die gegenseitigen **Unterhaltsansprüche** der Familienmitglieder.

Unterhalt kann dabei nicht ohne Weiteres verlangt werden. Ein Anspruch setzt zunächst einen „Unterhaltsgrund" (zB Ehe) voraus. Dieser allein genügt dabei noch nicht, um einen Zahlungsanspruch auszulösen. Vielmehr muss der Anspruchsteller den Unterhalt auch tatsächlich benötigen (Bedürftigkeit) und der Schuldner muss in der Lage sein, den geforderten Unterhalt auch zu bezahlen (Leistungsfähigkeit). Im Zentrum des Unterhaltsrechts stehen dementsprechend aufwändige Berechnungen. Zuletzt kann der Anspruchsteller durch sein Verhalten oder aufgrund anderer Umstände einen ihm im Grundsatz zustehenden Unterhaltsanspruch auch wieder verlieren.

576 Ein Unterhaltsanspruch besteht dabei immer nur dann, wenn alle Voraussetzungen vorliegen und keine Einwendungen bestehen. Daraus ergibt sich eine fünfstufige Prüfung, die folgende Aspekte umfasst:

- Vorliegen einer Anspruchsgrundlage (Unterhaltsgrund),
- Unterhaltsbedarf,
- Bedürftigkeit des Unterhaltsgläubigers,
- Leistungsfähigkeit des Unterhaltsschuldners und
- keine Beschränkung bzw kein Ausschluss des Unterhaltsanspruchs.

Diese Logik gilt im Grundsatz für alle Unterhaltsansprüche, allerdings mit Modifikationen bei den einzelnen Unterhaltstatbeständen. Daher wird im Folgenden zunächst die allgemeine Struktur eines Unterhaltsanspruchs vorgestellt. Vor diesem Hintergrund werden sodann die einzelnen Unterhaltstatbestände und deren jeweilige Besonderheiten behandelt.

---

90 Wellenhofer, NZFam 2021, 381.

Teil III: Grundlagen des Familienrechts

2. Anspruchsgrundlagen – Die „Unterhaltsgründe"

Unterhaltsansprüche gibt es in verschiedenen familiären **Kontexten**. Folgende Ansprüche stehen im Zusammenhang mit der Ehe: 577
- Während intakter Ehe: § 1360 BGB.
- Während der Trennung: § 1361 BGB.
- Nach der Scheidung: §§ 1569 ff BGB.

Außerhalb der Ehe gibt es folgende Unterhaltsansprüche:
- Verwandtschaft in gerader Linie (§§ 1601 ff BGB).
- Anspruch der unverheirateten Mutter gegenüber dem Kindesvater aus Anlass der Geburt bzw Betreuung des Kindes (§ 1615l BGB).

Gibt es mehrere Unterhaltsschuldner, gilt folgende **Reihenfolge der Haftung**: Der Ehegatte – auch der geschiedene (§ 1584 BGB) – haftet vor den Verwandten (§ 1608 Abs. 1 BGB). Gleiches gilt für den unverheirateten Vater, der gegenüber der Kindesmutter unterhaltspflichtig ist (§ 1615l Abs. 3 S. 2 BGB). Unterhaltsansprüche gegen Verwandte kommen erst dann in Betracht, wenn der vorrangig haftende Schuldner nicht leistungsfähig ist (§ 1608 Abs. 1 S. 2 BGB). 578

Unter den Verwandten haften zunächst die Abkömmlinge vor den Verwandten der aufsteigenden Linie (§ 1606 Abs. 1 BGB) und unter diesen jeweils die näheren vor den entfernteren (§ 1606 Abs. 2 BGB). An erster Stelle sind daher die eigenen Kinder (vor den Enkelkindern) in Anspruch zu nehmen. Nur wenn diese nicht existieren oder nicht leistungsfähig sind, kommt ein Vorgehen gegen die eigenen Eltern bzw Großeltern in Betracht. Gleich nahe Verwandte haften anteilig nach ihren Einkommens- und Vermögensverhältnissen.

3. Unterhaltsbedarf – Was braucht der Bedürftige?

In der Sache soll der Unterhalt die elementaren Lebensbedürfnisse des Berechtigten decken. Dazu gehören: Kleider, Nahrung, Wohnung, ärztliche Betreuung, Freizeit und Erholung sowie die Kosten einer angemessenen Krankenversicherung. 579

Was innerhalb einer zusammenlebenden Familie überwiegend in natura erbracht wird, ist im Rahmen einer nicht zusammenlebenden Familie in Geld auszudrücken. Da die Lebensverhältnisse im Wesentlichen von dem vorhandenen Einkommen geprägt werden, ist dieses Dreh- und Angelpunkt aller Unterhaltsberechnungen. Bei den meisten Unterhaltsansprüchen (mit Ausnahme des Anspruchs der unverheirateten Mutter) wird dafür auf das Einkommen des Unterhaltsschuldners abgestellt. Ist die Einkommenssituation auch durch Einkommen des Berechtigten geprägt (zB bei einer Teilzeittätigkeit des unterhaltsbegehrenden Ehegatten), ist dieses ebenso zu berücksichtigen. Abzustellen ist dabei auf das sog **bereinigte Nettoeinkommen**.

Dieses wird wie folgt berechnet: 580
- Grundlage ist das durchschnittliche Jahreseinkommen des Unterhaltsschuldners. Dazu gehören auch das Urlaubs- und Weihnachtsgeld sowie sonstige Zuwendungen, zB ein vom Arbeitgeber zur Verfügung gestelltes Firmenfahrzeug, Zulagen oder Überstundenvergütungen. Einkommen aus einer Nebentätigkeit ist im Rahmen der Billigkeit einzusetzen. Zum Einkommen zählen auch Steuererstattungen, Arbeitslosengeld I, Wohngeld, Vergütung für Mehrarbeit, Übergangsbeihilfen, Abfindungen, Gratifikationen, Krankengeld oder Renten. Nicht anzurechnen sind So-

zialhilfe, Arbeitslosengeld II, Sozialgeld und Leistungen nach dem Unterhaltsvorschussgesetz.

581 ■ Das Einkommen ist in einem zweiten Schritt um folgende Positionen zu bereinigen:
- Eine Zusatzversicherung zur Altersvorsorge ist gegenüber dem Ehegatten in Höhe von 4 % des Bruttoeinkommens anzuerkennen.
- Berufsbedingte Aufwendungen: Für Fahrten zwischen Wohnung und Arbeitsstätte ist eine Kilometerpauschale abzusetzen in Höhe von 5 % des monatlichen Nettoeinkommens, mindestens 50 € und höchstens 150 €. Höhere Kosten können bei entsprechendem Nachweis geltend gemacht werden.
- Sonstiges, zB Kfz bei Berufsfahrern.
- Private Verpflichtungen: Abzugsfähig sind vorrangige Unterhaltsverpflichtungen. Ob sonstige private Verbindlichkeiten abzugsfähig sind, ist eine Frage des Einzelfalles und richtet sich auch danach, wer Unterhalt verlangt: Gegenüber dem (getrennten oder geschiedenen) Ehegatten gelten etwa großzügigere Maßstabe als gegenüber Kindern.

582 Der Bedarf wird dann in Abhängigkeit von diesem Einkommen festgestellt. Eine konkrete Bezifferung des Unterhaltsbedarfs ist überwiegend gesetzlich nicht vorgegeben. Die Oberlandesgerichte haben allerdings sog **Unterhaltstabellen** entwickelt, in denen sie für die einzelnen Berechtigten die Unterhaltsbedarfe, Beträge für den Selbstbehalt und Berechnungsmodi konkretisieren. Die gebräuchlichste ist die sog Düsseldorfer Tabelle, in den südlichen Bundesländern werden zT die sog Süddeutschen Leitlinien verwendet. Die Tabellen stellen lediglich Richtwerte dar. Die in ihnen ausgewiesenen Beträge sind für den Richter zwar nicht rechtsverbindlich. Im Regelfall orientieren sich die Gerichte jedoch daran.

583 Über den regulären Unterhalt, der die monatlichen Grundbedürfnisse decken soll, hinaus, können weiter folgende Positionen verlangt werden:
■ Mehrbedarf: Mehrbedarf sind laufend anfallende (vorhersehbare) Kosten, die den Rahmen des regulären Unterhalts übersteigen.
Beispiele: Krankenversicherungs- und Pflegeversicherungsbeiträge, sofern keine Familienversicherung besteht; Kosten einer Heimunterbringung; Studiengebühren; Gebühren für Kindertagesstätte.

■ Sonderbedarf: Sonderbedarf ist ein unregelmäßiger und außergewöhnlich hoher Bedarf (§ 1613 Abs. 2 Nr. 1 BGB). Er tritt so plötzlich auf, dass keine Möglichkeit besteht, zur Deckung dieses Bedarfs anzusparen und Rücklagen zu bilden.
Beispiele: Operationen; kieferorthopädische Behandlung; Kurkosten; Klassenfahrt (str).

4. Bedürftigkeit des Unterhaltsgläubigers – Braucht er Unterhalt?

584 Kommt ein Unterhaltsanspruch im Grundsatz in Betracht, so stellt sich weiter die Frage, ob der Unterhaltsgläubiger auf Unterhalt angewiesen ist, ob er bedürftig ist. Bedürftig ist der Unterhaltsgläubiger, wenn er nicht in der Lage ist, seinen Lebensbedarf aus eigenen Kräften hinreichend selbst zu bestreiten. Denkbare Quellen für die Sicherung des eigenen Lebensunterhalts sind:
■ Vermögenseinkünfte,
■ die Verwertung eines etwa vorhandenen Vermögensstamms,

Teil III: Grundlagen des Familienrechts 241

- vorhandene Erwerbseinkünfte oder
- sonstige Einkünfte.

Probleme stellen sich vor allem, wenn ein Unterhaltsgläubiger keine oder keine ausreichenden Einkünfte besitzt, aber solche erzielen könnte. 585

Beispiel: Die 19-jährige Sina hat nach dem Ende ihrer Schule keine Ausbildung begonnen. Sie verlangt von ihren Eltern Unterhalt. Sie verfügt über keine Einkünfte, könnte aber über welche verfügen, wenn sie sich um eine Arbeitsstelle bemühte.

Das Abstellen auf vorhandene Einkünfte birgt das Risiko, dass der Anspruchsteller seine Bedürftigkeit missbräuchlich herbeiführt oder aufrechterhält, um Unterhalt zu bekommen. Um dies zu vermeiden, trifft den Unterhaltsberechtigten die Obliegenheit, sich unter Ausschöpfung der vorhandenen Mittel um die bestmögliche Sicherung seines Lebens zu bemühen. Dazu gehört insbesondere die Pflicht, eine zumutbare Erwerbstätigkeit aufzunehmen bzw sich um eine solche zu bemühen. Diese Obliegenheit ist keine einklagbare Pflicht. Sie formuliert vielmehr eine vor allem im eigenen Interesse bestehende Anforderung. Wird sie verletzt, drohen unterhaltsrechtliche Konsequenzen: In diesem Fall wird der Unterhaltsberechtigte so behandelt, als hätte er die ihm möglichen Einkünfte. Dazu rechnen ihm die Gerichte die erzielbaren Einkünfte als sog **fiktives Einkommen** zu. Das kann dazu führen, dass sich die Bedürftigkeit des Anspruchstellers rechnerisch mindert oder sie sogar entfällt.

Ob die Aufnahme einer Erwerbstätigkeit zumutbar ist, hängt von den Umständen des Einzelfalles ab. Kinder etwa, die sich in der Ausbildung befinden, trifft gegenüber ihren Eltern keine **Erwerbsobliegenheit**. Gleiches gilt für Unterhaltsberechtigte, die krank sind. Trifft den Unterhaltsberechtigten hingegen eine Erwerbsobliegenheit, so werden von ihm äußerste Anstrengungen erwartet, um eine Arbeit zu erlangen. Er muss dazu seine Kraft im Umfang der ihm zumutbaren Tätigkeit (im Regelfall eine Vollzeittätigkeit) in Erwerbsbemühungen investieren. Die bloße Meldung beim Jobcenter als arbeitssuchend genügt nicht. Vielmehr muss er sich bundesweit aktiv um Arbeit bemühen, sich auf ausgeschriebene Stellen bewerben sowie Initiativbewerbungen erstellen.

5. Leistungsfähigkeit des Unterhaltsschuldners – Kann der andere überhaupt zahlen?

Die **Leistungsfähigkeit** stellt das Korrelat zur Bedürftigkeit auf Seiten des Unterhaltsschuldners dar: Unterhalt muss nur zahlen, wer auch in der Lage ist, ihn aufzubringen. Neben Erwerbseinkünften müssen dazu auch die Einkünfte aus dem Vermögen (also Zinseinkünfte) eingesetzt werden. Notfalls muss der Vermögensstamm selber verwertet werden. 586

Die Unterhaltspflicht endet dort, wo die Mittel des Unterhaltsschuldners, die er für den eigenen Lebensunterhalt benötigt, gefährdet werden. Dem Unterhaltsschuldner muss ein gewisser Mindestbetrag seines Einkommens verbleiben, um seinen eigenen Lebensbedarf zu decken. Dieser Betrag wird als **Selbstbehalt** bezeichnet. Er variiert in der Höhe gegenüber den jeweiligen Unterhaltsberechtigten. Unterhalt ist nur dann geschuldet, wenn und soweit das einzusetzende Einkommen des Schuldners diesen Selbstbehalt übersteigt. Auch die Selbstbehaltssätze werden in der Düsseldorfer Tabelle konkretisiert. Reicht das vorhandene Geld nicht aus, um den Anspruch zu erfüllen, erlischt der Anspruch insoweit.

587 Auch in diesem Zusammenhang stellt sich die Gefahr, dass der Unterhaltsschuldner seine Einkünfte reduziert, um keinen Unterhalt zahlen zu müssen.

Beispiele: Ein Mann reduziert seine Erwerbstätigkeit, um seiner geschiedenen Frau nichts zahlen zu müssen; der geschiedene Ehemann gibt nach einer weiteren Eheschließung seine Arbeit auf, um den Haushalt zu führen.

Die Leistungsfähigkeit des Unterhaltspflichtigen wird dabei nicht ausschließlich durch sein tatsächliches Einkommen bestimmt, sondern auch durch seine Erwerbsfähigkeit und seine Erwerbsmöglichkeiten[91]. In gleicher Weise wie für den Bedürftigen gilt daher auch für den Unterhaltsverpflichteten eine **Erwerbsobliegenheit**: Entfaltet der Unterhaltsschuldner nicht die ihm zumutbaren Erwerbsbemühungen, so werden ihm diejenigen Einkünfte fiktiv zugerechnet, die er erzielen könnte, wenn er die erforderlichen Bemühungen entfalten würde. Tut er dies nicht oder erfolgte etwa ein Arbeitsplatzverlust in unterhaltsrechtlich vorwerfbarer Weise (leichtfertige Arbeitsplatzaufgabe, selbst verschuldeter Arbeitsverlust), ist das erzielbare (vormalige) Gehalt fiktiv zu Grunde zu legen.

Beispiele: Nicht zwingend gebotener Wechsel in eine weniger gut bezahlte Stellung; Herabsetzung der wöchentlichen Arbeitszeit ohne sachlichen Grund; Wechsel in die Selbstständigkeit ohne Rücklagen zu bilden; Aufgabe der Berufstätigkeit, um ein Studium aufzunehmen (Nebentätigkeit zumutbar).

In der Konsequenz kann es dazu kommen, dass dem Unterhaltsschuldner ein Einkommen fiktiv zugerechnet wird, das er tatsächlich nicht erzielt, und er zur Zahlung von Unterhalt verpflichtet wird, selbst wenn er faktisch das Geld nicht hat. Für den Unterhaltsgläubiger ist der Beschluss jedoch gleichwohl nicht wertlos. Zwar kann er uU seinen Unterhaltsanspruch im Moment nicht realisieren. Da der Beschluss jedoch wirksam ist, kann er, sobald der Unterhaltsschuldner später zu Geld kommt, seine Ansprüche uU später vollstrecken.

588 Wenn mehrere Unterhaltsbedürftige Ansprüche erheben, kann es überdies sein, dass das Einkommen des Unterhaltsschuldners nicht zur Deckung aller Unterhaltsansprüche ausreicht.

Beispiel: Herr Sonne ist geschieden. Aus seiner Ehe stammen 4 Kinder im Alter von 5, 12, 17 und 26 Jahren. Daneben hat er drei weitere minderjährige Kinder zwischen 1 und 2 Jahren aus mehreren Beziehungen. Alle Kinder, Frau Sonne und die Mütter seiner außerehelich geborenen Kinder verlangen Unterhalt. Herr Sonne hat nicht genügend Einkommen, um alle Ansprüche zu befriedigen.

Reicht das Einkommen des Unterhaltsschuldners nicht aus, um alle Ansprüche zu decken, legt § 1609 BGB eine **Rangfolge** fest, nach der der Bedarf zu decken ist.
1. Rang: Minderjährige und privilegierte volljährige Kinder (§ 1603 Abs. 2 S. 2 BGB).
2. Rang: Alle Elternteile, denen Betreuungsunterhalt zusteht (verheiratete aus § 1570 BGB und nicht verheiratete aus § 1615l Abs. 2 BGB), daneben lang verheiratete (auch geschiedene) Ehegatten.
3. Rang: Sonstige (auch geschiedene) Ehegatten.
4. Rang: Sonstige Kinder.
5. Rang: Enkelkinder und weitere Abkömmlinge.
6. Rang: Eltern.
7. Rang: Weitere Verwandte der aufsteigenden Linie (Großeltern, Urgroßeltern), wobei die näheren vor den entfernteren rangieren.

---

[91] BVerfG, NZFam 2021, 74 (75) m w Nachw.

Teil III: Grundlagen des Familienrechts

Zuerst sind die Ansprüche der erstrangigen Bedürftigen zu decken. Erst wenn deren Bedarf vollumfänglich gedeckt ist, können nachrangige Unterhaltsberechtigte bedient werden. Reicht das Geld hingegen nicht mehr für die zweitplatzierten Gläubiger, weil der Schuldner dann nicht mehr leistungsfähig ist, steht den nachrangigen Gläubigern kein Anspruch zu. 589

Beispiel: Im Beispielsfall ist zunächst der Unterhalt der minderjährigen Kinder zu sichern. Soweit dann noch freies Einkommen vorhanden ist, kommen Frau Sonne sowie die anderen Mütter mit ihren Forderungen zum Zuge. Nur wenn dann noch Einkommen vorhanden ist, das den Selbstbehalt von Herrn Sonne übersteigt, wird auch der Anspruch seines volljährigen Kindes erfüllt.

Die Unterhaltsberechtigten innerhalb eines Ranges genießen Gleichrang. Reicht das vorhandene Einkommen des Schuldners nicht einmal aus, um die Ansprüche aller Erstplatzierten zu decken, so ist der Unterhaltsanspruch anteilig nach den vorhandenen Mitteln zu kürzen: Es erfolgt eine sog **Mangelfallberechnung**.

Beispiel: Kann etwa Herr Sonne im Beispielsfall lediglich 10 % der Unterhaltsansprüche seiner minderjährigen Kinder erfüllen, so erhalten sie diese Quote. Ihr darüber hinausgehender Unterhaltsanspruch erlischt.

6. Beschränkung des Unterhalts – Der bekommt kein Geld von mir!

Bestimmte Verhaltensweisen des Unterhaltsgläubigers können dazu führen, dass er einen eigentlich gegebenen Unterhaltsanspruch wieder verliert bzw dieser beschränkt wird. Anwendungsfälle sind zum einen die selbst verschuldete Bedürftigkeit des Berechtigten, zum anderen Verfehlungen des Berechtigten gegenüber dem Verpflichteten. 590

Beispiel: Ein Vater möchte seinem volljährigen drogenabhängigen Kind keinen Unterhalt zahlen, nachdem dieses ihn mehrfach bestohlen und mit einem Messer angegriffen hat.

7. Hilfsansprüche – Erst einmal informieren!

Flankierend zu dem Unterhaltsanspruch hat der Berechtigte einen **Auskunftsanspruch** über Einkünfte und Vermögen des Schuldners (Verwandtenunterhalt: § 1605 Abs. 1 BGB; Trennungsunterhalt: § 1361 Abs. 4 S. 4 iV mit § 1605 Abs. 1 BGB; nachehelicher Unterhalt: § 1580 iV mit § 1605 Abs. 1 BGB; unverheiratete Mutter: § 1615l Abs. 3 S. 1 BGB iV mit § 1605 Abs. 1 BGB). Dieser Anspruch ist immer dann von Bedeutung, wenn dem Unterhaltsberechtigten das genaue Einkommen bzw die Vermögensverhältnisse des Verpflichteten nicht bekannt sind. Er erlaubt dem Berechtigten, den Verpflichteten zur Offenlegung seiner Einkommens- und Vermögenssituation zu zwingen und damit zu prüfen, ob und was für ein Unterhalt ihm zusteht. 591

Die Auskunftspflicht bezieht sich auf alle tatsächlich erzielten Einkünfte. Bei Einkünften aus unselbstständiger Arbeit bezieht sich die Auskunftsverpflichtung in der Regel auf das dem Auskunftsverlangen vorausgehende Jahr. Bei selbständig Erwerbstätigen wird Auskunft über den Gewinn innerhalb eines dem Unterhaltszeitraum möglichst nahe liegenden Dreijahreszeitraums geschuldet. Nach erteilter Auskunft gilt grundsätzlich eine Sperrfrist von zwei Jahren für eine Wiederholung des Auskunftsverlangens (§ 1605 Abs. 2 BGB).

8. Unterhalt für die Vergangenheit und Unterhaltsvereinbarungen

592 Der Unterhaltsanspruch entsteht, sobald seine Voraussetzungen vorliegen. Er endet in dem Zeitpunkt, in dem auch nur eine Voraussetzung (etwa die Leistungsfähigkeit) entfällt.

Unterhalt kann dabei grundsätzlich nur für die Zukunft verlangt werden. Eine rückwirkende Geltendmachung von **Unterhalt für die Vergangenheit** kommt nur in folgenden Fällen in Betracht (Verwandte: § 1613 Abs. 1 BGB; Trennungsunterhalt: §§ 1361 Abs. 4 S. 4, 1360a Abs. 3 BGB; nachehelicher Unterhalt: § 1585b Abs. 2 BGB; unverheiratete Mutter: § 1615l Abs. 3 S. 1 BGB):

- Ab dem Zeitpunkt, ab dem der Verpflichtete aufgefordert wurde, Auskunft über sein Vermögen/Einkommen zu erteilen.
- Ab Rechtshängigkeit eines Antrags auf Unterhaltsfestsetzung. Rechtshängig ist der Antrag, wenn das Gericht ihn der Gegenseite zugestellt hat.
- Ab Verzug mit der Leistung (§ 286 BGB): Der Schuldner gerät in Verzug durch Nichtleistung nach einer Mahnung. Eine Mahnung ist eine ernstliche und unzweideutige bezifferte Zahlungsaufforderung. Der geforderte Unterhaltsbetrag ist dabei konkret zu beziffern. Keiner Mahnung bedarf es, wenn der Schuldner die Zahlung ernsthaft und endgültig verweigert.

Der Unterhaltsanspruch kann in diesen Fällen ab dem 1. des jeweiligen Monats, in den das Ereignis fällt, geltend gemacht werden.

Jenseits dieser Tatbestände ist die rückwirkende Geltendmachung von Unterhalt für die Vergangenheit für Sonderbedarf möglich: Dieser kann grundsätzlich bis zu einem Jahr rückwirkend nach seinem Entstehungsgrund geltend gemacht werden; danach nur bei Verzug oder Rechtshängigkeit des Anspruchs (Verwandte: § 1613 Abs. 2 BGB; Trennungsunterhalt: §§ 1361 Abs. 4 S. 4,1360a Abs. 3; nachehelicher Unterhalt: § 1585b Abs. 1 BGB; unverheiratete Mutter: § 1615l Abs. 3 S. 3 BGB).

593 Der laufende Unterhalt ist im Regelfall durch die Zahlung einer **Geldrente** monatlich im Voraus zu gewähren (Verwandtenunterhalt: § 1612 Abs. 3 BGB; Trennungsunterhalt: § 1361 Abs. 4 S. 1 BGB; nachehelicher Unterhalt: § 1585 Abs. 2 BGB; unverheiratete Mutter: § 1615l Abs. 3 BGB).

Er erlischt beim Tod des Berechtigten oder des Verpflichteten (Verwandtenunterhalt: § 1615 BGB; Ehegattenunterhalt: 1360a Abs. 3 BGB; Trennungsunterhalt: § 1361 Abs. 4 S. 4 BGB; nachehelicher Unterhalt: § 1586 Abs. 1 BGB, allerdings mit Besonderheiten beim Tod des Verpflichteten [geschiedener Ehegatte]: § 1586b BGB; unverheiratete Mutter: § 1615l Abs. 3 BGB).

Im Bereich des Unterhaltsrechts sind rechtsgeschäftliche Vereinbarungen denkbar und auch häufig anzutreffen. Häufiger Regelungsgegenstand von **Unterhaltsvereinbarungen** ist ein Ausschluss von Unterhaltsansprüchen sowie Vereinbarungen über Höhe und Dauer von Ansprüchen. Rechtlich ist dies nur eingeschränkt möglich: Ein vertraglicher Verzicht auf Ehegatten- oder Trennungsunterhalt ist gesetzlich ebenso unzulässig wie der Verzicht auf Kindesunterhalt (§§ 1360a Abs. 3, 1361 Abs. 4, 1361a Abs. 3, 1614 Abs. 1 BGB). Dahingehende Vereinbarungen sind nichtig (§ 134 BGB). Ein Verzicht auf nachehelichen Unterhalt ist hingegen grundsätzlich möglich, kann aber sittenwidrig sein (Rn 640).

II. Verwandtenunterhalt

1. Anspruchsgrundlage für den Verwandtenunterhalt

Ein Unterhaltsanspruch besteht nur zwischen **Verwandten in gerader Linie** (§ 1601 BGB). Ausschlaggebend ist die abstammungsrechtliche Situation. Unterhaltspflichtig ist ein Mann daher einem Kind nur dann, wenn er auch rechtlich sein Vater ist. Unerheblich ist, ob die Abstammungszurechnung zutreffend ist oder nicht. Der bloß biologische Vater, der nicht auch rechtlicher Vater ist, ist hingegen nicht unterhaltspflichtig. Unerheblich ist die sorgerechtliche Situation. Keine Pflichten bestehen bei Verwandtschaft im Seitengrad. Gibt es mehrere Unterhaltspflichtige, ist die Rangfolge des § 1606 BGB zu beachten (vgl Rn 588).

594

2. Unterhaltsbedarf

a) Umfang und Inhalt des Unterhaltsanspruchs

Geschuldet ist angemessener Unterhalt (§ 1610 BGB). Dieser umfasst bei Kindern insbesondere folgende Positionen:

- Gesamter Lebensbedarf des Kindes (Wohnung, Verpflegung, Kleidung).
- Kosten einer angemessenen Vorbildung zu einem Beruf (§ 1610 Abs. 2 BGB). Dies impliziert die Pflicht der Eltern zur Finanzierung einer angemessenen und Begabung, Eignung und Neigung des Kindes entsprechenden **Berufsausbildung**.

Die Unterhaltspflicht erstreckt sich bis zur Erreichung eines Regelabschlusses. Dabei ist keine feste Altersgrenze vorgesehen. Allerdings trifft das Kind die Obliegenheit, seine Ausbildung ernsthaft zu betreiben. Hält es sich nicht daran, kann das seinen Unterhaltsanspruch gefährden.

Die Finanzierung einer **Zweitausbildung** kommt nur in Ausnahmefällen in Betracht:

- Die Erstausbildung beruhte auf einer groben Verkennung der Fähigkeiten des Kindes.
- Das Kind wurde in einen seinen Begabungen und Neigungen nicht entsprechenden Beruf gedrängt.
- Die Zweitausbildung steht in einem engen sachlichen und zeitlichen Zusammenhang mit der vorangehenden Ausbildung und die Finanzierung ist den Eltern wirtschaftlich zumutbar.

Beispiele: Abitur – Banklehre – BWL- oder Jurastudium; Fachhochschulreife – Erzieherausbildung - Studium der Sozialen Arbeit.

595

Auf welche Art Unterhalt zu gewähren ist, ist ausdrücklich in § 1612 BGB geregelt. Zu unterscheiden sind zwei Unterhaltsformen:

596

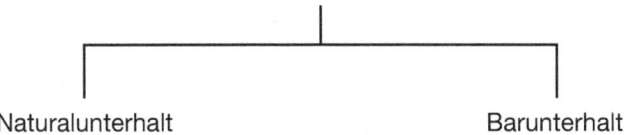

Im Grundsatz ist Verwandtenunterhalt als **Barunterhalt** konzipiert, der in Form eines monatlichen Geldbetrags zu gewähren ist (§ 1612 Abs. 1 BGB). **Naturalunterhalt**

(Gewährung von Unterkunft, Verpflegung, Erziehung) kann der Verpflichtete nur in besonderen Fällen anbieten (§ 1612 Abs. 1 S. 2 BGB).

Das Gegenteil gilt für den Unterhalt, den Eltern ihren unverheirateten Kindern leisten: Gem. § 1612 Abs. 2 BGB besitzen die Eltern ein Bestimmungsrecht über die Art der Unterhaltsgewährung. Sie können sich mithin für Naturalunterhalt entscheiden, müssen dabei allerdings die Belange der Kinder berücksichtigen. Ausdrücklich ist dies auch für den Fall getrenntlebender Eltern eines minderjährigen Kindes geregelt: Lebt das Kind nicht im Haushalt des Unterhaltsverpflichteten kann dieser naturgemäß dem Kind keinen Naturalunterhalt anbieten, sondern muss Barunterhalt leisten (§ 1612 Abs. 2 S. 2 BGB).

597 Für den Unterhalt von Kindern sind grundsätzlich beide Eltern zuständig. Sie haften entsprechend ihrer Einkommens- und Vermögensverhältnisse (§ 1606 Abs. 3 BGB).

Dieser Grundsatz wird im Verhältnis der Eltern minderjähriger Kinder untereinander wie folgt modifiziert: Der kindbetreuende Elternteil erfüllt seine Unterhaltspflicht durch Pflege und Erziehung des Kindes umfänglich (§ 1606 Abs. 3 S. 2 BGB). Zugeschnitten ist diese Konzeption auf eine Lebenswirklichkeit, bei der ein Elternteil das Kind alleine betreut (Residenzmodell). Also: Einer betreut das Kind; derjenige, bei dem das Kind nicht lebt, zahlt. Nur in sehr wenigen Fällen ist es denkbar, dass derjenige, der das Kind betreut, auch verpflichtet ist, für den Barunterhalt zu sorgen: Die Rechtsprechung nimmt das an, wenn der betreuende Elternteil wesentlich (mindestens 500 €) mehr verdient als der nichtbetreuende Elternteil und er zudem den Unterhalt des Kindes decken kann, ohne seinen angemessenen Selbstbehalt zu gefährden[92].

Teilen sich die Eltern demgegenüber die Betreuung (so beim Wechselmodell), bleibt es bei dem Grundsatz: Beide Eltern haben anteilig für den Barbedarf des Kindes einzustehen, der sich dann nach dem beiderseitigen Einkommen der Eltern bestimmt[93]. Zugleich erhöht sich der Unterhaltsbedarf des Kindes wegen der erhöhten Versorgungskosten in zwei Haushalten um einen vom Gericht zu schätzenden Mehrbetrag.

Ebenfalls anteilig nach ihren Erwerbs- und Vermögensverhältnissen müssen beide Elternteile für den Mehrbedarf des Kindes aufkommen. Zum Mehrbedarf zählen etwa die Kosten für eine pädagogisch veranlasste Betreuung in Einrichtungen, also Kindergärten, Schule oder Horten[94]. Gleiches gilt, wenn das Kind volljährig wird.

b) Die Bezifferung des Barunterhalts

598 Der konkret geschuldete Unterhalt richtet sich nach der Lebensstellung des Bedürftigen (§ 1610 Abs. 1 BGB). Da sich die Lebensstellung minderjähriger Kinder von ihren Eltern ableitet, ist deren konkreter Lebensstil maßstabsbildend.

Innerhalb einer intakten Familie wird der Unterhalt im Regelfall in Naturalien erbracht: Das Kind wohnt bei den Eltern und erhält von diesen Essen, Kleidung und die sonstigen Mittel unmittelbar zur Verfügung gestellt. Die Geldleistungen reduzieren sich auf das Taschengeld. Leben die Eltern hingegen getrennt oder lebt das Kind gar nicht mehr zu Hause, so stellt sich die Notwendigkeit, Barunterhalt zu leisten und damit die Schwierigkeit, den Unterhaltsbedarf des Kindes zu beziffern. Aus-

---

92 OLG Brandenburg, BeckRS 2018, 33631.
93 BGH, FamRZ 2014, 917; FamRZ 2015, 536; NJW 2017, 1676.
94 BGH, BeckRS 2017, 130464.

Teil III: Grundlagen des Familienrechts

schlaggebend für den Unterhalt des Kindes ist damit das Einkommen des barunterhaltspflichtigen Elternteils – falls beide in der Pflicht sind, natürlich das Einkommen beider.

599 Für minderjährige Kinder existiert ein in § 1612a BGB verbindlich vom Gesetzgeber vorgegebener **Mindestunterhalt**. Dieser wird in Abhängigkeit des steuerrechtlich freizustellenden sächlichen Existenzminimums des Kindes bestimmt. Das sächliche Existenzminimum wird durch Rechtsverordnung konkretisiert (Mindestunterhaltsverordnung). Der Mindestunterhalt beträgt – je nach Alter des Kindes – einen bestimmten Prozentsatz davon, konkret:

- 0–5 Jahre: 87 %.
- 6–11 Jahre: 100 %.
- 12–17 Jahre: 117 %.

Die Mindestunterhaltsverordnung wird alle zwei Jahre fortgeschrieben. Dies führt zu einer automatischen Veränderung des Mindestunterhalts alle zwei Jahre.

Außerhalb des Mindestunterhalts ist die konkrete Bezifferung des Unterhaltsbedarfs minderjähriger Kinder gesetzlich nicht vorgegeben. Auch hier finden sich konkrete Beträge in der Düsseldorfer Tabelle bzw den Süddeutschen Leitlinien. Die dort jeweils ausgewiesenen niedrigsten Beträge sind dabei deckungsgleich mit dem gesetzlichen Mindestunterhalt.

3. Bedürftigkeit des Unterhaltsberechtigten

600 Verwandtenunterhalt setzt **Bedürftigkeit** des Anspruchstellers voraus (§ 1602 Abs. 1 BGB). **Kindergeld** mindert den Bedarf des Kindes (§ 1612b Abs. 1 BGB). Für die Anrechnung gilt:

- Bei minderjährigen Kindern, die von einem Elternteil betreut werden, ist das Kindergeld zu 50 % anzurechnen.
- In allen anderen Fällen (volljährige Kinder, fremdbetreute minderjährige Kinder, Kinder die im Wechselmodell abwechselnd von beiden Eltern betreut werden) wird das Kindergeld zu 100 % auf ihren Bedarf angerechnet.

Auch sonstiges vorhandenes Einkommen ist auf den Bedarf des Minderjährigen anzurechnen. BAföG ist nur dann anzurechnen, wenn es als Zuschuss oder in Form eines zinslosen Darlehens gewährt wird (§ 17 Abs. 1, Abs. 2 BAföG). Wird es als verzinsliches Bankdarlehen gewährt, ist es hingegen nicht als Einkommen zu berücksichtigen.

Weitere Besonderheiten für den Unterhaltsanspruch von Kindern gegenüber ihren Eltern:

- **Vermögen**: Minderjährige Kinder müssen ihren Vermögensstamm grundsätzlich nicht angreifen. Vielmehr sind – soweit Vermögen vorhanden ist – lediglich die Zinsen als Einkommen anzurechnen. Anderes gilt ausnahmsweise dann, wenn die Eltern nicht leistungsfähig sind (§ 1603 Abs. 2 S. 3 Hs 2 BGB).
- **Erwerbsobliegenheit**: Minderjährige und volljährige Kinder, die sich in der Schule oder in einem Studium befinden, sind grundsätzlich nicht verpflichtet, einer Erwerbstätigkeit nachzugehen. Erzielt der Minderjährige hingegen aus seiner Berufsausbildung (Lehre) ein Einkommen, so ist dieses zT bedarfsmindernd anzurechnen.

4. Leistungsfähigkeit des Unterhaltsverpflichteten

601 Die Unterhaltspflicht besteht nur im Rahmen der Leistungsfähigkeit des Unterhaltsschuldners (§ 1603 Abs. 1 BGB). Der **Selbstbehalt** variiert dabei, je nach Unterhaltsberechtigtem: Gegenüber minderjährigen Kindern gelten deutlich niedrigere Selbstbehaltssätze als gegenüber anderen Unterhaltsberechtigten. Die aktuellen Beträge ergeben sich aus der Düsseldorfer Tabelle.

Der Gesetzgeber schreibt dabei für Eltern minderjähriger Kinder eine strengere Haftung als zwischen sonstigen Verwandten vor: Sind sie nicht in der Lage, ihren Kindern den eigentlich geschuldeten Unterhalt zu zahlen, so müssen sie alle verfügbaren Mittel zu ihrem und der Kinder Unterhalt gleichmäßig verwenden (§ 1603 Abs. 2 BGB). Man spricht auch davon, dass Eltern mit ihren minderjährigen Kindern eine **Notgemeinschaft** bilden müssen. Dies wird in der Weise umgesetzt, dass der Selbstbehalt für Eltern minderjähriger Kinder noch einmal gesenkt wird.

Diese verschärfte Haftung gilt nicht nur für minderjährige sondern auch für sog **privilegierte volljährige** Kinder. Privilegierte volljährige Kinder sind die volljährigen unverheirateten Kinder bis zur Vollendung des 21. Lebensjahres, solange sie im Haushalt der Eltern leben und sich in der allgemeinen Schulausbildung befinden (§ 1603 Abs. 2 S. 2 BGB). Auch wenn sie schon volljährig sind, ist ihre Situation nämlich durchweg vergleichbar mit der eines minderjährigen Kindes. Die Notgemeinschaft tritt dabei nur dann ein, wenn kein weiterer (leistungsfähiger) Unterhaltspflichtiger vorhanden ist (§ 1603 Abs. 2 S. 3 BGB). Hat das Kind hingegen noch zB leistungsfähige Großeltern, so gelten für die Eltern die regulären Selbstbehaltssätze. Reicht ihr Einkommen nicht aus, um dem Kind Unterhalt zu zahlen, kann das Kind dann auf die Großeltern zurückgreifen.

602 Wenn es darum geht, ein ausreichendes Einkommen für die eigenen Kinder sicherzustellen, werden besonders strenge Maßstäbe an den Unterhaltsschuldner angelegt: Er unterliegt einer **gesteigerten Erwerbsobliegenheit** gegenüber seinen minderjährigen sowie privilegierten volljährigen Kindern. In diesem Rahmen müssen alle zumutbaren Erwerbsmöglichkeiten ausgeschöpft werden. Notfalls müssen Überstunden geleistet oder Nebenbeschäftigungen aufgenommen werden, um zumindest den Mindestunterhalt der Kinder zu decken. Auch wenn der Unterhaltsverpflichtete eine neue Ehe eingeht und sich mit seinem neuen Ehepartner darauf einigt, dass er die Haushaltsführung übernimmt, stellt ihn das nicht automatisch von seinen Unterhaltsverpflichtungen frei. Selbst wenn in einer neuen Partnerschaft ein gemeinsames Kind zu versorgen ist, muss der Unterhaltsverpflichtete seine häusliche Tätigkeit auf das unabdingbare Mindestmaß beschränken und wenigstens eine Nebentätigkeit aufnehmen, um den Unterhalt seiner minderjährigen Kinder zu sichern.

5. Beschränkung des Unterhaltsanspruchs

603 § 1611 BGB regelt Fälle, in denen eine **Unterhaltspflicht unbillig** wäre. In diesen Fällen ist Unterhalt nur in einer Höhe zu leisten, die billig wäre. Bei grober Unbilligkeit fällt der Unterhaltsanspruch völlig weg (§ 1611 Abs. 1 S. 2 BGB). Im Rahmen dieses Tatbestandes werden häufig gegenseitige Verfehlungen geltend gemacht. Ein Unterhaltsausschluss ist letztlich immer das Ergebnis einer Abwägung, bei der auch das Vorverhalten des Unterhaltsberechtigten berücksichtigt wird. Eine Beschränkung kommt in folgenden Fällen in Betracht:

- Bedürftigkeit des Berechtigten aufgrund eigenen sittlichen Verschuldens.

Teil III: Grundlagen des Familienrechts

Beispiele: „Arbeitsscheu"; Wettschulden; Erwerbsverlust durch Alkoholismus.

- Gröbliche Verletzung der eigenen Unterhaltspflicht des Berechtigten gegenüber dem Verpflichteten.

  Beispiel: Ein Vater verlangt von seiner 30-jährigen Tochter Unterhalt. Er hat ihr als Kind seinerseits keinen Unterhalt gewährt, obwohl er dazu in der Lage gewesen wäre und ist deswegen auch rechtskräftig strafrechtlich verurteilt worden.

- Schwere vorsätzliche Verfehlung des Berechtigten gegenüber dem Unterhaltspflichtigen.

  Beispiel: Ein Vater verlangt von seiner 30-jährigen Tochter Unterhalt, die er als Kind sexuell missbraucht hat.

Eine Beschränkung wirkt auch für andere Unterhaltsverpflichtete: Muss also zB ein Kind seinem Vater keinen Unterhalt mehr zahlen, weil der Anspruch verwirkt ist, so kann der Vater auch nicht auf andere Unterhaltsverpflichtete zurückgreifen (§ 1611 Abs. 3 BGB).

Auch im Rahmen des Verwirkungstatbestandes sind minderjährige Kinder privilegiert: Ein Ausschluss ihrer Ansprüche gegenüber ihren Eltern ist nicht möglich (§ 1611 Abs. 2 BGB). Hingegen können volljährige privilegierte Kinder ihren Unterhaltsanspruch bei entsprechendem Verhalten verlieren.

6. Sonstige Besonderheiten

a) Geltendmachung des Unterhalts

Unterhalt wird grundsätzlich als konkret beziffter Festbetrag geltend gemacht. Minderjährige Kinder können zudem den Unterhalt von dem Elternteil, mit dem sie nicht zusammenleben, als Prozentsatz des jeweiligen Mindestunterhalts verlangen (§ 1612a Abs. 1 BGB). Der Mindestunterhalt fungiert dadurch zugleich als Rechengröße für die Festsetzung des Unterhalts. **604**

Verlangt der Minderjährige den Unterhalt als Prozentsatz erhält er einen sog **dynamischen Unterhaltstitel**, dessen Inhalt sich nach der aktuellen Höhe des Mindestunterhalts richtet und damit automatisch an dessen Erhöhung partizipiert. Wird demgegenüber ein zahlenmäßig festgelegter Unterhaltsbetrag verlangt, kann eine Anpassung an veränderte Verhältnisse nur nach einem gerichtlichen Verfahren, in dem der Unterhaltstitel abgeändert wird, erfolgen (§ 238 FamFG).

b) Rückwirkende Geltendmachung

Für die **rückwirkende Geltendmachung** von Unterhalt gilt folgende Besonderheit: **605**
Eine zeitlich unbegrenzte rückwirkende Geltendmachung des Unterhalts ist neben den regulären Tatbeständen des § 1613 Abs. 1, Abs. 2 Nr. 1 BGB (Verzug, Sonderbedarf, Rn 592) möglich, wenn der Unterhalt aus rechtlichen oder tatsächlichen Gründen bisher nicht geltend gemacht werden konnte. Dies ist insbesondere der Fall, wenn der Vater unbekannt ist oder der biologische Vater noch nicht rechtlich Vater ist (§ 1613 Abs. 2 Nr. 2 BGB).

Beispiel: Susi hat vor 6 Jahren außerehelich das Kind Jakob geboren. Erst jetzt wird die Vaterschaft gerichtlich festgestellt. Jakob kann für die letzten 6 Jahre Unterhalt verlangen.

Die nachträgliche Geltendmachung eines uU sehr hohen Rückstands kann den Verpflichteten in finanzielle Bedrängnis bringen. Zu seinem Schutz kann von der nachträglichen Erfüllung abgesehen werden; der Betrag kann aber auch aufgesplittet oder gestundet werden. Voraussetzung ist, dass die Geltendmachung des Rückstandes für ihn eine unbillige Härte bedeutet (§ 1613 Abs. 3 BGB).

c) Vertretung des Kindes

606 Für die Geltendmachung des Kindesunterhaltes gegenüber dem anderen Elternteil gelten Besonderheiten: Derjenige Elternteil, bei dem das Kind lebt, kann die Unterhaltsansprüche des Kindes gegen den anderen Elternteil allein geltend machen (§ 1629 Abs. 2 S. 2 BGB). Die Vertretungsverbote der §§ 1629 Abs. 2, 1824 BGB[95] greifen insoweit nicht. Sind die Eltern noch miteinander verheiratet, so macht der betreuende Elternteil die Unterhaltsansprüche des Kindes sogar in eigenem Namen geltend (§ 1629 Abs. 3 BGB).

Das funktioniert allerdings nicht mehr, wenn die Eltern ein Wechselmodell praktizieren. In diesem Fall muss sich derjenige Elternteil, der Unterhalt für das Kind geltend machen will, über § 1628 BGB das Alleinvertretungsrecht in diesem Bereich einräumen lassen. Alternativ ist ein Ergänzungspfleger zur Geltendmachung des Kindesunterhaltes zu bestellen[96].

7. Exkurs: Die Rolle der Kinder- und Jugendhilfe

607 Auch im Bereich des Unterhalts hat das Jugendamt weitreichende Beratungs- und Unterstützungsaufträge:
- Unterstützung und Beratung des alleinerziehenden Elternteils bei der Geltendmachung von Unterhaltsansprüchen (§ 18 Abs. 1 Nr. 1 SGB VIII).
- Geltendmachung der Unterhaltsansprüche des Kindes (Beistandschaft, §§ 1712 ff BGB).

Im Bereich des Unterhaltsrechts (ebenso wie im Bereich des Abstammungsrechts) tritt neben die Beratungs- und Unterstützungsleistungen des Jugendamtes eine weitere (andere) Aufgabe hinzu: Die Beistandschaft. Die **Beistandschaft** ist eine besondere Unterstützung für Elternteile, die die elterliche Sorge tatsächlich allein ausüben. Ihr Mechanismus liegt darin, dem Kind das Jugendamt als gesetzlichen Vertreter (sog Beistand) neben dem betreuenden Elternteil in bestimmten Angelegenheiten zuzuordnen, der die Belange des Kindes eigenständig gegenüber dem anderen Elternteil geltend machen und auch gerichtlich verfolgen kann. Für den betreuenden Elternteil ist dies von Vorteil: Die Beistandschaft ist kostenfrei. Sie befreit ihn zudem von der Notwendigkeit, einen – für das Unterhaltsverfahren unverzichtbaren – Anwalt zu beauftragen. Folgende Aufgaben kann ein Beistand wahrnehmen (§ 1712 Abs. 1 BGB):
- Feststellung der Vaterschaft (Bedeutung nur beim nichtehelichen Kind).
- Geltendmachung und Durchsetzung von Unterhaltsansprüchen des Kindes gegen den anderen Elternteil.

---

95 Bis zum 31.12.2022 folgen die Vertretungsverbote aus §§ 1629 Abs. 2 BGB iV mit § 1795 BGB.
96 BGH, NJW 2006, 2258.

Begründet wird die Beistandschaft durch den Antrag eines tatsächlich alleinerzie- **608**
henden Elternteils (§ 1713 Abs. 1 BGB). Der Antrag ist schriftlich zu stellen, bedarf
aber keiner inhaltlichen Begründung. Mit Zugang des Antrags beim Jugendamt wird
dieses automatisch Beistand (und damit Vertreter) des Kindes in den genannten Angelegenheiten (§ 1714 BGB). Bereits vor der Geburt kann der Antrag gestellt werden,
wenn dem Elternteil bei Geburt die Alleinsorge zustehen wird. Dies erlaubt der werdenden unverheirateten Mutter eine frühzeitige Beauftragung des Jugendamtes.
Auch eine minderjährige oder geschäftsunfähige unverheiratete werdende Mutter,
deren Sorge bei Geburt des Kindes ganz oder partiell ruhen wird (§ 1673 BGB,
Rn 417), kann bereits vor Geburt des Kindes eine Beistandschaft beantragen
(§ 1713 Abs. 2 BGB). Minderjährige werdende Mütter können den Antrag dabei alleine stellen, geschäftsunfähige werdende Mütter werden von ihrem gesetzlichen Vertreter vertreten (§ 1713 Abs. 2 S. 2, 3 BGB).

Antragsbefugt ist jeder Elternteil, der die Sorge innehat und das Kind allein betreut.
Begünstigt ist sowohl der alleinsorgeberechtigte Elternteil, als auch der Elternteil,
der sich die Sorge mit dem anderen Elternteil teilt, jedoch das Kind allein betreut.
Keine Beistandschaft ist hingegen möglich, wenn sich die Eltern die Sorge teilen und
nach ihrer Trennung ein Wechselmodell praktizieren, bei der kein Übergewicht bei
einem der Eltern besteht.

Die Beistandschaft ist – als Unterstützungsangebot – mit keinem Eingriff in die elter- **609**
liche Sorge verbunden (§ 1716 BGB). Der unterstützte Elternteil ist in seiner Sorge
nicht beeinträchtigt. Er kann daher neben dem Beistand ebenfalls die Ansprüche
des Kindes geltend machen. Ausgeschlossen ist allein eine doppelte Prozessfüh-
rung. In diesem Fall besitzt das Handeln des Beistands Vorrang: Hat dieser ein gerichtliches Verfahren im Namen des Kindes initiiert, ist der Elternteil von der paralle-
len gerichtlichen Verfahrensführung ausgeschlossen (§ 234 FamFG für den Unter-
haltsprozess; § 173 FamFG für den Abstammungsprozess).

Die Beistandschaft ist in ihrem Bestand streng vom Willen des Elternteils abhängig.
Dieser kann die Beistandschaft jederzeit und ohne Angabe von Gründen gegenüber
dem Jugendamt durch schriftliche Erklärung, beenden (§ 1715 Abs. 1 BGB). Eine
Beendigung ist auch während des gerichtlichen Verfahrens möglich. Im Übrigen endet die Beistandschaft, wenn ihre Voraussetzungen entfallen (§ 1715 Abs. 2 BGB).

Beispiel: Die sorgeberechtigten Eltern leben nach einer Versöhnung wieder zusammen.

III. Ehegattenunterhalt während „intakter" Ehe

1. Anspruchsgrundlage für den Ehegattenunterhalt

Während einer Ehe (bis zur Trennung) ist die gegenseitige Unterhaltspflicht der Ehe- **610**
gatten in § 1360 BGB geregelt. Der eheliche Unterhaltsanspruch ist das wirtschaftliche Korrelat zu den im Wesentlichen personalen ehelichen Pflichten des § 1353 BGB
(Rn 528 f). Der Unterhaltsanspruch ist insoweit vor allem der (wirtschaftliche) Ausdruck ehelicher Solidarität. Die Unterhaltspflicht gilt daher unabhängig vom Güterstand.

Beim **Ehegattenunterhalt** sind die für die Unterhaltstatbestände geltenden Grundsätze zT eingeschränkt. Der Anspruch auf Ehegattenunterhalt setzt lediglich das Bestehen einer Ehe und ein Leben in ehelicher Lebensgemeinschaft voraus. Hingegen
muss keiner der Ehegatten besonders bedürftig oder der andere wesentlich leis-

tungsfähiger als der andere sein. Es ist auch unerheblich, ob ein Ehegatte seine Notlage selber verschuldet oder sich grob ehewidrig verhalten hat.

2. Unterhaltsbedarf

611 Die Ehegatten sind verpflichtet, im Rahmen ihrer Leistungsfähigkeit, durch ihre Arbeit und ihr Vermögen die Familie zu unterhalten (§ 1360 BGB).

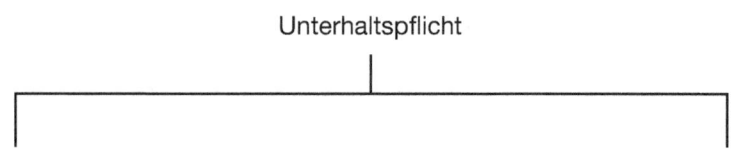

Arbeit (persönliche Leistungen)
- Sorgetätigkeit für gemeinsamen Haushalt und Betreuung der Kinder.
- Pflicht, wirtschaftliche Mittel durch Erwerbstätigkeit zu gewinnen (Haushaltsführung erfüllt Unterhaltspflicht, § 1360 S. 2 BGB), bei Teilzeittätigkeit muss auch aus diesem Einkommen Unterhalt geleistet werden.

Vermögen (wirtschaftliche Leistungen)
- Zur-Verfügung-Stellung von Barmitteln aus Vermögen (Zins- oder Mieteinkünfte). Reichen diese aus zur Deckung des Unterhaltsbedarfs der Familie, entfällt die Arbeitspflicht.
- Vermögensstamm muss nur in Notfällen angegriffen werden.

612 Der Unterhaltsanspruch umfasst den gesamten Lebensbedarf der Ehegatten einschließlich der unterhaltspflichtigen Kinder (§ 1360a BGB). Hierzu zählen etwa:
- Aufwand für Haushalt (Miete, Heizung, Strom, Telefon, Nahrung).
- Aufwand für persönliche Bedürfnisse einschließlich dem Bedarf für Urlaub, Freizeit, ärztliche Behandlung und Kleider sowie Altersversorgung. Der nicht erwerbstätige (bzw nur gering verdienende) Ehegatte hat Anspruch auf ein Taschengeld (5 % des verfügbaren Netto-Einkommens des Unterhaltspflichtigen).
- Persönliche Bedürfnisse der Kinder (Kleider, Spielzeug) einschließlich angemessener Berufsausbildung.
- Pflicht zur Tragung des Prozesskostenvorschusses für einen Prozess, der eine persönliche Angelegenheit oder ein Strafverfahren des nicht leistungsfähigen Ehegatten betrifft (§ 1360a Abs. 4 BGB).

Beispiele für denkbare „Prozessthemen": Schmerzensgeld; Steuererstattung; Führerscheinentziehung; aufenthaltsrechtliche Ausweisung eines Ausländers.

3. Erfüllung des Unterhaltsanspruchs

613 Für die **Art der Unterhaltsgewährung** gibt es keine gesetzlichen Vorgaben. Vielmehr richtet sich die Unterhaltserbringung im Regelfall nach den Lebensverhältnissen der Familie. Regelmäßig wird innerhalb einer intakten Ehe ein Großteil des Unterhalts nicht in Form einer Geldrente geleistet, sondern als Naturalleistung erbracht

(Wohnen im Haus, Haushaltstätigkeit). Das nötige Wirtschaftsgeld ist hingegen (als Geldleistung) in angemessenen Zeiträumen vorzuschießen (§ 1360a Abs. 2 S. 2 BGB).

Für die Vergangenheit kann Unterhalt hingegen nur in engen Grenzen verlangt werden (§ 1360a Abs. 3 iV mit § 1613 Abs. 2 BGB, Rn 592). Ein Verzicht auf zukünftigen Unterhalt ist unzulässig (§ 1360a Abs. 3 iV mit § 1614 BGB). Der Anspruch erlischt beim Tod des Berechtigten oder des Verpflichteten (§§ 1360a Abs. 3, 1615 BGB).

Anders als die personalen Pflichten, gehört der Unterhalt zu den wirtschaftlichen Ehepflichten. Als solche kann er eingeklagt und auch durchgesetzt werden.

IV. Trennungsunterhalt

1. Anspruchsgrundlage für den Trennungsunterhalt

Anspruchsgrundlage für den Unterhalt getrennter Eheleute ist § 1361 Abs. 1 BGB. **614** Die Norm setzt lediglich das Bestehen einer Ehe sowie das Vorliegen einer **Trennung** iS des § 1567 Abs. 1 BGB (Rn 555) voraus. Der Anspruch kann auch bei Gütertrennung geltend gemacht werden, einem Verzicht auf nachehelichen Unterhalt und auch dann, wenn die Ehegatten nie zusammengelebt oder gemeinsam gewirtschaftet haben[97]. Der Unterhaltsanspruch beginnt im Zeitpunkt der Aufhebung der ehelichen Lebensgemeinschaft. Nach „hinten" ist er durch die Scheidung begrenzt: Er endet im Zeitpunkt der rechtskräftigen Scheidung.

2. Unterhaltsbedarf

Nach § 1361 Abs. 1 BGB kann der nach den Lebens- sowie Erwerbs- und Vermö- **615** gensverhältnissen *angemessene* Unterhalt verlangt werden. Der Unterhalt hat den gesamten Lebensbedarf zu decken. Ist zwischen den Ehegatten ein Scheidungsverfahren anhängig, gehört zum Unterhalt auch der notwendige Prozesskostenvorschuss für das Verfahren (§§ 1361 Abs. 4 S. 4, 1360a Abs. 4 BGB).

Für die Berechnung des konkret geschuldeten Betrags wird nach den oben dargestellten Regeln verfahren (Rn 580 f): Grundlage der Unterhaltsbemessung ist das bereinigte Nettoeinkommen beider Eheleute, allerdings mit einigen Besonderheiten:

Von dem Einkommen des Verpflichteten ist vorweg der vorrangige Kindesunterhalt abzuziehen. Und zwar der tatsächlich zu zahlende Betrag (nach Abzug des Kindergeldes).

Für die Unterhaltsberechnung des Trennungsunterhalts gelten weiter folgende **616** Grundsätze:

Beide Ehegatten sollen an den für den Unterhalt zur Verfügung stehenden Mitteln gleichberechtigt teilhaben (sog **Halbteilungsgrundsatz**). Dabei belässt die Rechtsprechung jedem erwerbstätigen Ehegatten (in Abweichung von dem Halbteilungsgrundsatz) einen höheren Prozentsatz als die Hälfte seines Einkommens, um einen Anreiz zur Erwerbstätigkeit zu schaffen. Dies wird dadurch verwirklicht, dass vom Einkommen vorab ein Erwerbstätigkeitsbonus in Höhe von 1/10 abgezogen wird..

---

97 BGH, NZFam 2020, 477.

Beispiel: Hans und Grete leben getrennt. Hans erzielt ein bereinigtes monatliches Nettoeinkommen von 2.300 €. Grete hat kein Einkommen. Das Einkommen von Hans ist um einen Erwerbstätigkeitsbonus von 1/10 (230 €) zu kürzen. Abzustellen ist daher auf ein Nettoeinkommen von 2.070 €. Die Hälfte davon kann Grete als monatlichen Unterhaltsbedarf geltend machen: 1.035 €.

Sind beide erwerbstätig, wird bei jedem der Erwerbstätigenanreiz abgezogen. Der Unterhaltsbedarf errechnet sich dann aus der Summe beider Einkünfte. Er richtet sich auf die Hälfte beider Einkommen abzüglich der eigenen Einkünfte des Unterhaltsberechtigten.

Das monatliche **Existenzminimum** eines getrennt lebenden Ehegatten ist gesetzlich nicht geregelt und muss von den Gerichten im Einzelfall festgelegt werden. Die Unterhaltstabellen weisen auch insoweit Werte aus.

Mit Blick auf mögliche Einkommensveränderungen gilt: Stichtag für die Feststellung der ehelichen Lebensverhältnisse ist der Zeitpunkt der Trennung. Spätere Veränderungen des Einkommens sind zu berücksichtigen, wenn sie bereits vor der Trennung angelegt bzw vorhersehbar waren. Damit nimmt der Ehegatte bis zur Scheidung an der normalen Weiterentwicklung der Lebensverhältnisse teil. Grundsätzlich nicht berücksichtigt werden hingegen (nach wie vor) Veränderungen, die erst nach der Trennung entstanden sind und nicht auf einer gemeinsamen Lebensplanung beruhen.

3. Bedürftigkeit des Unterhaltsberechtigten

617 Die **Bedürftigkeit** ist auch für den Trennungsunterhalt Anspruchsvoraussetzung (entsprechende Anwendung von § 1577 BGB). Die Bedürftigkeit wird gemindert durch alle Einkünfte, die dem Unterhalt begehrenden Teil zufließen: Arbeitseinkünfte, Ausbildungsvergütungen oder Leistungen Dritter. Unterlässt es der Unterhalt begehrende Ehegatte, Einkommen zu erzielen, so ist ihm uU fiktives Einkommen zuzurechnen. Der unterhaltbegehrende Ehegatte muss alle Vermögenserträgnisse (Zinsen) einsetzen. Der Vermögensstamm hingen muss nicht angegriffen werden, wenn dies unwirtschaftlich oder mit Blick auf die beiderseitigen Vermögensverhältnisse unbillig wäre. Weiter hat der Berechtigte die nötigen Einkünfte aus zumutbarem Einsatz seiner Arbeitskraft zu erzielen.

Beispiel: Max und Susanne leben getrennt. Max erzielt ein bereinigtes monatliches Nettoeinkommen von 2.300 €. Susanne hat ein bereinigtes monatliches Nettoeinkommen von 1.300 €.
Max´ Einkommen ist in Höhe von 2.070 € (2300–1/10) zu berücksichtigen.
Susannes Einkommen in Höhe von 1.170 € (1300–1/10) zu berücksichtigen.
Zusammengerechnet beträgt das unterhaltsrechtlich relevante Einkommen: 3.240 €. Davon steht jedem die Hälfte zu: 1.620 €.
Das von Susanne erzielte Einkommen von 1.300 € monatlich ist in Höhe von 1.170 € anzurechnen:
1.620 € – 1.170 € = 450 €.
Nur in dieser Höhe besteht noch ein ungedeckter Unterhaltsbedarf. Susanne ist damit in Höhe von 450 € bedürftig.

618 Bei der Frage nach der **Erwerbsobliegenheit** des getrennt lebenden Ehegatten werden die unterhaltsrechtlichen Grundsätze allerdings modifiziert (§ 1361 Abs. 2 BGB): Danach kann ein während der Ehe nicht (oder nur in geringem Umfang) erwerbstätiger Ehegatte nur dann auf eine (volle) Erwerbstätigkeit verwiesen werden, wenn dies von ihm nach den Umständen erwartet werden kann. Ob und was für eine Erwerbstätigkeit erwartet werden kann, ist einzelfallbezogen unter Berücksichtigung der konkreten Situation in der Ehe zu entscheiden. Ausschlaggebend sind die persönlichen Verhältnisse der Ehegatten, die Ausübung einer Erwerbstätigkeit während der Ehezeit, die Ehedauer sowie die wirtschaftlichen Verhältnisse.

In der Rechtsprechung haben sich insoweit folgende Grundsätze herausgebildet: War der Unterhalt begehrende Ehegatte zuvor länger nicht (voll) erwerbstätig, wird der während der Ehe bestehende Status Quo im 1. Trennungsjahr aufrechterhalten: Eine bereits während der Ehe ausgeübte Teilzeittätigkeit muss nicht ausgeweitet werden; hat der Berechtigte während der Ehe gar nicht gearbeitet, muss er auch keine Arbeit aufnehmen. Mit zunehmender Verfestigung der Trennung, ab dem 2. Trennungsjahr, nähern sich die Unterhaltsvoraussetzungen zunehmend denen des nachehelichen Unterhalts an (Rn 621 ff).

4. Leistungsfähigkeit des Unterhaltsverpflichteten

Ein Unterhaltsanspruch besteht generell nur im Rahmen der finanziellen **Leistungsfähigkeit** uU unter Anrechnung eines fiktiven Einkommens des Unterhaltsverpflichteten (§ 1581 BGB in entsprechender Anwendung). Auch für den Selbstbehalt des getrennten Ehegatten enthält die Düsseldorfer Tabelle Sätze. **619**

5. Beschränkung des Unterhaltsanspruchs

Der Trennungsunterhalt kann beschränkt oder versagt werden, wenn er grob unbillig ist. Insoweit enthält § 1361 Abs. 3 BGB eine ausdrückliche Verweisung auf einen Teil der Versagungstatbestände für den nachehelichen Unterhalts (konkret: § 1579 Nrn. 2–8 BGB, Rn 635). Nicht anwendbar ist der Ausschlussgrund des § 1579 Nr. 1 BGB. Trennungsunterhalt kann daher auch bei einer nur kurzen Ehedauer uneingeschränkt verlangt werden. **620**

V. Nachehelicher Unterhalt

1. Anspruchsgrundlagen für den nachehelichen Unterhalt

a) Grundsatz der Eigenverantwortung

Unterhaltsansprüche nach einer Scheidung sind nicht identisch mit dem Trennungsunterhalt. Zeitlich setzt der nacheheliche Unterhalt frühestens im Zeitpunkt der rechtskräftigen Scheidung ein. **621**

Anders als bei (noch) miteinander verheirateten Ehegatten ist das gegenseitige wirtschaftliche Füreinandereinstehen nach der Scheidung keine Selbstverständlichkeit mehr. Im Gegenteil: Nach der Scheidung ist jeder Ehegatte für sich selber verantwortlich (§ 1569 BGB). Dementsprechend betont § 1574 Abs. 1 BGB die Verpflichtung der geschiedenen Ehegatten zur Ausübung einer angemessenen Erwerbstätigkeit. Angemessen sind Tätigkeiten, die der Ausbildung, den Fähigkeiten, früheren Erwerbstätigkeiten, dem Lebensalter und dem Gesundheitszustand der Ehegatten entsprechen. Auch nach den ehelichen Lebensverhältnissen kann eine Tätigkeit unangemessen sein. Das kommt in Betracht bei einer langen Ehedauer, wobei auch die Kindererziehungszeiten zu berücksichtigen sind.

Nachehelicher Unterhalt ist damit eine Ausnahme von dem Grundsatz der **Eigenverantwortung** und kann nur in bestimmten Fällen verlangt werden, die der Gesetzgeber festgeschrieben hat. Zu unterscheiden sind Fallgestaltungen, in denen eine Erwerbstätigkeit unzumutbar ist, und Fallgestaltungen, in denen Unterhalt geschuldet wird, obgleich eine Erwerbstätigkeit zumutbar ist:

Unterhalt wegen nicht zumutbarer Erwerbstätigkeit	**Unterhalt trotz zumutbarer Erwerbstätigkeit**
■ Unterhalt wegen Betreuung eines Kindes (§ 1570 BGB). ■ Unterhalt wegen Alters (§ 1571 BGB). ■ Unterhalt wegen Krankheit und Gebrechen (§ 1572 BGB). ■ Unterhalt aus Billigkeitsgründen (§ 1576 BGB).	■ Unterhalt wegen Arbeitslosigkeit (§ 1573 Abs. 1 BGB). ■ Aufstockungsunterhalt (§ 1573 Abs. 2 BGB). ■ Unterhalt nach Wegfall einer Arbeit (§ 1573 Abs. 4 BGB). ■ Unterhalt zu Ausbildungszwecken (§ 1575 BGB).

Die Unterhaltstatbestände können dabei sowohl nebeneinander bestehen, als auch nacheinander verwirklicht werden, so dass eine Unterhaltskette – im Extremfall bis zum Lebensende – bestehen kann.

Beispiel: Die geschiedene Ehefrau betreut zunächst ihre kleinen Kinder, erkrankt nach Beendigung der Kindererziehung auf längere Zeit psychisch und ist infolgedessen nicht erwerbsfähig. Nach ihrer Wiedergenesung findet sie keine angemessene Erwerbstätigkeit und nimmt eine Fortbildung auf, nach dessen Ende sie erneut keine angemessene Erwerbstätigkeit findet, bis sie schließlich zu alt ist, um zu arbeiten.

b) Unterhalt wegen Unzumutbarkeit einer Erwerbstätigkeit

aa) Kinderbetreuung

622 Betreut ein Ehegatte ein gemeinsames Kind, hat er Anspruch auf Unterhalt, wenn (und soweit) von ihm wegen der Pflege und Erziehung des Kindes eine Erwerbstätigkeit nicht erwartet werden kann (**Betreuungsunterhalt**, § 1570 BGB). Die Kinderbetreuung steht mithin einer Erwerbstätigkeit nicht zwingend entgegen. Es ist daher im Einzelfall zu prüfen, inwieweit eine – uU auch nur teilweise – Erwerbstätigkeit zumutbar ist. Wenn ja, entfällt bzw reduziert sich der Unterhaltsanspruch.

Die Obliegenheit zur Aufnahme einer Erwerbstätigkeit hängt dabei vom Alter des Kindes ab. Insoweit ist zu differenzieren (§ 1570 Abs. 1 BGB): Während der ersten drei Lebensjahre des Kindes besteht ein uneingeschränkter Unterhaltsanspruch. In dieser Zeit unterliegt der betreuende Elternteil keiner Erwerbsobliegenheit. Seine Entscheidung, das Kind selber zu betreuen und nicht zu arbeiten, löst damit den Unterhaltsanspruch in jedem Fall aus. Auf eine ggf. mögliche Fremdbetreuung muss er sich nicht verweisen lassen. Eine bereits ausgeübte Erwerbstätigkeit darf er jederzeit aufgeben, um sich der Betreuung des Kindes zu widmen.

Ab dem dritten Lebensjahr des Kindes ist ein Unterhaltsanspruch des betreuenden Elternteils hingegen nur noch dann gegeben, wenn er nach den konkreten Gegebenheiten der Billigkeit entspricht. Dies ist im Rahmen einer umfassenden Billigkeitsabwägung konkret festzustellen. Sowohl kind- als auch elternbezogene Belange können der Aufnahme einer (vollen) Erwerbstätigkeit im Wege stehen.

- **Kindbezogene Belange** stehen der Aufnahme einer (vollen) Erwerbstätigkeit dann im Wege, wenn eine Fremdbetreuung nicht zumutbar vom Kind in Anspruch genommen werden kann (§ 1570 Abs. 1 S. 3 BGB). Grundsätzlich besteht also kein Anspruch des Kindes mehr auf persönliche Betreuung durch den Elternteil. Vielmehr sind die Möglichkeiten externer Kinderbetreuung vorrangig in Anspruch zu nehmen (§ 1570 Abs. 1 BGB). Die Möglichkeit der Fremdbetreuung muss allerdings tatsächlich existieren. Sie muss zumutbar und verlässlich sein und mit dem Kindeswohl in Einklang stehen. Das ist im Einzelfall zu prüfen, wobei die individuellen Verhältnisse und Bedürfnisse des Kindes zu berücksichtigen sind. Dabei ist davon auszugehen, dass die öffentlichen Betreuungseinrichtungen mit dem Kindeswohl vereinbar sind. Anderes gälte, wenn das Kind etwa wegen einer Krankheit oder Behinderung eine persönliche Betreuung durch den Elternteil braucht. Liegen derartige Belange des Kindes nicht vor, ist eine vorhandene Betreuung von dem Kind zu nutzen.

  Soweit das Kind fremdbetreut wird bzw fremdbetreut werden kann, muss der Elternteil arbeiten gehen. Stehen etwa Halbtagskindertagesstättenplätze zur Verfügung, so ist dem kindbetreuenden Elternteil eine Teilzeittätigkeit zumutbar. In der Konsequenz besteht ein Unterhaltsanspruch nur insoweit, als sein Einkommen aus der Teilzeittätigkeit nicht ausreicht, um seinen Lebensbedarf zu decken. Haben die Kinder ein Alter erreicht, in dem sie – zumindest zeitweise – alleine gelassen werden können, kommt es nicht mehr auf Betreuungsmöglichkeiten in kindgerechten Einrichtungen an.

- Daneben können auch **elternbezogene Gründe** einer Erwerbstätigkeit entgegenstehen (§ 1570 Abs. 2 BGB). Geschützt ist zB das Vertrauen in den Fortbestand von Absprachen während der Ehe. War der kindbetreuende Elternteil hingegen bereits während der Ehe erwerbstätig, so ist ihm auch nach der Scheidung eine Erwerbstätigkeit grundsätzlich zumutbar. **623**

  Die Erwerbstätigkeit des kindbetreuenden Elternteils darf dabei jedoch nicht zu einer überobligationsmäßigen Doppelbelastung führen. Insoweit ist zu berücksichtigen, dass sich selbst bei einer Vollzeitbetreuung des Kindes ein weiterer Betreuungsbedarf ergeben kann, den der erwerbstätige Elternteil zu decken hat. Dieser variiert je nach Alter, Gesundheitszustand und Persönlichkeit des Kindes. Wenn und soweit das Kind noch eine Betreuung und Begleitung durch den Elternteil in nennenswertem Umfang benötigt, ist der Elternteil nicht zu einer (Vollzeit-) Erwerbstätigkeit verpflichtet. Ob dies der Fall ist, ist einzelfallbezogen zu entscheiden.

bb) Alter

Unterhalt aus Altersgründen kann verlangt werden, wenn eine Erwerbstätigkeit wegen des Alters nicht mehr erwartet werden kann (§ 1571 BGB). **624**

Ab Erreichen des Rentenalters ist eine Erwerbstätigkeit nicht mehr zumutbar. Auch davor kann der Anspruch gegeben sein, etwa wenn der Berechtigte wegen seines biologischen Alters keine Chance auf Eingliederung in den Arbeitsmarkt mehr hat. Für den Unterhaltsanspruch gelten damit keine starren Grenzen.

Um einen zeitlich unbegrenzten Rückgriff auf den geschiedenen Ehegatten zu vermeiden, müssen die Unterhaltsvoraussetzungen jedoch noch einen inneren Zusammenhang zu der Ehe aufweisen. Das Gesetz nennt drei mögliche Stichzeiten, zu denen die Voraussetzungen für den Altersunterhalt vorliegen müssen:
- Rechtskraft der Scheidung oder
- Beendigung der Pflege eines gemeinschaftlichen Kindes oder
- Wegfall eines Unterhaltsanspruchs nach §§ 1572 oder 1573 BGB.

Besteht zu diesem Zeitpunkt kein Unterhaltsanspruch, so lebt er auch später – etwa mit Erreichen des Rentenalters, Jahre nach der Scheidung – nicht mehr auf.

cc) Krankheit oder Gebrechen

625 Unterhalt kann verlangen, von wem wegen Krankheit, Gebrechen, körperlicher oder geistiger Schwäche eine Erwerbstätigkeit nicht erwartet werden kann (**Krankenunterhalt**, § 1572 BGB). Unerheblich ist, ob die Erkrankung ehebedingt ist. Der Krankenunterhalt ist in besonderer Weise Ausdruck nachehelicher Solidarität. Dementsprechend muss ein zeitlicher Zusammenhang zu der Ehe bestehen. In gleicher Weise wie beim Unterhalt wegen Alters ist der Anspruch daher nur gegeben, wenn seine Voraussetzungen zu einem bestimmten – mit der Ehe noch in Zusammenhang stehenden – Stichtag vorliegen:
- Im Zeitpunkt der Rechtskraft der Scheidung oder
- wenn die Anspruchsvoraussetzungen für Unterhalt wegen Kinderbetreuung entfallen oder
- im Zeitpunkt der Beendigung einer Ausbildung, Fortbildung oder Umschulung oder
- wenn die Voraussetzungen eines Unterhaltsanspruchs wegen Arbeitslosigkeit entfallen.

Erkrankt der geschiedene Ehegatte hingegen erst später, scheidet ein Unterhaltsanspruch aus § 1572 BGB aus, wenn nicht die Krankheit selber bereits in der Ehe angelegt war.

dd) Billigkeit

626 § 1576 BGB enthält eine Generalklausel, die **Unterhalt aus Billigkeitsgründen** ermöglicht, auch wenn keiner der anderen Unterhaltstatbestände einschlägig ist. Der Unterhaltsanspruch entsteht, wenn eine Erwerbstätigkeit aus sonstigen schwerwiegenden Gründen nicht erwartet werden kann und eine Versagung des Unterhalts grob unbillig wäre.

Dieser Unterhaltstatbestand stellt eine Ausnahme dar, um auf besondere, sonst nicht erfasste Situationen reagieren zu können. Sein Anwendungsbereich ist daher gering. Der Anspruch ist offen formuliert. Ob er anwendbar ist, ist eine Frage des konkreten Einzelfalles.

Denkbarer Anwendungsfall: Die geschiedene Ehefrau betreut mehrere einvernehmlich aufgenommene Pflegekinder unter 3 Jahren.

c) Unterhalt trotz zumutbarer Erwerbstätigkeit

Liegen die Voraussetzungen der §§ 1570–1572 und § 1576 BGB nicht vor, ist eine Erwerbstätigkeit grundsätzlich zumutbar. Für den Fall, dass diese gleichwohl scheitert bzw die Einkünfte nicht „ausreichen", existieren eine Reihe von Auffangtatbeständen. **627**

aa) Arbeitslosigkeit

Nach Scheidung bzw Ende einer Unterhaltspflicht ist der geschiedene Ehegatte grundsätzlich verpflichtet, seinen Unterhalt durch eine eigene Erwerbstätigkeit sicherzustellen. Bis dies gelingt, bleibt der andere Ehegatte übergangsweise in der unterhaltsrechtlichen Pflicht: Der geschiedene Ehegatte hat einen Unterhaltsanspruch bis zur Erlangung einer angemessenen Erwerbstätigkeit (**Unterhalt wegen Arbeitslosigkeit**, § 1573 Abs. 1 BGB). **628**

Der Anspruch setzt voraus, dass der Berechtigte nicht in der Lage ist, eine angemessene Erwerbstätigkeit zu finden. Insoweit trifft den unterhaltbegehrenden Teil eine Obliegenheit, sich um eine solche zu bemühen. Erlaubt etwa der berufliche Ausbildungsstand des geschiedenen Ehegatten keine angemessene Tätigkeit, muss er sich fortbilden, ausbilden oder umschulen lassen (§ 1574 Abs. 3 BGB).

Auch für diesen Unterhaltsanspruch muss noch ein ausreichend enger zeitlicher Zusammenhang zur Ehe bestehen. Dies ist der Fall, wenn er nach Scheidung oder im Anschluss an andere Unterhaltstatbestände (vor allem § 1570 BGB) entsteht.

bb) Arbeitslosigkeit nach Wegfall angemessener Tätigkeit

Schafft es der Unterhaltsberechtigte nicht, sich dauerhaft selber zu unterhalten, kann auch dies zu einem Unterhaltsanspruch führen: Der Unterhaltsanspruch entsteht, wenn der Berechtigte zunächst zwar eine Stelle hat, seine Einkünfte aber wieder wegfallen, weil es ihm trotz seiner Bemühungen nicht gelungen ist, seinen Unterhalt selber *nachhaltig* zu sichern (§ 1573 Abs. 4 BGB). Ob der Unterhalt nachhaltig gesichert war, hängt davon ab, ob bei einer vorausschauenden Betrachtung eines neutralen Betrachters die Stelle nach objektivem Maßstab und allgemeiner Lebenserfahrung mit einer gewissen Sicherheit als dauerhaft angesehen werden kann oder nicht. War nach diesem Maßstab bereits bei Aufnahme der Tätigkeit zu befürchten, dass der Erwerbstätige sie in absehbarer Zeit wieder verliert, liegt eben keine nachhaltige Sicherung vor. In diesem Fall fällt der Unterhaltsberechtigte erneut in das „unterhaltsrechtliche Netz" zurück und kann finanziell auf die nacheheliche Solidarität seines vormaligen Ehepartners zurückgreifen. **629**

Beispiele: Die geschiedene Frau arbeitet in einer Stelle, zeigt sich aber den Anforderungen nicht gewachsen und verliert die Stelle infolgedessen; die geschiedene Frau muss ihre Stelle aufgeben, weil sie der Tätigkeit wegen Überschätzung der eigenen Leistungsfähigkeit nicht gewachsen ist.

War der Lebensunterhalt hingegen durch eigene Erwerbseinkünfte nachhaltig gesichert, so scheidet der Anspruch auch dann aus, wenn die Stelle später verloren wird.

Beispiel: Verlust des Arbeitsplatzes nach unerwarteter Insolvenz des Arbeitgebers.

cc) Aufstockungsunterhalt

630 Beim **Aufstockungsunterhalt** erzielt der berechtigte Ehegatte zwar Einkommen aus angemessener Tätigkeit, bleibt damit allerdings unterhalb des ehelichen Lebensstandards.

Beispiel: Die geschiedene Ehefrau erzielt in dem von ihr erlernten Beruf als Floristin ein monatliches Nettoeinkommen von 2.300 €. Der geschiedene Ehemann ist Unternehmer mit einem durchschnittlichen monatlichen Nettoverdienst von 9.000 €.

Zur Schließung der Lücke zwischen dem eigenen Einkommen und den ehelichen Lebensverhältnissen besitzt der Ehegatte einen eigenen Unterhaltsanspruch (§ 1573 Abs. 2 BGB). Dieser sichert dem geschiedenen Ehegatten das vormalige wirtschaftliche Niveau auch für die Zeit nach der Ehescheidung.

Beispiel: Im Beispielsfall könnte die geschiedene Ehefrau die Differenz zwischen ihrem angemessenen Einkommen und dem eheangemessenen Unterhalt verlangen.

dd) Unterhalt wegen Aus- bzw Fortbildung oder Umschulung

631 Ein eigener Unterhaltstatbestand richtet sich an denjenigen Ehegatten, der wegen der Ehe seine berufliche Entwicklung zurückgestellt hat (§ 1575 BGB). Ziel dieses Unterhaltstatbestands ist es, ihm diese nunmehr zu ermöglichen und damit ehebedingte Nachteile auszugleichen. Dementsprechend ist er in seinen Voraussetzungen eng an eine ehebedingte Unterbrechung der „Karriere" geknüpft. Zwei Fallkonstellationen werden erfasst:

- Verzicht oder Abbruch einer Schul- oder Berufsausbildung in Erwartung oder während der Ehe (§ 1575 Abs. 1 BGB).
- Erwerbsbiografische Nachteile durch die Ehe, die durch eine Fortbildung oder Umschulung ausgeglichen werden sollen (§ 1575 Abs. 2 BGB).

Unterhalt kommt somit – je nach Fallgestaltung – sowohl für eine Schul- und/oder Berufsausbildung als auch – nur – für eine **Fortbildung oder Umschulung** in Betracht.

Auf Dauer soll dem unterhaltsberechtigten Ehegatten dadurch eine Basis für eine eigene Unterhaltssicherung geschaffen werden. Dementsprechend muss die Ausbildung geeignet sein, um eine angemessene Erwerbstätigkeit zur nachhaltigen Unterhaltssicherung zu schaffen. Die Ausbildung muss so bald wie möglich aufgenommen werden und einen erfolgreichen Abschluss erwarten lassen. Zeitlich ist der Anspruch begrenzt auf die übliche Dauer der Fort- oder Ausbildung (§ 1575 Abs. 1 S. 2 BGB).

Nach Abschluss der Maßnahme besteht uU ein Unterhaltsanspruch aus § 1573 Abs. 1 BGB bis zur Erlangung einer angemessenen Erwerbstätigkeit. Für die Frage, welche Tätigkeit angemessen ist, ist allerdings *nicht* der jetzt höhere Ausbildungsstand heranzuziehen (§ 1575 Abs. 3 BGB). Trotz höherer Qualifikation ist der unterhaltsberechtigte Ehegatte mithin auf eine geringer qualifizierte Tätigkeit zu verweisen, um seinen Unterhalt nachhaltig zu sichern.

2. Unterhaltsbedarf, Bedürftigkeit und Leistungsfähigkeit

632 Der **Unterhaltsbedarf** richtet sich im Grundsatz nach den ehelichen Lebensverhältnissen (§ 1578 Abs. 1 BGB). Der Berechtigte soll auf gleichem Niveau wie zu Ehezeiten weiterleben können. Er umfasst den gesamten Lebensbedarf (§ 1578 Abs. 1 S. 2

BGB): Nahrung, Kleidung, Unterkunft, Freizeit und Erholung. Hierzu zählen auch die Kosten einer angemessenen Kranken- und Pflegeversicherung (§ 1578 Abs. 2 BGB), bei einem Unterhaltsanspruch nach §§ 1570–1573 sowie § 1576 BGB auch die Kosten einer angemessenen Versicherung für das Alter sowie verminderte Erwerbsfähigkeit (§ 1578 Abs. 3 BGB).

Bei der Ermittlung des Einkommens sowie der Berechnung der Höhe des Unterhalts verfährt die Rechtsprechung wie beim Trennungsunterhalt (Rn 616). Stichtag für die Berechnung ist die Einkommenssituation im Zeitpunkt der rechtskräftigen Scheidung. **Einkommensveränderungen** nach der Scheidung sind daher nur dann zu berücksichtigen, wenn sie mit hoher Wahrscheinlichkeit zu erwarten waren oder bereits die Ehe geprägt haben.

Beispiele: Das Einkommen des geschiedenen Mannes verringert sich dadurch, dass er einem weiteren, noch während der Ehe geborenen Kind und ggf. dessen Mutter unterhaltspflichtig ist; das Einkommen des geschiedenen verbeamteten Mannes erhöht sich alle zwei Jahre; das Einkommen des unterhaltsverpflichteten Ehemannes erhöht sich dadurch, dass die Kinder nach Abschluss ihrer Berufsausbildung selber für ihren Unterhalt aufkommen.

Das Einkommen der unterhaltsberechtigten Frau erhöht sich dadurch, dass sie nach Abschluss der „Kinderphase" wieder eine Erwerbstätigkeit aufnimmt.

Sonstige Veränderungen, die sich nach der Scheidung ergeben und die während der Ehezeit weder angelegt noch vorhersehbar waren, bleiben bei der Festlegung des Bedarfs des unterhaltsberechtigten Ehegatten demgegenüber grundsätzlich unberücksichtigt. Daher wirken sich auch neue Unterhaltslasten nicht auf die Bedarfsberechnung aus.

Beispiele: Das Einkommen des geschiedenen und unterhaltsverpflichteten Ehemannes erhöht sich durch einen nicht vorhersehbaren Karrieresprung; der unterhaltsverpflichtete geschiedene Ehemann ist erneut verheiratet und schuldet seiner jetzigen Ehefrau ebenfalls Unterhalt.

Für die **Bedürftigkeit** des unterhaltsberechtigten Ehegatten gelten die bereits für **633** den Trennungsunterhalt dargestellten Grundsätze. Daher kann der geschiedene Ehegatte keinen Unterhalt verlangen, wenn und soweit er sich aus seinen Einkünften und seinem Vermögen selbst unterhalten kann (§ 1577 Abs. 1 BGB). Ob den geschiedenen Ehegatten eine **Erwerbsobliegenheit** trifft, folgt dabei bereits aus dem jeweiligen Unterhaltstatbestand. Nicht anzurechnen sind Einkünfte aus einer eigentlich nicht zumutbaren Tätigkeit, die nur deswegen ausgeübt wird, weil der Verpflichtete den geschuldeten Unterhalt nicht zahlt (§ 1577 Abs. 2 S. 1 BGB). Übersteigen diese Einkünfte hingegen den geschuldeten Unterhalt sind sie insoweit anzurechnen, als dies unter Berücksichtigung der beiderseitigen wirtschaftlichen Verhältnisse der Billigkeit entspricht (§ 1577 Abs. 2 S. 2 BGB).

Als Einkommen sind ebenfalls Vermögenserträgnisse zu berücksichtigen. Es besteht dabei die Obliegenheit, unwirtschaftlich angelegtes Vermögen in nutzbringendes umzuschichten. Der Berechtigte muss grundsätzlich auch seinen Vermögensstamm angreifen, es sei denn, dies wäre unwirtschaftlich oder unbillig (§ 1577 Abs. 3 BGB). War im Zeitpunkt der Scheidung zu erwarten, dass der Unterhalt nachhaltig aus dem Vermögen gesichert war, so entfällt der Unterhaltsanspruch selbst dann, wenn das Vermögen später wegfällt (§ 1577 Abs. 4 BGB). Dies gilt nur dann nicht, wenn eine Erwerbstätigkeit wegen der Erziehung eines Kindes nicht erwartet werden kann.

Die **Leistungsfähigkeit** des Verpflichteten ist ebenfalls Voraussetzung des Unterhaltsanspruchs (§ 1581 BGB). Die Selbstbehaltssätze sind in der Düsseldorfer Tabelle bzw in den Süddeutschen Leitlinien konkretisiert. Zur Erfüllung seiner Unterhalts- **634** pflicht hat der Verpflichtete sein Einkommen sowie seine Vermögenseinkünfte einzusetzen. Auch der Vermögensstamm muss uU verwertet werden, um den Unterhaltsanspruch des geschiedenen Ehegatten zu decken. Dies gilt dann nicht, wenn die Verwertung unwirtschaftlich oder aus sonstigen Gründen unbillig wäre (§ 1581 BGB).

3. Beschränkung des Unterhaltsanspruchs

635 Für den Ehegattenunterhalt finden sich eine Reihe von „**Verwirkungstatbeständen**" (§ 1579 BGB). Liegt einer der Tatbestände vor, so kann ein eigentlich gegebener Unterhaltsanspruch beschränkt oder sogar versagt werden. Die Verwirklichung eines Tatbestands ist dabei nicht zwingend unterhaltsrechtlich sanktioniert. Vielmehr ist nun im Rahmen einer Billigkeitsabwägung zu entscheiden, ob die Gewährung von Unterhalt angemessen ist oder nicht. Ergibt die Abwägung, dass die Gewährung von Unterhalt grob unbillig (unzumutbar) ist, kann auf verschiedene Weise reagiert werden: Der Anspruch kann ganz versagt werden. Ebenso denkbar ist aber auch, dass er in der Höhe begrenzt oder zeitlich eingeschränkt wird.

Im Rahmen dieser Abwägung ist insbesondere auch zu berücksichtigen, ob der Berechtigte gemeinsame Kinder aus der Ehe betreut. Eine Beschränkung des Unterhalts darf nicht dazu führen, dass Kindesinteressen erheblich geschädigt werden. Folgende Umstände können im Rahmen des § 1579 BGB berücksichtigt werden:

- Kurze **Ehedauer** (§ 1579 Nr. 1 BGB): Eine kurze Ehe hat keine zwei Jahre gedauert.
- Der Berechtigte lebt in einer **verfestigten Lebensgemeinschaft** mit einer dritten Person (§ 1579 Nr. 2 BGB): Der Ausschlussgrund greift immer dann, wenn der Berechtigte zu einem neuen Partner ein auf Dauer angelegtes Verhältnis aufgenommen hat, das gleichsam an die Stelle der Ehe getreten ist. Die Existenz einer verfestigten Lebensgemeinschaft ist objektiv aufgrund der nach außen tretenden Umstände zu bestimmen. Dazu gehört vor allem die Führung eines gemeinsamen Haushaltes über längere Zeit. Auch wenn die Partner getrennte Haushalte führen, kann durch ein entsprechendes Auftreten in der Öffentlichkeit das Erscheinungsbild einer verfestigten Lebensgemeinschaft gesetzt werden. Anhaltspunkte sind etwa größere gemeinsame Investitionen (Anschaffung einer gemeinsamen Eigentumswohnung).
- Der Berechtigte hat sich eines **Verbrechens** oder **schweren Vergehens** gegenüber dem Unterhaltsverpflichteten oder dessen Angehörigen schuldig gemacht (§ 1579 Nr. 3 BGB):

    Beispiele: Prozessbetrug im Unterhaltsprozess (Verschweigen bzw Leugnen von Einkommen); Straftaten zulasten des eigenen oder ehelichen Kindes (Körperverletzung eines Säuglings, sexueller Missbrauch gemeinsamer Kinder oder des Stiefkindes).

- Der Berechtigte hat seine **Unterhaltsbedürftigkeit mutwillig herbeigeführt** (§ 1579 Nr. 4 BGB): Der Berechtigte muss dabei nicht vorsätzlich gehandelt haben; es genügt „unterhaltsbezogene Leichtfertigkeit".

    Beispiele: Vermögensverschwendung; grundloser Abbruch einer zumutbaren und erfolgversprechenden Ausbildung; grundlose Aufgabe einer Erwerbstätigkeit; Berechtigter hat Vorsorgeunterhalt nicht bestimmungsgemäß verwendet und ist daher im Alter bedürftig.

    Problematisch: Alkoholismus; Drogensucht. Bei fehlender Bereitschaft zur Behandlung/ Therapie wird ein Ausschlussgrund bejaht.

- Der Berechtigte setzt sich mutwillig über schwerwiegende **Vermögensinteressen** des Verpflichteten hinweg (§ 1579 Nr. 5 BGB): Generell besteht eigentlich keine Pflicht (mehr), die Vermögensinteressen des geschiedenen Ehegatten zu fördern. Der Tatbestand ist daher nur erfüllt, wenn der Unterhaltsberechtigte vorsätzlich oder leichtfertig Vermögen oder Erwerbschancen des Unterhaltsverpflichteten schädigt, ohne legitime Interessen damit zu verfolgen.

  Beispiele: Frau schwärzt den geschiedenen Ehemann beim Arbeitgeber an, wodurch sein Arbeitsplatz gefährdet wird; Denunziation des geschiedenen Ehepartners bei Geschäftspartnern oder Behörden (Finanzamt); Verschweigen eigenen Einkommens.

- Gröbliche **Verletzung der eigenen Unterhaltspflicht** (§ 1579 Nr. 6 BGB): Dieser Tatbestand „bietet" sich an, um Unvollkommenheiten während der Ehe unterhaltsrechtlich „auszuschlachten". Um eine unterhaltsrechtliche Sanktionierung von „Ehewidrigkeiten" zu vermeiden, wird die Härteklausel nur dann angewandt, wenn der Unterhalt ganz oder überwiegend verweigert wurde.

- Offensichtlich **schwerwiegendes Fehlverhalten** des Berechtigten gegen den Verpflichteten (§ 1579 Nr. 7 BGB): Auch im Rahmen dieses Tatbestandes wird gerne mit dem anderen Ehegatten „abgerechnet" und versucht, behauptete Verletzungen ehelicher Pflichten (Rn 529) unterhaltsrechtlich zu sanktionieren. Die gängigsten Einwendungen sind: Verstöße gegen die eheliche Treuepflicht, die Abkehr von der Ehe gegen den Willen des Partners und das Ausbrechen aus einer durchschnittlich verlaufenden (sog intakten) Ehe. Denkbar sind aber auch sonstige Verhaltensweisen, etwa seelische Grausamkeiten, das Lächerlichmachen vor anderen Personen, insbesondere den Kindern, oder Beleidigungen in der Öffentlichkeit.

- Andere gleich schwerwiegende Gründe (§ 1579 Nr. 8 BGB): Diese Generalklausel ermöglicht, nicht bereits genannte Umstände zu berücksichtigen.

4. Herabsetzung/zeitliche Begrenzung des Unterhalts

Der nacheheliche Unterhalt ist darauf ausgerichtet, dem Berechtigten wirtschaftlich das Niveau der Ehe zu erhalten. Dies ist Ausdruck des den Unterhaltstatbeständen zugrunde liegenden Gedankens nachehelicher Solidarität. Allerdings „beißt" sich diese Logik mit dem Grundsatz der Eigenverantwortung. Dem Schuldner – häufig nach wie vor der Mann – ist wenig einsichtig, dass er trotz Scheidung seinem vormaligen Ehegatten wirtschaftlich den Eherahmen erhalten soll. Das wird besonders deutlich beim Aufstockungsunterhalt. 636

Dieses Interesse ist in § 1578b BGB aufgenommen. Danach kann jeder Unterhaltsanspruch zeitlich begrenzt und/oder herabgesetzt werden. **Begrenzung und Herabsetzung** können auch kombiniert werden. Diese Möglichkeit ist vor allem mit Blick auf zeitlich unbegrenzt angelegte Unterhaltsansprüche (zB der Krankenunterhalt, § 1572 BGB) von Bedeutung. Eine Einschränkung kommt in Betracht, wenn ein dauerhafter und an den ehelichen Lebensverhältnissen orientierter Unterhalt unbillig wäre. Über den Unterhalt kann der eheliche Lebensstandard damit nicht zwingend dauerhaft gehalten werden. Ob eine Herabsetzung und/oder Befristung des Unterhalts erfolgt, richtet sich nach einer Abwägung der Interessen von Unterhaltsverpflichtetem und -berechtigtem.

Bei dieser ist insbesondere zur berücksichtigen, inwieweit die Ehe Nachteile für die eigene Unterhaltssicherung mit sich gebracht hat und auch, ob die Herabsetzung mit Blick auf die Dauer der Ehe unbillig wäre. **Ehebedingte Nachteile** liegen immer vor, wenn der Unterhaltsberechtigte gerade wegen der ehelichen Rollenverteilung Erwerbsnachteile hat, die sich aktuell auswirken.

Beispiele: Die Ehefrau verzichtet wegen der Eheschließung auf die Aufnahme einer Erwerbstätigkeit; der Ehemann erleidet Nachteile, weil er ehebedingt seinen Arbeitsplatz wechselt; die Ehefrau reduziert ihre Erwerbstätigkeit, so dass ihr bestimmte Aufstiegschancen verwehrt sind; die Ehefrau übt eine Teilzeittätigkeit unterhalb ihrer beruflichen Qualifikation aus, um dem anderen Ehegatten „den Rücken freizuhalten"[98].

Eine lange Ehedauer lässt vermuten, dass eine Befristung und/oder Herabsetzung des Unterhaltsanspruchs unbillig ist. Sie ist bei der Abwägung zu berücksichtigen, schließt allerdings nicht per se eine Herabsetzung und/oder Befristung des Unterhaltsanspruchs aus.

637 Eine Herabsetzung des eheangemessenen Unterhalts auf den angemessenen Unterhalt kommt dabei – auch bei einer langen (11 bzw 18 Jahre) Ehe – dann in Betracht, wenn der unterhaltsberechtigte Ehegatte – gemessen an seiner Ausbildung – ein angemessenes Einkommen erzielt oder erzielen könnte. Fehlen ehebedingte Nachteile kommt zudem eine Befristung des Unterhaltsanspruchs in Betracht. Dadurch fällt der Unterhaltsanspruch nach einer Übergangszeit, in der sich der Berechtigte auf die neue Situation einstellen kann, weg.

Beispiel: Die geschiedene Ehefrau ist gelernte Arzthelferin. Sie ist in ihrem Beruf vollschichtig erwerbstätig. Ihr monatliches Nettoeinkommen beträgt 1.500 €. Der geschiedene Ehemann, ein Arzt, verdient netto 9.000 € monatlich. Aus der Ehe sind keine Kinder hervorgegangen. Die geschiedene Ehefrau hat einen Anspruch auf Aufstockungsunterhalt in Höhe der Differenz zwischen ihrem Einkommen und dem eheangemessenen Unterhalt. Da sie allerdings durch die Ehe keinerlei Nachteile erlitten hat, kommt eine Befristung des Aufstockungsunterhalts nach einer Übergangszeit in Betracht.

Hat der Berechtigte hingegen ehebedingte Nachteile erlitten, die sich aktuell auswirken, scheidet zumindest eine Befristung des Unterhaltsanspruchs aus.

Beispiel: Die geschiedene Ehefrau, eine Lehrerin, war vor ihrer Eheschließung als Texterin in der Werbebranche tätig. Sie verdiente in dieser Position zuletzt als Cheftexterin ca. 2.500 € monatlich netto. Diese Tätigkeit gab sie im Rahmen ihrer Ehe auf, um mit ihrem Mann in das Ausland zu ziehen. Dort war sie über 10 Jahre lang nicht erwerbstätig, sondern hat sich ausschließlich um die Erziehung der gemeinsamen Kinder gekümmert. Der Ehemann erzielt ein monatliches Nettoeinkommen in Höhe von 5.500 €. Nach 13 Jahren wird die Ehe geschieden. Die geschiedene Ehefrau ist jetzt wieder als Lehrerin tätig. Aus dieser Tätigkeit verdient sie monatlich 1.800 € netto.

Sie hat in diesem Fall nachwirkende ehebedingte Nachteile: Aufgrund ihrer beruflichen Pause ist ihr nämlich eine Rückkehr zu einer Tätigkeit als Cheftexterin nicht mehr möglich. Sie kann zwar als Lehrerin arbeiten, allerdings mit einem geringeren Verdienst (1.800 € monatlich netto). In Höhe von 700 € hat die Ehefrau mithin einen ehebedingten Nachteil. Wegen des ehebedingten Nachteils scheidet eine Befristung des Unterhaltsanspruchs aus.

638 Eine Herabsetzung des Unterhalts auf den ehebedingten Nachteil ist aber möglich. Ein ehebedingter Nachteil ist nur unter strengen Voraussetzungen denkbar. Ein Nachteil kann insbesondere nicht darin gesehen werden, dass der Berechtigte wegen des langen Berufsausstiegs niedrigere Rentenansprüche hat. Denn dieser Nachteil wird über den Versorgungsausgleich ausgeglichen.

---

98 OLB Brandenburg, BeckRS 2020, 11218.

5. Besonderheiten

Der laufende Unterhalt ist zwar grundsätzlich durch Zahlung einer monatlichen **639** Geldrente zu gewähren (§ 1585 Abs. 1 BGB). Anstelle eines wiederkehrenden Betrags kann aber auch eine Abfindung in Kapital verlangt werden, wenn ein wichtiger Grund vorliegt und dies den Verpflichteten nicht unbillig belastet (§ 1585 Abs. 2 BGB).

Für die rückwirkende Geltendmachung nachehelichen Unterhalts gilt eine wichtige Einschränkung (§ 1585b Abs. 3 BGB): Grundsätzlich kann Unterhalt nur bis zu einem Jahr vor Einreichung des gerichtlichen Unterhaltsantrags rückwirkend geltend gemacht werden. Eine unbeschränkte rückwirkende Geltendmachung ist hingegen nur möglich, wenn anzunehmen ist, dass sich der Verpflichtete der Leistung absichtlich entzogen hat.

Der nacheheliche Unterhaltsanspruch erlischt (allerdings nur mit Wirkung für die Zukunft) in folgenden Fällen:

- Wiederheirat (§ 1586 Abs. 1 BGB). Der Betreuungsunterhalt kann wieder aufleben, wenn die Ehe aufgelöst wird (§ 1586a Abs. 1 BGB).
- Tod des Berechtigten (§ 1586 Abs. 1 BGB), nicht aber des Verpflichteten (§ 1586b Abs. 1 BGB).

6. Unterhaltsvereinbarungen

Vereinbarungen über nachehelichen Unterhalt sind zulässig (§ 1585c BGB). Wird **640** der Vertrag vor dem rechtskräftigen Scheidungsbeschluss getroffen, ist er notariell zu beurkunden. Ein vor Gericht geschlossener Prozessvergleich genügt der Formvorschrift. Inhaltlich unterliegen Vereinbarungen über nachehelichen Unterhalt grundsätzlich keinen Beschränkungen. Vereinbarungen werden allerdings begrenzt durch die allgemeinen rechtsgeschäftlichen Vorgaben.

Unterhaltsvereinbarungen können insbesondere **sittenwidrig** (Rn 66) sein, wenn die Unerfahrenheit oder eine schwierige psychische Lage einer der Parteien ausgenutzt wird und die Vereinbarung für diese Seite grob nachteilig ist.

Sittenwidrig sind insbesondere Vereinbarungen, die eine evident einseitige Lastenverteilung auf einen Ehegatten vornehmen, die durch die individuelle Gestaltung der Lebensverhältnisse nicht gerechtfertigt und ihm daher unzumutbar ist[99]. Ob dies der Fall ist, ist im Wege der Einzelfallbetrachtung zu entscheiden. Problematisch ist in diesem Rahmen vor allem ein Verzicht auf den Betreuungsunterhalt sowie Alters- und Krankenunterhalt.

Beispiel: Ehevertraglicher Globalverzicht auf sämtliche Ansprüche einer von einer Ausweisung bedrohten Ausländerin[100].

Auch wenn die Vereinbarung als solche nicht sittenwidrig ist, so kann sich der Vertrag durch die tatsächliche Entwicklung der Lebensverhältnisse im Zeitpunkt der Scheidung als ungerecht herausstellen. In diesem Fall ist es denkbar, dass sich die durch den Vertrag begünstigte Partei nicht auf die vertragliche Abmachung berufen darf und diese den Umständen „angepasst" wird (§ 313 BGB).

---

99 BGH, NZFam 2021, 772 (774).
100 BGH, NZFam 2018, 267.

Beispiel: Die Eheleute, beide im Zeitpunkt der Eheschließung voll erwerbstätig, vereinbaren einen gegenseitigen Verzicht auf nachehelichen Unterhalt. Nachdem Kinder geboren werden, gibt die Ehefrau ihre Erwerbstätigkeit auf. Es ist denkbar, dass sich der Ehemann im Zeitpunkt der Scheidung, vor allem wenn und solange die Ehefrau noch Kleinkinder betreut, nicht auf den Unterhaltsverzicht berufen kann.

Sittenwidrig sind daneben Unterhaltsverzichte zulasten Dritter (insbesondere von Sozialleistungsträgern).

Beispiel: Durch den Unterhaltsverzicht wird bewusst eine Unterstützungsbedürftigkeit des berechtigten Ehegatten zulasten des Sozialleistungsträgers herbeigeführt.

VI. Unterhalt zwischen nicht miteinander verheirateten Eltern

1. Anspruchsgrundlagen

641 Die nicht mit dem Vater verheiratete Mutter kann von dem Kindesvater in folgenden Konstellationen für sich Unterhalt verlangen:

- **„Mutterschutz":** Ein Unterhaltsanspruch besteht während der gesetzlichen Mutterschutzfristen sechs Wochen vor bis acht Wochen nach der Geburt (§ 1615l Abs. 1 S. 1 BGB). Der Anspruch umfasst auch die Kosten, die infolge der Schwangerschaft oder Entbindung entstehen.
  Beispiele: Schwangerschaftskleidung, Babyerstausstattung.
- **Schwangerschaftsbedingte Erwerbsunfähigkeit** (§ 1615l Abs. 2 S. 1 BGB): Unterhalt kann von dem Kindesvater verlangt werden, wenn die Mutter infolge einer schwangerschafts- oder geburtsbedingten Krankheit bzw infolge der Schwangerschaft selber nicht erwerbstätig sein kann.
- **Betreuungsunterhalt** (§ 1615l Abs. 2 S. 2 BGB): Unterhalt kann die Mutter vom Kindesvater sodann verlangen, wenn von ihr wegen der Pflege des Kindes keine Erwerbstätigkeit erwartet werden kann.

Wie für den nachehelichen Betreuungsunterhalt, gilt auch für die nicht mit dem Vater verheiratete Mutter: Während der ersten drei Lebensjahre des Kindes ist ihr eine Erwerbstätigkeit nicht zumutbar (§ 1615l Abs. 3 S. 3 BGB). Der Anspruch beginnt vier Monate vor der Geburt. Nach dem 3. Lebensjahr des Kindes kann Unterhalt nur noch dann verlangt werden, wenn es der Billigkeit entspricht. In diesem Rahmen sind insbesondere die Möglichkeiten der Kinderbetreuung zu berücksichtigen. Es gelten insoweit die gleichen Maßstäbe wie bei dem Betreuungsunterhalt geschiedener Eltern.

Allerdings ist der Betreuungsunterhalt – anders als die übrigen Unterhaltstatbestände – nicht auf die Mutter beschränkt: Wenn das Kind von dem Vater betreut wird, steht der Unterhaltsanspruch dem Vater zu und richtet sich gegen die Mutter (§ 1615l Abs. 4 BGB).

2. Unterhaltsbedarf, Bedürftigkeit und Leistungsfähigkeit

642 Der Unterhaltsbedarf der Mutter richtet sich nach ihrer Lebensstellung und zwar auch dann, wenn sie mit dem Kindesvater zusammengelebt hat[101]. Es ist daher zu prüfen, wie ihre Erwerbsbiografie ohne Kind ausgesehen hätte. Ihr Unterhaltsan-

---

101 BGH, NZFam 2015, 661.

spruch richtet sich auf den Betrag, den sie mit hoher Wahrscheinlichkeit erzielt hätte. Erzielt die Mutter kein Einkommen, richtet sich ihr Anspruch auf den in der Düsseldorfer Tabelle näher konkretisierten Mindestbedarf.

Allerdings wird das Maß ihres Unterhaltsanspruches durch die Lebensstellung des Vaters begrenzt[102]. Dies schützt einen schlechter als die Mutter verdienenden Vater davor, dass ihm ein geringerer Anteil am Einkommen verbleibt, als er der Mutter an Unterhalt zu zahlen hat.

Kapitel 7: Betreuungsrecht

I. Einführung – Was soll eine Betreuung?

Volljährige können aus unterschiedlichen Gründen nicht in der Lage sein, ihre Angelegenheiten selber wahrzunehmen und Hilfe benötigen: Im Vordergrund stehen psychische Erkrankungen und Behinderungen, aber auch Erkrankungen im Alter. Die Rechtsstellung dieser Menschen ist Gegenstand des **Betreuungsrechts** (§§ 1814-1881 BGB[103]). Das Betreuungsrecht regelt das Rechtsverhältnis zwischen den Betroffenen und ihren Betreuern.

Aufgabe einer Betreuung ist die Unterstützung einer volljährigen Person, wenn und soweit sie Hilfe bei der Besorgung ihrer Angelegenheiten braucht. Hinter diesem vordergründig unmittelbar einleuchtenden Auftrag verbirgt sich ein grundlegender und unauflösbarer Konflikt, der das gesamte Betreuungsrecht durchzieht: Die (verfassungsrechtlich angelegte) Schutzpflicht des Staates für hilfebedürftige Menschen versus deren Selbstbestimmungsrecht, das dem Staat verbietet Hilfe, ohne oder gegen den Willen des Betroffenen aufzuoktroyieren[104].

II. Die Bestellung eines Betreuers – Wie es zu einer Betreuung kommt...

1. Voraussetzungen der Betreuerbestellung – Wer einen Betreuer bekommen kann...

Die Fundamentalnorm des Betreuungsrechts ist § 1814 BGB (bis 31.12.2022: § 1896 BGB). Sie regelt, unter welchen Voraussetzungen der Staat verpflichtet ist, Volljährigen, deren rechtliche Handlungsfähigkeit beeinträchtigt ist, Schutz und Fürsorge durch die Bereitstellung des Rechtsinstruments der rechtlichen Betreuung zukommen zu lassen[105]. § 1814 Abs. 1 BGB formuliert: Kann ein Volljähriger seine Angelegenheiten ganz oder teilweise rechtlich nicht besorgen und beruht dies auf einer Krankheit oder Behinderung, so bestellt das Betreuungsgericht für ihn einen rechtlichen Betreuer.

Dahinter verbergen sich mehrere Erfordernisse, die alle vorliegen müssen, damit eine Betreuung angeordnet werden kann.

---

102 BGH, NJW 2001, 818.
103 Bis 31.12.2022: §§ 1896-1908i BGB.
104 BVerfG, NJW 2017, 53 (55).
105 BT-Dr 19/14445, S. 227.

a) Alterserfordernis

645 Grundsätzlich kann eine Betreuung erst ab Vollendung des 18. Lebensjahres eingerichtet werden. Für Minderjährige, die voraussichtlich ab der Volljährigkeit einen Betreuer benötigen, kann vorsorglich ab Vollendung des 17. Lebensjahres eine Betreuung angeordnet werden, die dann mit dem Eintritt in die Volljährigkeit wirksam wird (§ 1814 Abs. 5 BGB [bis 31.12.2022: § 1908a BGB]).

b) Medizinische Indikation

646 Eine Betreuung setzt zwingend das Vorliegen einer Krankheit oder Behinderung voraus. Die bloße Unfähigkeit, die eigenen Angelegenheiten selber wahrzunehmen, ohne dass zugleich eine Erkrankung oder Behinderung vorliegt, kann eine Betreuung hingegen nicht legitimieren. Es ist ausgeschlossen, dass ein gesunder, aber nachlässiger Mensch unter Betreuung gestellt wird.

In der Praxis werden diese **medizinischen Voraussetzungen** durch ein Sachverständigengutachten nachgewiesen (§ 280 FamFG). Nicht ausreichend sind daher Verdachtsdiagnosen – etwa auf das Vorliegen einer Psychose – oder Rückgriffe auf Begriffe aus der Laiensphäre (zB Altersstarrsinn).

Beispiele: Krankheiten: Exogene Psychosen sowie Hirnkrankheiten (Hirntumor); Endogene Psychosen (Schizophrenie).

Behinderungen: Imbezillität aufgrund Down-Syndroms.

Nicht ausreichend: Unangepasstes, kriminelles oder sozial abweichendes Verhalten ohne Krankheitswert; Analphabetismus.

Problemfelder:
- Psychopathien; Neurosen erlauben in aller Regel nur bei besonders schweren Krankheitsbildern die Anordnung einer Betreuung.
- Bei Suchtleiden soll eine Betreuung nur dann in Betracht kommen, wenn die Abhängigkeit entweder ihrerseits auf ein geistiges Gebrechen zurückzuführen ist, oder aber die Sucht ein solches verursacht hat. Alkoholismus als solcher soll hingegen nicht als Krankheit im Sinne des Betreuungsrechts anzusehen sein[106].

c) Unterstützungsbedürftigkeit und Unterstützungsbedarf

647 Auslöser für die Einrichtung einer Betreuung ist das subjektive Unvermögen, die eigenen Angelegenheiten rechtlich wahrzunehmen (**subjektive Betreuungsbedürftigkeit**). Begründet wird die subjektive Betreuungsbedürftigkeit durch die (uU lediglich partielle) Handlungsunfähigkeit eines oder einer Betroffenen. Ausschlaggebend dafür ist, dass die Krankheit oder Behinderung die freie Willensbildung erheblich beeinträchtigt. Denn nur in diesem Fall nimmt sie dem oder der Betroffenen die rechtliche Handlungsfähigkeit, die nötig ist, um sich um die eigenen Angelegenheiten selber zu kümmern. Körperliche Behinderungen (Schwerhörigkeit, extreme Kurzsichtigkeit, Blindheit, Lähmung) erlauben deswegen nur im Ausnahmefall die Anordnung einer Betreuung. Im Regelfall wirken sie sich nämlich nicht zwingend auf die Handlungsfähigkeit der Betroffenen aus. Diese bleiben im Regelfall in der Lage, sich selber Hilfe zu organisieren oder einen Bevollmächtigten mit der Aufgabenwahrnehmung zu betrauen. Rein körperliche Behinderungen oder Krankheiten können aus diesem Grund

---

106 BVerfG, NJW 2015, 1666; BGH, BtPrax 2015, 153 (154); 2018, 155. Daran soll auch nach der Reform des Betreuungsrechts festgehalten werden, BT-Dr 19/24645, S. 229.

nur dann zu einer Betreuung führen, wenn sie die Fähigkeit zur freien Willensbildung einschränken. Gleiches gilt, wenn jemand seinen Willen nicht mehr artikulieren kann.

Anwendungsfall für Betreuung bei rein körperlicher Behinderung: Fehlende Kommunikationsfähigkeit nach Schlaganfall.

Die rechtliche Handlungsunfähigkeit allein reicht allerdings nicht aus, um eine Betreuung einzurichten. Vielmehr muss weiter ein aktueller und objektiv zu bestimmender individueller Unterstützungsbedarf einer Person (sog **objektiver Betreuungsbedarf**) hinzutreten, der seinerseits auf die die rechtliche Handlungsunfähigkeit des oder der Volljährigen zurückzuführen sein muss. Daher ist – unabhängig vom Vorliegen einer Krankheit oder Behinderung – immer zu prüfen, *ob* ein Betroffener überhaupt Unterstützung benötigt. Allein die krankheitsbedingte Unfähigkeit, Angelegenheiten zu regeln, reicht mithin nicht aus, um eine Betreuung einzurichten. Vielmehr darf eine Betreuung nur dann und nur soweit angeordnet werden, als auch ein konkreter Bedarf zur Regelung der Angelegenheiten besteht.

Kann der oder die Betroffene die eigenen Belange selber regeln, darf eine Betreuung auch dann nicht angeordnet werden, wenn eine medizinische Diagnose für eine Erkrankung oder Behinderung vorliegt. Nur diejenigen Angelegenheiten, die der oder die Betroffene nicht selber besorgen kann, die aber besorgt werden müssen, erlauben die Einrichtung einer Betreuung für diese Angelegenheiten[107]. Was das im Einzelnen ist, bestimmt sich nach der konkreten Lebenssituation des oder der Betroffenen. Der Handlungsbedarf selber muss nicht unbedingt aktuell sein. Es reicht aus, dass er sich jederzeit stellen kann und für diesen Fall die begründete Besorgnis besteht, dass ohne eine Betreuung das Notwendige nicht veranlasst wird[108]. Das ist etwa denkbar bei psychischen Erkrankungen, bei denen jederzeit ein Krankheitsschub eintreten kann, der dann eine unmittelbare Behandlungsnotwendigkeit auslöst. Die Einrichtung einer Betreuung für alle Angelegenheiten ist in der Konsequenz nur dann zulässig, wenn der oder die Betroffene keine Angelegenheiten selbst besorgen kann.[109]

Nicht jeder Unterstützungsbedarf legitimiert dabei eine Betreuung. Für Bereiche, in denen üblicherweise ohnehin ein Experte (ein Anwalt oder ein Steuerberater) hinzugezogen wird, wird nicht von der Unfähigkeit zur Besorgung der eigenen Angelegenheiten gesprochen. Vielmehr kommt eine Betreuung nur für Angelegenheiten in Betracht, die im Regelfall persönlich wahrgenommen werden.

Beide Erfordernisse – die subjektive Betreuungsbedürftigkeit und der objektive Betreuungsbedarf – müssen kumulativ vorliegen. Weder kann ein objektiver Unterstützungsbedarf einer rechtlich handlungsfähigen Person eine Betreuung auslösen, noch die rechtliche Handlungsunfähigkeit allein, ohne dass es einen konkreten Unterstützungsbedarf gäbe.

d) Kausalität zwischen Erkrankung/Behinderung und Betreuungsbedürftigkeit

Zwischen Unterstützungsbedarf und der Krankheit bzw Behinderung muss ein kausaler Zusammenhang bestehen: Weder kann ein objektiver Unterstützungsbedarf ohne Grunderkrankung oder Behinderung, noch – umgekehrt – eine Grunderkrankung oder Behinderung, die sich nicht auswirkt, eine Betreuung auslösen. Eine Be-

---

107 BGH, BtPrax 2015, 152.
108 BGH, FamRZ 2018, 134; NJW 2019, 1154 (1154).
109 BGH, BeckRS 2020, 17050.

treuung darf damit niemals zwingende Folge einer Behinderung oder Krankheit sein. Und auch das Umgekehrte gilt: Ein aus gesellschaftlicher oder staatlicher Hinsicht nicht toleriertes Verhalten, das nicht kausal auf eine Erkrankung oder Behinderung zurückzuführen ist, legitimiert keine Betreuung[110].

e) Erforderlichkeit einer Betreuung

650 Auch wenn alle Voraussetzungen einer Betreuerbestellung vorliegen, darf eine Betreuung nur dann eingerichtet werden, wenn sie auch erforderlich ist (§ 1814 Abs. 3 BGB [bis 31.12.2022: § 1896 Abs. 2 BGB]). Die Betreuung ist insoweit subsidiär gegenüber allen Selbsthilfemöglichkeiten des oder der Betroffenen (§ 1814 Abs. 3 S. 2 BGB) und ist in der Konsequenz bereits dann unzulässig, wenn der oder die Betroffene die Angelegenheiten selber regeln kann. Zwei Möglichkeiten der Selbsthilfe nennt das Gesetz ausdrücklich: Eine Bevollmächtigung sowie andere Hilfen (§ 1814 Abs. 3 BGB).

Insbesondere die Erteilung einer **Vollmacht** macht eine Betreuung überflüssig (§ 1814 Abs. 3 S. 2 Nr. 1 BGB). Eine Vollmacht kann sich auf einzelne (beschränkte Vollmacht, zB Bankvollmacht) oder aber auch auf alle denkbaren Bereiche (sog Generalvollmacht) beziehen. Sie kann insbesondere vorsorglich für den Fall erteilt werden, dass der oder die Betroffene geschäftsunfähig oder betreuungsbedürftig wird (**Vorsorgevollmacht**).

651 Eine Vollmacht ist ein Rechtsgeschäft, sie kann daher nur von einer geschäftsfähigen Person an eine geschäftsfähige Person erteilt werden. Nicht geeignet zur Vermeidung einer Betreuung – mit Blick auf die Gefahren einer Interessenkollision – ist die Bevollmächtigung von Personen, die in einem Abhängigkeitsverhältnis oder in einer anderen engen Beziehung zu einer Einrichtung, in der der Betroffene untergebracht ist oder einem anderen Versorgungsdienst des oder der Betroffenen stehen (§§ 1814 Abs. 3 S. 2 Nr. 1, 1816 Abs. 6 BGB). Wird also Heimangestellten oder Mitarbeitern eines ambulanten Pflegedienstes eine Vollmacht erteilt, so ist trotz Vollmachterteilung eine rechtliche Betreuung erforderlich[111].

Eine Form für die Erteilung einer Vollmacht ist gesetzlich nur für bestimmte weitreichende Maßnahmen, die die persönliche Integrität betreffen, vorgesehen (§ 1820 Abs. 2 BGB):

- Einschneidende gesundheitliche Maßnahmen (§ 1829 Abs. 5 BGB [bis 31.12.2022: § 1904 Abs. 5 BGB]).
- Freiheitsentziehende Unterbringung und freiheitsentziehende Maßnahmen (§ 1831 Abs. 5 BGB [bis 31.12.2022: § 1906 Abs. 5 BGB]).
- Ärztliche Zwangsmaßnahmen inklusive der zwangsweisen Verbringung in ein Krankenhaus (§ 1832 Abs. 5 BGB [bis 31.12.2022: § 1906a Abs. 5 BGB]).

Die Vorsorgevollmacht muss dahingehende Befugnisse des oder der Bevollmächtigten ausdrücklich und in schriftlicher Form festhalten (§ 1820 Abs. 2 BGB). Fehlt es daran, sind Maßnahmen des oder der Bevollmächtigten nicht möglich. In der Konsequenz ist dann in diesen Belangen eine Betreuung erforderlich.

Außerhalb dieser Maßnahmen gelten eigentlich keine Formerfordernisse für die Erteilung der Vollmacht. Eine Vollmacht kann also eigentlich auch wirksam mündlich

---

110 BT-Dr 19/24445, S. 228.
111 BT-Dr 19/24445, S. 242.

erteilt werden. Um ihre Existenz und Reichweite im Rechtsverkehr auch nachweisen zu können, ist aber auch in diesen Fällen zumindest Schriftform zu empfehlen. Banken und Grundbuchämter akzeptieren lediglich notariell beglaubigte bzw beurkundete Vollmachten (Rn 58) sowie privatschriftliche Vollmachten, die von der Betreuungsbehörde beglaubigt sind.

In gleicher Weise scheidet eine Betreuung – weil unnötig – immer dann aus, wenn sich der oder die Betroffene die erforderliche Hilfe – auch ohne Bestellung eines gesetzlichen Vertreters – durch Dritte holen kann, sei es in tatsächlicher, sei es in rechtlicher Hinsicht (§ 1814 Abs. 3 S. 2 Nr. 2 BGB). **652**

Beispiele[112]**:** Informelle tatsächliche Unterstützung durch Familie, Freunde oder Nachbarn.

Unterstützung, die auf sozialrechtlichen Vorschriften beruht, etwa die Sicherung der Versorgung mithilfe eines Pflegedienstes.

Beratung und Unterstützung (inklusive Antragstellung) durch Sozialleistungsträger, etwa im Rahmen der Eingliederungshilfe.

Die Aufzählung der beiden Selbsthilfemöglichkeiten („insbesondere") ist nicht abschließend. Dementsprechend können auch andere Umstände die Erforderlichkeit der Betreuung entfallen lassen, etwa das Notvertretungsrecht des Ehegatten aus § 1358 BGB (Rn 545).

Daneben scheidet eine Betreuung auch dann aus, wenn sie nichts zur Verbesserung der Situation beitragen wird. Dies ist etwa denkbar, wenn der oder die Betreute nicht mit dem Betreuer zusammenwirken wird und der Betreuer zum Wohl des oder der Betroffenen nichts bewirken wird können (sog Unbetreubarkeit)[113].

2. Zwangsbetreuung - ... auch wenn der Betroffene das vielleicht anders sieht...

Die Anordnung einer Betreuung stigmatisiert die Betroffenen sowohl im sozialen wie auch uU im beruflichen Umfeld. Zugleich schränken die weitreichenden Handlungsbefugnisse des Betreuers die Betroffenen in ihrer Handlungsfreiheit ein. Vor diesem Hintergrund ist es dem Staat verboten, erwachsene und zur freien Willensbildung fähige Bürger*innen in ihrer Freiheit zu beschränken, ohne dass sie sich selbst gefährden[114]. **653**

Dementsprechend ist die als Unterstützung konzipierte Betreuung grundsätzlich freiwillig. Im Umkehrschluss bedeutet das: Grundsätzlich ist eine Betreuung gegen oder ohne den freien Willen des oder der Betroffenen (**Zwangsbetreuung**) unzulässig (§ 1814 Abs. 2 BGB [bis 31.12.2022: § 1896 Abs. 1a BGB]). Der Begriff des freien Willens ist deckungsgleich mit den Anforderungen der Geschäftsfähigkeit (§ 104 Nr. 2 BGB): Ein freier Wille setzt voraus, dass der oder die Betroffene die erforderliche Einsicht in die Notwendigkeit der anstehenden Maßnahme besitzt und auch in der Lage ist, nach dieser Einsicht zu handeln. Entscheidend ist, ob der oder die Betroffene im Grundsatz Grund, Bedeutung und Tragweite einer Betreuung erfassen sowie das „Für" und „Wider" erkennen und gegeneinander abwägen kann[115]. Bei Erkrankten etwa, die sich gegen eine (auf die Durchführung einer Behandlung zielende)

---

112 BT-Dr 19/24445, S. 231.
113 St. Rechtsprechung, BGH, BtPrax 2015, 62; NJW 2016, 2650; NJW 2019, 1153 (1154 f).
114 BVerfG, NJW 2010, 3360.
115 BGH, FamRZ 2014, 647; 2018, 134.

Betreuung wehren, kommt es darauf an, ob die Krankheit die freie Willensbildung (im Hinblick auf die Notwendigkeit der Betreuung) erheblich beeinträchtigt.

Fehlt dieser freie Wille (und ist der oder die Betroffene insoweit zumindest partiell geschäftsunfähig), so ist die Anordnung einer Betreuung auch gegen den bloß natürlichen Willen zulässig. Die einzige Möglichkeit, eine Zwangsbetreuung zu vermeiden, ist die Erteilung einer **Vorsorgevollmacht** zu einem Zeitpunkt, an dem der freie Wille (noch) vorhanden ist.

Besitzt die betroffene Person hingegen den erforderlichen freien Willen, darf ihr eine Betreuung selbst dann nicht aufgezwungen werden, wenn sie von dritter Seite als „vernünftig" angesehen wird.

3. Der Umfang der Betreuung – Was und wie viel Betreuung...

654 Bei der Bestellung eines Betreuers legt das Betreuungsgericht konkret die **Aufgabenbereiche** des Betreuers fest (§ 1815 BGB [bis 31.12.2022: § 1896 Abs. 2, Abs. 3 BGB]). Folgende Aufgaben, die dem Betreuer weitreichende Eingriffe in das Persönlichkeitsrecht des oder der Betroffenen ermöglichen, sind dabei nicht implizit in einem Aufgabenbereich enthalten, sondern müssen explizit im Betreuungsbeschluss genannt sein (§ 1815 Abs. 2 BGB):

- Die freiheitsentziehende Unterbringung sowie freiheitsentziehende Maßnahmen (innerhalb einer Einrichtung, aber auch im häuslichen Bereich des Betroffenen).
- Die Bestimmung des gewöhnlichen Aufenthalts des Betreuten im Ausland, etwa in einer (im Vergleich mit einer im Inland gelegenen Einrichtung) deutlich kostengünstigeren Einrichtung im Ausland.
- Die Bestimmung des Umgangs des Betreuten.
- Entscheidungen über die Telekommunikation des Betreuten einschließlich seiner elektronischen Kommunikation sowie über die Entgegennahme, das Öffnen und das Anhalten der Post des Betreuten (bis 31.12.2022: § 1896 Abs. 4 BGB).

4. Die Person des Betreuers

Auswahl und Bestellung des Betreuers ist Aufgabe des Betreuungsgerichts.

a) Mögliche Betreuer – Wer und wie viele?

655 Als Betreuer kommen folgende Akteure in Betracht:
- Eine natürliche Person, die die Betreuung ehrenamtlich oder beruflich führt (ehrenamtlicher bzw. beruflicher Betreuer, § 1816 Abs. 4, Abs. 5 BGB, § 19 BtoG[116]). Ehrenamtliche Betreuer*innen sind natürliche Personen, die außerhalb einer beruflichen Tätigkeit rechtliche Betreuungen führen (§ 19 Abs. 1 BtoG). Berufliche Betreuer*innen sind natürliche Personen, die selbstständig oder als Mitarbeiter*in eines anerkannten Betreuungsvereins rechtliche Betreuungen führen. Sie können als Betreuer*in bestellt werden, wenn sie bei der zuständigen Betreuungsbehörde (**Stammbehörde**) registriert sind (§§ 19 Abs. 2, 24 BtoG).

---

[116] Bis 31.12.2022: §§ 1897 Abs. 1, 1899 Abs. 1 BGB.

Teil III: Grundlagen des Familienrechts 273

- Ein anerkannter Betreuungsverein (§ 1818 Abs. 1 BGB [bis 31.12.2022: § 1900 Abs. 1 BGB]).
- Die Betreuungsbehörde (§ 1818 Abs. 4 BGB [bis 31.12.2022: § 1900 Abs. 4 BGB]).

Differenziere:

- Verein/ Behörde als Betreuer: In diesem Fall delegiert die Institution die Aufgabenwahrnehmung zwar auf eine bestimmte Person (§ 1818 Abs. 2, Abs. 4 BGB). Gegenüber dem Betreuungsgericht bleibt aber die Institution verantwortlich. In der Praxis führt die Vereins-/Behördenbetreuung eine Randexistenz.
- Vereins-/Behördenbetreuer: In diesem Fall ist der Betreuer eine natürliche Person, die die Betreuung selbstständig führt (§ 1819 Abs. 3 BGB). Sie ist zwar arbeitsrechtlich ihrem Arbeitgeber unterstellt, bei der Betreuung jedoch nur dem Betreuungsgericht rechenschaftspflichtig. Der Vereins- bzw Behördenbetreuer ist ein beruflicher Betreuer.

Für die Auswahl des Betreuers aus diesem Kreis gibt es ein Rangverhältnis: **656**
- Zunächst gilt grundsätzlich ein Vorrang der privaten ehrenamtlichen Einzelbetreuung vor der Berufsbetreuung (§ 1816 Abs. 5 BGB [bis 31.12.2022: § 1897 Abs. 6 BGB]). Dementsprechend soll ein beruflicher Betreuer nur dann bestellt werden, wenn kein geeigneter ehrenamtlicher Betreuer zur Verfügung steht bzw entlassen werden, wenn ein ehrenamtlicher Betreuer zur Verfügung steht (§ 1868 Abs. 3 BGB [bis 31.12.2022: § 1908b Abs. 1 BGB]).
- Gegenüber der Betreuung durch eine natürliche (ehrenamtlich oder beruflich tätige) Person ist die Betreuung durch einen anerkannten Betreuungsverein oder eine Behörde subsidiär. Eine **Vereinsbetreuung** kommt damit erst dann in Betracht, wenn eine hinreichende Betreuung durch einen oder mehrere Einzelbetreuer*innen nicht sichergestellt ist oder aber, wenn der oder die Volljährige dies wünscht (§ 1818 Abs. 1 BGB [bis 31.12.2022: § 1900 Abs. 1 BGB]). An letzter Stelle steht die Behördenbetreuung, die erst und nur dann zum Zuge kommt, wenn auch durch einen Verein eine hinreichende Betreuung nicht gesichert ist (§ 1818 Abs. 4 BGB [bis 31.12.2022: § 1900 Abs. 4 BGB]).

Die Bestellung **mehrerer Betreuer*innen** ist möglich, wenn die Angelegenheiten **657** des oder der Betreuten hierdurch besser versorgt werden können (§ 1817 Abs. 1 BGB [bis 31.12.2022: § 1899 Abs. 1 BGB]).

Eine Betreuung durch mehrere Betreuer*innen ist in verschiedenen Varianten denkbar:
- Nebenbetreuer (§ 1817 Abs. 1 BGB [bis 31.12.2022: § 1899 Abs. 1 BGB]): In diesem Fall werden verschiedene Aufgabenkreise auf verschiedene Betreuer*innen verteilt. Jeder Betreuer ist also für einen anderen Aufgabenbereich zuständig, Betreuer*in 1 etwa für Vermögensangelegenheiten, Betreuer*in 2 für den Aufenthalt und Betreuer*in 3 für Gesundheitsangelegenheiten. Für eine Einwilligung in eine Sterilisation ist stets ein besonderer Betreuer zu bestellen (**Sterilisationsbetreuer**, § 1817 Abs. 2 BGB [bis 31.12.2022: § 1899 Abs. 2 BGB]).
- Mitbetreuer (§ 1817 Abs. 3 BGB [bis 31.12.2022: § 1899 Abs. 3 BGB]): In diesem Fall sind mehrere Betreuer*innen für ein und denselben Aufgabenbereich tätig. In der Konsequenz müssen sie – soweit das Gericht nichts anderes anordnet – alle Angelegenheiten einvernehmlich entscheiden.

- Mischformen zwischen diesen Betreuungsformen sind denkbar, aber in der Praxis selten.
- **Verhinderungs- und Ergänzungsbetreuer** (§ 1817 Abs. 4, Abs. 5 BGB [bis 31.12.2022: § 1899 Abs. 4 BGB]): Ein Verhinderungsbetreuer wird bestellt für den Fall, dass der eigentlich zuständige Betreuer tatsächlich verhindert ist, etwa weil er im Urlaub oder krank ist. Der Ergänzungsbetreuer wird bestellt, wenn ein Betreuer aus rechtlichen Gründen nicht in der Lage ist, einzelne Angelegenheiten des oder der Betreuten zu besorgen, etwa weil für ihn in einer bestimmten Angelegenheit ein Vertretungsverbot gilt.
- **Kontrollbetreuer** (§§ 1815 Abs. 3, 1820 Abs. 3 BGB [bis 31.12.2022: § 1896 Abs. 3 BGB]): Der Kontrollbetreuer hat die Aufgabe, einen von dem oder der Betroffenen eingesetzten Bevollmächtigten zu kontrollieren.

b) Kriterien für die Auswahl des Betreuers

658 Das Betreuungsgericht bestellt zum Betreuer, wer geeignet ist, in dem gerichtlich angeordneten Aufgabenkreis die Angelegenheiten des oder der Betreuten wahrzunehmen (§ 1816 Abs. 1 BGB [bis 31.12.2022: § 1897 Abs. 1 BGB]). Allgemeiner Maßstab für die Eignung ist die Kompetenz, die Angelegenheiten des oder der Volljährigen rechtlich zu besorgen. Diese richtet sich im Einzelfall nach den jeweiligen Erfordernissen des konkreten Aufgabenkreises.

In diesem Rahmen ist an erster Stelle die **persönliche Eignung** einer Person für die Führung einer Betreuung, aber auch ihre Zuverlässigkeit zu prüfen. Die persönliche Eignung eines Berufsbetreuers fehlt etwa, wenn er sexuelle Beziehungen zu einem Betroffenen unterhält[117]. Vor allem Interessenkollisionen stellen die Eignung in Frage. Explizit ausgeschlossen sind daher grundsätzlich Personen, die in einem Abhängigkeitsverhältnis gegenüber Einrichtungen oder Diensten stehen, die mit der Versorgung des oder der Volljährigen betraut sind (§ 1816 Abs. 6 BGB [bis 31.12.2022: § 1897 Abs. 3 BGB]): Mitarbeiter*innen des Heimes, in dem der oder die Betroffene untergebracht ist, oder eines mit der Versorgung des oder der Betroffenen betrauten ambulanten Pflegedienstes dürfen damit nur ausnahmsweise zum Betreuer bestellt werden, wenn eine konkrete Gefahr einer Interessenkollision ausgeschlossen ist (§ 1816 Abs. 6 S. 2 BGB).

Weiter zählt zur persönlichen Eignung auch die Fähigkeit des Betreuers, den erforderlichen persönlichen Kontakt zum Betreuten zu halten (§ 1816 Abs. 1 BGB [bis 31.12.2022: § 1901 Abs. 3 BGB]). Daher kann etwa bei Berufsbetreuer*innen die Zahl der bereits geführten Betreuungen ausschlaggebend für ihre Eignung sein. Aus diesem Grunde ist vor ihrer Bestellung die Zahl der aktuell geführten Betreuungen zu berücksichtigen (§ 1816 Abs. 5 BGB).

Die persönliche Eignung ist durch die Vorlage eines Führungszeugnisses und einer Auskunft aus dem zentralen Schuldnerverzeichnis nachzuweisen (§§ 21 Abs. 1, 23 Abs. 1 Nr. 1 BtoG). Sie fehlt, wenn ein Berufsverbot (§ 70 StGB bzw. § 132a StPO) ausgesprochen wurde, die Person in den letzten 3 Jahren wegen eines Verbrechens oder relevanten Vergehens rechtskräftig verurteilt worden ist oder ein Insolvenzverfahren gegen sie eröffnet worden ist (§ 21 Abs. 1 S. 2 i.V. mit § 23 Abs. 2 Nrn. 1,2 und 4 BtoG).

---

117 BGH, NJW-RR 2021, 518.

Was die **fachlichen Anforderungen** an den Betreuer angeht, so differenziert der Gesetzgeber zwischen ehrenamtlichen und beruflichen Betreuer*innen: **659**
- Für ehrenamtliche Betreuer*innen, die persönliche Beziehungen zum Betreuten besitzen, fordert das Gesetz keine weiteren fachlichen Voraussetzungen. Jedoch gibt es für sie die Möglichkeit, sich auf freiwilliger Basis durch die Teilnahme an Qualifikationsmaßnahmen und Fortbildungen zu schulen. Für ehrenamtliche Fremdbetreuer*innen (also Betreuer*innen, die keinerlei familiäre oder persönliche Bindungen zu dem oder der Betreuten besitzen, § 1816 Abs. 4 BGB), ist hingegen eine enge Kooperation mit einem Betreuungsverein, die auch eine Verpflichtung zur Teilnahme an Schulungs- und Fortbildungsmaßnahmen umfasst, im Regelfall Voraussetzung ihrer Bestellung (§ 1816 Abs. 4 BGB iV mit § 22 Abs. 2 BtoG).
- Berufliche Betreuer*innen müssen sich demgegenüber bei der Stammbehörde registrieren und hierfür neben der persönlichen Eignung und Zuverlässigkeit, eine Berufshaftpflichtversicherung mit ausreichendem Deckungsumfang (Mindestversicherungssumme 250 000 €) sowie ausreichende Sachkunde nachweisen (§ 23 Abs. 1 BtoG). Konkret benötigen Berufsbetreuer*innen vertiefte Kenntnisse des Betreuungs- und Unterbringungsrechts sowie des dazugehörigen Verfahrensrechts, Kenntnisse des sozialrechtlichen Unterstützungssystems, Kenntnisse hinsichtlich der Kommunikation mit Personen mit Erkrankungen und Behinderungen sowie Methoden zur Unterstützung bei der Entscheidungsfindung (§ 23 Abs. 3 BtoG).

Mitarbeiter*innen von Vereinen bzw Behörden (Vereins- bzw Behördenbetreuer*innen) benötigen weiter die Einwilligung ihres Arbeitgebers (§ 1819 Abs. 3 BGB).

Im Zentrum der Auswahlüberlegungen stehen die Wünsche des oder der Betroffenen: Wünscht der oder die Volljährige eine bestimmte Person als Betreuer*in, so ist diesem Wunsch grundsätzlich zu entsprechen, es sei denn der oder die Vorgeschlagene ist ungeeignet oder der oder die Betroffene hält erkennbar nicht mehr an dem Wunsch fest (§ 1816 Abs. 2 BGB[118]). In gleicher Weise ist die Ablehnung einer Person zu beachten (§ 1816 Abs. 2 BGB). **660**

Unerheblich ist, ob der oder die Betroffene geschäfts- oder einsichtsfähig ist[119]. Nicht bindend ist der Wunsch etwa, wenn der oder die Vorgeschlagene rechtlich nicht zur Übernahme der Betreuung in der Lage ist (etwa, weil er oder sie geschäftsunfähig ist). Gleiches gilt, wenn der oder die Betreute konkreten Gefahrensituationen durch den Betreuer ausgesetzt ist.

Beispiel: Der Ehemann der Betreuten ist nicht in der Lage die pflegebedürftige Betreute zu pflegen und zu versorgen mit der Konsequenz, dass sie unterernährt und dehydriert ist[120].

Dass der vom Betroffenen vorgeschlagene Betreuer schlechter geeignet ist als andere, hindert dessen Bestellung hingegen nicht zwingend. Vielmehr ist der oder die Vorgeschlagene zu bestellen soweit er oder sie nicht ungeeignet ist und dadurch das Wohl des oder der Betroffenen konkret gefährdet[121].

Relativiert wird das Vorschlagsrecht durch den Vorrang der ehrenamtlichen Betreuung vor der Berufsbetreuung: Wünscht der oder die Betroffene einen bestimmten

---

118 Bis 31.12.2022 spricht das Gesetz noch vom Willen des Betroffenen (§ 1897 Abs. 4 BGB).
119 BGH, NJW 2018, 1878.
120 BGH, BeckRS 2021, 8872.
121 BGH, NJW 2018, 1878; BtPrax 2018, 200.

Berufsbetreuer, so ist diesem Wunsch dann nicht zwingend zu folgen, wenn eine geeignete Person, die zur ehrenamtlichen Betreuung fähig ist, zur Verfügung steht[122].

661 An den Wunsch selber werden keine besonderen Anforderungen gestellt. Der oder die Betroffene muss insbesondere nicht geschäftsfähig sein. Es genügt, den Wunsch kundzutun, dass eine bestimmte Person Betreuer*in werden solle[123]. Dieser Wunsch kann auch in einer **Betreuungsverfügung** niedergelegt sein. Die Betreuungsverfügung ist ein schriftliches Dokument, in dem der oder die Betroffene für den Fall der eigenen Betreuung Wünsche zur Auswahl des Betreuers oder zur Wahrnehmung der Betreuung geäußert hat (§ 1816 Abs. 2 S. 4 BGB [bis 31.12.2022: § 1901c BGB]).

Im Übrigen – wenn es also keinen (beachtlichen) Vorschlag gibt – ist auf die familiären und sonstigen persönlichen Bindungen des oder der Betroffenen sowie mögliche Interessenskonflikte Rücksicht zu nehmen (§ 1816 Abs. 3 BGB [bis 31.12.2022: § 1897 Abs. 3 BGB]). Der verfassungsrechtliche Schutz der Familie aus Art. 6 Abs. 1 GG gebietet dabei eine bevorzugte Berücksichtigung von (nahen) Familienangehörigen, wenn eine engere Bindung zwischen Betreutem und dem Familienmitglied besteht[124].

662 Ist der Betreuer durch das Gericht bestellt, so besteht auch grundsätzlich eine **Übernahmepflicht** des Amtes für ihn (§ 1819 Abs. 1 BGB [bis 31.12.2022: § 1898 Abs. 1 BGB]). Jedoch fehlt es an rechtlichen Instrumentarien zur Durchsetzung dieser Pflicht. Daher erfordert die Bestellung des Betreuers weiter, dass er sich zur Übernahme bereit erklärt hat (§ 1819 Abs. 2 BGB [bis 31.12.2022: § 1898 Abs. 2 BGB]). Verweigert er die Übernahme, scheidet seine Bestellung aus.

III. Die Rechtswirkungen der Betreuung

1. Die Rechtsstellung des Betreuers - Was der Betreuer darf

a) Rechtliche Befugnisse des Betreuers im Außenverhältnis

663 Die **Befugnisse des Betreuers** werden inhaltlich durch den Betreuungsbeschluss festgelegt. Dieser legt den Aufgabenkreis der Betreuung fest (§ 1815 BGB). Nur soweit er reicht, ist der Betreuer auch im Außenverhältnis gegenüber Dritten handlungsbefugt. In diesem Rahmen allerdings darf der Betreuer alle Handlungen vornehmen, die erforderlich sind, um die Angelegenheiten des oder der Betreuten *rechtlich* zu besorgen (§ 1821 Abs. 1 BGB [bis 31.12.2022: § 1901 Abs. 1 BGB]): Der Betreuer ist der gesetzliche Vertreter des oder der Betreuten. Sein Handlungsrepertoire umfasst insbesondere auch die gerichtliche und außergerichtliche Vertretung des oder der Betreuten (§ 1823 BGB [bis 31.12.2022: § 1902 BGB]). Zum Nachweis seiner Vertretungsbefugnis erhält er eine Bestellungsurkunde, einen sog Betreuerausweis (§ 290 FamFG).

664 Die Handlungsmacht eines Betreuers unterliegt in bestimmten Bereichen Schranken:
- Höchstpersönliche Rechtsgeschäfte sind dem Betreuer grundsätzlich nicht zugänglich (zB Eheschließung, Testamente, Einwilligung in die Adoption des Kin-

---

[122] BGH, NJW 2018, 3385; BT Dr 19/24445, S. 237.
[123] BGH, BtPrax 2018, 152.
[124] BVerfG, NZFam 2021, 581 (582).

des). Auch die Personensorge für Kinder des oder der Betreuten steht dem Betreuer nicht zu.
- In gleicher Weise wie Eltern (Rn 253) und Vormünder (Rn 472) unterliegen auch ein Betreuer*innen einem **Vertretungsverbot** für Geschäfte, die die Gefahr einer Interessenkollision bergen (§ 1824 BGB [bis 31.12.2022: §§ 1908i Abs. 1, 1795 BGB]). Dies betrifft zum einen In-Sich-Geschäfte (also Geschäfte, bei denen der Betreuer sowohl als Vertragspartei als auch als Vertreter des Betreuten auftritt), zum anderen Konstellationen eines formalen Interessenskonflikts zwischen Betreuer und Betreutem. Dies ist der Fall bei Verträgen zwischen dem oder der Betreuten einerseits und Personen, die zu dem Betreuer ein besonderes Näheverhältnis aufweisen, konkret: Seinem Ehegatten oder einem seiner Verwandten in gerader Linie.

Für bestimmte weitreichende Maßnahmen (vor allem im Gesundheitsbereich und freiheitsentziehenden Maßnahmen, aber auch bei der Vermögensverwaltung und Wohnungsangelegenheiten) gibt es zudem besondere Anforderungen (vgl Rn 679 ff). **665**

Folgende, für die Betroffenen weitreichende, Maßnahmen dürfen Betreuer*innen zudem nicht allein, sondern nur mit Genehmigung des Betreuungsgerichts entscheiden:
- Risikobehaftete Entscheidungen im Gesundheitsbereich (§ 1829 Abs. 1 BGB [bis 31.12.2022: § 1904 BGB]).
- Ärztliche **Zwangsmaßnahmen** (§ 1832 Abs. 2 BGB [bis 31.12.2022: § 1906a BGB]).
- Sterilisation (§ 1830 BGB [bis 31.12.2022: § 1905 BGB]).
- Freiheitsentziehende **Unterbringung** und freiheitsentziehende Maßnahmen (§ 1831 BGB [bis 31.12.2022: § 1906 BGB]).
- Die Aufgabe des bisherigen Wohnraums (§ 1833 Abs. 3 BGB [bis 31.12.2022: § 1907 BGB]), und uU auch Anschlussverträge (zB Heimverträge, § 1853 BGB [bis 31.12.2022: § 1907 Abs. 3 BGB]).
- Abschluss von Eheverträgen (§ 1411 Abs. 1 und 2 BGB).
- Widerruf einer Vollmacht durch den Kontrollbetreuer (§ 1820 Abs. 5 S. 2 BGB).

b) Rechtliche Befugnisse des Betreuers im Innenverhältnis

aa) Der Grundauftrag des Betreuers – Rechtsbesorgung oder persönliche Betreuung?

Der Grundauftrag des Betreuers gegenüber dem oder der Betreuten ist nicht ganz eindeutig: So ist die Betreuung zwar grundsätzlich als rechtliche Betreuung konzipiert (§ 1821 Abs. 1 BGB [bis 31.12.2022: § 1901 Abs. 1 BGB]) und beinhaltet damit eigentlich ausschließlich die Organisation des Lebens des oder der Betreuten, nicht aber faktische oder soziale Hilfen. Zugleich ist die Betreuung als persönliche Betreuung ausgestaltet, bei der der persönliche Kontakt, aber auch die Unterstützung des oder der Betreuten bei der eigenverantwortlichen Sorge um seine oder ihre Angelegenheiten (§ 1821 Abs. 1 BGB) im Vordergrund steht[125]. Es gilt ein umfassendes Primat der Unterstützung des Betreuten darin, seine Angelegenheiten selber zu regeln. Selbst die Vertretungsmacht soll nur dann und soweit genutzt werden, wie dies auch erforderlich ist (§ 1821 Abs. 1 BGB). In der Konsequenz gehören dadurch zwingend **666**

---
125 BT-Dr 19/24445, S. 249.

auch viele faktische Maßnahmen des Betreuers zu seinem Auftrag: Die Rechtsfürsorge darf sich eben nicht in einer verwaltenden Tätigkeit erschöpfen[126]. Das wirft in der Praxis immer wieder die Notwendigkeit (und zugleich Schwierigkeit) auf, den Umfang der Tätigkeit des Betreuers in diesem Spannungsverhältnis zu konkretisieren.

Beispiele: Frau M ist krankheitsbedingt überfordert damit, ihre Post zu öffnen, die Termine beim Sozialamt wahrzunehmen und sich zu äußern: Soll der Betreuer Frau M zu den Behördenterminen begleiten?

Herr I ist ein „Messie". Soll der Betreuer ihm beim Aufräumen und Putzen seiner Wohnung helfen?

bb) Vorgaben für die Wahrnehmung der Betreuung – Der Betreuer als Diener der Autonomie des Betreuten

667 Das Verhältnis zwischen Betreuer und Betreutem regelt grundlegend § 1821 BGB (bis 31.12.2022: § 1901 BGB). Diese sog Magna Charta des rechtlichen Betreuungswesens enthält Vorgaben für das Handeln des Betreuers gegenüber dem Betreuten im Innenverhältnis.

Maßstab für das Betreuerhandeln ist die Verwirklichung und Achtung der Selbstbestimmung des oder der Betreuten. Die **Wünsche** des oder der Betreuten bilden damit grundsätzlich die verbindliche Richtschnur für das Handeln des Betreuers. Diese herauszufinden, dient vor allem die Kontakt- und Besprechungspflicht mit dem oder der Betreuten (§ 1821 Abs. 5 BGB [bis 31.12.2022: § 1901 Abs. 3 BGB]). Auch Wünsche des oder der Betreuten, die vor der Anordnung der Betreuung geäußert wurden, sind grundsätzlich verbindlich, soweit der oder die Betreute sich nicht von diesen erkennbar distanziert (§ 1821 Abs. 2 BGB). Dies gilt uneingeschränkt für Wünsche, die auf einem freien Willen des oder der Betreuten beruhen. Aber auch wenn der oder die Betreute keinen freien Willen (mehr) bilden kann und die Wünsche nur noch auf einem sog natürlichen Willen beruhen, bleiben sie verbindlich und zwar auch dann, wenn sie auf Irrtümern oder Fehlvorstellungen beruhen.

668 Lediglich in folgenden Ausnahmefällen darf der Betreuer die Wünsche des oder der Betreuten übergehen:

- Wünsche Betreuter, die nicht auf einem frei gebildeten Willen beruhen, sind unbeachtlich, wenn sie die Person oder das Vermögen des oder der Betreuten erheblich gefährden würden und der oder die Betreute diese Gefahr krankheitsbedingt nicht erkennen bzw angemessen darauf reagieren kann (§ 1821 Abs. 3 Nr. 1 BGB[127]).
- Die Realisierung der Wünsche des oder der Betreuten ist dem Betreuer nicht zuzumuten (§ 1821 Abs. 3 Nr. 2 BGB [bis 31.12.2022: § 1901 Abs. 3 BGB]).

Sind die Wünsche des oder der Betroffenen nicht feststellbar oder nicht verbindlich, so hat der Betreuer sich am mutmaßlichen Willen des oder der Betreuten auszurichten, also danach, wie der oder die Betroffene in dieser Situation entscheiden würde, wenn er oder sie noch entscheidungsfähig wäre[128]. Anhaltspunkte dafür können frühere Äußerungen des oder der Betreuten, ethische, religiöse oder sonstige Wertvor-

---

126 BT-Dr 19/24445, S. 249.
127 Bis 31.12.2022: Im Gegensatz dazu sind nach § 1901 Abs. 3 BGB die Wünsche des oder der Betroffenen nur zu berücksichtigen, wenn sie mit seinem bzw ihrem Wohl vereinbar sind.
128 BT-Dr 19/24445, S. 252; BGH, NJW 2017, 1737.

stellungen geben. Um diese herauszufinden soll der Betreuer Gespräche mit nahen Angehörigen und Vertrauenspersonen des oder der Betreuten führen. Hingegen darf er nicht objektiv das „Wohl" des oder der Betreuten nach objektiven Kriterien oder gar eigenen Werten konkretisieren[129].

Perspektivisch ist es Aufgabe des Betreuers, die Betreuung nach Möglichkeit überflüssig zu machen. So soll der Betreuer die ihm möglichen Maßnahmen ergreifen, um die Krankheit, die zur Anordnung der Betreuung geführt hat, zu beseitigen oder zu mildern (§ 1821 Abs. 6 BGB [bis 31.12.2022: § 1901 Abs. 4 BGB]). **669**

Mit Blick auf anstehende Behandlungen hat der Betreuer die unter Betreuung stehende Person auch insoweit in ihrer Autonomie zu stärken: So soll er in geeigneten Fällen auf die Möglichkeit einer Patientenverfügung (Rn 685 f) hinweisen und – so es der oder die Betreute wünscht – ihn oder sie bei der Errichtung einer solchen unterstützen (§ 1827 Abs. 4 BGB [bis 31.12.2022: § 1901a Abs. 4 BGB]).

c) Durchsetzung von Entscheidungen gegenüber dem Betreuten

Die Durchsetzung von Entscheidungen des Betreuers gegenüber dem oder der Betroffenen ist weitgehend ungeregelt. Regelungen finden sich lediglich in folgenden Bereichen: **670**

- Beschränkung in der Geschäftsfähigkeit (§ 1825 BGB, Einwilligungsvorbehalt [bis 31.12.2022: § 1903 BGB]): Dieser schränkt die Betroffenen automatisch ein: Ihr Handeln ohne oder gegen den Willen des Betreuers ist, soweit der Einwilligungsvorbehalt reicht, (schwebend) unwirksam (Rn 679 f).
- Freiheitsentziehende Unterbringung (§ 1831 BGB [bis 31.12.2022: § 1906 BGB]): Wurde eine Unterbringung angeordnet, so darf der oder die Betroffene auch gewaltsam dorthin verbracht werden. In diesem Rahmen ist auch das Betreten der Wohnung der betroffenen Person ohne (oder gegen) deren Willen zulässig. Die zwangsweise Zuführung muss gesondert gerichtlich angeordnet werden. Zuständig für die Zuführung zur Unterbringung ist die Betreuungsbehörde, die erforderlichenfalls polizeiliche Unterstützung in Anspruch nehmen darf (§ 326 FamFG).
- Zwangsbehandlung (§ 1832 BGB [bis 31.12.2022: § 1906a BGB]): Ist eine stationäre ärztliche Maßnahme notwendig und zulässig, so kann sie auch zwangsweise durchgeführt werden. Dazu kann die betroffene Person gegen ihren natürlichen Willen zwangsweise in ein Krankenhaus verbracht werden (§ 1832 Abs. 4 BGB, § 326 FamFG).

Im Umkehrschluss scheidet in den übrigen denkbaren Konstellationen eine gewaltsame Durchsetzung der Betreuerentscheidungen aus. Auch hier schlägt sich die Konzeption der Betreuung als Hilfsangebot nieder: So wie die Anordnung der Betreuung auf Freiwilligkeit beruhen soll, so beruht die Führung der Betreuung auf Kooperation mit dem oder der Betroffenen.

2. Folgen für den Betroffenen - ... was das für den Betroffenen bedeutet...

Die Anordnung einer Betreuung hat für die Betroffenen im allgemeinen Rechtsverkehr keine unmittelbaren rechtlichen Folgen: Der oder die Betreute erhält lediglich einen Betreuer für den im Betreuungsbeschluss bezeichneten Aufgabenkreis. Hinge- **671**

---

[129] BT-Dr 19/24449, S. 250.

gen berührt die Betreuungsanordnung nicht die **Geschäftsfähigkeit** des oder der Betreuten. Diese bestimmt sich vielmehr nach den allgemeinen Vorschriften:
- Ist die unter Betreuung stehende Person geschäfts*un*fähig, so ist sie rechtlich außerstande, wirksame Willenserklärungen abzugeben und zu empfangen. Für sie ist die Betreuung ein rechtliches „Muss": Im Rechtsverkehr kann sie ausschließlich durch ihren gesetzlichen Vertreter, den Betreuer, auftreten.
- Ist die unter Betreuung stehende Person hingegen geschäftsfähig, so verliert sie die Geschäftsfähigkeit nicht durch die Anordnung der Betreuung. Insoweit kann die unter Betreuung stehende Person ihre Angelegenheiten neben dem Betreuer rechtlich erledigen.

672 Auch in anderen Bereichen des Zivilrechts tastet die Anordnung der Betreuung die **Handlungsfähigkeit** der unter Betreuung stehenden Person nicht an:
- Sorgerechtliche Befugnisse von Eltern werden durch die Betreuung nicht berührt: Ist der Elternteil geschäftsunfähig, so ruht seine Sorge bereits aus diesem Grund (§ 1673 Abs. 1 BGB). Ist er geschäftsfähig, so steht ihm die Sorge uneingeschränkt zu. UU ist er aufgrund der Krankheit tatsächlich an der Ausübung der Sorge verhindert. Bei längeren Erkrankungen kommt eine Ruhensanordnung in Betracht (§ 1674 Abs. 1 BGB, Rn 414).
- Für die Eheschließung kommt es ebenfalls darauf an, ob die unter Betreuung stehende Person geschäftsfähig ist oder nicht. Ist sie geschäftsunfähig, so kann eine Ehe nicht geschlossen werden (§ 1304 BGB). Ist sie hingegen geschäftsfähig, so ist sie – auch bei Anordnung einer Betreuung – zugleich auch ehefähig. Gleiches gilt für die Testierfähigkeit (§ 2229 BGB).

Konsequenzen kann die Anordnung einer Betreuung aber in anderen Rechtsbereichen haben. Bezieht sich die Betreuung auf alle Angelegenheiten des oder der Betroffenen, so verliert er bzw sie zB das Wahlrecht (§ 13 Nr. 2 BWahlG).

3. Veränderungen

673 Die Betreuung richtet sich nach dem Bedarf. Nachträgliche Änderungen, die sich auf den Betreuungsbedarf auswirken, sind daher zu berücksichtigen. Sie können sowohl zu einer Ausweitung als auch zu einer Einschränkung der Betreuung führen.
- **Einschränkung**: Die Betreuung ist aufzuheben, wenn die Voraussetzungen wegfallen (§ 1871 Abs. 1 S. 1 BGB [bis 31.12.2022: § 1908d Abs. 1, Abs. 4 BGB]). Fällt nur ein Teil der Voraussetzungen weg, ist der Aufgabenkreis des Betreuers einzuschränken (§ 1871 Abs. 1 S. 2 BGB).

    Beispiel für Aufhebung einer Betreuung: Im Zuge der Betreuung stellt sich heraus, dass der Betroffene, der eine Betreuung ablehnt, nicht mit dem Betreuer kooperiert und dieser nichts für den Betreuten erreichen kann[130].

- **Ausweitung**: In gleicher Weise ist aber auch der Aufgabenkreis des Betreuers zu erweitern, wenn dies erforderlich ist (§ 1871 Abs. 3 BGB [bis 31.12.2022: § 1908d Abs. 3, Abs. 4 BGB]).

674 Die Betreuung endet im Übrigen mit dem Tod des oder der Betreuten (§ 1870 BGB). Hingegen endet mit dem Tod des Betreuers nur dessen Amt, nicht aber die Betreuung (§ 1869 BGB [bis 31.12.2022: § 1908c BGB]).

---

130 BGH, NJW-RR 2017, 1474.

Es ist Aufgabe des Betreuers, dem Gericht von sich aus Mitteilung zu machen, wenn er die Aufhebung der Betreuung, die Erweiterung oder Einschränkung seiner Aufgabenkreise für nötig hält (§ 1864 Abs. 2 BGB [bis 31.12.2022: § 1901 Abs. 5 BGB]). Ein Berufsbetreuer muss dem Betreuungsgericht zudem mitteilen, wenn er die Fortführung im Ehrenamt für möglich hält (§ 1864 Abs. 2 Nr. 6 BGB).

4. Der Schutz vor dem Betreuer - ... und wer darüber wacht

Die oben aufgeführten Befugnisse des Betreuers bergen die Gefahr einer weitgehenden Fremdbestimmung des oder der Betreuten. Diesem Schutzbedürfnis wird durch verschiedene Mechanismen Rechnung getragen, die alle auf die Wahrung des Selbstbestimmungsrechts unter Betreuung stehender Personen zielen[131].

a) Aufsicht über den Betreuer

Der Betreuer agiert zwar grundsätzlich selbstständig und weisungsfrei, unterliegt aber der **Aufsicht des Betreuungsgerichts** (§ 1862 Abs. 1 BGB [bis 31.12.2022: §§ 1908i Abs. 1, 1837 BGB]). Maßstab ist nicht zuletzt die Respektierung und Realisierung des Selbstbestimmungsrechts des oder der Betroffenen, wie sie in § 1821 BGB ausgestaltet ist[132]. Bei Anhaltspunkten für Pflichtverletzungen des Betreuers hat das Betreuungsgericht die unter Betreuung stehende Person persönlich anzuhören (§ 1862 Abs. 2 BGB).

675

Der Betreuer ist dem Betreuungsgericht zur Berichterstattung, Auskunft und Rechnungslegung verpflichtet (§§ 1863-1865 BGB [bis 31.12.2022: §§ 1908i Abs. 1, 1840 BGB]). Die Berichtspflicht umfasst einen jährlichen Bericht über die persönlichen Verhältnisse des oder der Betreuten, der zudem auch Aussagen über die persönlichen Kontakte zu dem bzw der Betreuten enthalten muss (§§ 1863 Abs. 3 BGB [bis 31.12.2022: §§ 1908i Abs. 1, 1840 Abs. 1 BGB]). Berufsbetreuer*innen und ehrenamtliche Betreuer*innen, die keinerlei persönliche Bindungen zu dem oder der Betreuten besitzen, müssen zudem zu Beginn der Betreuung einen Anfangsbericht erstellen, der neben der persönlichen Situation auch Ziele der Betreuung und Angaben zu bereits durchgeführten Maßnahmen sowie Wünschen des oder der Betreuten enthalten muss (**Betreuungsplan**, § 1863 Abs. 1, Abs. 2 BGB).

Soweit zum Aufgabenkreis des Betreuers auch die Vermögensverwaltung zählt, hat er hierüber jährlich Rechnung zu legen (§ 1865 BGB [bis 31.12.2022: §§ 1908i Abs. 1, 1840 Abs. 2, Abs. 3 BGB]).

Das Betreuungsgericht selber hat folgende Befugnisse: **676**
- Auskunft: Es kann jederzeit vom Betreuer Auskunft über die Führung der Betreuung sowie die persönlichen Verhältnisse des oder der Betreuten verlangen (§ 1864 Abs. 1 BGB [bis 31.12.2022: §§ 1908i Abs. 1, 1839 BGB]).
- Ge- und Verbote: Das Gericht hat bei Pflichtwidrigkeiten des Betreuers durch geeignete Ge- und Verbote zu intervenieren und Weisungen gegenüber dem Betreuer auszusprechen. Zur Durchsetzung einer erteilten Weisung kann es ein Zwangsgeld festsetzen (§ 1862 Abs. 3 BGB [bis 31.12.2022: §§ 1908i Abs. 1, 1837 BGB]). Dies gilt jedoch nicht gegenüber Vereinen, Behörden oder Behördenbetreuern.

---

131 BT-Dr 19/24445, S. 294.
132 Horn, ZEV 2020, 748 (749).

- Entlassung des Betreuers: Der Betreuer ist vom Betreuungsgericht zu entlassen, wenn ihm die Eignung für die Betreuung fehlt oder ein sonstiger wichtiger Grund vorliegt (§ 1868 Abs. 1 BGB [bis 31.12.2022: § 1908b BGB]). Explizit nennt das Gesetz als wichtige Gründe eine vorsätzliche Falschabrechnung sowie die Vernachlässigung des erforderlichen persönlichen Kontakts mit dem oder der Betreuten. Daneben kann etwa auch das Ignorieren von Weisungen des Gerichts seine Entlassung legitimieren.

Auch tiefgreifende Konflikte zwischen Betreuer und Betreutem können seine Entlassung rechtfertigen. Aber auch der bloße Wunsch des oder der Betreuten nach einem Betreuerwechsel kann (nicht muss) die Entlassung des Betreuers auslösen (§ 1868 Abs. 5 BGB [bis 31.12.2022: § 1908b Abs 3 BGB]). Für Berufsbetreuer*innen ist weiter die Rücknahme oder der Widerruf ihrer Registrierung bei der Stammbehörde ein Entlassungsgrund (§ 1868 Abs. 2 BGB).

b) Genehmigung des Betreuerhandelns

677 Bestimmte weitreichende Maßnahmen dürfen Betreuer*innen nur mit **Genehmigung des Betreuungsgerichts** treffen. Dies betrifft vor allem Bereiche, die für die unter Betreuung stehende Person mit besonderen Gefahren verbunden sind – bei der Vermögensverwaltung, etwa, im medizinischen Bereich oder wenn es um einen Freiheitsentzug geht.

c) Prüfung der Notwendigkeit der Betreuung

678 Die Betreuung ist aufzuheben, wenn ihre Voraussetzungen wegfallen (§ 1871 Abs. 1 BGB [bis 31.12.2022: § 1908d Abs. 1 BGB]). Wurde die Betreuung auf Antrag eines oder einer Betroffenen eingerichtet, so ist sie grundsätzlich auch auf Antrag hin zu beenden. Allerdings wird das Gericht bei dieser Gelegenheit prüfen, ob eine Betreuung nicht von Amts wegen anzuordnen ist. Wenn ja, wird sie nicht beendet (§ 1871 Abs. 2 BGB [bis 31.12.2022: § 1908d Abs. 2 BGB]). Die bis dahin freiwillige Betreuung schlägt jetzt in eine Zwangsbetreuung um.

Im Übrigen muss das Betreuungsgericht bereits bei der Anordnung einer Betreuung festlegen, wann es seine Entscheidung noch einmal überprüft (§ 286 Abs. 3 FamFG). Spätestens nach 7 Jahren muss das Betreuungsgericht eine Regelüberprüfung vornehmen. Ist die Maßnahme gegen den erklärten Willen des oder der Betroffenen angeordnet worden, so ist über eine erstmalige Verlängerung nach 3 Jahren zu entscheiden (§ 295 Abs. 2 FamFG).

IV. Besondere Bereiche und Konstellationen

1. Die Notwendigkeit der Koordination zweier Handlungsbefugnisse – Der Einwilligungsvorbehalt

679 Praktische Probleme stellen sich, wenn eine Betreuung für eine geschäftsfähige Person angeordnet wird: Da die Betreuung sie in ihrer Geschäftsfähigkeit nicht einschränkt, ist sie nach wie vor in der Lage, Entscheidungen zu treffen und auch rechtlich umzusetzen. Da auch der Betreuer diese Befugnis besitzt (§ 1823 BGB [bis 31.12.2022: § 1902 BGB]), können paradoxe Entscheidungen getroffen werden.

Beispiel: Der Betreuer mietet eine Wohnung für den Betreuten an, der Betreute kündigt sie wieder.

Um der Gefahr widersprüchlicher Handlungen von Betreuer und Betreutem zu begegnen, erlaubt das Gesetz es, die Handlungsfähigkeit des oder der Betreuten einzuschränken: Das Betreuungsgericht kann einen sog **Einwilligungsvorbehalt** anordnen (§ 1825 Abs. 1 S. 1 BGB [bis 31.12.2022: § 1903 BGB]). Durch diesen wird eine geschäftsfähige betreute Person quasi einem Minderjährigen gleichgestellt. Daher benötigt sie nach Anordnung eines Einwilligungsvorbehalts für Willenserklärungen im Aufgabenbereich des Betreuers, insbesondere Verträge, dessen Einwilligung. Verträge, die sie ohne diese Einwilligung schließt, sind schwebend unwirksam. Genehmigt der Betreuer sie im Nachhinein, werden sie wirksam. Verweigert er die Genehmigung, ist die Willenserklärung des oder der Betreuten unwirksam. Einseitige Rechtsgeschäfte des oder der Betreuten sind unwirksam. Willenserklärungen gegenüber der unter Betreuung stehenden Person können ihr nur dann wirksam zugehen, wenn sie lediglich rechtlich vorteilhaft sind, im Übrigen müssen sie dem Betreuer zugehen.

Die Anordnung eines Einwilligungsvorbehaltes stellt einen schwerwiegenden Eingriff **680** in das Selbstbestimmungsrecht der Betroffenen dar. Gegen den freien Willen einer volljährigen Person darf er nicht angeordnet werden (§ 1825 Abs. 1 S. 2 BGB) und ist zudem inhaltlich an hohe Hürden geknüpft: Er darf nur angeordnet werden, wenn er erforderlich ist, um eine konkrete und erhebliche Gefahr für die Person oder das Vermögen des Betreuten abzuwenden (§ 1825 Abs. 1 S. 1 BGB [bis 31.12.2022: § 1903 BGB]). Nicht ausreichend sind bloße Zweifel über die Geschäftsfähigkeit des oder der Betroffenen[133].

Beispiele: Erhebliche Gefahr für das Vermögen: Drohende weitere Verschuldung eines psychisch Kranken durch das Schließen sinnloser Kaufverträge; der Betroffene ist nicht mehr in der Lage, sein Vermögen zu überblicken und zu verwalten; Notwendigkeit der Einleitung eines Insolvenzverfahrens.
Erhebliche Gefahr für die Person: Drohende unrichtige Vaterschaftsanerkennung durch den Betreuten.

Der Kern der Privatsphäre der unter Betreuung stehenden Person muss unangetas- **681** tet bleiben. Dementsprechend kann ein Einwilligungsvorbehalt nicht für folgende höchstpersönliche Geschäfte angeordnet werden:
- Eheschließung (§ 1825 Abs. 2 Nr. 1 BGB [bis 31.12.2022: § 1903 Abs. 2 Nr. 1 BGB]). Hier bleibt es bei dem regulären „Entweder-Oder": Entweder ist der oder die Betroffene geschäftsfähig – dann ist eine Eheschließung möglich – oder nicht, dann greift das Eheverbot des § 1304 BGB.
- Errichtung eines Testaments (§ 1825 Abs. 2 Nr. 2 BGB [bis 31.12.2022: § 1903 Abs. 2 Nr. 2 BGB]).
- Anfechtung und vertragliche Aufhebung eines Erbvertrags (§ 1825 Abs. 2 Nrn. 3 und 4 BGB [bis 31.12.2022: § 1903 Abs. 2 Nrn. 3 und 4 BGB]).
- Willenserklärungen, zu denen eine minderjährige Person nach den Vorschriften des 4. und 5. Buches des BGB keine Zustimmung benötigt (§ 1825 Abs. 2 Nr. 5 BGB [bis 31.12.2022: § 1903 Abs. 2 Nr. 5 BGB]).

Weiter ist auch ein angeordneter Einwilligungsvorbehalt nicht umfassend. Er erstreckt sich nicht auf lediglich rechtlich vorteilhafte Geschäfte (§ 1825 Abs. 3 BGB [bis 31.12.2022: § 1903 Abs. 3 BGB]). Unberührt bleibt daneben die Befugnis zur Tätigung von Geschäften des täglichen Lebens (§ 105a BGB analog).

---

133 BGH, NJW 2018, 1255.

Für das Betreuerhandeln in diesem Bereich gilt: Auch (und vielleicht sogar gerade) bei einem Einwilligungsvorbehalt ist der Betreuer an die Wünsche des oder der Betreuten (§ 1821 Abs. 2 BGB) gebunden.

682 Für die Anordnung des Einwilligungsvorbehalts gelten im Übrigen die gleichen Regeln wie für die Einrichtung einer Betreuung (§ 1871 Abs. 4 BGB [bis 31.12.2022: § 1908d Abs. 4 BGB]): Entfallen die Voraussetzungen für einen Einwilligungsvorbehalt, so ist er aufzuheben. Hält der Betreuer eine Überprüfung des Einwilligungsvorbehalts für notwendig, muss er ein entsprechendes Verfahren anregen (§ 1864 Abs. 2 Nr. 1 BGB [bis 31.12.2022: §§ 1903 Abs. 4, 1901 Abs. 5 BGB]). Das Betreuungsgericht hat unabhängig davon einen Termin zur Regelüberprüfung festzusetzen und kann auch jederzeit von Amts wegen eine Anlassüberprüfung durchführen (§§ 286 Abs. 3, 295 Abs. 2 FamFG). Im Übrigen erlischt der Einwilligungsvorbehalt mit dem Ende der Betreuung.

2. Gesundheitsbezogene Maßnahmen

a) Übungsfall 16

683 Die im Pflegeheim lebende und demenziell erkrankte Bewohnerin, Frau Sauer, weigert sich seit einiger Zeit ihre Blutdrucksenker zu nehmen. Deswegen mischt ihr das Pflegepersonal das Medikament heimlich unter das Essen. Ist das zulässig[134]? Unterstellt, das Vorgehen ist unzulässig, welche Möglichkeit gibt es zur Behandlung von Frau Sauer?

(Lösungshinweise Rn 693)

b) Zulässigkeit gesundheitsbezogener Maßnahmen

684 Ärztliche Untersuchungen, Behandlungen und Eingriffe in die körperliche Integrität sind grundsätzlich nur mit der Einwilligung des oder der Betroffenen zulässig (§ 630d BGB). Die Einwilligung ist jederzeit widerruflich. Eine wirksame Entscheidung über die Zustimmung oder Ablehnung einer medizinischen Maßnahme setzt dabei voraus, dass der oder die Betroffene auch einwilligungsfähig ist. Dafür muss er oder sie einen sog „**freien Willen**" besitzen. Eine freie Willensentscheidung setzt voraus, dass der oder die Betroffene fähig ist, die Notwendigkeit einer medizinischen Maßnahme zu erkennen und sich entsprechend dieser Einsicht zu verhalten.

Ausreichend (und verbindlich) ist auch ein vor Eintritt der Einwilligungs*un*fähigkeit geäußerter Wille, etwa in einer Patientenverfügung. Ist der oder die Betroffene uneingeschränkt einwilligungsfähig, so ist eine Behandlung gegen den Willen unzulässig. Insoweit beinhaltet das Selbstbestimmungsrecht auch die „**Freiheit zur Krankheit**"[135].

Auch ein einwilligungs*un*fähiger Mensch kann einen sog **natürlichen Willen** bilden, an den keine besonderen Anforderungen zu stellen sind. Er ist einfach nur ein uU völlig unreflektierter Ausdruck dessen, was jemand möchte oder eben nicht möchte.

Beispiele: Die 92jährige schwer demenziell erkrankte Frau Reisinger weigert sich, ihre blutdrucksenkenden Medikamente zu nehmen.

---

134 Fall nach AG Ratzeburg, BtPrax 2014, 93.
135 BVerfG, BtPrax 2016, 182 (185).

Teil III: Grundlagen des Familienrechts

Die 19jährige schwer geistig behinderte Marta ist nicht in der Lage, die Notwendigkeit einer medizinischen Maßnahme einzuschätzen. Marta aber hasst Spritzen und ruft jedes Mal laut „nein, nein", wenn sie vom Arzt eine Spritze erhalten soll.

Für eine Entscheidung über eine medizinische Maßnahme ist grundsätzlich der natürliche Wille ausreichend. Damit ist im medizinischen Bereich auch ein einwilligungs*un*fähiger Mensch entscheidungsbefugt, so er einen entsprechenden natürlichen Willen bildet. Kann er das, kann der Betreuer oder auch ein Bevollmächtigter weder an Stelle des oder der Betroffenen in eine ärztliche Maßnahme einwilligen, noch eine Einwilligung des oder der Betroffenen ablehnen.

Nur, wenn auch dieser natürliche Wille fehlt, darf der Betreuer bzw ein Bevollmächtigter die erforderliche Entscheidung treffen. Bei risikobehafteten ärztlichen Maßnahmen benötigen beide zudem die Genehmigung des Betreuungsgerichts (§ 1829 Abs. 1, Abs. 5 BGB [bis 31.12.2022: § 1904 BGB]): Die betrifft ärztliche Maßnahmen (Untersuchungen, Heilbehandlungen oder ärztliche Eingriffe), die zum Tod oder einer schweren oder länger dauernden gesundheitlichen Schädigung des Betreuten führen können (§ 1829 Abs. 1 BGB [bis 31.12.2022: § 1904 BGB]). Ohne Genehmigung dürfen nur unaufschiebbare Maßnahmen getroffen werden.

Entsprechendes gilt für das Unterlassen medizinisch angezeigter Maßnahmen bzw einen **Behandlungsabbruch**, wenn die Gefahr besteht, dass die unter Betreuung stehende Person stirbt oder gravierende gesundheitliche Schäden erleidet (§ 1829 Abs. 2 BGB). Maßstab für die Entscheidung des Gerichts ist der Wille des oder der Betreuten (§ 1829 Abs. 3 BGB): Die Genehmigung ist daher zu erteilen, wenn sie dem Willen des oder der Betreuten entspricht.

Andere Regeln gelten, wenn die betroffene Person zu einem früheren Zeitpunkt diesbezügliche Entscheidungen getroffen hat: Hat sie für den Fall ihrer fehlenden Einwilligungsfähigkeit festgelegt, ob und welche ärztliche Maßnahmen sie in einer bestimmten Situation noch bzw nicht oder nicht mehr wünscht (**Patientenverfügung**, § 1827 BGB [bis 31.12.2022: § 1901a BGB]), so sind diese Festlegungen der jetzt einwilligungsunfähigen Person zu beachten.

Hauptanwendungsfall sind Entscheidungen über lebensbeendende Maßnahmen schwer erkrankter Patienten. Die Patientenverfügung ist jedoch nicht auf bestimmte Krankheiten oder Krankheitsstadien beschränkt (§ 1827 Abs. 3 BGB [bis 31.12.2022: § 1901a Abs. 3 BGB]). Sie kann sich auch ganz allgemein auf Behandlungswünsche, aber auch auf die Ablehnung einer Behandlung, etwa bei psychischen Erkrankungen, beziehen.

Beispiele: Herr Mauz ist nach einem schweren Unfall mit irreversiblen schweren Hirnschädigungen ins Koma gefallen. Es stellt sich die Frage, ob die lebenserhaltenden Geräte abgeschaltet werden sollen.

Frau Romer leidet an einer psychischen Erkrankung, lehnt jedoch eine Medikamenteneinnahme ab und soll nunmehr zwangsweise medikamentös behandelt werden.

Folgende Erfordernisse für die Wirksamkeit der Patientenverfügung gelten: Sie muss schriftlich abgefasst sein, ist jedoch jederzeit formlos widerruflich. Sie kann nur von einer volljährigen Person erstellt werden. Vor allem aber muss der Verfügende im Zeitpunkt ihrer Errichtung die notwendige Einwilligungsfähigkeit in Bezug auf das betroffene Rechtsgut besitzen.

Was die Verbindlichkeit der Festlegungen hinsichtlich der in einer bestimmten Situation gewünschten oder nicht gewünschten Maßnahmen angeht, so fordert die Rechtsprechung mit Blick auf die weitreichenden Konsequenzen für den Betroffenen, die ihm uU im Zeitpunkt der Erstellung der Patientenverfügung noch nicht absehbar waren, eine konkrete Situationsbeschreibung mit ebenso konkreten Handlungsanweisungen[136]. Pauschale Formulierungen, etwa die Bitte, ein würdevolles Sterben zu ermöglich, ohne weitere Konkretisierung genügen nicht. Der oder die Betroffene muss vielmehr spezielle gesundheitliche Situationen in den Blick genommen haben und eindeutig formulieren, welche Therapiemaßnahmen er bzw. sie verweigern würde[137].

Beispiel: Ausreichende Situationsbeschreibung: „Bewusstlosigkeit ohne Aussicht auf Wiedererlangung des Bewusstseins."
Nicht ausreichende Beschreibung: „Schwerer Dauerschaden des Gehirns."

Liegt eine diesen Anforderungen genügende und hinreichend konkrete Patientenverfügung vor, muss der Betreuer oder Bevollmächtigte nur noch prüfen, ob die damals getroffene Entscheidung noch auf die aktuelle Situation zutrifft. Wenn ja, ist es seine Aufgabe, sie durchzusetzen (§ 1827 Abs. 1 BGB [bis 31.12.2022: § 1901a Abs. 1 BGB]). Eine Behandlung entgegen einer in der Patientenverfügung getroffene Anordnung ist unzulässig.

687 Fehlt eine wirksame Patientenverfügung oder ist sie widerrufen worden, hat der Betreuer bzw. Bevollmächtigte den **mutmaßlichen Willen** des oder der Betroffenen herauszufinden und dann auf dieser Basis über die ärztliche Weiterbehandlung zu entscheiden (§ 1827 Abs. 2 BGB [bis 31.12.2022: § 1901a Abs. 2 BGB]). Bei der Ermittlung des mutmaßlichen Willens ist auf konkrete Anhaltspunkte abzustellen, etwa frühere (auch mündliche) Äußerungen, ethische oder religiöse Überzeugungen oder sonstige Wertvorstellungen. Nahe Angehörige und sonstige Vertrauenspersonen sollen in diesem Rahmen die Gelegenheit erhalten, sich zu äußern (§ 1828 Abs. 2 BGB [bis 31.12.2022: § 1901b Abs. 2 BGB]). In diesem Rahmen sind auch die Angaben in einer unwirksamen – weil zu unkonkreten – Patientenverfügung bedeutsam[138].

Ist der mutmaßliche Wille des oder der Betroffenen auf diese Weise feststellbar, ist es Aufgabe des Betreuers bzw. Bevollmächtigten, ihm Ausdruck und Geltung zu verschaffen (§ 1827 Abs. 2 BGB [bis 31.12.2022: § 1901a Abs. 2 BGB]).

688 Auf dieser Grundlage hat der Betreuer bzw. Bevollmächtigte mögliche Maßnahmen mit dem behandelnden Arzt zu erörtern (§ 1828 BGB [bis 31.12.2022: § 1901b BGB]) und über sie zu entscheiden. Auch bei riskanten oder zum Tode führenden Maßnahmen ist eine gerichtliche Genehmigung ausnahmsweise dann nicht erforderlich, wenn Arzt und Betreuer bzw. Bevollmächtigter sich darüber einig sind, dass die Maßnahme dem Willen des oder der Betroffenen entspricht (§ 1829 Abs. 4, Abs. 5 BGB [bis 31.12.2022: § 1904 Abs. 4, Abs. 5 BGB]).

Beispiel: Der 72jährige Herr Rau hat bei voller geistiger Gesundheit wirksam festgelegt, dass er im Falle seiner Entscheidungsunfähigkeit nicht künstlich am Leben gehalten werden möchte. Zwei Jahre später erleidet Herr Rau einen Schlaganfall mit irreversiblen schweren Hirnschädigungen und wird in der Folge künstlich am Leben gehalten. Fehlt es an Anhaltspunkten dafür, dass Herr Rau es sich anders überlegt hat, sind die lebenserhaltenden Geräte abzuschalten. Eine Genehmigung des Betreuungsgerichts ist nicht erforderlich.

---

[136] BGH, NZFam 2017, 355.
[137] BGH, NZFam 2019, 73.
[138] BGH, NZFam 2017, 355.

c) Ärztliche Zwangsmaßnahmen

Durch den Respekt vor dem – uU auch ablehnenden – natürlichen Willen ist im medizinischen Bereich das Selbstbestimmungsrecht des Patienten stark geschützt. In der Konsequenz ist eine Behandlung einer geschäftsunfähigen Person gegen deren natürlichen Willen **(ärztliche Zwangsmaßnahme)** grundsätzlich unzulässig. Dies ist nicht ganz unproblematisch: Hat doch der Staat aus dem in Art. 2 Abs. 2 S. 1 GG geschützten Anspruch auf körperliche Unversehrtheit auch die Pflicht, Menschen zu schützen, die auf Grund einer psychischen Krankheit oder einer geistigen bzw seelischen Behinderung gar nicht erkennen können, dass eine ärztliche Maßnahme notwendig ist[139]. Dies kann Zwangsbehandlungen zum Schutz des oder der Betroffenen vor sich selbst nötig machen. Das Gesetz erlaubt zwangsweise Untersuchungen des Gesundheitszustandes, Heilbehandlungen oder ärztliche Eingriffe gegen den Willen einer unter Betreuung stehenden Person unter strengen Voraussetzungen (§ 1832 BGB [bis 31.12.2022: § 1906a BGB]):

689

- Grundsätzlich kommt eine ärztliche Zwangsmaßnahme nur in Betracht, um einen entgegenstehenden natürlichen Willen zu überwinden. Ist der oder die Betroffene hingegen einwilligungsfähig, so ist seine bzw ihre Entscheidung verbindlich; eine Zwangsbehandlung ist unzulässig.
- Situativ sind Zwangsbehandlungen auf einen stationären Rahmen beschränkt: Sie sind nur möglich, wenn die ärztliche Maßnahme im Rahmen eines Krankenhausaufenthalts durchgeführt wird, in dem die gebotene medizinische Versorgung und Nachbetreuung sichergestellt ist. Erforderlich ist stets eine vollstationäre Aufnahme.

Anwendungsfelder: Der Patient benötigt eine Tumoroperation; Verabreichung von Neuroleptika in einer geschlossenen psychiatrischen Einrichtung.

Unzulässig ist im Umkehrschluss eine ambulante Zwangsbehandlung, unabhängig davon, ob sie beim Hausarzt oder in einem Krankenhaus durchgeführt wird[140]. Unzulässig sind auch Zwangsbehandlungen in Heimen.

Beispiele (Zwangsbehandlung unzulässig): Impfung; verdeckte Medikamentengabe im Heim (Tabletten werden unter das Essen gemischt).

Für die Zulässigkeit einer ärztlichen Zwangsmaßnahme müssen weiter kumulativ folgende Bedingungen gegeben sein:

690

- Die Maßnahme ist zum Wohl des oder der Betroffenen notwendig, um einen drohenden erheblichen gesundheitlichen Schaden abzuwenden.
- Der oder die Betroffene kann aufgrund einer psychischen Krankheit oder einer geistigen oder seelischen Behinderung die Notwendigkeit der ärztlichen Maßnahme nicht erkennen oder nicht nach dieser Einsicht handeln.
- Die ärztliche Zwangsmaßnahme muss einem nach § 1827 BGB (bis 31.12.2022: § 1901a BGB) beachtlichen Willen des oder der Betroffenen entsprechen. Maßgeblich für die Zulässigkeit einer ärztlichen Zwangsmaßnahme ist damit, dass sie im Einklang mit den – zumindest mutmaßlichen – Behandlungswünschen des oder der Betroffenen steht: Existiert eine wirksame Patientenverfügung, kommt eine ärztliche Zwangsmaßnahme grundsätzlich nur dann in Betracht, wenn sie dem darin niedergelegten Willen entspricht. Wurden in der Patientenverfügung bestimmte ärztliche Maßnahmen wirksam untersagt, scheiden sie aus. Es kommt dann nicht mehr darauf an, ob die Behandlung notwendig ist und ob der oder die

---

139 BVerfG, BtPrax 2016, 182.
140 BT-Dr 18/11240, S. 18.

Betroffene im Zeitpunkt der anstehenden Behandlung ihre Notwendigkeit erkennen kann. Gleiches gilt, wenn ein dahingehender mutmaßlicher Wille festgestellt werden kann. Ist ein ausdrücklicher oder mutmaßlicher Wille des oder der Betroffenen hingegen nicht feststellbar, kann der Betreuer bzw Bevollmächtigte zum Wohl und zum Schutz des oder der Betroffenen in die ärztliche Maßnahme einwilligen, wenn die Voraussetzungen des § 1832 Abs. 1 BGB (bis 31.12.2022: § 1906a Abs. 1 BGB) im Übrigen vorliegen[141].

- Es muss zuvor versucht worden sein, den Betroffenen von der Notwendigkeit der ärztlichen Maßnahme zu überzeugen. Diese Anforderung läuft in Gefahr, im von Zeitnot geprägten Krankenhausalltag zu einer inhaltsleeren Formalie zu verkommen. Es besteht die Befürchtung, dass – vor allem bei „widerstrebenden" Patienten – Druck ausgeübt wird oder lediglich ein inhaltsleeres Gespräch „fürs Protokoll" geführt wird. Um dies zu verhindern, verlangt der Gesetzgeber ausdrücklich einen *ernsthaften* **Überzeugungsversuch**, der mit dem nötigen Zeitaufwand und ohne Ausübung unzulässigen Drucks durchgeführt wird[142].
- Der Grundsatz der Verhältnismäßigkeit ist gewahrt. Dieser impliziert zweierlei:
  – Der drohende Schaden kann durch keine weniger belastende Maßnahme abgewendet werden und
  – der zu erwartende Nutzen der ärztlichen Zwangsmaßnahme überwiegt die zu erwartenden Beeinträchtigungen deutlich.

Formal darf eine Zwangsbehandlung nur mit Genehmigung des Betreuungsgerichts durchgeführt werden (§ 1832 Abs. 2, Abs. 5 BGB [bis 31.12.2022: § 1906a Abs. 2, Abs. 5 BGB]).

691 Kommt eine ärztliche Zwangsmaßnahme in Betracht, lehnt der oder die Betroffene sie jedoch mit natürlichem Willen ab, muss zudem der stationäre Aufenthalt für die Durchführung erzwungen werden (§ 1832 Abs. 4 BGB [bis 31.12.2022: § 1906a Abs. 4 BGB]). Ist damit zu rechnen, dass sich der oder die Betroffene der Behandlung durch Weglaufen entziehen wird, stellt sich die Notwendigkeit, die unter Betreuung stehende Person in einem Krankenhaus freiheitsentziehend unterzubringen (Rn 697 f). Kann oder will sie sich nicht durch Weglaufen entziehen, wird sie auf eine offene Station eines Krankenhauses verbracht. In beiden Fällen ist der Krankenhausaufenthalt nur zulässig, wenn zugleich die Voraussetzungen einer freiheitsentziehenden Unterbringung nach § 1831 Abs. 1 Nr. 2 BGB (bis 31.12.2022: § 1906 Abs. 1 Nr. 2 BGB) vorliegen. Der Betreuer bzw Bevollmächtigte benötigt zudem hierfür ebenfalls die Genehmigung des Betreuungsgerichts (§§ 1831 Abs. 2, 1832 Abs. 4, 5 BGB).

Vom Verfahrensablauf ist damit zuerst über eine Verbringung des oder der Betroffenen in ein Krankenhaus zu entscheiden und erst in einem zweiten Schritt über die Zwangsbehandlung.

Sind die Voraussetzungen der Zwangsbehandlung entfallen, hat der Betreuer bzw Bevollmächtigte die Einwilligung zu widerrufen und dies dem Betreuungsgericht anzuzeigen (§ 1832 Abs. 3 BGB [bis 31.12.2022: § 1906a Abs. 3 BGB]).

---

141 BT-Dr 18/12842, S. 8.
142 BGH, NJW 2017, 3714.

d) Sterilisation

Über die eigene Fortpflanzungsfähigkeit entscheidet grundsätzlich der oder die Betroffene selber. Eine Entscheidung des Betreuers darüber kommt daher grundsätzlich nur in Betracht, wenn der oder die Betroffene nicht einwilligungsfähig ist (§ 1830 Abs. 1 BGB [bis 31.12.2022: § 1905 Abs. 1 BGB]). Eine **Sterilisation** ist nur zulässig, wenn folgende Voraussetzungen vorliegen: 692

- Die Sterilisation widerspricht dem Willen der unter Betreuung stehenden Person nicht. Sie darf daher ohne, aber nicht gegen ihren erklärten oder erkennbaren Willen vorgenommen werden. Lehnt der oder die einwilligungsunfähige Betreute sie mit natürlichem Willen ab, ist eine Sterilisation unzulässig. Eine **Zwangssterilisation** ist mithin nach geltendem Recht ausgeschlossen.
- Der oder die Betreute muss dauerhaft einwilligungsunfähig sein. Bei vorübergehender Einwilligungsunfähigkeit scheidet eine Sterilisation aus.
- Eine Schwangerschaft muss konkret zu befürchten sein, die anderweitig nicht vermieden werden kann und zu einer Gefahr für Leben oder zumindest eine schwerwiegende Beeinträchtigung der körperlichen und seelischen Gesundheit der Schwangeren führen würde. Als schwerwiegende Gefahr genügt das Leid, das die betroffene Mutter erfahren würde, wenn das Kind ihr aufgrund eines Sorgerechtsentzugs weggenommen würde.

Formal ist ein besonderer Betreuer für diese Entscheidung zu bestellen (Sterilisationsbetreuer, § 1817 Abs. 2 BGB [bis 31.12.2022: § 1899 Abs. 2 BGB]). Sie darf weder einem Betreuungsverein noch der Betreuungsbehörde übertragen werden (§ 1818 Abs. 5 BGB [bis 31.12.2022: § 1900 Abs. 5 BGB]).

Zudem ist die Genehmigung des Betreuungsgerichts erforderlich (§ 1830 Abs. 2 BGB [bis 31.12.2022: § 1905 Abs. 2 BGB]). Die Sterilisation darf erst zwei Wochen nach Wirksamkeit der Genehmigung durchgeführt werden (§ 1830 Abs. 2 S. 2 BGB [bis 31.12.2022: § 1905 Abs. 2 S. 2 BGB]).

e) Lösungshinweise zum Übungsfall 16 (Rn 683)

Die Verabreichung eines Medikaments beinhaltet einen Eingriff in die gesundheitliche Integrität von Frau Sauer und ist aus diesem Grunde nur mit Einwilligung von Frau Sauer zulässig (§ 630d BGB). Dies setzt allerdings voraus, dass Frau Sauer auch in der Lage ist, ihre Situation zu erkennen und ihre Entscheidung rational abzuschätzen, also einwilligungsfähig ist. Daran könnte man vorliegend auf Grund der Sachverhaltsangaben zweifeln. 693

Selbst wenn Frau Sauer nicht einwilligungsfähig sein sollte, ist gleichwohl ihr ablehnender natürlicher Wille beachtlich. Aus diesem Grunde darf ihr das Medikament nicht verabreicht werden. Das Untermischen des Medikaments unter ihr Essen stellt daher eine unzulässige Zwangsbehandlung dar und ist mithin rechtswidrig.

Perspektivisch stellt sich die Frage, wie die Einnahme der Medikamente sichergestellt werden kann. Entscheidend ist an erster Stelle, ob Frau Sauer noch einwilligungsfähig ist, also in der Lage, einen freien Willen in Bezug auf die Einnahme der blutdrucksenkenden Medikamente zu bilden. Dafür müsste sie fähig sein, die Notwendigkeit der medikamentösen Behandlung zu erkennen und sich entsprechend dieser Einsicht zu verhalten. Besitzt sie diese Einwilligungsfähigkeit, so ist eine Behandlung gegen ihren Willen in jedem Fall ausgeschlossen (§ 630d BGB). Gleiches gilt für den Fall, dass Frau Sauer die Behandlung in einer wirksamen (und noch aktuellen) Patientenverfügung untersagt hätte oder dass ein dahingehender mutmaßlicher Wille feststellbar wäre (§ 1827 BGB [bis 31.12.2022: § 1901a BGB]).

Nur, wenn die Einwilligungsfähigkeit fehlt und es keine Anhaltspunkte dafür gibt, dass sie die Medikamentengabe ablehnen würde, ist eine Behandlung gegen ihren jetzigen lediglich natürlichen Willen (Zwangsbehandlung) denkbar. Dafür müssen jedoch die Voraussetzungen des § 1832 BGB (bis 31.12.2022: § 1906a BGB) vorliegen. Erforderlich ist insbesondere etwa die stationäre Aufnahme von Frau Sauer zur Behandlung mit dem Blutdrucksenker, ein erfolgloser Überzeugungsversuch von Frau Sauer, die Notwendigkeit der Zwangsbehandlung, um einen drohenden erheblichen gesundheitlichen Schaden abzuwenden und ein deutliches Überwiegen des Nutzens der zwangsweisen Medikamentengabe gegenüber der Beeinträchtigung infolge des Zwangskontexts.

Vor allem aber muss die Zwangsbehandlung dem Willen des Betreuten entsprechen (§ 1827 BGB [bis 31.12.2022: § 1901a BGB]). Letzteres könnte man dann unproblematisch annehmen, wenn Frau Sauer vor ihrer Erkrankung die Medikamente genommen hätte und es sich bei der jetzigen Weigerung um ein rational nicht nachvollziehbares Verhalten, das ihrer Erkrankung geschuldet ist, handeln würde.

Formal entscheidet der Betreuer bzw Bevollmächtigte über die Maßnahme, der hierfür wiederum die Genehmigung des Betreuungsgericht benötigt. Wird sich Frau Sauer nicht freiwillig in stationäre Behandlung begeben, dann müsste sie (ggf. sogar freiheitsentziehend) in einem Krankenhaus untergebracht werden (§ 1832 Abs. 4 BGB [bis 31.12.2022: § 1906a Abs. 4 BGB]). Auch diese Maßnahme des Betreuers oder Bevollmächtigten bedarf der Genehmigung des Betreuungsgerichts (§ 1832 Abs. 4, 5 BGB [bis 31.12.2022: § 1906a Abs. 4, 5 BGB]).

3. Aufenthalt und Wohnungsangelegenheiten

694 Gehört die Bestimmung des Aufenthaltes zum Aufgabenbereich des Betreuers, so darf er den Aufenthalt des oder der Betreuten auch mit Wirkung für und gegen Dritte bestimmen (§ 1834 Abs. 2 BGB). In diesem Rahmen kann der Betreuer etwa auch eine Unterbringung des oder der Betreuten in einem Pflegeheim veranlassen. Dahingehende Entscheidungen des Betreuers sind für Dritte – etwa Angehörige des oder der Betroffenen – verbindlich. Hat der Betreuer die Unterbringung des oder der Betroffenen in einem bestimmten Heim entschieden, so dürfen Dritte (Angehörige) ihn oder sie nicht in ein anderes Heim verbringen oder zu sich nach Hause nehmen[143].

In diesem Rahmen ist auch eine Aufgabe des bislang selbst genutzten Wohnraums der unter Betreuung stehenden Person denkbar (§ 1833 BGB [bis 31.12.2022: § 1907 BGB]). Allerdings steht auch eine dahingehende Entscheidung des Betreuers unter dem Primat der weitestmöglichen Achtung der Wünsche des oder der Betreuten. Gegen den Willen des oder der Betreuten ist eine Aufgabe des von ihm oder ihr bislang selbst genutzten Wohnraums daher nur dann möglich, wenn eine erhebliche Gefährdung der Person oder des Vermögens der unter Betreuung stehenden Person mit der Beibehaltung verbunden ist (§ 1821 Abs. 3 Nr. 1 BGB). Eine solche Gefährdung ist insbesondere dann anzunehmen, wenn eine Finanzierung des Wohnraums nicht möglich ist oder eine häusliche Versorgung trotz umfassender Zuhilfenahme aller ambulanten Dienste zu einer erheblichen gesundheitlichen Gefährdung des oder der Betreuten führen würde (§ 1833 Abs. 1 BGB).

695 Zum Schutz der unter Betreuung stehenden Person ist das Betreuungsgericht nahezu umfassend in dahingehende Vorgänge eingebunden:

---

[143] BT-Dr 19/24445, S. 262.

- Zum einen gelten für den Betreuer weitreichende Anzeigepflichten gegenüber dem Betreuungsgericht (§ 1862 BGB [bis 31.12.2022: §§ 1908i Abs. 1, 1837 BGB]): Anzeigepflichtig ist nicht nur die Absicht, den vom Betreuten selbst genutzten Wohnraum aufzugeben, also seine bisherige Wohnung oder seinen bisherigen Heimplatz. Anzeigepflichtig sind vielmehr auch andere Handlungen, die zu einer Wohnraumaufgabe führen können (§ 1833 Abs. 2 BGB [bis 31.12.2022: §§ 1907 Abs. 2 BGB]), darunter auch rein faktisches Handeln des Betreuers im Vorfeld, etwa die Entrümpelung der Wohnung.
- Sämtliche Maßnahmen des Betreuers, die zur Aufgabe des bisherigen Wohnraums des Betreuten führen, bedürfen der Genehmigung des Betreuungsgerichts (§ 1833 Abs. 3 BGB [bis 31.12.2022: § 1907 BGB]). Das betrifft etwa die Kündigung des Mietvertrags des Betreuten, aber auch den Verkauf des Wohneigentums des Betreuten oder aber eine Neuvermietung des bisherigen Wohnraums des Betreuten.
- Ob Heimverträge genehmigungspflichtig sind, richtet sich nach der Vertragsgestaltung. Miet- oder Pachtverträge sowie sonstige Verträge, durch die der Betreute zu wiederkehrenden Leistungen verpflichtet wird, müssen vom Betreuungsgericht genehmigt werden, wenn der Vertrag länger als vier Jahre läuft (§ 1853 BGB [bis 31.12.2022: § 1907 Abs. 3 BGB]). Ist das Vertragsverhältnis unbefristet angelegt, dann ist die Genehmigung dann erforderlich, wenn es vor Ablauf von 4 Jahren nicht ohne Rechtsnachteile gekündigt werden kann[144]. Im Umkehrschluss ist eine gerichtliche Genehmigung entbehrlich, wenn der Betreute das Vertragsverhältnis ohne eigene Nachteile vorzeitig kündigen kann.

4. Freiheitsentziehende und -beschränkende Maßnahmen

a) Überblick

Eingriffe in die Fortbewegungsfreiheit einer Person besitzen hohe Grundrechtsrelevanz (Art. 104 GG) und sind aus diesem Grund an besondere inhaltliche und formale Anforderungen gebunden. Geschützt ist die körperliche Fortbewegungsfreiheit. Sie ist immer dann tangiert, wenn die unter Betreuung stehende Person daran gehindert wird, ihren jeweiligen Aufenthaltsort zu verlassen – das Bett, das Zimmer, das Stockwerk, die Abteilung der Einrichtung oder die Einrichtung selber.

696

Ein Freiheitsentzug liegt dabei nur dann vor, wenn er gegen den (freien oder auch nur natürlichen) Willen oder im Zustand der Willenlosigkeit des oder der Betroffenen erfolgt (§ 415 Abs. 2 FamFG).

Die Zulässigkeit von Eingriffen in die Freiheit regelt § 1831 BGB (bis 31.12.2022: §§ 1906 BGB). Die darin aufgestellten Anforderungen gelten für den Betreuer, aber auch für einen Bevollmächtigten (§ 1831 Abs. 5 BGB [bis 31.12.2022: § 1906 Abs. 5 BGB]). Zwei Konstellationen sind zu unterscheiden:
- Freiheitsentziehende Unterbringung.
- Sonstige freiheitsentziehende Maßnahmen innerhalb einer Einrichtung.

Freiheitsentziehende Unterbringung und freiheitsentziehende Maßnahmen sind ausschließlich zum Schutz der unter Betreuung stehenden Person zulässig. Ein Schutz Dritter – etwa vor dem oder der Betreuten – ist auf dieser Basis nicht möglich, sondern kann allein durch eine öffentlich-rechtliche Unterbringung erfolgen (Rn 707).

---

144 Schwab, in Münchener Kommentar zum BGB, 8. Auflage 2020, § 1907 Rn 20.

Ähnliches gilt, wenn die unter Betreuung stehende Person eingeschlossen werden soll, um eine von ihr ausgehende Ansteckung anderer Heimbewohner*innen zu vermeiden (Schutz über das Infektionsschutzgesetz, etwa Verhängung einer Quarantäne).

b) Die freiheitsentziehende Unterbringung

aa) Begriff und Überblick

697 Der Begriff der **freiheitsentziehenden Unterbringung** wird nur verwendet, wenn der Freiheitsentzug institutionalisiert ist. Freiheitsentziehend untergebracht ist, wer (sog **Düsseldorfer Formel**).

- auf einem beschränkten Raum festgehalten wird,
- wessen Aufenthalt überwacht ist und
- wessen Kontaktaufnahme mit Personen außerhalb des Raumes durch Sicherungsmaßnahmen verhindert wird.

Beispiele: Geschlossenes Heim; geschlossene psychiatrische Anstalt; Abgrenzung der Einrichtung mit einem hohen Zaun um das gesamte Gelände; verschlossene Eingänge.

Eine freiheitsentziehende Unterbringung ist nur zulässig, wenn ein sog **Unterbringungsgrund** vorliegt, dazu sogleich unter bb) und cc).

Mit Blick auf die Schwere des Eingriffs ist weiter der Verhältnismäßigkeitsgrundsatz zu beachten. Konkret: Besteht keine lebensbedrohliche Situation oder kann die Gefahr auf andere Weise als durch eine freiheitsentziehende Unterbringung abgewendet werden, ist sie unzulässig.

Beispiel: Die Unterbringung soll die Einnahme notwendiger Medikamente sicherstellen. Die psychisch kranke Patientin sichert die freiwillige Einnahme zu. Ist dies auch durch eine Überwachung der Einnahme im häuslichen Umfeld, zB durch einen ambulanten Pflegedienst möglich, so ist eine freiheitsentziehende Unterbringung unzulässig, weil nicht erforderlich.

Zuletzt sind freiheitsentziehende Maßnahmen genehmigungsbedürftig, vgl dazu unter dd).

bb) Unterbringungsgrund: Schutz der unter Betreuung stehenden Person

698 Zunächst kann eine Unterbringung den reinen **Schutz** der unter Betreuung stehenden Person bezwecken. Das ist der Fall, wenn aufgrund einer psychischen Krankheit oder einer geistigen oder seelischen Behinderung die Gefahr besteht, dass die unter Betreuung stehende Person sich selbst tötet oder sich selbst erheblichen gesundheitlichen Schaden zufügt (§ 1831 Abs. 1 Nr. 1 BGB [bis 31.12.2022: § 1906 Abs. 1 Nr. 1 BGB]).

Alkoholismus ist – für sich genommen – weder eine Krankheit noch eine geistige oder seelische Behinderung und legitimiert – auch bei drohender Rückfallgefahr – daher keine Unterbringung[145]. Anderes gilt, wenn der Alkoholismus entweder im ursächlichen Zusammenhang mit einer psychischen Erkrankung steht oder wenn der Alkoholmissbrauch zu einem Zustand geistigen Gebrechens geführt hat.

---

[145] BGH, BtPrax 2018, 155.

Infolge der Erkrankung muss eine ernstliche und konkrete Gefahr für Leib und Leben des oder der Betroffenen bestehen. Nicht erforderlich ist, dass sie akut ist oder unmittelbar bevorsteht.

Beispiele: Suizidgefahr; massive Verwahrlosung mit Gesundheitsgefährdung durch körperliche Verelendung und Unterversorgung[146]; Verweigerung lebensnotwendiger Medikamente oder der Nahrungsaufnahme; Gefahr eines lebensgefährlichen Zustands auf Grund Alkoholkonsums.

Es geht bei diesem Unterbringungsgrund allein um den Schutz der unter Betreuung stehenden Person vor sich selbst. Daher ist unerheblich, ob eine Therapiemöglichkeit besteht. Für eine etwa notwendige und auch mögliche medizinische Behandlung – etwa der depressiven Grunderkrankung, die die Suizidgefahr verursacht oder einer Suchterkrankung – gelten die allgemeinen Grundsätze: Eine medizinische Behandlung ist grundsätzlich nur mit Einwilligung des oder der Betroffenen, nicht aber gegen den freien bzw natürlichen Willen möglich; eine Zwangsbehandlung – sowohl der Anlasserkrankung als auch sonstiger Erkrankungen – ist allein unter den Voraussetzungen des § 1832 BGB (bis 31.12.2022: § 1906a BGB, Rn 689 f) zulässig. **699**

Scheidet eine Zwangsbehandlung aus, etwa weil eine wirksame Patientenverfügung vorliegt, kann die Unterbringung zum reinen Schutz des oder der Betroffenen auch auf eine bloße „Verwahrung" für die Dauer der Gefahr hinauslaufen.

Beispiel: Einem Alkoholabhängigen mit (alkoholbedingt) schwerer Hirnschädigung, droht bei erneutem Alkoholabusus die Gefahr eines lebensbedrohlichen Zustands. Eine Therapie ist nicht möglich.

cc) Unterbringungsgrund: Heilbehandlung

Daneben kann eine Unterbringung dazu dienen, eine notwendige und anders nicht durchführbare **Heilbehandlung** in einem Krankenhaus[147] zu ermöglichen. Dadurch wird der Rahmen für eine Zwangsbehandlung geschaffen. **700**

Anwendungsfelder: Eine Behandlung auf einer offenen Station eines Krankenhauses ist nicht möglich, weil der Betroffene weglaufen wird; eine erforderliche und mögliche ambulante Behandlung mit Neuroleptika ist nicht möglich, weil der Betroffene sich nicht behandeln lässt.

Eine Unterbringung zur Heilbehandlung erfordert dreierlei (§ 1831 Abs. 1 Nr. 2 BGB [bis 31.12.2022: § 1906 Abs. 1 Nr. 2 BGB]):

- Zur Abwendung eines drohenden erheblichen gesundheitlichen Schadens ist eine Untersuchung des Gesundheitszustandes, eine Heilbehandlung oder ein ärztlicher Eingriff nötig.

    Beispiel: Durch die Unterbringung kann der psychische Zustand stabil gehalten werden und eine weitere Chronifizierung einer Psychose verhindert werden.

- Die Behandlung kann ohne die Unterbringung der unter Betreuung stehenden Person nicht durchgeführt werden. Der Freiheitsentzug muss also unumgänglich sein, weil sich der Patient andernfalls der Behandlung durch Weglaufen entziehen würde. Im Umkehrschluss ist der Freiheitsentzug dann nicht erforderlich, wenn der Patient nicht weglaufen will oder kann.

    Beispiel: Frau Mertens leidet an einer paranoid-halluzinatorischen Schizophrenie, die ambulant behandelt wird. Sie verweigert nunmehr die Behandlung einer jüngst festgestellten Tumorerkrankung. Eine freiheitsentziehende Unterbringung zur Behandlung der Tumorer-

---

146 BGH, BtPrax 2017, 197 (198).
147 LG Lübeck, BeckRS 2014, 16582.

krankung scheidet (weil nicht nötig) aus, weil Frau Mertens auf Grund ihrer starken Körperbehinderung im Rollstuhl sitzt und sich der Unterbringung nicht durch Weglaufen entziehen könnte.

Die bloße Ablehnung einer für erforderlich gehaltenen Behandlung hingegen legitimiert einen Freiheitsentzug noch nicht.

- Und zuletzt: Die unter Betreuung stehende Person ist krankheitsbedingt nicht in der Lage, die Notwendigkeit der Unterbringung zu erkennen bzw nach dieser Einsicht zu handeln. Auch diese Variante zielt ausschließlich auf nicht einwilligungsfähige Patient*innen.

701 Nachdem die Unterbringung auf die Erzwingung einer Heilbehandlung zielt, setzt sie weiter voraus, dass eine Behandlung auch möglich ist. Das ist jedenfalls dann der Fall, wenn nicht ausgeschlossen werden kann, dass der oder die Betroffene sich freiwillig behandeln lassen wird[148]. So kann es sein, dass der oder die Betroffene die Notwendigkeit der Unterbringung zwar nicht einsieht, aber die Behandlung als solche nicht nachhaltig ablehnt. Hat sich hingegen die Weigerung zur Behandlung manifestiert, kommt eine Unterbringung zur Heilbehandlung nur dann in Betracht, wenn zugleich auch eine **Zwangsbehandlung** gem. § 1832 BGB (bis 31.12.2022: § 1906a BGB) möglich ist und auch gerichtlich genehmigt wird (Rn 689 f)[149]. Ist eine Zwangsbehandlung danach unzulässig, etwa weil sie in einer wirksamen Patientenverfügung untersagt wurde, so scheidet zugleich auch die Unterbringung aus.

Eine bloße „Verwahrung" eines Patienten, der sich nicht behandeln lassen will und auch nicht muss, kann sich aber uU auf § 1831 Abs. 1 Nr. 1 BGB (bis 31.12.2022: § 1906 Abs. 1 Nr. 1 BGB) stützen – wenn und soweit sie zu seinem Schutz erforderlich ist.

dd) Formale Anforderungen

702 Über eine freiheitsentziehende Maßnahme entscheidet zunächst der Betreuer oder auch ein Bevollmächtigter. Der Betreuer benötigt hierfür nicht nur die entsprechende Befugnis im Betreuungsbeschluss. Zudem ist auch die Entscheidung selber vom Betreuungsgericht zu genehmigen (§ 1831 Abs. 2, Abs. 5 BGB [bis 31.12.2022: § 1906 Abs. 2, Abs. 5 BGB]). Ohne Genehmigung des Betreuungsgerichts darf eine Unterbringung bei Gefahr im Verzug veranlasst werden. Die Genehmigung ist dann allerdings unverzüglich nachzuholen. Soweit eine Zwangsbehandlung erfolgen soll, ist auch diese vom Betreuungsgericht zu genehmigen (§ 1832 Abs. 2, Abs. 5 BGB [bis 31.12.2022: § 1906a Abs. 2, Abs. 5 BGB]).

Sind die Voraussetzungen der Unterbringung entfallen, hat der Betreuer oder Bevollmächtigte die Unterbringung zu beenden und dies dem Betreuungsgericht anzuzeigen (§ 1831 Abs. 3 BGB [bis 31.12.2022: § 1906 Abs. 3 BGB]).

---

148 BGH, NJW 2018, 1086.
149 BGH, NJW 2013, 1449; NJW 2018, 1086.

c) Sonstige freiheitsentziehende Maßnahmen in einer Einrichtung

aa) Allgemeines

703 Der freiheitsentziehenden Unterbringung gleichgestellt sind Maßnahmen innerhalb einer Einrichtung, die der unter Betreuung stehenden Person medikamentös oder mechanisch über längere Zeit oder regelmäßig faktisch die Freiheit entziehen. Die Freiheitsentziehung beruht also auf einer individuellen Maßnahme, die nicht zwingend alle Patient*innen oder Heimbewohner*innen betrifft. Es kann sich aber auch um Maßnahmen handeln, die mehrere Patient*innen bzw Heimbewohner*innen betreffen, zB das nächtliche Verschließen der Eingangstür. Man nennt derartige Maßnahmen auch „**unterbringungsähnliche Maßnahmen**".

§ 1831 Abs. 4 BGB (bis 31.12.2022: § 1906 Abs. 4 BGB) schützt die Betroffenen sowohl vor freiheitsbeschränkenden Maßnahmen in einer an und für sich offenen Einrichtung als auch vor Maßnahmen innerhalb einer geschlossenen Unterbringung, durch die sog Restfreiheiten entzogen werden. Worauf der Freiheitsentzug beruht, ist unerheblich. Das Gesetz nennt ausdrücklich mechanische Vorrichtungen oder medikamentöse Maßnahmen, beschränkt sich aber nicht darauf. So sind freiheitsentziehende Maßnahmen etwa auch dann genehmigungspflichtig, wenn sie auf einer List beruhen.

Um den schier unübersehbaren Anwendungsbereich einzugrenzen werden dabei Maßnahmen nur dann als freiheitsentziehend eingestuft, wenn sie den Freiheitsentzug bezwecken.

Beispiele: Anbringen von Bettgittern im Altenheim; Fixierung im Stuhl durch einen Beckengurt, wenn die Betroffenen dadurch in ihrer körperlichen Bewegungsfreiheit eingeschränkt werden; Gabe von sedierenden Medikamenten; Einschließen im Zimmer; Handschuhe, die die Betroffenen daran hindern sollen, einen Rollstuhl zu benutzen oder das Haus zu verlassen.

Verfolgt die Maßnahme hingegen einen anderen Zweck und ist der Freiheitsentzug nur (unvermeidbare) Begleiterscheinung, so wird die Maßnahme nicht zu den unterbringungsähnlichen Maßnahmen gerechnet und ist damit ohne gerichtliche Genehmigung zulässig.

Beispiele: Fixierung in einem „Walker", einem Gerät aus der Reha-Technik, das ein gestütztes Gehen erst ermöglicht; Sedierung, um eine Beatmung zu ermöglichen.

704 Eine Freiheitsbeschränkung setzt die Fortbewegungsfähigkeit der unter Betreuung stehenden Person voraus. Ist sie gar nicht hierzu in der Lage, etwa weil sie gelähmt ist oder sich im Koma befindet, liegt eine Freiheitsbeschränkung bereits begrifflich nicht vor. Schutzmaßnahmen, zB Bettgitter, um das Herausfallen aus dem Bett zu verhindern, sind in der Folge uneingeschränkt zulässig.

Geschützt sind Betroffene nur bei Maßnahmen innerhalb einer Einrichtung. Nicht von dem besonderen Schutz des § 1831 Abs. 4 BGB (bis 31.12.2022: § 1906 Abs. 4 BGB) erfasst sind im Umkehrschluss freiheitsentziehende Maßnahmen im privaten Bereich.

Beispiel: Anbringen eines Bettgitters durch eine 24-Stunden-Pflegekraft bei Pflege zu Hause[150].

Sie können vom Betreuer oder Bevollmächtigten im Rahmen seines Aufgabengebietes ohne weiteres veranlasst werden und bedürfen auch nicht der Genehmigung durch das Betreuungsgericht.

---

150 AG Garmisch-Partenkirchen, NJW-RR 2019, 968.

bb) Zulässigkeit

705 Für **unterbringungsähnliche Maßnahmen** gelten die gleichen Regularien wie für die Unterbringung selber: Sie sind zur zulässig, wenn ein Unterbringungsgrund vorliegt und die Maßnahme verhältnismäßig ist:

- Entweder geht es um den Schutz der unter Betreuung stehenden Person vor einer schweren Gefahr infolge einer psychischen Krankheit oder geistigen bzw seelischen Behinderung (§ 1831 Abs. 4, Abs. 1 Nr. 1 BGB [bis 31.12.2022: § 1906 Abs. 4, Abs. 1 Nr. 1 BGB]),
- oder die Maßnahme ist erforderlich, um eine Heilbehandlung oder medizinische Untersuchung durchzuführen, die ihrerseits nötig ist, um eine erhebliche Gesundheitsgefahr abzuwenden und die unter Betreuung stehende Person kann auf Grund einer psychischen Erkrankung oder geistigen bzw seelischen Behinderung keine freie Willensentscheidung über die Notwendigkeit der Behandlung bilden oder abgeben (§ 1831 Abs. 4, Abs. 1 Nr. 2 BGB [bis 31.12.2022: § 1906 Abs. 4, Abs. 1 Nr. 2 BGB]).

706 Für Fixierungen am Bett, vor allem solche, die die Betroffenen komplett bewegungsunfähig halten sollen, gelten weitere Anforderungen[151]:

- Bei einer 5-Punkt- oder 7-Punkt-Fixierung ist grundsätzlich eine Eins-zu-eins-Betreuung durch therapeutisches oder pflegerisches Personal zu gewährleisten.
- Die Anordnung der Fixierung, ihre Gründe, Durchführung, Dauer und Art der Überwachung sind zu dokumentieren.
- Die unter Betreuung stehende Person ist nach Beendigung der Maßnahme auf die Möglichkeit hinzuweisen, die Zulässigkeit der Fixierung im Nachgang noch einmal gerichtlich überprüfen zu lassen.

In formaler Hinsicht gilt: Grundsätzlich ist die Genehmigung des Betreuungsgerichts für jede einzelne Maßnahme erforderlich (§ 1831 Abs. 4, Abs. 2 BGB [bis 31.12.2022: § 1906 Abs. 4, Abs. 2 BGB]). Fallen ihre Voraussetzungen weg, hat der Betreuer oder Bevollmächtigte die Maßnahmen zu beenden und dies dem Betreuungsgericht anzuzeigen (§ 1831 Abs. 3 BGB [bis 31.12.2022: § 1906 Abs. 3 BGB]).

Genehmigungspflichtig sind unterbringungsähnliche Maßnahmen dabei nicht generell, sondern nur dann, wenn sie über einen längeren Zeitraum oder regelmäßig erfolgen. Bereits eine Maßnahme, die voraussichtlich länger als 30 Minuten dauert, ist länger anlegt und kann die richterliche Genehmigungspflicht auslösen[152]. Lediglich einmalige oder kurzzeitige Maßnahmen innerhalb der Einrichtung sind damit – ohne richterliche Genehmigung – zulässig.

d) Exkurs: Die öffentlich-rechtliche Unterbringung

707 Eine freiheitsentziehende Unterbringung durch den Betreuer ist zu unterscheiden von einer **öffentlich-rechtlichen Unterbringung**. Die Rechtsgrundlage für die öffentlich-rechtliche Unterbringung findet sich in den Landesgesetzen der einzelnen Bundesländer. Diese enthalten überwiegend ein System des Schutzes und von Hilfen für psychisch kranke Menschen[153]. Lediglich das Saarland regelt ausschließlich

---

151 BVerfG, NZFam 2018, 724 (732).
152 BGH, NJW 2015, 865; BVerfG, NZFam 2018, 724 (730).
153 PsychKHG BW; Bay PsychKHG; PsychKG Berlin; Bbg PsychKG; PsychKG Bremen; Hbg PsychKG; Hess PsychKHG; PsychKG MV; Nds PsychKG; PsychKG NRW; PsychKHG RhPf; Sächs PsychKG; PsychKG Sachs-Anhalt, PsychHG SH und Thür PsychKG.

die Unterbringung psychisch Kranker[154]. Wie auch immer das Konzept des Umgangs mit psychisch Erkrankten im öffentlichen Recht ausgestaltet ist: Alle Landesgesetze enthalten die öffentlich-rechtliche Unterbringung als Antwort auf eine Gefahrenlage, die von einer psychisch erkrankten Person ausgeht.

Von ihren Voraussetzungen und den Rechtsfolgen her sind zivilrechtliche und die öffentlich-rechtliche Unterbringung nicht immer deckungsgleich. Soweit die einzelnen Landesgesetze sich dazu nicht ausdrücklich verhalten, laufen beide Systeme parallel nebeneinander her. Die wichtigsten Gemeinsamkeiten und Unterschiede:

708

	Zivilrechtliche Unterbringung	Öffentlich-rechtliche Unterbringung
Rechtsgrundlage	§ 1831 BGB	Landesgesetze
Kennzeichen	Gegen den Willen des oder der Betroffenen bzw im Zustand der Willenlosigkeit.	
Zweck	Zum Schutz des oder der Betroffenen.	■ Zum Schutz des oder der Betroffenen. ■ Zum Schutz Dritter.
Erfasste Personengruppe	Menschen mit ■ Erkrankungen. ■ Behinderung. Nicht ausreichend: Alkoholismus.	Uneinheitlich. Überwiegend werden Menschen mit psychischen Störungen im weiteren Sinne adressiert. Darunter fassen die Landesgesetze – zT mit etwas unterschiedlicher Formulierung und Schwerpunktsetzung – Menschen mit psychischen Erkrankungen und mit – einer Erkrankung gleichkommenden behandlungsbedürftigen – psychischen Störungen. ZT werden auch Menschen mit seelischen und geistigen Behinderungen und Erkrankungen genannt. Daneben rechnen die Landesgesetze zT – und anders als das Betreuungsrecht – explizit auch Menschen mit Abhängigkeitserkrankungen dazu[155].

---

154 Saarl UBG.
155 So § 1 Abs. 2 Nr. 1 Berl PsychKG; § 1 Abs. 2 Bbg PsychKG; § 1 Abs. 2 Brem PsychKG; § 1 Abs. 2 Hbg PsychKG; § 1 Abs. 2 MV PsychKG; § 1 Abs. 2 PsychKG NRW; § 1 Abs. 2 S. 2 PsychKHG RhPf; § 1 Abs. 2 Sächs PsychKG; § 1 Saarl UBG; § 1 Abs. 2 Sächs PsychKG; § 1 Abs. 2 PsychKG Sachs-Anh; § 1 Abs. 2 Thür PsychKG.

	Zivilrechtliche Unterbringung	Öffentlich-rechtliche Unterbringung
Anlass	Ernstliche und konkrete Gefahr der ■ erheblichen Selbstgefährdung oder ■ Notwendigkeit eines ärztlichen Heileingriffs.	Gegenwärtige (akut und unmittelbar bevorstehende) Gefahr der ■ Selbst- oder ■ Fremdgefährdung.
Zuständigkeit	Betreuer bzw Bevollmächtigter entscheidet mit Genehmigung des Betreuungsgerichts.	Betreuungsgericht ordnet an (§ 312 S. 1 Nr. 3 FamFG).

5. Vermögensangelegenheiten

709 Ein Großteil der Betreuungen bezieht sich (zumindest auch) auf die Vermögensverwaltung. Allgemein hat sich die Wahrnehmung der Vermögensangelegenheiten an den Wünschen der unter Betreuung stehenden Person auszurichten (§ 1838 Abs. 1 i.V. mit § 1821 BGB). Setzt sich der Betreuer dadurch in Widerspruch zu den rechtlichen Vorgaben für die Vermögensverwaltung, hat er das Betreuungsgericht einzuschalten (§ 1838 Abs. 2 BGB).

a) Besondere Plichten

710 Bei der **Vermögensverwaltung** treffen der Betreuer folgende Pflichten:
- Einreichung eines Vermögensverzeichnisses vor Beginn der Betreuung (§ 1835 Abs. 1 BGB [bis 31.12.2022: §§ 1908i Abs. 1, 1802 BGB]).
- Strikte Trennung der Vermögensmassen des Betreuers und der unter Betreuung stehenden Person (§ 1836 BGB): Das Vermögen des oder der Betreuten ist separat zu führen und der Betreuer darf dieses grundsätzlich nicht für sich verwenden. Ausnahmen gelten für ehrenamtliche Betreuer*innen und auch dann, wenn der oder die Betreute im Haushalt des Betreuers lebt (§ 1836 Abs. 2 und Abs. 3 BGB).
- Zweckentsprechende Verwaltung von Erbschaften oder Zuwendungen an die unter Betreuung stehende Person (§ 1837 BGB [bis 31.12.2022: §§ 1908i, 1803 BGB]).
- Geld der unter Betreuung stehenden Person, das der Betreuer für deren Ausgaben benötigt (Verfügungsgeld), ist auf einem separaten Girokonto bereitzuhalten (§ 1839 BGB).
- Geld das nicht für Ausgaben der unter Betreuung stehenden Person benötigt wird (Anlagegeld), hat der Betreuer auf einem zur verzinslichen Anlage geeigneten Konto eines Kreditinstituts, das einer für die jeweilige Anlage ausreichenden Sicherungseinrichtung angehört, anzulegen (Anlagekonto, § 1841 BGB [bis 31.12.2022: §§ 1908i Abs. 1, 1807 BGB]). Wertpapiere iS des § 1 Abs. 1 und Abs. 2 DepotG (insbesondere Aktien) sind bei einem Kreditinstitut zu verwahren, sonstige Wertpapiere in einem Schließfach eines Kreditinstituts zu hinterlegen (§ 1843 BGB). Bei der Anlage ist eine Sperrvereinbarung zu treffen, die vorsieht, dass der Betreuer über das Vermögen nur mit Genehmigung des Betreuungsge-

richts verfügen darf (§ 1845 BGB [bis 31.12.2022: §§ 1908i Abs. 1, 1809 BGB]).
Wertgegenstände können auf Anordnung des Betreuungsgerichts hinterlegt werden (§ 1844 BGB [bis 31.12.2022: §§ 1908i Abs. 1, 1818 BGB]).
- Jährliche Rechnungslegung über die Vermögensverwaltung gegenüber dem Betreuungsgericht (§ 1865 BGB [ab 31.12.2022: §§ 1908i Abs. 1, 1840 BGB]).

b) Besondere Schutzmechanismen

Verschiedene Mechanismen sollen sicherstellen, dass der Betreuer seine Befugnisse nicht missbraucht. Dem dienen umfangreiche Anzeige- und Genehmigungspflichten gegenüber dem Betreuungsgericht. **711**

Anzeigepflichtig ist etwa die Eröffnung eines Giro- oder Anlagekontos einschließlich Angaben zur Sperrvereinbarung (§ 1846 Abs. 1 BGB).

Daneben unterliegt das Handeln des Betreuers weitreichenden Genehmigungspflichten. Dies betrifft insbesondere:
- Änderungen bei der Anlage des Anlagegeldes (§ 1848 BGB [bis 31.12.2022: §§ 1908i Abs. 1, 1811 BGB]).
- Verfügungen über Rechte und Wertpapiere der unter Betreuung stehenden Person (§ 1849 BGB [bis 31.12.2022: §§ 1908i Abs. 1, 1812 BGB]). Genehmigungsfrei sind in diesem Rahmen etwa Anlagen bis zu 3.000 € oder Verfügungen, die das Verfügungsgeld betreffen (§ 1849 Abs. 2 BGB [bis 31.12.2022: §§ 1908i Abs. 1, 1813 BGB]).
- Rechtsgeschäfte über Grundstücke und Schiffe (§ 1850 BGB [bis 31.12.2022: §§ 1908i Abs. 1, 1821 BGB]), handels- und gesellschaftsrechtliche Rechtsgeschäfte (§ 1852 BGB [bis 31.12.2022: §§ 1908i Abs. 1, 1822 BGB]) sowie erbrechtliche Geschäfte (§ 1851 BGB [bis 31.12.2022: §§ 1908i Abs. 1, 182 BGB]), etwa die Ausschlagung einer Erbschaft.
- Sonstige Rechtsgeschäfte, die ein hohes Haftungsrisiko für die unter Betreuung stehende Person bergen, etwa Verpflichtungen zur Verfügung über das Vermögen der unter Betreuung stehenden Person im Ganzen, Darlehensverträge oder Bürgschaften (§ 1854 BGB [bis 31.12.2022: §§ 1908i Abs. 1, 1822 BGB]).

Einseitige Geschäfte ohne die erforderliche Genehmigung sind grundsätzlich unwirksam (§ 1858 BGB [bis 31.12.2022: §§ 1908i Abs. 1, 1831 BGB]), Verträge sind schwebend unwirksam. Das Betreuungsgericht kann den Vertrag aber nachträglich genehmigen (§ 1856 BGB [bis 31.12.2022: §§ 1908i Abs. 1, 1829 BGB]).

Ein Teil der Geschäfte sind dem Betreuer schließlich entzogen. Sie dürfen (und können in der Konsequenz) nicht wirksam vorgenommen werden. Dies betrifft die Vertretungsverbote (vgl Rn 664, § 1824 BGB [bis 31.12.2022: §§ 1908i Abs. 1, 1795 BGB]).

c) Befreite Betreuung

Bei sog „**befreiten**" **Betreuungen** gelten Erleichterungen: **712**
- Die Anlage von Vermögen muss keinen Sperrvermerk enthalten (§ 1859 Abs. 1 Nr. 1 BGB).
- Die Rechnungslegungspflicht entfällt (§ 1859 Abs. 1 Nr. 2 BGB).

Der befreite Betreuer hat in diesem Fall jährlich (das Betreuungsgericht kann auch größere Zeiträume vorsehen) eine Vermögensübersicht beim Betreuungsgericht einzureichen (§ 1859 Abs. 1 S. 2 BGB).

Gesetzlich befreit sind nahe Angehörige (Eltern, Kinder, Ehegatten oder Geschwister), der Betreuungsverein bzw Vereinsbetreuer sowie die Betreuungsbehörde bzw der Behördenbetreuer (§ 1859 Abs. 2 S. 1 BGB). Andere Betreuer können vom Betreuungsgericht von diesen Pflichten befreit werden, wenn der oder die Betreute dies vor der Betreuerbestellung schriftlich verfügt hat (§ 1859 Abs. 2 S. 2 BGB).

Weitergehende Befreiungen des Betreuers sind auf Anordnung des Betreuungsgerichts möglich (§ 1860 BGB). Insbesondere bei kleineren Vermögen (von bis zu 6.000 € unter Außerachtlassung von Immobilien und Verbindlichkeiten) kann das Gericht von der Anlagepflicht (§ 1841 BGB), der Pflicht zur Sperrvereinbarung (§ 1845 BGB), aber auch von verschiedenen Genehmigungspflichten befreien.

V. Verfahren zur Anordnung der Betreuung

1. Die Durchführung des Verfahrens

a) Verfahrensordnung

713 Zuständig für die Anordnung (und bei Bedarf auch Aufhebung) einer Betreuung ist das **Betreuungsgericht** (§ 1814 BGB [bis 31.12.2022: § 1896 Abs. 1 S. 1 BGB]). Das gerichtliche Verfahren ist im Gesetz über das Verfahren in Familiensachen und in den Angelegenheiten der freiwilligen Gerichtsbarkeit (FamFG) geregelt. Betreuungssachen sind die Anordnung einer Betreuung oder eines Einwilligungsvorbehalts sowie die sonstigen gerichtlichen Maßnahmen im Rahmen einer Betreuung (etwa Genehmigungen des Betreuerhandelns, § 271 FamFG).

b) Einleitung des Verfahrens

714 Es gibt zwei Möglichkeiten der **Verfahrenseinleitung.** Grundsätzlich kommt das Verfahren durch einen Antrag des oder der Betroffenen in Gang. Den Antrag kann dabei auch eine geschäftsunfähige Person stellen (§ 275 FamFG [bis 31.12.2022: § 1896 Abs. 1 S. 2 BGB]).

Das Verfahren kann daneben auch von Amts wegen eingeleitet werden. Jedoch scheidet eine Einleitung von Amts wegen aus, soweit der oder die Betroffene die eigenen Angelegenheiten aufgrund einer körperlichen Krankheit oder Behinderung nicht besorgen kann (§ 1814 Abs. 4 BGB [bis 31.12.2022: § 1896 Abs. 1 S. 3 BGB]). Anderes gilt nur, soweit eine lediglich körperlich behinderte Person nicht in der Lage ist, ihren Willen kundzutun.

c) Verfahrensmaximen

715 Das Verfahren richtet sich nach den Vorschriften des FamFG, insbesondere den §§ 271- 311 FamFG. Die betroffene Person gilt für das Verfahren als verfahrensfähig (§ 275 FamFG). Sie ist daher etwa befugt, für die Führung des Verfahrens einen Anwalt zu bestellen. Dies gilt auch dann, wenn durch gerichtliche einstweilige Anordnung bereits ein Einwilligungsvorbehalt angeordnet wurde.

Für das Verfahren ist ein Verfahrenspfleger als Beteiligter hinzuzuziehen, wenn dies erforderlich ist (§§ 274 Abs. 2, 276 FamFG). Davon ist insbesondere auszugehen, wenn dem Betreuer alle Angelegenheiten übertragen werden sollen (§ 276 Abs. 1 S. 2 Nr. 2 FamFG). Der Verfahrenspfleger hat insbesondere die Pflicht, die verfahrensmäßigen Rechte der betroffenen Person, insbesondere deren Anspruch auf rechtliches Gehör zu wahren, ihre Wünsche zu erkunden und in deren Interesse einzubringen (§ 276 Abs. 3 FamFG)[156]. Der Verfahrenspfleger muss so rechtzeitig bestellt werden, dass er an dem Termin zur persönlichen Anhörung der betroffenen Person teilnehmen kann.[157]

Die Betreuungsbehörde ist grundsätzlich anzuhören (§ 279 Abs. 2 FamFG). Auf ihren Antrag ist sie zu dem Verfahren als Beteiligte hinzuzuziehen (§ 274 Abs. 3 FamFG). Weitere Personen können im Interesse der betroffenen Person beteiligt werden, etwa der Ehegatte, die Eltern und bestimmte Verwandte sowie eine Vertrauensperson (§ 274 Abs. 4 Nr. 1 FamFG).

Die betroffene Person ist zwingend zu beteiligen (§ 274 Abs. 1 Nr. 1 FamFG) und **716** grundsätzlich persönlich **anzuhören** (§§ 278 Abs. 1, 297 Abs. 1, 298 Abs. 1 FamFG). Geht es um die Anordnung einer Betreuung oder die Anordnung eines Einwilligungsvorbehaltes kann sie zu diesem Zweck auch **zwangsweise vorgeführt** werden (§ 278 Abs. 5 FamFG). Der Richter ist darüber hinaus verpflichtet, mit der betroffenen Person das Verfahren und für sie bedeutsame Fragen zu erörtern (§ 278 Abs. 2 FamFG). Darüber hinaus kann die betroffene Person verlangen, dass das Gericht ihr nahestehende Personen anhört, sofern dies nicht zu erheblichen Verfahrensverzögerungen führt (§ 279 Abs. 3 FamFG).

Die Notwendigkeit der Betreuung bzw Anordnung eines Einwilligungsvorbehalts ist durch Einholung eines ärztlichen Sachverständigengutachtens fachlich abzusichern (§ 280 Abs. 1 FamFG).

Der Sachverständige hat die betroffene Person vor Erstattung des Gutachtens per- **717** sönlich zu untersuchen und zu befragen (§ 280 Abs. 2 FamFG). Ist das nicht möglich – etwa, weil sich die betroffene Person weigert, mit dem Sachverständigen zu kommunizieren – so kann das Betreuungsgericht die – jetzt zwangsweise – Untersuchung der betroffenen Person anordnen inklusive einer zwangsweisen und mit Gewaltanwendung durchsetzbaren Vorführung (§ 283 Abs. 1, Abs. 2 FamFG) und notfalls auch Unterbringung zur Begutachtung (§ 284 FamFG). Damit kann sich der Sachverständige zumindest einen persönlichen Eindruck von der betroffenen Person verschaffen[158].

Im Übrigen gilt der **Amtsermittlungsgrundsatz** (§ 26 FamFG). Die Klärung des Sachverhalts und die Beschaffung der notwendigen Beweise für das Vorliegen der Voraussetzungen einer Betreuung obliegt dem Betreuungsgericht.

d) Die Entscheidung

Entschieden wird durch **Beschluss** (§ 38 Abs. 1 FamFG). Der Beschluss wird grund- **718** sätzlich bereits mit Bekanntgabe an die Beteiligten wirksam (§ 40 Abs. 1 FamFG). Beschlüsse über Umfang, Inhalt oder Bestand der Betreuung werden grundsätzlich mit Bekanntgabe an den Betreuer wirksam (§ 287 Abs. 1 FamFG). Ist dies nicht mög-

---

156 BVerfG, NJW 2018, 2185.
157 BGH, BtPrax 2017, 197.
158 BGH, NJW-RR 2017, 963.

lich oder ist Gefahr im Verzug, kann das Gericht die sofortige Wirksamkeit anordnen. In diesem Fall wird der Beschluss wirksam, wenn er entweder der betroffenen Person oder dem Verfahrenspfleger bekanntgegeben wurde oder der Geschäftsstelle zu diesem Zwecke übergeben wurde (§ 287 Abs. 2 FamFG). Genehmigungen von Gesundheitsbehandlungen (§ 1829 BGB [bis 31.12.2022: § 1904 BGB]) werden erst 2 Wochen nach ihrer Bekanntgabe wirksam (§ 287 Abs. 3 FamFG). Mit Ablauf der Rechtsmittelfrist wird der Beschluss rechtskräftig.

e) Vorläufige Regelungen

719 Bestehen dringende Gründe für die Annahme, dass die Voraussetzungen für die Betreuungsanordnung vorliegen und ein Bedürfnis nach einer raschen Entscheidung (Eilbedürfnis), kann im Wege einer **einstweiligen Anordnung** eine Betreuung sowie ein Einwilligungsvorbehalt vorläufig angeordnet werden (§ 300 FamFG). Dringende Gründe liegen vor, wenn Indizien die Anordnung einer Betreuung bzw eines Einwilligungsvorbehalts überwiegend wahrscheinlich machen.

Das erforderliche Eilbedürfnis ist gegeben, wenn erhebliche Nachteile für den Fall des Abwartens des Hauptsacheverfahrens drohen. Die einstweilige Anordnung ist für maximal 6 Monate möglich, kann aber nach Anhörung eines Sachverständigen auf maximal ein Jahr verlängert werden (§ 302 FamFG).

Beispiel: Schlüssige Schilderung von Verwirrtheitszuständen und Gefahr für Person oder Vermögen.

Unverzichtbar ist auch in diesem Fall ein fachärztliches Attest (§ 300 Abs. 1 S. 1 Nr. 2 FamFG). Weiter muss grundsätzlich ein Verfahrenspfleger eingeschaltet und die betroffene Person persönlich angehört werden (§ 300 Abs. 2 S. 1 Nrn. 3 und 4 FamFG). Bei Gefahr in Verzug kann das Gericht jedoch vor Anhörung des Verfahrenspflegers und der betroffenen Person entscheiden (§ 301 Abs. 1 FamFG). Man spricht in diesem Fall von einer **beschleunigten einstweiligen Anordnung**. Die Verfahrenshandlungen sind allerdings unverzüglich nachzuholen (§ 301 FamFG).

2. Besonderheiten für Unterbringungssachen

720 Besonderheiten gelten für **Unterbringungssachen** (§§ 312 ff. FamFG). Unterbringungssachen sind die Genehmigung von freiheitsentziehenden Maßnahmen, die Anordnung einer öffentlich-rechtlichen Unterbringung sowie die Genehmigung einer Zwangsbehandlung (§ 312 FamFG). Für Unterbringungssachen einschließlich der Genehmigung einer Zwangsbehandlung ist die betroffene Person grundsätzlich verfahrensfähig (§ 316 FamFG). Bei der Genehmigung einer Zwangsbehandlung ist stets ein Verfahrenspfleger zu bestellen, in den übrigen Unterbringungsverfahren nur, soweit dies zur Wahrnehmung der Interessen der betroffenen Person erforderlich ist, (§ 317 Abs. 1 FamFG).

Die betroffene Person ist grundsätzlich persönlich **anzuhören** (§ 319 Abs. 1 FamFG) und kann zu diesem Zweck auch soweit nötig unter Gewaltanwendung **zwangsweise vorgeführt** werden (§ 319 Abs. 5, Abs. 6 FamFG). Ein sachverständiges Gutachten ist unverzichtbar (§ 321 FamFG). Um dieses erstellen zu können, kann auch die zwangsweise Vorführung der betroffenen Person zur Untersuchung sowie notfalls auch ihre Unterbringung angeordnet und bei Bedarf unter Gewaltanwendung durchgesetzt werden (§ 322 FamFG). Gleiches gilt für die Verbringung auf eine offene Sta-

Teil III: Grundlagen des Familienrechts

tion eines Krankenhauses zur Ermöglichung einer Zwangsbehandlung. In diesem Rahmen hat der Sachverständige die betroffene Person persönlich zu untersuchen und zu befragen (§ 321 Abs. 1 S. 2 FamFG).

Die Genehmigung für eine freiheitsentziehende Unterbringung wird zeitlich auf ein Jahr (bei voraussichtlich langer Unterbringungsbedürftigkeit auf zwei Jahre) begrenzt erteilt (§ 329 Abs. 1 FamFG). Verlängerungen sind möglich. Fallen die Voraussetzungen weg, muss der Betreuer sie sofort beenden; das Gericht muss die Genehmigung von Amts wegen vorzeitig aufheben (§ 330 FamFG).

Zwangsbehandlungen können für 6 Wochen angeordnet werden, Verlängerungen sind möglich (§ 329 FamFG).

In Eilfällen kann eine Unterbringung durch **einstweilige Anordnung** genehmigt werden, wenn dringende Gründe für die Annahme sprechen, dass die Voraussetzungen der Unterbringung vorliegen und ein dringendes Bedürfnis für ein sofortiges Tätigwerden besteht (§ 331 S. 1 Nr. 1 FamFG). Über den Zustand der betroffenen Person und die Notwendigkeit der Maßnahme ist grundsätzlich ein ärztliches Zeugnis erforderlich, ein Verfahrenspfleger ist zu bestellen und die betroffene Person persönlich anzuhören (§ 331 S. 1 Nrn. 2-4 FamFG). Im Fall einer gesteigerten Dringlichkeit kann die Anordnung noch vor der Anhörung der betroffenen Person und Bestellung eines Verfahrenspflegers ergehen (**beschleunigte einstweilige Anordnung**, § 332 FamFG). **721**

Eine vorläufige Unterbringung ist auf 6 Wochen beschränkt (§ 333 Abs. 1 FamFG). Eine Verlängerung ist nach Anhörung eines Sachverständigen möglich bis zu einer Gesamtdauer von 3 Monaten (§ 333 Abs. 1 S. 2-4 FamFG).

Eine Zwangsbehandlung kann im einstweiligen Anordnungsverfahren bis zu 2 Wochen geregelt und auf maximal 6 Wochen verlängert werden (§ 333 Abs. 2 FamFG).

Beschlüsse werden grundsätzlich erst mit Rechtskraft wirksam (§ 324 Abs. 1 FamFG). Die sofortige Wirksamkeit kann angeordnet werden (§ 324 Abs. 2 FamFG). In diesem Fall wird der Beschluss bereits dann wirksam, wenn er der betroffenen Person, dem Verfahrenspfleger, dem Betreuer oder Bevollmächtigten bekannt gegeben wurde, einem Dritten zum Zweck des Vollzugs des Beschlusses mitgeteilt oder der Geschäftsstelle zum Zweck der Bekanntgabe übergeben wurde. **722**

3. Rechtsmittel

Gegen die Endentscheidungen der Betreuungsgerichts ist die **Beschwerde** statthaft (§ 58 Abs. 1 FamFG). Diese ist grundsätzlich innerhalb einer Frist von einem Monat (§ 63 Abs. 1 FamFG) zu erheben. Richtet sich die Beschwerde gegen eine einstweilige Anordnung, so gilt eine Zwei-Wochen-Frist. **723**

Beschwerdeberechtigt ist jeder, der geltend machen kann, dass die Entscheidung ihn in seinen materiellen Rechten beeinträchtigt (§ 59 FamFG). Dies ist grundsätzlich die betroffene Person. Daneben aber können auch der Verfahrenspfleger sowie die Betreuungsbehörde Rechtsmittel einlegen (§ 303 FamFG).

Bei Unterbringungssachen sind im Interesse der betroffenen Person folgende weitere Personen beschwerdeberechtigt soweit sie am Verfahren beteiligt waren (§ 335 FamFG):

- Ehegatten, Eltern und Kinder, bzw Pflegeeltern, sofern der oder die Betroffene mit diesen zusammengelebt hat,
- Vertrauenspersonen der betroffenen Person und
- falls die betroffene Person in einer Einrichtung lebt, die Einrichtungsleitung.

Daneben sind in Unterbringungsangelegenheiten der Verfahrenspfleger, der Betreuer oder Vorsorgebevollmächtigte, soweit ihr Zuständigkeitsbereich betroffen ist, sowie die zuständige Behörde beschwerdeberechtigt (§ 335 Abs. 2-4 FamFG).

724 Beschwerdegericht ist das Landgericht (§ 72 Abs. 1 S. 2 GVG). Gegen dessen Entscheidung kann innerhalb eines Monats schriftlich **Rechtsbeschwerde** beim BGH eingelegt werden (§ 70 FamFG). Gegen einstweilige Anordnungen ist keine Rechtsbeschwerde statthaft (§ 70 Abs. 4 FamFG). Geht es um die Bestellung bzw Aufhebung der Betreuung oder einen Einwilligungsvorbehalt, sind keine weiteren Voraussetzungen zu erfüllen. In allen anderen Angelegenheiten muss die Rechtsbeschwerde durch die 2. Instanz zugelassen werden.

Stichwortverzeichnis

Die Zahlen beziehen sich auf die Randnummern.

Abstammungsuntersuchung 210
Adäquanztheorie 114
Adoption 482
Adoptionsantrag 491
Alleinentscheidungsbefugnis 280, 282, 284
Alltagsentscheidungen 285
Altersunterhalt 624
Amtsermittlungsgrundsatz 437, 717
Amtspflichtverletzung 151
Amtsvormund 419, 428, 463
Analogie 25
Anfangsbericht 675
Anfangsverdacht 209
Anfangsvermögen 564
Anfechtungsfrist 211
Angebot 60
Anhörung 437, 450 f., 716
Anlagegeld 473, 710
Annahme 62
Annahmefristen 62
Anspruch 2
Anspruchsgrundlage 16
Äquivalenztheorie 113
Arbeitsmündigkeit 94
Arglistige Täuschung 504
Aufenthaltsbestimmung 228
Aufsicht 228
Aufsichtspflicht 116 f., 139
Aufsichtsvertrag 116
Aufsichtsverträge 141
Aufstockungsunterhalt 630
Auslegungsmethoden 23
Außerhalb von Geschäftsräumen geschlossene Verträge 69

Babyklappe 460
Barunterhalt 596
Bedarfsdeckungsgeschäft 538

Bedingung 57
Bedürftigkeit 576, 584, 600, 617, 633, 642
Befreite Betreuung 712
Befristung 57
Begleiteter Umgang 335
Behandlungsabbruch 684
Behördenbetreuer 655
Beistand 459
Beistandschaft 607
Bereicherung 99
Bereinigtes Nettoeinkommen 579
Berufsbedingte Aufwendungen 581
Berufsbetreuer 656
Beschleunigte einstweilige Anordnung 719, 721
Beschluss 438, 718
Beschneidung 242
Beschränkte Geschäftsfähigkeit 87
Beschwerde 455, 723
Beschwerdefrist 455
Bestätigung 520 ff., 525
Betreuungsbedarf 647
Betreuungsbedürftigkeit 648
Betreuungsbehörde 715
Betreuungsplanung 675
Betreuungsunterhalt 622, 641
Betreuungsverfügung 661
Betriebserlaubnis 379
Bindungen 304

Co-Mutter 192

Darlehen 71
Dauerverbleibensanordnung 371
Deliktsfähigkeit 129
Dienstleistungspflicht 273
Dienstvertrag 72
Doppelehe 521
Drohung 52, 504
Düsseldorfer Tabelle 582, 599, 616

Dynamischer Unterhaltstitel 604
Eheaufhebung 515, 517, 519 ff., 525
Ehebedingter Nachteil 637
Ehefähigkeit 672
Ehefähigkeitszeugnis 527
Ehegattenunterhalt 610
Eheliche Lebensgemeinschaft 528
Eheliches Güterrecht 548
Ehemündigkeit 520
Ehename 534, 569
Eheverbote
Ehevertrag 552
Ehewohnung 566
Eigentum 105
Einbenennung 324
Einsichtsfähigkeit 131
Einstweilige Anordnung 440, 457, 719, 721
Einverständliche Scheidung 561
Einwilligung 89, 123, 494, 500 f.
Einwilligungsfähigkeit 124, 241, 684, 686
Einwilligungsvorbehalt 199, 679
Elterliche Sorge
– Teilaufhebung 301
Endvermögen 564
Entgangener Gewinn 135
Erfüllungsgehilfe 68
Ergänzungsbetreuer 657
Ergänzungspfleger 399, 478
Erklärungsbewusstsein 46
Erklärungswille 45
Erörterungstermin 453
Erwerbsobliegenheit 585, 587, 600, 602, 618, 622, 633
Erwerbstätigkeitsbonus 616
Erziehung 228
EU-Recht 4
Existenzminimum 616

Fahrlässigkeit 68, 128
Familienpflege 362
Fernabsatzvertrag 69
Fiktives Einkommen 585, 587, 617
Findelkind 492, 507
Förderprinzip 304

Formvorschriften 58
Freier Wille 653, 684
Freiheitsentziehende Unterbringung 244, 665, 697
Freiheitsentziehung 547
Freiheitsverletzung 104

Gefährdungseinschätzung 402
Gefälligkeit 47, 141
Gefälligkeitsverhältnis 47
Gefälligkeitsvertrag 47
Genehmigung 92, 550, 665, 677
Generalvollmacht 650
Gesamtgut 554
Gesamtschuldner 152
Geschäfte des täglichen Lebens 81
Geschäftsfähigkeit 78
Geschäftsunfähigkeit 79, 86, 504, 671
Geschäftswille 48
Gesellschaft 34
Gesetz 5
Gesetzliche Sorge 230
Gesetzliche Vertretung 230, 281
Gesetzlicher Güterstand 549
Gesundheitsgefährdung 387
Gesundheitsverletzung 104
Gewalttat 166
Gewaltverbot 238
Gütergemeinschaft 554
Gütertrennung 553

Halbteilungsgrundsatz 616
Handelsmündigkeit 94
Handlungsfähigkeit 29, 257, 672
Handlungswille 44
Härteklausel 563, 566
Haushaltsgegenstände 568
Häusliche Gewalt 155
Hausratsgegenstände 550
Haustürgeschäft 69
Heilbehandlung 700
Heilungskosten 135
Heimerziehung 377
Herausgabeanspruch 263
Hilfe zur Erziehung 375, 389, 402
Hilfsnorm 17

Stichwortverzeichnis

In-Sich-Geschäft 253, 664
Inkognito-Adoption 494
Inobhutnahme 376, 404
Irrtum 504, 524

Jugendamt 455
Jugendhilfe 402
Juristische Person 33

Kaufvertrag 70
Kindergeld 600
Kindeswille 237, 304
Kindeswohl 171, 180, 234, 312, 316, 333, 342, 345, 489, 507
Kindeswohlgefährdung 383, 391, 453
Kindschaftssachen 434
Kleines Sorgerecht 326
Konkludente Einwilligung 90
Kontaktverbot 164
Kontinuitätsprinzip 304
Kontrollbetreuer 657
Kontrolle der Pflegeeltern 376
Körperverletzung 104
Krankenunterhalt 625
Kreditgeschäft 542
Künstliche Befruchtung 213 f.
Kurzzeitpflege 359

Lebenszeitprinzip 528
Legalzession 134
Leistungsfähigkeit 576, 586, 601, 619, 634, 642

Mangelfall 589
Mehrbedarf 583
Meldepflicht 380
Mietvertrag 71
Minderjährige Eltern 417
Minderjährigenadoption 483
Mindestunterhalt 599
Missbrauch 387
Misshandlung 387
Mitverschulden 132
Mitwirkungsobliegenheiten 437
Mutter 189

Näherungsverbot 164
Name 269

Nasciturus 31
Naturalunterhalt 596
Natürliche Auslegung 49
Natürliche Person 30
Natürlicher Wille 684
Nebenbetreuer 657
Negative Kindeswohlprüfung 423
Nichteheliche Lebensgemeinschaft 572
Normative Auslegung 49
Notgemeinschaft 601
Notstand 120
Notvertretungsrecht 545
Notwehr 119
Nutzungsentgelt 175, 183

Objektiver Betreuungsbedarf 647
Objektiver Erklärungstatbestand 42
Objektives Recht 2
Öffentlich-rechtliche Unterbringung 707
Öffentliche Beurkundung 58, 199, 310, 500
Öffentliches Recht 8
Ordnungsgeld 439
Ordnungshaft 439
Organisationspflichten 116

Parteifähigkeit 36
Partielles Ruhen 425
Patientenverfügung 690
Personensorge 228
Persönlichkeitsrecht 105
Pflegeerlaubnis 357, 376
Pflegeheim 694
Pfleger 399, 405
Pflegschaft für ein ungeborenes Kind 31, 477
Pflichtteil 551
Platzverweis 158
Polizeigewahrsam 158
Privatrecht 8
Privilegierte Volljährige 601
Probepflege 490
Prozesskostenvorschuss 612
Psychische Gewalt 166

Recht
Rechtbeschwerde 456

Rechtlicher Vorteil 88
Rechtsbeschwerde 724
Rechtsbindungswille 45
Rechtsfähige Personengesellschaft 36
Rechtsfähigkeit 28, 31
Rechtsgeschäft 40
Rechtshängigkeit 592
Rechtsquellen 4
Rechtsverordnung 5
Relative Geschäftsfähigkeit 81
Religiöses Bekenntnis 257
Residenzmodell 288
Richterrecht 6
Ruhen 413
Ruhensanordnung 414, 672

Sachschaden 135
Sachverständiger 444
Samenspende 213 f., 221
Satzung 5
Schaden 108
Schadensersatz 68, 103, 532
Scheidung 558
Scheidungsvereinbarung 571
Scheinehe 525
Schenkung 70, 472
Schlüsselgewalt 536, 545
Schlüssiges Verhalten 42
Schmerzensgeld 110
Schulpflicht 258
Schutzanordnung 177
Schutzanordnungen 158
Schutzzweck der Norm 114
Schwägerschaft 187
Schwebende Unwirksamkeit 91
Schweigen 42
Selbstbehalt 586, 601, 619
Selbsthilfe 122
Sittenwidrigkeit 66, 640
Sonderbedarf 583
Sonstige Rechte 105
Sorge 307
Sorgeerklärung 309
Sorgerecht 365

Sorgerechtsübertragung 297, 315, 320, 422
Sozial-familiäre Beziehung 216
Soziale Normen
Sperrvereinbarung 473, 710
Staatshaftung 151
Stalking 156, 167
Stammbehörde 655
Sterilisation 242, 665, 692
Sterilisationsbetreuer 657, 692
Stieffamilie 323
Stiefkindadoption 484
Subjektive Betreuungsbedürftigkeit 647
Subjektiver Erklärungstatbestand 43
Subjektives Recht 2
Subsumtion 12
Süddeutsche Leitlinien 582, 616

Tagespflege 355
Taschengeld 612
Taschengeldparagraf 90
Tätigkeitsverbot 380
Tatsächliche Sorge 230, 279
Tatsächliche Verhinderung 412
Täuschung 52
Tauschvertrag 70
Teilgeschäftsfähigkeit 94
Testierfähigkeit 257, 672
Tod 411
Trennung 287, 296, 543, 555
Trennungsjahr 562
Trennungsunterhalt 557, 614

Umgangsausschluss 333
Umgangsbestimmungsrecht 268
Umgangspflegschaft 338
Umgangsrecht 268, 331, 341, 344
Umgangsvereitelung 338
Unbegleitete Minderjährige 424, 460, 468, 481
Unbegleiteter Minderjähriger 414
Unbetreubarkeit 652
Unerlaubte Handlung 101
Unmittelbarer Zwang 439
Unterbringung 450

Stichwortverzeichnis

Unterbringungsähnliche Maßnahmen 247, 450, 665, 703
Unterbringungsverfahren 450
Unterhalt 570
Unterhaltsanspruch 575, 577
Unterhaltsbedarf 579, 598, 612, 615, 632, 642
Unterhaltsrang 588
Unterhaltstabellen 582
Unterhaltsvereinbarungen 593, 640
Unterhaltsverzicht 609, 613
Unterlassen 115
Unterlassung 153
Unvollständige Rechtssätze 17
Vater 194
Vaterschaft 192
Vaterschaftsanerkenntnis 196
Vaterschaftsanfechtung 207
Vaterschaftsfeststellung 221
Vaterschaftstest 210
Verbleibensanordnung 366, 429
Verbotsgesetz 65
Verbraucherdarlehen 71
Verbrauchsgüterkauf 70
Verdienstausfall 135
Verein 35
Vereinsbetreuer 655
Vereinsvormund 463
Verfahrensbeistand 445, 455, 459
Verfahrensbeteiligte 443
Verfahrenspfleger 715
Verfügungsbeschränkungen 549
Verfügungsgeld 473, 710
Verhältnismäßigkeit 394
Verhinderungsbetreuer 657
Verjährung 75
Verjährungsfrist 75
Verkehrspflichten 116
Verlöbnis 513
Vermittlungsverfahren 452
Vermögenssorge 229
Vermögensverwaltung 710
Vermögensverzeichnis 473, 710
Verrichtungsgehilfe 138

Verschulden 127
Verschuldensfähigkeit 168, 171
Versöhnung 562
Versorgungsausgleich 565
Vertrag 59
Vertrauliche Geburt 419, 460
Vertretung 73
Vertretungsmacht 73
Vertretungsverbot 253, 473
Verwahrlosung 387
Verwaltungsrecht 8
Verwandtenehe 522
Verwandtenunterhalt 594
Verwandtschaft 186
Verwirkung 590, 603, 620, 635
Verzug 592
Völkerrecht 4
Volljährigenadoption 508
Vollmacht 73
Vollständige Norm 16
Vollstreckung 439
Vollzeitpflege 355
Vorenthalten 264
Vorläufige Unterbringung 450
Vormund 399, 405
Vormundschaft
– Vermögenssorge 473
Vorsatz 127
Vorsorgevollmacht 650
Wechselmodell 288, 332, 608
Wegfall der Geschäftsgrundlage 573
Werkvertrag 72
Willenserklärung 41
Willensmangel 51, 524
Wohlverhaltenspflicht 174, 183, 336
Wohnsitz 272
Wohnungsbetretungsverbot 164
Wohnungswegweisung 158
Wohnungszuweisung 171, 177
Zerrüttung 560
Zivilehe 516
Zugang 55
Zugewinn 564
Zugewinnausgleich 551, 564

Zugewinngemeinschaft 549
Zuwendungspflegschaft 477
Zwangsadoption 498
Zwangsbehandlung 699, 701

Zwangsbetreuung 653
Zwangsehe 524 f.
Zwangssterilisation 692
Zweitausbildung 595